全过程工程咨询实践与案例丛书

未来社区项目全过程工程咨询研究与实践

浙江江南工程管理股份有限公司　编著

钱　铮　胡新赞　主编

中国建筑工业出版社

图书在版编目（CIP）数据

未来社区项目全过程工程咨询研究与实践/浙江江南工程管理股份有限公司编著；钱铮，胡新赞主编. —北京：中国建筑工业出版社，2021.11

（全过程工程咨询实践与案例丛书）

ISBN 978-7-112-26551-0

Ⅰ.①未… Ⅱ.①浙…②钱…③胡… Ⅲ.①社区建设—咨询服务—案例—浙江 Ⅳ.①D669.3

中国版本图书馆CIP数据核字（2021）第187805号

未来社区是浙江省首创的城市更新和社区建设模式，具有规模大、系统性强、专业化程度高等特点，其核心是坚持以人为本、引领高品质的生活方式。本书是浙江江南工程管理股份有限公司在开展未来社区项目的全过程工程咨询服务中获得的研究成果与实践经验总结。本书结合浙江省印发的关于未来社区的系列指导文件，列举了未来社区项目的全过程工程咨询服务内容，包含综合性咨询、前期专项咨询及工程建设专项咨询三大板块，进一步分解为选址咨询、场景系统咨询、资金平衡咨询、技术体系管理咨询、实施方案管理、土地借给与履约监管咨询等二十余项工作包，逐项进行深入阐述。

本书基于未来社区"139"，即"一个中心、三条价值主轴、九大场景"的基本框架，消化和吸收城市建设理论与实务方面的最新研究成果与国家现行的一些法律、法规和规定，突出实用性，可供从事未来社区咨询服务的同行参考，也可供相关工程技术人员、项目管理人员、社区建设者、非未来社区项目的工程咨询人员借鉴。

责任编辑：周方圆　封　毅
责任校对：焦　乐

全过程工程咨询实践与案例丛书
未来社区项目全过程工程咨询研究与实践
浙江江南工程管理股份有限公司　编著
钱　铮　胡新赞　主编

*

中国建筑工业出版社出版、发行（北京海淀三里河路9号）
各地新华书店、建筑书店经销
北京建筑工业印刷厂制版
天津翔远印刷有限公司印刷

*

开本：787毫米×1092毫米　1/16　印张：28　字数：645千字
2021年10月第一版　2021年10月第一次印刷
定价：**80.00**元
ISBN 978-7-112-26551-0
（38075）

版权所有　翻印必究
如有印装质量问题，可寄本社图书出版中心退换
（邮政编码 100037）

本书编委会

总策划：李建军
总顾问：田村幸雄（中国工程院外籍院士）
主　编：钱　铮　胡新赞
副主编：李　明　裴　仰　李光旭
编　委：方　菲　周　婷　李玉洁　周晨爽　吴　俊
　　　　吴建宇　林　杰　林　泳　褚凌琳　戴侃敏
　　　　诸　婧　周兴宙　吴荫强
校　对：吴　俊　吴建宇　周　婷　周晨爽

Preface I

I am Yukio Tamura, a Japanese academician of the Chinese Academy of Engineering. I have been working in the structural wind engineering field for many years. In August 2020, I set up an academician workstation at the Zhejiang Jiangnan Project Management Co., Ltd. to carry out research and cooperation in projects on wind resistant design and wind environmental assessment of building structures. I have not had much exposure to research topics related to Future Community before, but I was impressed by the passionate works of the Future Community R&D team of the company, and I have learned that the Future Community has focused on "continuously satisfying the people's aspirations for a better life". That made me think of "Society 5.0", promoted by the Japanese government. I compare urban construction to a big tree, and "Society 5.0" and Future Community are two gorgeous flowers growing on this big tree. When the editor of this book invited me to write a preface, I readily agreed and wanted to start with "Society 5.0" and talk about urban construction and Future Community.

The Japanese government put forward the concept of "Society 5.0" in the fifth issue of the Science and Technology Basic Plan issued in January 2016. According to this plan, human society has evolved from hunting society, to farming society, to industrial society, to information society, and will enter a new social pattern in the future: "Society 5.0". The characteristic of "Society 5.0" is to maximize the application of information technology to build a diverse, prosperous, and vibrant "super-intelligent society" through the integration of cyberspace and physical space (real world). "Society 5.0" is based on the entire economic society, and is designed not only to digitally transform industry and improve its productivity, but also to improve the convenience of life and deal with social issues, including the declining birth rate, aging population, environment, energy, education, medical care and life in remote areas. Future Community is similar to "Society 5.0", in that both try to solve a variety of social issues. Future Community is also an emerging concept in China. It was first put forward by Zhejiang Province. It aims to create a new type of urban functional unit with a sense of belonging, comfort and future by constructing nine scenarios including future neighborhoods, education, health, entrepreneurship, building, transportation, low carbon, service and governance.

During my years of working and living in China, I have been observing society as a wind engineering researcher. In recent years, many tall, super-tall and even mega-tall buildings have been constructed in major cities around the world, including China. These buildings are becoming increasingly slender, tall and light, thus becoming increasingly vulnerable to winds. Emerging issues due to these trends in urban areas are quite serious, not only in structural safety design, but also in wind environmental design. Dense concentrations of tall and super-tall buildings also create urban ventilation and thermal environmental problems. Climate change due to global warming and rapid urbanization around the world is hypothesized to exacerbate these unfavorable wind effects in the future. It is also true that transition to a decarbonized society has been gaining momentum across the world, and development of renewable energy is a critical agenda.

I feel that China's urbanization strategy has brought great development to cities. However, if not well controlled, it will also result in "urban diseases", such as traffic congestion, housing shortages, insufficient water supply, energy shortages, environmental pollution, disorder, and so on. To solve these problems, I believe that it is desirable and feasible to start from the community. On the one hand, the community is the basic unit of city and society; on the other hand, it is also an important carrier of people's living needs. The quality of community construction marks the level of urban development. Compared with "Society 5.0", the Future Community model is based on consideration of the development of Chinese communities, and is more suitable for China's national conditions and development methods. It is not only conducive to solving multiple problems in current community construction, but will also provide a useful reference for urban operation management and socially coordinated progress in the new era.

Since the establishment of the academician workstation, I have been delighted to see Zhejiang Jiangnan Project Management Co., Ltd., Jiangnan Research Institute, and Future Community Consulting R&D Center carry out a series of academic researches and exchanges on Future Community, and actively participate in government-led future community construction. As a researcher, I am even more delighted to see the compilation of this book. Just as the old saying in China goes: flowing water does not rot, nor a door-hinge rust. Scientific research requires continuous innovation, communication and collision to maintain vitality. Publication of this book will surely be helpful with communication of researches on Future Community. There is also a phrase in China "to present Buddha with borrowed flowers". I would like to borrow the core concept of Future Community to wish the Chinese people's aspirations for a better life come true as soon as possible!

Yukio Tamura

October 2021, Kanagawa, Japan

序一（译文）

我是中国工程院的日本籍院士田村幸雄，一直致力于结构风工程的研究。2020年8月，我在浙江江南工程管理股份有限公司设立院士工作站，开展建筑结构抗风设计、风环境评价等方面的研究和项目合作。我之前没有接触过未来社区这类课题，但我对浙江江南工程管理股份有限公司的未来社区研究团队充满激情的工作印象深刻，也了解到未来社区专注于"不断满足人民群众对美好生活的向往"，这让我想到了日本政府大力推广的"Society 5.0"。如果把城市建设比作一棵大树，那么"Society 5.0"和"未来社区"就是这棵大树上结出的两朵绚丽的鲜花。于是当本书的编委邀请我作序时，我欣然应允，并且想从"Society 5.0"开始谈谈对城市建设以及"未来社区"的看法。

日本政府在2016年1月颁布的第五期《科学技术基本计划》中提出了"Society 5.0"概念。该计划称，人类社会相继经历了狩猎社会、农耕社会、工业社会、信息社会，未来将进入新一代社会形态——"Society 5.0"。其特点是最大限度应用信息化技术，通过网络空间与物理空间（现实世界）的融合，构建一个多元、富裕、充满活力的"超智能社会"。"Society 5.0"立足整个经济社会，不仅要对工业进行数字化改造、提升产业的生产性，还要提升生活的便捷性，应对少子化、高龄化以及环境、能源、教育、医疗、偏远地区生活等涵盖各领域的社会课题。"未来社区"与"Society 5.0"类似，都在尝试着破解各种各样的社会课题。"未来社区"在中国也是一个新兴的概念，是浙江省的首创，通过构建以未来邻里、教育、健康、创业、建筑、交通、低碳、服务和治理等九大场景，打造有归属感、舒适感和未来感的新型城市功能单元。

在中国工作生活的这些年，我一直以结构风工程研究者的视角观察着社会。近年来，包括中国在内的世界各大城市都建造了许多高层、超高层甚至是超大型建筑物，这些建筑被设计得越来越纤细、高耸、轻盈，因此也越来越易被风破坏。城镇区域这种趋势所带来的问题是相当严重的，不仅在结构安全设计方面，在风环境设计方面也有体现。密集的高层和超高层建筑会造成城市通风和热环境问题。据推测，由全球变暖及世界各地高速城镇化引起的气候变化将在未来加剧这些不利的风效应。事实上，转型低碳社会在全球范围内势头已十分强劲，发展再生能源也成为一项重要的议题。

我感受到中国的城镇化战略使城市得到极大发展，但控制不好时也会带来一些"城市病"，比如交通拥挤、住房紧张、供水不足、能源紧缺、环境污染、秩序混乱等。要破解这些问题，我相信从社区入手是一条可取并可行的好路径，因为社区是城市与社会的基本单元，更是人民生活需求的重要载体，社区建设的好坏标志着城市发展的水平。相比与"Society 5.0"而言，未来社区模式是基于中国社区发展的思考，更适合中国的国情与发展方式，不仅有利于解决当前社区建设方面的多重问题，还能为新时代城市运营管理和社会协同进步提供有益的参考。

设立院士工作站至今，我很高兴看到浙江江南工程管理股份有限公司、江南研究院、未来社区咨询研究中心开展了一系列的未来社区学术研究与交流活动，并积极投身政府引导的未来社区建设中，现在又编著了这本书，我作为一名科研工作者更是感到高兴。中国有句话叫"流水不腐，户枢不蠹"，科研工作就需要不断创新、通过交流和碰撞才能保持活力，这本书的出版想必能在未来社区的研究中起到交流和碰撞的作用。中国还有个词叫"借花献佛"，我就借未来社区的核心理念，祝愿中国人民对美好生活的向往早日实现！

田村幸雄

2021 年 10 月，日本，神奈川

序 二

随着新一轮科技革命和产业变革的深入，社区功能转型也在快速跟进。在这个大背景下，2019年，浙江省政府工作报告首次正式提出"未来社区"概念。未来社区是"聚焦人本化、生态化、数字化三维价值坐标，以和睦共治、绿色集约、智慧共享为内涵特征，突出高品质生活主轴，构建以未来邻里、教育、健康、创业、建筑、交通、低碳、服务和治理等九大场景创新为重点的集成系统，打造有归属感、舒适感和未来感的新型城市功能单元"。众多期望集于一身，未来社区得到社会各界的高度重视。

在管理服务方式上，未来社区项目优先采用全过程工程咨询，为此浙江省还专门出台了《浙江省未来社区试点建设全过程工程咨询服务指南（试行）》加以规范和引导。本书就是依据这份文件编著的。全书先把全过程工程咨询分解为"1＋N＋X"三大模块，或对应地称之为"综合性咨询＋前期专项咨询＋工程建设专项咨询"，然后进一步将模块细分为二十余项工作内容，深入细致地把各项工作内容的研究与实践一一阐述。这三大模块中，综合性咨询是核心，前期专业咨询是在土地供应前对综合性咨询起到补充与支撑作用的各类相关专项咨询服务事项总和，工程建设专项咨询是土地供应后各类工程建设专项咨询服务事项总和。既然未来社区定义为新型城市功能单元，那么如何推动它一步一步全面落实九大场景建设，从而实现更深层次的改善民生、驱动投资、带动产业、促进转型等目标追求？书中的内容、观点、材料反映了作者单位在未来社区实践中的见解和行动，也反映了目前该单位的研究成效。这本书没有艰涩的理论，而且干货甚多，读起来比较轻松。

我们知道，随着中国特色社会主义进入新时代，社会矛盾已发生改变，城市社区作为现代生活的承载平台，其建设不仅为了解决住有所居的问题，还要能够满足人民群众对美好生活的向往。未来社区正是浙江省破题存量社区建设实施的创新模式，但任何一种创新都离不开研究与实践的根基。浙江省在社区发展和建设方面经历了多个历史时期，每个时期都有其工作重点，这些重点也就成了那个时期研究与实践的前沿。如今，未来社区站在了前沿线上，其试点建设项目为整个体系的研究、成果的梳理、经验与教训的总结、远期的规划与展望带来了全面的命题和新鲜的气息，在理论研究、政策制定、技术应用、管理更新等不同层面诞生了数不清的热点。我们作为工程技术人员，最理想的响应就是以项目案例为抓手，坚持以人民为中心，针对存量社区积极做好场景塑造和社群营造，创立样板，探索模式，切实解决好未来社区从选址开始到建设、运营的全生命周期工程难题，为未来社区工作的探路和推广贡献力量。

本书主编对我说，"每一次的抵达都意味着新的出发，出书固然是一个阶段性成绩，但之后的路还要脚踏实地，更坚定地走下去"。我深以为然。因为书只是把实践的前沿信息反映到学术研究当中，而学术研究不但要跟上实践的步伐，总结新经验，还不能局限于此。它应该要突破短期意义上的前沿，探究长期的稳定的社区建设与发展规律。从这点来看，我们广大研究人员和专业技术人员还有很长的路要走。希望我们共同努力，把成绩转化为前进的动力，精进我们自身的能力，积小胜为大胜、积跬步以至千里，把我们的事业做得更加宏伟蓬勃！

首届浙江省工程勘察设计大师

2021 年 10 月

前　言

当前中国社区存在诸多痛点难点问题，如土地集中利用效率低、建筑品质不高、公共交通出行不便、家用轿车停车难、物流配送不到位等，教育、医疗、养老等公共服务领域配套不完善就更为突出。那么社区怎么建？在"未来社区"概念提出之前，低碳社区、智慧社区、共享社区、健康社区等各种社区建设思想探索不断涌现，而浙江省委省政府为适应新一轮科技革命和产业变革，提出"开展未来社区示范工程建设，探索规划建设一批生活便利、密度合理、交通便捷、智慧互联、绿色低碳的未来社区"，首次以"未来"一词所蕴含的无限美好遐想，为社区建设指引方向。

我们知道，社区是人类生活的基本城市单元，也是城市品质和发展的标志，伴随着人类对生活品质提升的不懈追求，社区内涵和功能模式也在不断迭代创新。从本质上来说，未来社区是以和睦共治、绿色集约、智慧共享的高品质生活为主轴，以满足人民美好生活向往为根本目的的人民社区，因此前景是美好的。由于"未来社区建设"模式之新，所以它又是一项长期而富有挑战性的工作，眼下最为迫切的是做好未来社区项目的精细化落实。于是，起工作串联作用的全过程工程咨询服务就显得尤为重要且必要。

2019年3月18日，浙江省政府发布《浙江省未来社区建设试点工作方案》（浙政发〔2019〕8号），鼓励优先采用工程全过程咨询服务方式；2020年8月20日，浙江省发展和改革委员会发布《浙江省未来社区试点建设全过程工程咨询服务指南（试行）》，提出试点项目全过程工程咨询服务的内容与任务。未来社区项目的全过程工程咨询如何开展工作，国内尚未出现有关参考书籍。本书在对未来社区项目全过程工程咨询总体方案论述的基础上，以综合性咨询、前期专项咨询、工程建设专项咨询为主线，分别介绍了对这三条线上各服务事项的理解、实施过程中的具体思路与措施、相关工作内容的案例分析等，形成综述篇、综合性咨询篇、前期专项咨询篇和工程建设专项咨询篇。由于未来社区顶层设计中对项目的验收和运营有特殊要求，所以本书最后又介绍了未来社区项目的验收、移交、运营，形成验收移交阶段咨询篇等。本书内容翔实，填补了国内未来社区项目建设领域全过程工程咨询行业研究的空白，可供相关从业者参考。

本书是全过程工程咨询实践与案例系列丛书之一，在沿袭水利项目、房屋建筑工程、市政基础设施工程三本书创作思路的基础上，结合《浙江省未来社区试点建设全过程工程咨询服务指南（试行）》的工作内容逐项进行编著。作者在本书编著过程中参考了相关文献，得到了江南研究院院士工作站和博士后工作站的指导和支持，在此谨向文献作者和两站人员表示衷心感谢。

本书由公司董事长李建军总策划，中国工程院外籍院士田村幸雄担任总顾问，江南研究院副院长、公司未来社区咨询研究中心主任钱铮和公司副总裁、江南研究院院长胡新赞担任主编，公司未来社区咨询研发中心两位副主任李明、裴仰和主任助理李光旭担任副主编。本书第4、10、15章由钱铮编写；第7、13章由李明编写；第3、8、14章由裴仰编写；第9、22、23章由李光旭编写；第1、2章由周婷编写；第5章由林杰编写；第6、12章由方菲编写；第11章由浙江南方建筑设计有限公司的林泳、褚凌琳、戴侃敏、诸婧编写；第16章由吴俊、吴建宇编写；第17、18、19章由李玉洁编写；第20、21章由周晨爽编写。全书由钱铮统筹定稿。上述人员均为本书的编委。本书在编写社区运营、运营管理与评估等内容时，得到浙江绿城生活服务集团有限公司的帮助，在此表示衷心感谢。

由于受到编委们知识面和项目实践经验的限制，本书尚存在不完善和有待商榷之处，敬请读者朋友们不吝提出宝贵意见，以共同推进全过程工程咨询在未来社区建设中的发展。

浙江江南工程管理股份有限公司

2021年10月

目　录

第1篇　综述 ·· 1

第1章　未来社区全过程工程咨询 ·· 3
1.1　专业术语 ··· 3
1.2　相关术语 ··· 3
1.3　未来社区概念的由来 ·· 6
1.4　未来社区概述 ··· 7
1.5　未来社区全过程工程咨询的内容 ·· 23

第2章　未来社区全过程总体咨询方案 ·· 27
2.1　全过程工程咨询组织机构 ··· 27
2.2　建设流程与相关工作 ·· 28
2.3　服务清单 ·· 29
2.4　岗位职责 ·· 41

第2篇　综合性咨询 ·· 43

第3章　选址咨询 ·· 44
3.1　选址的影响因素 ·· 44
3.2　项目选址的指标体系 ··· 45
3.3　项目选址决策分析 ··· 46
3.4　选址咨询服务流程 ··· 47

第4章　场景系统咨询方案 ·· 49
4.1　未来社区场景解析 ··· 49
4.2　场景系统咨询的目的及意义 ·· 52
4.3　九大场景系统咨询方案策划 ·· 53
4.4　场景系统符合性评估标准 ··· 74
4.5　场景履约约定咨询 ··· 79
4.6　建设施工环节的场景建设咨询 ··· 80

第5章　资金平衡咨询 ··· 85
5.1　资金平衡咨询目标和意义 ··· 85
5.2　资金平衡咨询方案 ··· 85
5.3　实践案例 ·· 86

第6章 技术体系管理咨询 ········· 99
6.1 未来社区技术体系管理咨询目标 ········· 99
6.2 未来社区技术体系的建立 ········· 99
6.3 未来社区技术体系管理咨询方案 ········· 123

第7章 实施方案管理 ········· 134
7.1 实施方案编制管理与评价咨询 ········· 134
7.2 设计管理咨询 ········· 141
7.3 场景联合体咨询 ········· 147
7.4 数字化管理咨询 ········· 151

第8章 土地供给与履约监管咨询 ········· 164
8.1 土地出让方式咨询 ········· 164
8.2 履约监管的潜在风险 ········· 164
8.3 履约监管方案 ········· 164
8.4 开发建设运营履约协议的编制 ········· 166
8.5 履约过程的监管 ········· 167
8.6 履约监管的方法 ········· 169

第9章 运营管理与评估考核咨询 ········· 172
9.1 未来社区与运营相关政策汇编 ········· 172
9.2 建设运营单位案例调研 ········· 173
9.3 运营主体选择 ········· 174
9.4 运营方案的评估 ········· 175
9.5 对运营主体的要求 ········· 176
9.6 未来社区项目运营协议（示例）········· 185

第3篇 前期专项咨询 ········· 191

第10章 征迁安置方案咨询 ········· 192
10.1 征迁安置的原则 ········· 192
10.2 征地工作流程 ········· 193
10.3 国有土地上房屋征收流程 ········· 196
10.4 征迁安置标准 ········· 200
10.5 征迁安置工作监管方案 ········· 202
10.6 征迁安置技术细则 ········· 203

第11章 申报方案编制 ········· 209
11.1 未来社区申报要求简述 ········· 209
11.2 未来社区项目申报流程 ········· 211
11.3 未来社区项目申报方案要点解析 ········· 212
11.4 申报方案解析 ········· 214

第12章 规划研究咨询 ········· 230
12.1 未来社区规划研究目标 ········· 230

目 录

- 12.2 未来社区规划研究要求 ... 230
- 12.3 未来社区空间场景实施细则 ... 231
- 12.4 建筑规范适应性改革 ... 236
- 12.5 未来社区规划研究咨询流程 ... 237

第13章 专项政策研究咨询 ... 242
- 13.1 专项政策研究方法 ... 242
- 13.2 省级未来社区专项政策 ... 244
- 13.3 市县地区未来社区的专项政策 ... 247
- 13.4 工程建设相关政策 ... 261

第14章 土地使用权转让方案咨询 ... 274
- 14.1 土地的分类 ... 274
- 14.2 土地一级开发 ... 275
- 14.3 城市建设用地分类及使用年限 ... 277
- 14.4 土地入市 ... 281
- 14.5 土地使用权转让方式 ... 282
- 14.6 未来社区土地出让浅析 ... 284

第15章 未来社区投融资咨询 ... 288
- 15.1 资金来源概述 ... 288
- 15.2 投资咨询 ... 290
- 15.3 融资咨询 ... 298

第16章 建设条件单项咨询 ... 305
- 16.1 建设项目规划选址论证 ... 305
- 16.2 建设项目可行性研究 ... 308
- 16.3 环境影响评价 ... 312
- 16.4 交通影响评价 ... 315
- 16.5 节约能源分析 ... 317
- 16.6 日照分析 ... 319
- 16.7 社会稳定性风险评估 ... 320
- 16.8 水土保持 ... 323
- 16.9 考古勘探、发掘与文物保护 ... 326
- 16.10 压覆矿产资源评估 ... 329

第4篇 工程建设专项咨询 ... 333

第17章 工程项目管理 ... 334
- 17.1 未来社区项目前期报审咨询 ... 334
- 17.2 工程勘察咨询 ... 337
- 17.3 工程设计咨询 ... 339
- 17.4 招标采购管理 ... 341
- 17.5 项目投资控制 ... 347

	17.6	进度管理	350
	17.7	质量管理	353
	17.8	风险管理	356
	17.9	竣工验收、移交管理和项目运营维护咨询	360

第18章 工程监理 361
  18.1 未来社区项目质量控制 362
  18.2 未来社区项目进度控制 363
  18.3 未来社区项目投资控制 364
  18.4 未来社区项目安全文明管理 366
  18.5 合同管理、工程信息档案管理 368
  18.6 未来社区项目的组织协调 371

第19章 工程造价咨询 373
  19.1 造价咨询管理目标 373
  19.2 造价咨询管理的流程 373
  19.3 各阶段造价咨询管理的措施 376

第5篇 验收移交阶段咨询 379

第20章 验收管理 380
  20.1 与竣工验收及移交阶段工作相关的单位及部门 380
  20.2 竣工验收准备工作 380
  20.3 工程验收流程 382
  20.4 建筑工程竣工验收应当具备的条件 383
  20.5 工程竣工验收备案注意事项 384
  20.6 建筑工程竣工验收监督（由质量监督部门执行） 385
  20.7 建筑工程竣工验收备案资料 385
  20.8 建筑工程竣工验收基础备案程序 386
  20.9 组织现场验收的主要内容 387
  20.10 建筑工程验收程序 387
  20.11 建设项目专项验收——"未来社区"场景专项验收重点的探讨 396
  20.12 案例解读 401

第21章 移交管理 403
  21.1 工程资料移交要求 403
  21.2 移交工作准备流程 404
  21.3 移交启动条件 404
  21.4 竣工验收移交交房阶段资料 406
  21.5 移交管理工作重难点及控制措施 407

第22章 社区运营 408
  22.1 未来社区运作经营基本概念 408
  22.2 未来社区互联网+化运营管理 409

第23章 物业管理 ··416
23.1 未来社区物业管理的关键要素 ···416
23.2 未来社区全过程物业管理 ··417

参考文献 ···429

第1篇

综 述

未来社区是在特殊的时代背景之下提出的。市区内老旧小区与人们对高质量生活方式的需求产生了巨大的矛盾，比如配套服务缺失、入学难、环境差、停车难、土地利用率低等。同时，传统的、资源消耗型房地产开发模式却存在着不可回避的问题，比如小区见物不见人、居住成本巨大、开发利润逐年降低、新增土地消耗巨大，倒逼着房地产商的转型升级。还有更重要的一方面，万物互联智慧时代的来临，5G、大数据、信息化、智慧生活、人机互联等信息技术已经深刻影响着我们的工作和生活。

在这样的大背景下，浙江省提出的未来社区，具有"四大"战略目标：改善大民生、拉动大投资、发展大产业、驱动大创新。在顶层设计的愿景中，未来社区是"让人民生活更美好，城市现代化"的最基本的单元，是打好高质量发展组合拳的重要一招，是提升基层治理体系及治理能力的一场深刻革命，也是传承发展特色文化的重要载体。

围绕满足人民对美好生活向往这个中心，浙江省提出了"三化九场景"的未来社区创建理念，其中九大场景的建设是围绕传统社区的痛点问题展开的。在此目标下，为了对未来社区有一个系统性的评价，浙江省又提出了"有底线，无上限"的建设指标评价体系，33项评价指标围绕九大场景展开，我们认为，这样开放性、扁平化的体系，有利于在未来社区推进过程中进一步补充和迭代优化。本篇在阐述未来社区项目建设特点的基础上，提出全过程工程咨询服务方案，为未来社区建设预期的实现，提供理论与实践的可能。

第1章 未来社区全过程工程咨询

1.1 专业术语

1.1.1 全过程工程咨询 whole-process project consultation

是指对包括项目决策、工程建设、项目运营三个阶段的建设项目全生命周期提供组织、管理、经济和技术等各有关方面的工程咨询服务，包括项目的全过程工程项目管理以及投资咨询、勘察、设计、造价咨询、招标代理、监理、运行维护咨询和BIM咨询等专业咨询服务。全过程工程咨询服务可采用多种组织方式，由投资人授权一家单位负责或牵头，为项目决策至运营持续提供局部或整体解决方案以及管理服务。

1.1.2 总咨询工程师 director of project consultation

是指由全过程工程咨询企业法定代表人书面授权，履行合同、主持全过程工程咨询服务机构工作的负责人。总咨询工程师作为全过程工程咨询项目负责人，应具备咨询工程师、建筑师、结构工程师、其他勘察设计类工程师、造价工程师、监理工程师、建造师等一项或多项国家类（一级）注册执业资格，具备相应专业的副高级及以上专业职称，并具有类似工程咨询经验。

1.1.3 专业咨询项目负责人 project leader of professional consultation

是指由专业咨询企业委派，具备相应资格和能力、主持相应专业咨询服务工作的负责人。

专业咨询项目负责人应具备咨询工程师、建筑师、结构工程师、其他勘察设计类工程师、造价工程师、监理工程师、建造师等一项或多项国家类（一级）注册执业资格或具有工程类、工程经济类中、高级职称，并具有类似专业咨询经验。

1.2 相关术语

1.2.1 建设项目 construction project

为完成依法立项的新建、扩建、改建工程而进行的、有起止日期的、达到规定要求的一组相互关联的受控活动，包括全过程工程项目管理、投资咨询、勘察、设计、造价咨询、招标代理、监理等工作。

1.2.2 工程项目管理 construction project management

咨询单位受项目建设单位的委托，在项目实施的全过程或分阶段实施过程中，通过项目策划和项目控制，努力实现项目投资目标、进度目标和质量目标的专业化管理和服务活动。

1.2.3 项目管理策划 project management planning

为达到项目管理目标，在调查、分析有关信息的基础之上，遵循一定的程序，对未来（某项）工作进行全面的构思和安排，制定和选择合理可行的执行方案，并根据目标要求和环境变化对方案进行修改、调整的活动。

1.2.4 投资管理 tendering management

为实现中标目的，按照招标文件规定的要求向招标人递交投标文件所进行的计划、组织、指挥、协调和控制等活动。

1.2.5 采购管理 procurement management

对项目的勘察、设计、施工、监理、供应等产品和服务的采购业务过程进行的计划、组织、指挥、协调和控制等活动。

1.2.6 合同管理 contract management

对项目合同的编制、订立、履行、变更、索赔、争议处理和终止等管理活动。

1.2.7 项目设计管理 project design management

对项目勘察、设计工作开展的计划、组织、指挥、协调和控制等活动。

1.2.8 项目技术管理 project technical management

对项目技术工作进行的计划、组织、指挥、协调和控制等活动。

1.1.9 进度管理 schedule management

为实现项目的进度目标而进行的计划、组织、指挥、协调和控制等活动。

1.2.10 质量管理 quality management

为确保项目的质量特性满足要求而进行的计划、组织、指挥、协调和控制等活动。

1.2.11 资源管理 resources management

对项目所需人力、材料、机具、设备和资金等进行的计划、组织、指挥、协调和控制等活动。

1.2.12 信息管理 information management

对项目信息的收集、整理、分析、处理、存储、传递和使用等活动。

1.2.13 沟通管理 communication management

对项目内外部关系的协调及信息交流所进行的策划、组织和控制等活动。

1.2.14 风险管理 risk management

对项目风险进行识别、分析、应对和监控的活动。

1.2.15 收尾管理 closing stage management

对项目的收尾、试运行、竣工结算、竣工结算、回访保修、项目总结等进行的计划、组织、协调和控制等活动。

1.2.16 项目后评价 project post-evaluation

在项目建设完成并投入使用或运营一定时间后，对照项目可行性研究报告及审批文件的主要内容，与项目建成后所达到的实际效果进行对比分析，找出差距及原因，总结经验教训，提出相应对策建议，以至提高投资决策水平和投资效益的活动。

1.2.17 综合性咨询 comprehensive consultation

贯穿试点建设全周期并覆盖全部赋码项目，是未来社区试点建设的核心咨询服务，即为"1"。本处的"1"与下文的"N""X"是为未来社区全过程工程咨询的精髓，即"1＋N＋X"。综合性咨询从申报阶段开始，包括试点选址咨询、场景系统咨询、资金平衡咨询、技术体系管理咨询、实施方案管理、土地供给与履约监管咨询和运营管理与评估考核咨询，共七个模块的内容。

1.2.18 前期专项咨询 early special consultation

"N"为前期专项咨询，是在土地供应前对综合性咨询起到补充与支撑作用的各类相关专项咨询服务事项总和，包括但不限于征迁方案咨询、申报方案编制咨询、规划研究咨询、专项政策研究咨询、项目融资咨询、项目可行性研究咨询、建设条件单项咨询共7个模块的内容。

1.2.19 工程建设专项咨询　engineering construction special consultation

"X"为工程建设专项咨询，是土地供应后试点建设涉及的单个赋码项目各类工程建设专项咨询服务事项总和，包括但不限于项目报审咨询、工程勘察咨询、工程设计咨询、招标（采购）咨询、工程造价咨询、工程监理与施工项目管理咨询共6个模块的内容。

1.2.20 未来社区试点建设全过程工程咨询服务　the whole process engineering consulting service of future community pilot construction

未来社区试点建设全过程工程咨询服务（以下简称"试点全咨服务"）是按照未来社区"139"建设理念要求，以实现试点建设项目"三化九场景"系统落地为目标，涵盖试点建设工作全过程各类咨询服务活动的总称。试点全咨服务应包含综合性咨询的全部内容，以及按需在菜单式的前期专项咨询和工程建设专项咨询的服务事项中选择有关内容。

1.2.21 委托方　client

试点设立或建立的委托方，应为试点建设项目的实施主体。实施主体由县（市、区）政府或设区市政府派出的开发区（新区）管委会明确。

1.2.22 受托方　trustee

试点的受托方（以下简称"全咨单位"）是试点建设项目的第三方技术支持机构，为实施主体开展试点建设提供全过程工程咨询服务。宜由与委托服务内容相适应的工程咨询甲级资信咨询单位承担，其中涉及工程勘察、设计、监理、造价等咨询业务的，还应同时具备国家现行法律法规规定的相应资质；可以是独立法人单位或其联合体，若采用联合体方式，联合体成员不得超过两家。

1.3 未来社区概念的由来

目前，中国已经进入社会主义新时期，社会主要矛盾也已经发生了变化，主要为人民日益增长的美好生活需要和不平衡不充分的发展之间的矛盾。社区作为社会自治管理的最小单元，既承载着人民对幸福生活的向往和追求，又承担着国家提升人民幸福感、满意度的服务功能。

当前我国城市社区建设与新一代信息技术的蓬勃发展不匹配，与人民的期望仍有一定差距。一方面，经济的高速发展、生活水平的提高，促使居民对社区建设和服务的要求同步提升，并对当前的服务质量和生活方式提高有迫切的需求；另一方面，随着城乡一体化的不断推进，大量外来人口涌入城市，城市社区建设和治理面临严峻挑战，功能不够完善、自治能力差、专业化程度不高、智能化程度低等问题亟待解决。

以小区（街区）为主体的社区是城市的基本单元，也是城市品质发展水平的标志，更是人民美好需求的重要载体。可从社区出现至今，其面貌、功能设施并没有发生根本性变化，而且还积累了很多城市问题，例如老小区停车难，物业、业委会、居民之间矛盾重重。面对社区中存在的问题，当前社区居民主要有四大现实需求，即老小区改造、交通出行改善、生活智慧化、文化养老设施增设。

浙江建设未来社区响应老百姓现实需求。在2018年浙江省发展改革委所做的3万份问卷调查中，其中有70%受访人员希望对老旧小区进行改造。当然，浙江也急需更高的现代化生活平台，为来自五湖四海的各类人才提供生活和工作保障。

未来社区是浙江省委省政府基于人民对美好生活的向往，基于面向2035年、2050年现代化浙江发展需求，基于走在前列的浙江担当作出的重大部署，是改善民生、拉动投资、带动产业、促进转型、完善治理的综合大平台，"未来社区"建设，以和睦共治、绿色集约、智慧共享为内涵特征，其主要目的就是为了打造有归属感、舒适感和未来感的新型城市功能单位。

未来社区将为浙江带来四大红利：改善大民生、驱动大投资、带动大产业、促进大转型。比如民生领域，将彻底解决老旧小区的"老大难"问题，引领未来生活方式的变革创新，提升大湾区人才落户吸引力；产业领域，将拉动万亿元量级大投资、激活撬动民间投资。同时建设将引爆数字智能、节能环保、绿色装配式建筑等一大批新技术落地应用发展，直接带动未来社区关联产业发展，促进城市发展向运营城市转型、社区管理向智慧型转型、生活方式向绿色共享转型。

自2019年初首次被写入浙江省《政府工作报告》以来，"未来社区"从一个理念愿景到形成系统框架再到各地实施，从无到有、迭代深化、不断完善。2019年3月18日，浙江发布了《浙江省未来社区建设试点工作方案》（浙政发〔2019〕8号），对建设试点的目标定位、任务要求、措施保障做了解释，而这份文件的发布，也标志着浙江的"未来社区"创建工作进入实质性阶段。对"未来社区"的探索和实践，有利于解决当前社区建设方面的多重问题，将为新时代的社区管理和发展提供新模式。

1.4 未来社区概述

1.4.1 未来社区

未来社区是围绕"促进人的全面发展和社会全面进步"，以人民美好生活向往为中心，以人本化、生态化、数字化为价值导向，以和睦共治、绿色集约、智慧共享为基本内涵，构建未来邻里、教育、健康、创业、建筑、交通、低碳、服务和治理九大场景，打造具有归属感、舒适感和未来感的新型城市功能单元。

1.4.2 未来社区与传统社区的区别

未来社区是社会发展的新鲜事物，与传统社区相比，主要有以下转变：

1. 社区功能布局的转变。传统社区主要以住宅功能区为主，未来社区则更注重的是多种功能的集成配置，实现信息化、低碳化、智能化等。

2. 社区运行方式的转变。未来社区中的交通流、能源流、废物流、信息流、自然雨水流等方面表现得更加智能、环保和生态，更加凸显以人为本的核心理念。

3. 建筑方式的转变。未来社区的多功能集成配套设施的建筑施工方式、建筑材料、建筑功能、建筑安装内容与方式更加现代化。

4. 规划建设方式的转变。未来社区的规划将更加融入城镇建设的整体中，采用新的建设方式、资金投入方式、建设管理方式等。

1.4.3 未来社区的特征

1. 美好生活是目标追求

从居民对美好生活的向往出发，以多功能集合的邻里中心为基础，构建无缝对接的生活链，整合教育、商业、文化、养老等资源，提供高品质的生活服务，改善宜居生活环境。

2. 美丽宜居是环境底色

未来社区倡导充分采用新型材料、环保材料，减少建筑垃圾和降低建筑能耗，美化社区环境，合理规划社区空间功能分区，打造普适性和个性化结合的立体绿化空间。

3. 智慧互联是基本特征

未来社区以充分利用互联网、物联网、云计算、大数据等技术手段体现"智慧"特征，实现社区的智能化、数字化、信息化，让数字技术成为未来社区的建设亮点。依托智慧社区服务平台，打造现实与数字孪生社区，以新技术、新业态、新模式提升社区服务的精准化、精细化水平。

4. 绿色低碳是核心理念

未来社区致力于建设社区内外公交接驳系统，强化公共交通导向布局理念，倡导低碳出行；倡导使用光伏电能，降低社区能耗水平；落实垃圾分类，实现可回收垃圾循环使用，倡导低碳生活方式。

5. 创新创业是时代风尚

未来社区鼓励打造开放式的社区众创空间，提供良好的创新创业环境。依托社区智慧平台，挖掘共享经济潜能，扩大社区资源共享覆盖面，让供给和需求零距离对接。

6. 和睦共治是治理方式

未来社区的打造鼓励社区多元主体共同参与，充分发挥社区居民的参事议事的积极性和能动性，强化社区自治功能，实现社区事务居民管理，有效推进社区治理体系和治理能力。

1.4.4 未来社区的内涵

未来社区的内涵可以归纳为"139"顶层设计："1"就是一个中心，即是以人民美好生活向往为中心；"3"就是三维坐标，即人本化、生态化、数字化的三维价值坐标；"9"就是九大场景，即构建以未来邻里、教育、健康、创业、建筑、交通、低碳、服务和治理等九大场景，打造有归属感、舒适感和未来感的新型城市功能单元，如图1-1所示。

图1-1 未来社区总体框架图
（图片来源：住浙网）

1. 打造未来邻里场景

营造特色邻里文化，突出社区即城市文化公园的定位，以城市乡愁记忆和社区历史文脉为基础，以和合文化为引领，坚持人文多样性、包容性和差异性，营造承载民俗节庆、文艺表演、亲子互动等活动的邻里交往空间。构建邻里贡献积分机制，弘扬诚信守约、共享互助、公益环保社区精神，建立信用评价体系，创新服务换积分、积分换服务的激励机制。打造邻里互助生活共同体，制定邻里公约，组建邻里社群，发挥居家办公人员、自由职业者、志愿者及退休专业人员等群体的特长优势，为居民提供放心安全的服务，形成远亲不如近邻的邻里氛围。

1）邻里印象

（1）城市文化公园

① 地域特色与文化传承：充分挖掘浙江的山水文化并加以融合，如江南水乡、海港渔村、瓯越山居、山水田园风光；传承和延续社区历史文脉。

② 系列创意设计与周边产品：注重社区色彩、形态等方面的艺术化打造，创意化布置社区历史元素；设计统一的未来社区LOGO品牌。

（2）开放社区形态

① 开放区域：设计界面友好的景观绿化、邻里互动、交通集疏通道等开放区域。

② 开放内容：促进文化传播交流、公共空间、便捷服务等方面的开放分享。

③ 开放方式：采用电子认证、数字身份证、人脸识别、信用积分等方式。

（3）邻里公共空间

① 邻里休闲游憩空间：主要服务于体育健身、亲子活动、文艺活动等休闲空间；共

同学习空间：主要是琴棋书画研习、地方特色文化展示、党建学习与服务等空间。

② 多功能服务空间：主要是婚丧等重大聚会仪式、社区便民餐饮和个性化活动空间。

2）邻里精神

（1）邻里公约认同

① 国家倡导的核心价值观导向。

② 文脉延续的特色精神凝练，地方特色传统文化与社区特质相结合。

（2）邻里文化再生

① 邻里社群组织：基于共同兴趣爱好的居民社群活动团体；

② 本地文化塑造：经过磨合，衍生出全新的本地文化。

（3）邻里精神标识

① 信仰与精神寄托之所：集合并服务最广大人群信仰和精神归属的"心灵之家"。

② 群体意识认同的标志：塑造社区标杆性建筑或具化形象。

3）邻里机制

（1）服务换积分

① 党员群众爱心银行：建立爱心账户，并与居民行为规范关联。

② 邻里共享育儿积分：倡导互帮互助的分享式育儿。

③ 居民特长贡献积分：倡议社区居家办公人员、自由职业者、志愿者及退休专业人员发挥特长。

（2）积分换服务

① 居民信用贷款增信：借助邻里机制关联，金融机构征信，实现居民个人增信。

② 个性定制家居服务：通过积分兑换，享有社区个性化、定制化的特别服务。

③ 社区特色消费抵用：通过积分退换，实现与社区商业、社区便民消费的互通。

（3）邻里综合服务

① 居民一站式办事平台：集成社保、车主服务、生活缴费、医疗询问、文化娱乐等功能的综合办事平台。

② 消费与需求信息匹配：实现服务需求与贡献供给的及时匹配撮合。

2. 打造未来教育场景

高质量配置托儿服务设施，重点发展普惠性公办托育机构，探索临时看护、家庭式托育等多元化模式，强化专业托育员培训和监管体系建设，实现3岁以下幼儿托育全覆盖。提升扩容幼小服务设施，扩大优质教育资源供给。打造"名师名校在身边"青少年教育平台，围绕3～15岁年龄段教育需求，打造社区青少年线上线下联动的学习交流平台，打通优质教育资源进社区的渠道，集成素质拓展、兴趣活动等多种类型教育服务。搭建"人人为师"共享学习平台，建设社区邻里共享学堂、共享图书馆等，探索建立社区全民互动的知识技能共享交流机制，丰富教育培训内涵，倡导终身学习新风尚。

1）"保教融合"幼托服务

（1）"家长无忧"托育服务

①普惠性托育服务：3岁以下养育托管点成为社区"标配"，采取"公建民营""托幼一体"等方式，提供全托、半托、假期托管等，专业托育员持证上岗。

②"邻里帮带"家庭式共享托育：依托社区智慧平台，建立社区退休教师、退休儿保人员、全职家长、专业社工等数据库，提供短托、临托等。

③"云看护、云监督"平台：托育场所安防监控"无死角"全覆盖，并接入社区智慧平台，家长身份认证后可通过智能终端实时查看幼儿情况。

（2）"优质规范"幼教服务

①幼儿园扩容提质：结合学位需求新建、改扩建幼儿园，创新跨区域合作办园、名园办分园、引进国际高端幼儿园、向民办幼儿园购买服务等办学方式。

②幼儿安全保障：幼儿园出入口及儿童活动区安装视频安防监控系统、紧急报警装置；实行园长陪餐制，确保食品安全；强化无障碍设计。

（3）"儿童友好"社区生活

①儿童生活体验：设置社区儿童生活体验工具房，由社区、公益组织等提供消防器材、植树工具等道具，开展体验式主题活动。

②儿童参与社区环境营造：社区涂鸦墙、户外骑行绿道、室内外活动场所等设计应征求儿童意见，通过摆布沙盘模型、绘图等形式开展。

2）名师名校在身边，青少年教育

（1）"普惠共享"优质教育资源

①统筹学位供给：依托CIM平台，建立社区学龄儿童与周边中小学学位数供需模型，合理确定中小学新建、改扩建规模，并与社区建设同步推进。

②名师远程互动：打通社区与"教育广场"交互学习接口，建立名校名师线上微课堂，预留"5G＋VR智慧课堂"进社区接口，形成电子学情数据档案，针对性地推送课程视频。

（2）"三位一体"社区教育补链

①社区四点半课堂：依托社区幸福学堂等场所，引入民办教育资源、专业社工、大学生志愿者、社区热心家长等资源，为小学生提供放学后辅导和看护服务。

②学习"诊所"补差机制：复制学校纸质作业到线上系统，根据大数据学情分析统计，针对性集中分配名师，通过直播或社区课堂等形式进行补课教育。

（3）"一站集成"素质拓展教育

①青少年兴趣培训集成布局：建立社区与各类兴趣培训机构合作机制，实现品牌培训机构集成布局，或建立各类机构按需指派教师到社区授课机制。

②青少年项目制跨龄互动：利用节假日，组织社区内不同年龄段青少年，依托智慧平台，按照喜好选择科普考察、营地探险、户外运动、艺术创作、公益帮扶等各类活动，由系统收集信息后组织开展。

3）"人人为师"共享终身学习

（1）"居民之声"学习需求整合

社区学习心愿单：依托社区智慧平台，建立居民学习心愿单，分类梳理各年龄段、各类型内容需求，统筹优化组织线上线下教育活动。

（2）"梯度进阶"教学资源整合

① "就地请师"共享模式：建立"社区达人资源库"（退休干部、老师、"工匠"、艺术特长居民等），提供业余级免费教育服务，建立授课积分换服务、换学习时间等机制。

② "知识付费"微利模式：依托"社区达人资源库"（非遗传承人、行业精英等），提供专业技能、专业知识等入门级微收费教授服务。

③ "授人以渔"专业培训：依托社区幸福学堂，引入专业培训机构，提供面向全龄段的专业级收费培训服务。

（3）"幸福学堂"教学空间整合

① 功能复合社区幸福学堂：建设社区幸福学堂，配置"品质书屋"、亲子阅览室、共享图书馆、共享书吧、咖啡厅、沙龙会客厅等复合功能。

② "联营"提供集成服务：采用社区自营＋引入社会机构的联合经营模式，自营场地用于支持四点半课堂、"就地请师"共享学习等活动开展，建立分时段课程设计制度。

（4）"知识在身边"学习平台

① 免费学习板块：设置社区每日快讯、社区生活指南（邻里公约普及、智慧平台操作、垃圾分类知识、社区本地文化等）、生活技能类（教老人普通话、使用智能手机、家电等）、兴趣培训类、国学礼仪类、知识分享类等板块。

② 拓展学习接口：预留互联网教育接口，居民按需付费订阅，包括职业技能在线培训、英语在线辅导等。

③ 15分钟社区学习地图：依托智慧平台，系统对接社区周边博物馆、美术馆、科技馆、户外营地等场馆资源，形成线上线下联动社区学习地图。

④ 居民学习管理：提供学习服务预约、学习评价、学习心得记录等功能，形成居民学习轨迹数据，定制化推送课程活动信息等。

3. 打造未来健康场景

促进基本健康服务全覆盖，围绕实现全民康养目标，建立全生命周期健康电子档案系统，完善家庭医生签约服务机制。推广可穿戴设备等智能终端应用，探索社区健康管理线上到线下（O2O）模式，促进健康大数据互联共享。创新社区健身服务模式，科学配置智能健身绿道、共享健身仓、虚拟健身设备等运动设施。加强社区保健管理，普及营养膳食、保健理疗等养生知识。促进居家养老助残服务全覆盖，创新多元化适老住宅、居家养老服务中心、日间照料中心、嵌入式养老机构、老年之家等场所配置，支持"互联网＋护理服务"等模式应用。构建名医名院零距离服务机制，探索城市医院与社区医院合作合营，通过远程诊疗、人工智能（AI）诊断等方式，促进优质医疗资源普惠共享。

1）健康生活

（1）"燃烧你的卡路里"

① 打造未来社区10分钟健身圈：

a. 多元化：运动场馆、开放式草坪、室内外健身点。
b. 网络化：慢跑绿道成网成环，纳入城市绿道网络。
② 创造智能互动的健身新体验：
a. 设施：配置智能健身绿道、健身仓、全息互动系统等。
b. 体验：沉浸式训练、社交式互动、可视化成果。
③ 构建未来社区运动活力社群：
a. 快运动：足球、水上、山地户外、马拉松等。
b. 慢运动：太极拳、慢跑、广场舞、健步走等。
（2）"养生膳食"定制化
① 建立精准化健康饮食闭环：针对不同人群健康需求，构建居民、社区食堂、食品供应商、健康专家相互驱动的健康饮食生态系统。
② 推进田间到餐桌全过程追溯：未来社区商超中应用农产品溯源系统。
（3）"健康积分"激励多
开发社区"健康积分"模块：智慧平台中植入健康积分模块，链接社区商圈资源，构建运动激励→实践→酬赏→激励的有效闭环。
2）优质医疗
（1）"名医名院"零距离
① 建立社区-三甲医院紧密医联体：创新合作合营机制，通过品牌共用、管理统筹、专家输出等方式，构建人财物统一的紧密医联体。
② 探索优质远程医疗服务集成：支持建立对接国内外名医名院的远程诊疗集成平台。
（2）"院前院后"在社区
① "院前"高质量医疗检测服务：社区检查→上级人工/AI诊断→向上转诊＋无缝对接。
② "院后"全过程智慧健康管理：
a. 重点人群：智能终端→区域健康云平台→家庭医生→慢病筛查、疾病预警、主动干预。
b. 全人群：健康小屋、智能医务室、智慧健康家居。
（3）"国医保健"在身边
① 推动中医保健进社区：引入优质机构，国医治慢病、治未病，开展健康教育。
② 创新"智能中医"大数据应用：推广应用"未来社区中医智能诊疗决策支持系统"。
3）幸福养老
（1）"一碗汤的距离"（居家养老）
① 打造活力混龄社区：推进适老化住宅改造与建设，鼓励与普通住宅混合布局；鼓励街道级、社区级居家养老服务设施公办民营，提供生活照料、保健康复、精神慰藉、紧急援助、居家上门等服务。
② 营造美好"乐龄生活"：依托邻里中心等载体，提供社交娱乐、兴趣社团、志愿活

动等活力选择，实现老有所为、老有所学、老有所乐；积极引入扶老公益组织，建立交友互助平台，培育合唱团、舞蹈队、太极队等乐龄老人自组织。

③ 创新互助型养老模式：创新跨代合租、时间银行等机制，纳入贡献积分体系；养老＋幼托，大学生实践基地＋老年大学。

（2）"家门口养老，离家不离亲"（机构养老）

发展嵌入式养老机构：突出医养结合，提供全托、日托、医疗、护理、餐饮、娱乐等一站式专业照护服务；改造更新类鼓励依托增量空间引入机构；新建类做好规划统筹布局，避免邻避效应。

（3）"智慧养老"保安康

① 推广健康智能终端应用：适老化公寓、养老机构率先推广智能家居、可穿戴设备等智能终端。

② 开发智慧养老服务模块：智慧平台中植入居家养老服务模块，整合本地化、可监控的服务提供商，提供网约护理、家政、送餐等养老服务。

4. 打造未来创业场景

搭建社区"双创"空间，结合地方主导产业培育，按照数字经济、文化创意等领域特色创业需求，配置孵化用房、共享办公、居家办公（SOHO）等"双创"空间，配套共享厨房、共享餐厅、共享书吧、共享健身房等生活空间，营造社区创新创业良好生态。激发共享经济潜能，依托社区智慧平台，形成共享服务需求与供给零距离对接场景，促进社区资源、技能、知识等全面共享。健全特色人才落户机制，推出多类型人才公寓，采用定对象、限价格等方式，建立利于招才引智的出售出租政策机制，吸引更多特色人才安家落户，打造各类特色人才社区。

1）创业生活无界

（1）"未来创客厅"触媒全民创业

① 核心创业空间载体：配建"未来创客厅"，搭建创业因子流通场所。

② 触媒社区内生创业：用社区文化优势孵化相关创意产业。

（2）"24小时"聚集全时创业

① 创新要素聚集的空间布局：围绕未来社区TOD公共中心，集中布设创业空间。

② "产业配套"的功能定位：将创业空间纳入社区公共服务配套体系。

（3）"小成本大创业"实现全要素共享

① 共享办公空间：联合打造线上线下共享办公空间。

② 共享生活服务空间：引导"共享办公＋共享服务＋人才公寓"三大功能结合。

2）创业服务无距

（1）"天使在身边"社区众筹平台

① "迷你投"社区创业项目：

a. 创业者：发布项目，多轮路演，设定筹集目标；

b. 支持者：社区业主优先，出资众筹，监管并获得收益。

② 众创 PLUS 投融资服务：

a. 大咖面对面：知名企业、媒体的孵化运营商入驻，直接向创业；

b. 投融资沙龙：协助获得政府专项资金，协助申请担保贷款与风险投资机构对接等。

（2）"创业进社区"创客学院

① 建立社区创业教育基地：

a. 人人为师：创业人生公开课，双创系列讲座；

b. 星创客职业培训课程：聚焦小企业经营培训，24 小时线上云学习。

② 定期举办双创大赛：

a. 双创活动会场：大规模、高质量；

b. 优胜奖励：社区奖金池、企业奖金池、上线社区众筹平台。

③ 定向推送政策信息：创客联盟，会员制，联入 CIM 社会智慧服务平台；定向推送最新国家、区域、招聘、人才创业支持政策。

（3）"邻里圈"创业舞台

① "便民服务"O2O 板块：针对 O2O 项目，提供业务拓展、市场推广和流量服务。

② "居家创业"民生板块：定期开设"民生市场"产品推介会和创意分享会，邀请相关部门、创业导师、艺术家等进行居家创业指导。

（4）"互联互惠"创业者服务中心

① 创业者发布需求：通过平台建立创业者行业社交网络。

② 第三方提供服务：由第三方提供如品牌设计、专利申请、架构等全要素创业服务。

③ 创业者服务评价体系：创业者与第三方服务商进行双方互评，推选"明星服务商"。

3）创业机制无忧

（1）"创者有其屋"人才公寓建设与运营

① 灵活化配建人才公寓：规划新建类人才公寓建面占比 6%～10%，更新改造类 2%～3%。

② 多元化投资承建人才公寓：政府配建人才公寓占比 30%～50%，其余面向市场。

③ 透明化公寓申请通道：在线提交审核资料，透明价格选房，实时公布剩余待选房源，实时公布排队进程。

（2）"定对象，重实绩"双创人才落户机制

创新创业人才直接落户：创业人才、投资管理人才、企业家。

（3）"真金白银"鼓励社区就业

① "零租金"办公场所：为社区居民创业提供零租金办公场所，水电补贴。

② 本地就业扶持政策户：一次性创业补贴，公益性岗位就业补贴，招用"4050"人员补贴，提供小额贷款和贴息贷款。

5. 打造未来建筑场景

推广集约高效公共交通导向开发（TOD）布局模式，围绕公交枢纽和轨道交通站点，形成大疏大密布局模式，探索容积率弹性管理机制，推动地上地下空间高强度复合开发，统筹做好地下综合管廊建设衔接。打造绿色宜居宜业空间，促进空间集约利用和功能集

成，探索弹性功能组合空间模式，优化青年创业公寓、新型养老公寓等配比，推广智慧家居系统应用。建设个性化、泛在化绿色公共空间，依托阳台绿槽、社区公园、屋顶花园等，提高立体复合绿地率，完善配备服务设施，打造艺术与风貌交融未来建筑场景。搭建数字化规划建设管理平台，构建社区信息模型（CIM）平台，实现规划、设计、建设全流程数字化，建立数字社区基底。应用推广装配式建筑、室内装修工业化集成技术。

1）效率与人文交融的TOD社区

（1）TOD模式的社区空间格局

① 围绕TOD站点，进行梯度式混合开发：依据TOD站点等级确定开发强度，自站点向外围梯度递减；促进用地混合与弹性开发，形成混合度由高到低的圈层结构。

② 完善对外交通接驳，构建适宜步行的街区：强化内外转换，完善TOD站点对外接驳系统；倡导人车分流，优化自行车与步行系统；倡导"小街区"，开辟人行尺度的街巷空间。

③ 实施地上地下立体开发，增强空间利用效率：实施"站城一体化"，引导TOD集散人流与服务设施"零距离"；统筹地下综合管廊建设；统筹建筑垂直交通与建筑间立体交通，实现无缝转换；实施商业与服务业态的竖向分层组织，开展多功能立体开发。

（2）绿色立体的社区生态环境

① 建设复合型立体绿化系统，营造社区"森林"：将社区公园、街头绿地等地面绿化，与平台绿化、屋顶花园以及阳台绿槽等垂直绿化相结合，提高立体复合绿地率，建设泛在化的绿色公共空间。

② 串联"建筑—公园—场所"，创造共同生态圈：对步行道、绿道、建筑架空层、连廊天街等慢行系统进行个性化设计，将绿色公共空间与邻里中心、广场、住宅、写字楼、沿街商业等各类建筑和场所进行有机串联，形成整体。

（3）有辨识度的社区景观风貌

① 立足风貌基底，挖掘个性化的风貌特质：依据上位规划的城市风貌区控制要求，明确社区整体风貌发展方向。研判风貌基底，梳理社区个性化的风貌元素、符号等；按照"解构、立意、象征"思路，明确建筑与场地营建的设计要求。

② 重视文脉传承，塑造在地化的人文环境：保留并修缮有价值的历史建筑与场所遗迹，保护古木名树；保留具有乡愁记忆的构筑物与典型环境；再现地域文化符号，艺术化设计雕塑、景观小品、邮箱、路灯等"城市家具"。

③ 延续城市肌理，开展整体性的风貌设计：延续城市肌理，围绕材质、色彩、风格、视效、天际线等元素，开展整体性的风貌设计；实现"城市—社区—庭院"空间景观的自然过渡，重点在庭院。

（4）完善便捷的社区公建配套

①"全人群、全龄化"配建服务设施：关怀老弱幼残，完善专需设施；按社区人群组成，配置特色化共享空间。

②"人本化、精细化"组织设施布局：按照5～10分钟生活圈目标，组织社区商业及

服务设施布局；智能技术追踪分析社区需求动态，优化服务设施及比例。

2）复核与共享兼备的建筑产品

(1) 弹性利用的"复合"建筑

① 提供多样化的创业空间：提供"共享办公＋共享服务＋人才公寓"三类功能不同配比的创业空间，满足不同社区的差异化创业人群需求。

② 推广可变化的品质住宅：提供更为人性化和易改造的房屋空间，采用模块化的户型与单元设计，满足不同特点家庭的需求，并能伴随家庭的成长而适时调整。

(2) 功能融合的"共享"建筑

① 集中建设综合型的社区邻里中心：社区邻里中心集成社区 5 分钟生活圈所需的主要功能，是"一站式"的社区公共服务中心；可承载健康、教育、邻里、服务、治理、创业等多场景的功能用途；结合社区中心公园、广场等公共空间，形成社区公共活动中心；

② 分散配置便民性的街坊共享空间：集成 24 小时便利店、日杂店、物流配送终端、社区健身场地、共享单车终端等便民性服务设施；就近结合建筑群体分散布置，分散在各居住街坊内。

3）标准化与信息化集成的建造技术

(1) 标准化的建筑技术集成

① 推广技术系统集成的新型建筑：应用预制装配结构体系、环境舒适性系统、再生资源利用系统、海绵城市技术、智慧化生活系统等技术集成的新型建筑。

② 推广装配式一体化的建造模式：积极推进采用"标准化设计、工业化生产、装配化施工、一体化装修、信息化管理"为核心的建造模式。

(2) 信息化的数字技术支撑

① 建立"1＋N"社区数字系统架构："1"为统一的社区数字信息系统，包括规划与建设阶段的"社区 CIM 平台"和运营阶段的"社区智慧平台"两部分；"N"为 9 大场景应用模块和各地创新性应用模块。

② 实施社区全生命周期的数字技术支撑：规划阶段，开展可行性评估、设计方案比选与优化、联动政府审批等工作，辅助决策；建设阶段，依托 BIM 技术实施线上实时施工管理，实现监管提质增效；运营阶段，依托数字运营商，实现政务、民生、产业"三位一体"的精准化服务。

(3) 适应性的规范制度创新

① 探索土地出让制度层面的创新：探索"住房按套内面积销售"转变中的配套政策创新；探索"带方案出让模式"的规则制定，确保社区公共空间、社区配套服务用房、建筑共享空间等规模配置。

② 探索规范适应性层面的创新：探索引入"生态强度"指标管控。探索建筑日照、建筑限高、建筑间距、容积率等标准修订。

6. 打造未来交通场景

突出差异化、多样化、全过程，构建"5、10、30 分钟出行圈"。以车实现 5 分钟取停为目标，统筹车位资源，创新车位共享停车管理机制，推广应用自动导引设备（Automated Guided Vehicle，AGV）等智能停车技术。完善社区新能源汽车充电设施供给，预留车路协同建设条件，为5G环境自动驾驶和智能交通运行留白空间。以人步行实现10分钟到达对外交通站点为目标，创新街区道路分级、慢行交通便利化设计，倡导居民低碳出行，通过信息服务实现一键导航、交通无缝衔接，打造居民便捷交通站点出行圈。以物实现30分钟配送入户为目标，运用智慧数据技术，集成社区快递、零售及餐饮配送，打造"社区—家庭"智慧物流服务集成系统。

1）"人"畅其行

（1）社区TOD对外交通衔接

① 公交站点换乘衔接：社区主出入口设计；慢行通道与公交站台无缝对接；社区周边公交站点换乘设施。

② 枢纽空间立体开发：TOD综合体开发；围绕公交站点立体交通设计。

（2）无障碍慢行交通连接

① 非机动车道设施：道路横断面"机非车道分离"；街道纵断面坡道人性化设计。

② 步行网络空间：人行道无障碍设施全覆盖；重要建筑功能区之间风雨连廊和通道；"100-300-500m"街区步行生活圈。

（3）智慧出行服务运营

① 出行信息服务：公交站点交通信息显示牌；大数据驱动的需求响应社区微公交。

② 邻里共享出行平台：第三方一站集成出行服务运营商；社区智能出行助手APP服务。

2）"车"畅其道

（1）社区内部街道路网布局

① 街道空间设计："小街区、密路网"社区道路形态；全街道空间，"次街生活"；交通稳静化措施（隔离、限速、缓冲带）。

② 街道分级：街道功能矩阵分类；街道标准模块化设计。

③ 智慧交通设施接口：路侧传感器布设；硬件设施标准化接口；智能网联汽车应用接口。

（2）"人车分流"社区交通管控

① 社区交通微循环：社区交通流线优化；单行导向标志标线。

② 交通冲突最小化：机非交通物理隔离；街道路口信号成片联控。

（3）智慧共享停车

① 停车位共享机制：社区公共停车位比例统筹；第三方共享停车运营平台。

② 智慧辅助停车服务：AGV（自动导引设备）智慧停车技术；机械立体停车位；5分钟一键取停车APP服务。

（4）新能源汽车供能保障

① 停车充电配套设计：停车位充电桩设施100%覆盖；充电服务智能化平台服务。

② 综合供能服务：社区集成供能（加油、加气、充电）服务站；社区移动充电车投放。

（5）非机动车管理

① 行车安全管控：重点路口、路段封闭隔离；非机动车绕行、导向标志标线。

② 停车管理：非机动车停车泊位规划配建；共享电单车、共享单车定点停放；安全出入口、消防通道等禁停管理；电动车智能充电第三方运营服务商。

3）"物"畅其流

（1）物流配送集成服务

① 物流配送技术设施：物流用房建设预留；智能快递柜、快件箱等终端布设；社区无人车、无人机配送试点；地下管道物流配送技术试点。

② 智慧物流配送服务：快件物流、餐饮配送、垃圾回收等智慧集成平台；30分钟"社区—家庭"配送服务；区块链追溯技术，全过程物流配送安全管控。

7. 打造未来低碳场景

打造多能协同低碳能源体系，构建社区综合能源系统，创新能源互联网、微电网技术利用，推广近零能耗建筑，建设"光伏建筑一体化＋储能"的供电系统、"热泵＋蓄冷储热"的集中供热（冷）系统，优化社区智慧电网、气网、水网和热网布局，实现零碳能源利用比例倍增。构建分类分级资源循环利用系统，打造海绵社区和节水社区，推进雨水和中水资源化利用。完善社区垃圾分类体系，提升垃圾收运系统功能，促进垃圾分类和资源回收体系"两网融合"、建筑垃圾资源化利用，打造花园式无废社区。创新互利共赢模式，引进一体化开发、投资、建设和运营的综合能源服务商，搭建综合能源智慧服务平台，实现投资者、用户和开发商互利共赢，有效降低能源使用成本。

1）数字化＋综合能源系统

（1）多元协同的能源供应

① 光伏建筑一体化："呼吸式"智慧光伏幕墙、阳台和屋顶花园光伏玻璃、社区公园光伏长廊、光伏瓦、光伏路灯等。

② 分布式储能系统："光伏＋储能"、双向充（放）电电动汽车等。

③ 区域综合能源站：区域综合能源站提供集中供热（冷）等。

④ 预留新技术应用接口：预留氢能和燃料电池等新技术应用接口。

（2）降本增效的智慧节能

① 建筑绿色节能：绿色建筑三星、超低能耗建筑、近零能耗建筑等。

② 公共智慧节能：照明、梯控、动力、配电等智慧节能。

③ 家庭智慧节能：智能家居和家电，家庭能效管理终端。

④ 智慧互动输配网：微电网、直流供电等智慧电网，智慧热（冷）网，智慧气网等。

（3）健康舒适的环境体验

① 集中供热供冷：采用"高效热泵＋蓄冷储热"的集中供热供冷系统，实现四季如春的环境体验。

② 动态监测分析：开展能耗和环境舒适度监测与分析。

2）分类分级资源循环系统

（1）分质循环智慧水务

① 智慧节水：采用节水型洁具等。
② 海绵社区：通过雨水回收、雨水花园、透水铺装、下凹式绿地等打造海绵社区。
③ 中水回用：中水回用于景观园林等。
（2）可追溯的垃圾分类回收
① 分类智能投放：厨余垃圾、其他垃圾等分类智能投放，大件垃圾、装修垃圾分类投放。
② 再生资源回收：互联网＋再生资源回收，实现线上交投、线下回收。
③ 分类收运处置：餐厨、厨余垃圾分类运输，建筑垃圾资源化利用。
3）综合能源资源服务商业模式
（1）综合能源资源服务商
① 全过程建设运营：提供规划设计、系统建设、运营维护服务等。
② 全方位供应服务：提供社区内的供电服务、供热（冷）服务、供气服务、供水服务等。
③ 定制化增值服务：多元化供应套餐定制、全生命周期运维服务、差异化节能方案推送。
（2）综合能源智慧服务平台
① 功能模块搭建：搭建社区能源资源供需协同优化管理、能源需求侧响应和能效管理、能源资源设施运维与智慧调控、能源资源消耗和环境舒适度监测分析、能源资源缴费和定制服务等五大模块。
② 信息交互共享：以数字化管理实现"源网荷储"万物互联，能源信息广泛交互和共享。

8. 打造未来服务场景

推广"平台＋管家"物业服务模式，依托社区智慧平台，按照居民基本物业服务免费和增值服务收费的原则，合理确定供物业经营用房占比，统筹收支平衡。建立便民惠民社区商业服务圈，完善现代供应服务管理，创新社区商业供给和遴选培育机制，以多层次、高性价比为主要标准，精选各类商业和服务配套最优质供应商并在社区推广，结合O2O模式应用，支持其做大做强，努力催生一批本土品牌。建设无盲区安全防护网，围绕社区治安，构建设界、控格、守点、联户多层防护网，应用人脸识别等技术，推广数字身份识别管理。围绕社区消防和安全生产，应用智能互联技术，实现零延时数字预警和应急救援。

1）"平台＋管家"服务模式
（1）"平台＋管家智慧服务点亮生活"
① 智慧运营管理平台：
a. 功能：物业服务、智慧服务、智慧生活、智慧政务；
b. CIM基底：GIS＋BIM＋IoT构建数字孪生社区；
c. Pass平台：依托阿里云，接入大批智能设备，实现智慧化综合体验场景；

d. 开放平台：公开 API 或 Function 接入外部程序或第三方合作伙伴开发的功能；

e. 数据中台：数据模型、数据服务、数据开发。

② 管家人才建设与管理：

a. 管家要求：精服务、懂管理、擅经营；

b. 培养机制：建立健全管家职业技能培训和认证体系；

c. 评价机制：由业主、第三方等通过平台对管家进行服务评价。

③ "双剑合璧"助力运营：

a. 助力社区精准服务：大数据分析居民生活需求，为管家精准服务提供依据；

b. 助力社区空间管理：CIM 平台汇聚 GIS＋BIM＋IoT 数据，为社区管理提供空间基底；

c. 助力社区资产运营：管理社区实体和数字资产，协助管家运营；

d. 助力匹配优质服务商：平台为管家推荐政府认证服务商。

（2）数字化可持续运营"慧聚未来"

① 降低运营成本：物业服务智能化，降低人力成本；物业管理信息化，降低管理成本。

② 增加运营收入：

a. 资产经营收入：经营性用房、车位出租等；

b. 智慧运营收入：二手房交易和租赁的佣金、周边电商生态系统收费盈利、合作广告媒体盈利、社区 O2O 服务收费盈利、电信运营商等合作收费、医疗服务收益等。

③ 消费积分：鼓励消费在社区，成为"服务换积分、积分换服务"的重要一环。

2) 便民惠民社区服务体系

（1）社区服务清单

① 物业服务清单：

a. 基本物业服务：全天候安保服务、环境维护服务、工程设备管养服务、社区活动和日常接待服务、档案管理服务；

b. 增值物业服务：房屋增值服务、O2O 服务、其他特色服务。

② 商业服务："10＋X"的商业业态，10 项必备业态，包括超市、银行、邮政（快递）、餐饮、洗衣、美容美发、医药零售、文化用品、电器维修、菜场；若干项深化业态，如中介服务、家具饰品等线上线下相结合，线下是邻里中心，线上是 O2O 服务模式。

③ 公共服务：

a. "最多跑一次"；

b. 社区服务站 8 小时之外的查询服务和材料提交等；

c. "一站式"服务中心：社区政务服务、民情联络、义工联络、基层组织联络、基本公共卫生服务、图书馆和文体活动服务（有偿低价）等。

④ 公益服务：少儿生活体验、互动交流服务老年人心理健康知识教育、青春期心理与情绪辅导、居民心理咨询与辅导创新创业、社团孵化、社区活动的平台载体；通过"服务换积分"等方式，鼓励居民为社区提供共享化的公益服务/有偿低价服务。

（2）社区服务空间

合理设置邻里中心：每6000~8000套住户配套建设一个邻里中心，提供商业服务（10+X商业业态）、公共服务和公益服务等。

（3）社区服务供应商遴选培育

① 建立产业生态联盟：由政府部门牵头，根据综合实力、相关业绩、诚信情况等，在全省范围内精选优质供应商，建立未来社区服务供应商产业联盟。

② 供应商培育：根据未来社区服务品质和满意度等情况，采用政府购买服务等形式给予适当扶持。

3）无盲区安全防护网

（1）社区安全防护

① 智能安防系统：

a. 技术要求：互联网、物联网技术＋数字身份识别管理技术；

b. 设备要求：移动端（无人机、巡航机器人等）＋固定端（摄像头、智能门锁、电子围栏等）；

c. 服务范围：非隐私区域全覆盖（社区出入口、主要道路、电梯、楼梯、停车场等）；

② 智能安防预案：

a. 第一等级：系统故障、误触安防设备等；

b. 第二等级：居民矛盾、停车场事故、设备硬件故障等；

c. 第三等级：重大治安问题。

③ 社区安防小组：专业安防人员＋社区互助志愿者。

④ 安防与积分机制：

a. 正面清单：加入安防小组、响应积极、完成安防任务等；

b. 负面清单：消极怠工、造成事故和不良影响。

（2）社区应急救援

① 应急救援系统：

a. 设备要求：传感器、网关、流量计、智能阀门、逻辑模块、光通信产品等；

b. 服务范围：电梯系统、消防系统、公共区域照明系统、能源资源管理系统等；

c. 功能应用：预警救援功能、地图定位功能、一键式求助对讲功能、联动报警功能等。

② 应急救援预案：

a. 第一等级：系统故障、设备临时故障等；

b. 第二等级：环卫问题、电梯故障、照明故障、家用能源故障等；

c. 第三等级：重大消防事故、重大环卫事件等。

③ 应急救援小组：专业应急救援人员＋社区互助志愿者。

④ 应急救援与积分机制：

a. 正面清单：加入应急救援小组、响应积极、完成应急救援任务等；

b. 负面清单：消极怠工、造成事故和不良影响。

9. 打造未来治理场景

构建党组织统一领导的基层治理体系，完善党建带群建制度，健全民意表达、志愿参与、协商议事等机制，推动党的领导更好嵌入基层治理实践，引领基层各类组织、广大群众积极参与基层治理。采用居民志愿参与的自治方式，构建社区基金会、社区议事会、社区客厅等自治载体和空间，激发多方主体广泛参与社区治理。推行社区闭环管理和贡献积分制，形成社区民情信息库，推举有声望、贡献积分高的居民作为代表共同管理社区事务。搭建数字化精益管理平台，依托浙江政务服务网和"浙政钉"平台，促进"基层治理四平台"的融合优化提升，梳理社区各项任务，强化基层事务统筹管理、流程优化再造、数据智能服务，有效推进基层服务与治理现代化。

1）党建引领

（1）党委核心领导作用。

（2）党员先锋模范作用。

2）社会协同

（1）组建社区治理委员会。

（2）社区工作"减负"。

3）公民参与

（1）自治参与。

（2）社区基金会。

（3）社区志愿者协会。

4）智慧治理

（1）数字化精益管理。

（2）业务流程再造。

（3）社区综合 App。

1.5 未来社区全过程工程咨询的内容

为规范和指导未来社区试点建设项目开展全过程工程咨询，充分发挥全过程工程咨询服务对未来社区试点建设的支撑作用，浙江省发展改革委印发《浙江省未来社区试点建设全过程工程咨询服务指南（试行）》。按照不同建设内容赋码情况，试点可由一个或若干个工程建设项目（以下简称"赋码项目"）组成。未来社区试点建设全过程工程咨询服务（以下简称"试点全咨服务"）针对相关特点，采用"1＋N＋X"方式组织。

1.5.1 "1"——综合性咨询

"1"为综合性咨询，贯穿试点建设全周期并覆盖全部赋码项目，是未来社区试点建设的核心咨询服务。综合性咨询宜从申报阶段开始，由下列内容构成：

1. 试点选址咨询

根据设区市、县（市、区）未来社区建设三年行动计划和年度计划，开展拆迁安置居民意愿调研及现有拆迁安置政策研究，全面掌握安置居民人口结构、收入来源、安置需求等信息；以居民意愿为前提，结合未来社区建设要求，按照先易后难的原则，提出未来社区试点建设的申报选址意见及有针对性的拆迁安置政策建议。

2. 场景系统咨询

对标省级未来社区33项约束性和引导性指标内容，按照实现九大场景功能集成与技术集成要求，对申报方案环节的场景策划、实施方案环节的场景设计、履约协议环节的场景约定、建设施工环节的场景建设、运营环节的场景实效进行全周期的跟踪评估，出具场景系统符合性评估报告，并对其中风险提出规避措施及优化建议。场景系统，既包括功能配置与空间需求，也包括与之相关的一切建筑技术、低碳技术和数字技术内容。

3. 资金平衡咨询

按照建设期与运营期资金总体平衡要求，对试点选址环节的征迁方案资金平衡、申报方案环节的资金测算方案、实施方案环节的资金测算方案、建设施工环节的造价预决算方案进行全周期跟踪评估，出具资金平衡风险评估报告，并对其中风险提出规避措施及优化建议。资金平衡，指试点建设项目全周期现金流入和现金流出之间的盈亏水平。资金平衡测算应以征拆方案、规划及建筑设计方案、运营方案等为依据，结合当地经济发展水平和政策性支持情况进行综合分析。

4. 技术体系管理咨询

根据试点建设项目实际情况和所在地的全产业链发展水平，结合场景系统建设要求，并依托未来社区产业联盟技术解决方案库，开展适宜性技术体系框架研究，指导评估申报方案环节的技术体系策划、实施方案环节的技术方案比选、建设施工环节的技术方案定型，为后续实施供应链管理提供支撑。

5. 实施方案管理

按照试点建设实施方案编制有关要求，制定实施方案任务书，协助委托方开展实施方案编制单位选择，并指导编制过程中的答疑；对各阶段实施方案成果开展评估，协助委托方决策；组织县（市、区）实施方案审查，并协助委托方完成实施方案的省、市两级评审、修改、备案等工作。

依托实施方案，开展设计管理咨询，动态跟踪九大场景指标在施工图设计、建设施工中的落实情况，对设计成果文件进行系统性审查，提供九大场景落地设计纠偏、技术建议、风险提示及工程设计优化等内容。

依托实施方案，开展场景联合体咨询，负责指导评估实施方案编制单位、产业联盟单位场景联合体方案设计，协助委托方选择确定场景联合体解决方案。

依托实施方案，开展数字化管理咨询，指导评估CIM系统解决方案编制，指导CIM实施单位利用可视化和数字化工具开展全周期建设活动，并实现与省级CIM平台无缝对接。

6. 土地供给与履约监管咨询

基于评估备案的实施方案，以浙江省未来社区试点建设相关政策文件为依据，协助委托方确定土地出让方式。

根据土地"带方案"出让（转让）要求，制定相配套的开发建设运营履约协议，履约协议应保障试点建设承诺的综合指标，符合省级未来社区试点33项约束性指标要求，力争达到引导性指标要求，并将试点在实施方案中承诺的相关响应措施列入协议。

以履约协议为基础，跟踪监管项目在报建、施工、竣工、试运营等环节中的实际情况，出具相应的评估报告，对其中风险提出规避措施及优化建议。

7. 运营管理与评估考核咨询

协助委托方开展运营主体选择，评估运营方案的符合性以及"平台＋管家"具体运营模式的合理性。运营方案应明确基础物业服务和增值物业服务的界限范围，公益性与经营性空间的规模与范围，以及管家体系架构、职责培训计划。

协助委托方开展评估考核，负责试运营、省级未来社区试点验收、档案信息等管理咨询和项目后评价。工程建设专项验收由相应的用地主体负责，不纳入全过程工程咨询管理。

1.5.2 "N"——前期专项咨询

"N"为前期专项咨询，是土地供应前未来社区试点建设除综合性咨询以外必要的、关联性强的各类咨询服务事项。包括但不限于以下服务内容：

1. 征迁安置方案咨询

按照居民意愿调查和试点选址方案，开展试点建设具体的征迁安置方案编制，明确征迁办法实施细则、安置与过渡计划等内容。

2. 申报方案编制

按照《浙江省未来社区试点建设管理办法（试行）》（浙发改基综〔2020〕195号）第十条所列要求，开展试点申报方案的编制工作，并协助委托方完成申报相关工作。

3. 规划研究咨询

负责衔接上位规划，通过对规划单元范围、实施单元范围以及未来社区约束性要素等研究评估后，提出规划条件调整建议。从城市新型功能单元角度，开展未来社区"引领性"的营建理念、指标体系、功能业态策划、建筑空间设计、数字化系统设计、韧性社区系统设计等方面研究。

4. 专项政策研究咨询

根据试点建设项目实际需求，为落实九大场景系统，开展所在地有针对性的政策实施细则、标准技术规程等方面的专项研究。

5. 土地使用权转让方案咨询

根据试点建设项目实际需求，开展针对性的土地使用权转让方案谋划、比选与制订，为委托方确定土地出让方式提供参考。

6. 试点投融资咨询

根据试点建设项目实际需求，协助委托方开展投融资渠道与模式的研究、设计，制定可行的投融资方案以及协助进行投融资谈判。

7. 建设条件单项咨询

根据试点建设项目实际需求，开展选址论证、环境影响评估、节能评估、社会风险评估等项目建设条件咨询服务，以及其他按照国家、省市地方有关规定需开展的咨询服务内容。

1.5.3 "X"——工程建设专项咨询

"X"为工程建设专项咨询，是土地供应后未来社区试点建设可能涉及的、以单个赋码项目为主体的各类咨询服务事项。包括但不限于以下内容：

1. 项目报审咨询

根据赋码项目需要，按照国家、省市地方有关规定开展项目建议书、可行性研究报告、项目申请报告、资金申请报告等咨询服务。

2. 工程勘察咨询

根据赋码项目需要，开展工程勘察管理或工程勘察活动。

3. 工程设计咨询

根据赋码项目需要，按照《建设工程设计文件编制深度的规定》要求，可开展工程项目方案设计、初步设计的管理工作，以及施工图设计或管理其中一类工作等。

4. 招标（采购）咨询

根据赋码项目需要，按照国家、省市地方现行有关规定组织建立招标（采购）管理制度，确定招标采购流程和实施方式，规定管理与控制的程序和方法，协助项目建设单位开展招标（采购）工作。

5. 工程造价咨询

根据赋码项目需要，开展编制或审核项目投资估算、项目设计概算、施工图预算，以及项目发承包、施工、竣工等阶段的相关造价咨询服务。

6. 工程监理与施工项目管理

根据赋码项目需要，从事工程监理或施工项目管理服务活动，也可开展工程监理与项目一体化服务活动。

试点全咨服务应包含综合性咨询的全部内容，以及按需在菜单式的前期专项咨询和工程建设专项咨询的服务事项中选择有关内容。试点实施主体可按现行法律法规规定，另行委托其他咨询机构承担前期专项咨询的服务事项。鼓励试点相关建设用地单位将工程建设专项咨询服务一并委托给全咨单位承担。

第 2 章　未来社区全过程总体咨询方案

未来社区项目建议优先采用全过程工程咨询服务模式。

2.1　全过程工程咨询组织机构

（1）工程咨询方设立的工程咨询机构可独立于工程委托方进行全过程工程咨询，也可与工程委托方相关职能部门共同形成一体化工作团队。

（2）全过程工程咨询实行咨询项目总负责人责任制。全过程工程咨询业务涉及勘察、设计、监理、造价咨询业务的，相应咨询业务应在咨询项目总负责人的协调下，分别实行勘察项目负责人、设计项目负责人、总监理工程师、造价咨询项目负责人责任制。

（3）工程咨询机构可根据项目投资决策及建设实施不同阶段咨询内容或单项咨询内容设立不同的专业工作部门，委派专业工作部门负责人。专业工作部门的咨询业务涉及勘察、设计、监理、造价咨询业务的，相应专业工作部门负责人应为勘察项目负责人、设计项目负责人、总监理工程师、造价咨询项目负责人。

（4）按规定需要在施工现场派驻工程咨询机构的，工程咨询方应在施工现场派驻相应专业工作部门。

（5）工程咨询机构应配备数量适宜、专业配套的专业咨询人员和其他辅助人员，其能力和资格应满足工程咨询服务工作需要。

（6）工程咨询方应根据全过程工程咨询合同要求及工程特点，制定和实施全过程工程咨询工作制度，明确全过程工程咨询工作流程，明晰工程咨询方内部及工程咨询方与工程委托方、其他相关方之间的管理接口关系。

（7）专业工作部门负责人应在工程咨询服务工作开始前，组织相关专业咨询人员进行咨询工作计划交底。

（8）工程咨询机构应按全过程工程咨询合同及相关标准要求编制工程咨询成果文件，勘察项目负责人、设计项目负责人、总监理工程师、造价咨询项目负责人应在其确认的相关咨询成果文件上签字并加盖执业印章。

（9）工程咨询成果文件应在工程咨询方内部履行必要的审批程序后，方可报送工程委托方。

2.2 建设流程与相关工作

根据浙江省发展改革委建议，未来社区建设期分为规划、申报、深化、立项、实施、验收六大阶段。建议未来社区项目优先采用全过程工程咨询服务项目，未来社区建设应尽早对接 CIM 平台、智慧服务平台，编制落地性实施方案阶段需对接两大平台整体方案。深化设计阶段，智慧服务平台有关软硬件接入和场景智能化建设方案设计，需与场景联合体全面对接。未来社区的具体建设流程如下。

2.2.1 规划阶段

（1）各地结合未来社区建设需求进行国土空间规划修编；全过程工程咨询单位根据试点所在地的政策实施细则、标准技术规程等方面进行专项研究，科学优化各项规划、详细规划。

（2）编制未来社区建设三年行动计划，建立完善未来社区试点储备项目库。

（3）全过程工程咨询单位负责研究评估规划单元范围、实施单元范围、未来社区限制性要素等，提出规划条件调整建议。

（4）研究未来社区"引领性"的营建理念、指标体系、功能业态策划、建筑空间设计、数字化系统设计、韧性社区系统设计。

2.2.2 申报阶段

（1）比选确定申报地块。

（2）协助委托方开展申报性实施方案编制单位选择，确定申报性实施方案编制单位。

（3）开展试点申报方案的编制工作，并协助委托方完成申报相关工作（含场景联合体方案）。

（4）提交申报试点文件。

（5）进行申报试点项目评审。

（6）公布试点项目创建名单。

2.2.3 深化阶段

（1）协助委托方开展落地性实施方案编制单位选择，确定落地性实施方案编制单位。

（2）编制落地性实施方案（含场景联合体细化方案）；全过程工程咨询单位负责指导编制过程中的答疑。

（3）对各阶段实施方案成果开展评估，并组织县（市、区）落地性实施方案评审。

（4）协助委托方完成实施方案的省、市两级评审、修改、备案等工作。

2.2.4 立项阶段

（1）出让／划拨：

① 出让方式："带方案土地出让"→签订土地出让合同（含场景联合体合同条款）→备案；

② 划拨方式：项目立项→拟定划拨条件→签订土地划拨合同（含场景联合体合同条款）。

（2）办理建设用地规划许可证；

（3）办理土地证；

（4）深化设计阶段（含场景联合体方案深化设计）；

（5）日照、交通、能耗、装配式建筑等专项评审；

（6）施工图设计；

（7）施工图审查；

（8）办理建设工程规划许可证；

（9）办理质（安）监手续；

（10）招标文件编制；

（11）施工单位招标确认。

2.2.5 实施阶段

（1）办理建筑工程施工许可证。

（2）开工建设：主体工程建设→装修工程→机电安装→九大场景软硬件建设→配套及附属工程建设。

（3）工程竣工验收／备案。

（4）数字孪生社区／场景联合体投入运营。

（5）建设工程档案验收与移交。

2.2.6 验收阶段

（1）协助委托方开展试运营。

（2）开展省级未来社区试点验收评估。

（3）进行档案信息归档。

（4）未来社区命名。

（5）项目正式运营。

2.3 服务清单

未来社区全过程工程咨询服务清单详见表2-1。

未来社区全过程工程咨询服务清单表　　　　　　　　　　　表 2-1

工作项目	工作内容细分项
一、投资决策综合性咨询	
1. 项目实施意向	1）项目实施意向确定
	2）项目立项报批或核准或备案
2. 专项政策研究咨询	1）试点所在地针对性的政策实施细则
	2）标准技术规程等方面的专项研究
3. 申报方案编制	1）开展试点申报方案的编制工作
	2）协助委托方完成申报相关工作
4. 建设条件单项咨询	1）开展选址论证
	2）开展环境影响评估
	3）开展节能评估
	4）开展社会风险评估等
	5）其他按照国家、省市地方有关规定需开展的咨询服务内容
5. 试点选址咨询	1）开展未来社区拆迁安置居民意愿调研
	2）现有拆迁安置政策研究，全面掌握安置居民人口结构、收入来源、安置需求等信息
	3）提出未来社区试点创建的申报选址意见
6. 征迁安置方案咨询	1）按照居民意愿调查和试点选址方案
	2）开展试点建设具体的征迁安置方案编制
	3）明确征迁办法实施细则
	4）明确安置计划
	5）明确过渡计划
7. 项目前期策划	1）项目环境调查分析
	2）项目定义和项目论证
	3）与项目决策相关的经济策划
	4）与项目决策相关的组织管理策划
	5）项目产业策划
	6）商业策划
8. 项目建议书编制或管理	1）项目建议书编制单位或团队人员确定
	2）项目建议书编制
	3）项目建议书审核与评审
	4）项目建议书确认
	5）项目建议书行政报批
9. 可行性研究报告编制或管理	1）可行性研究报告编制单位或团队人员确定
	2）可行性研究报告编制
	3）可行性研究报告审核与评审
	4）可行性研究报告确认
	5）可行性研究报告行政报批

续表

工作项目	工作内容细分项
10. 专项评价的编制管理	1）社会稳定风险评价（大型项目、重点项目）
	2）地质灾害危险性评估（如有区域评估结果，可替代）
	3）未来社区项目选址论证（视情况）
	4）交通影响评价（可包含在选址论证报告中）
	5）地震安全性评价（视情况）
	6）环境影响评价（如有区域评价成果，可降级评价或代替）
	7）安全评价
	8）水土保持方案（如有区域评估，可代替）
	9）节能评估
	10）其他（视情况）
11. 行政审批管理咨询	1）项目建议书阶段的行政审批
	2）可研报告阶段的行政审批
	3）设计阶段的行政审批
二、项目实施策划	
1. 项目总体组织策划	1）项目总体建设组织
	2）招标采购策划
	3）总控制计划策划
	4）质量策划
	5）投资策划
	6）先进建造策划
	7）宣传策划
	8）项目实施风险策划
	9）编制项目工作指导文件
2. 项目管理内部组织策划	1）组织结构
	2）工作文件
3. 土地供给与履约监管咨询	1）协助委托方确定土地出让方式
	2）研究评审备案的实施方案
	3）研究浙江省未来社区试点建设相关政策文件
	4）提出土地出让方式咨询意见
	5）制定相配套的开发建设运营履约协议
	6）研究试点"带方案"出让（转让）要求
	7）履约协议应保障试点建设承诺的综合指标
	8）符合省级未来社区试点33项约束性指标要求、力争达到引导性指标要求
	9）将试点在实施方案中承诺的相关响应措施列入协议
	10）跟踪监管项目在报建、施工、竣工、试运营等环节中的实际情况
	11）出具相应的评估报告
	12）对其中风险提出规避措施及优化建议

31

续表

工作项目	工作内容细分项
4. 技术体系管理咨询	1）适宜性技术体系框架研究
	2）指导与评估申报方案环节的技术体系策划
	3）实施方案环节的技术方案比选
	4）建设施工环节的技术方案定型的合理性
5. 实施方案管理	1）制定实施方案任务书
	2）协助委托方开展实施方案编制单位选择
	3）指导编制过程中的答疑
	4）对各阶段实施方案成果开展评估
	5）组织县（市、区）实施方案审查
	6）协助委托方完成实施方案的省、市两级评审、修改、备案等工作
三、招标采购管理	
1. 招标管理策划	1）招标采购管理组织
	2）选定招标代理机构
	3）招标采购风险管理
	4）编制并确定招标采购计划
	5）确定招标采购内容与界面划分
	6）工程总承包（EPC）或施工
	7）招标前期工作
	8）设置招标条件
	9）资料归档
2. 招标准备	1）检查招标采购条件
	2）编制招标采购执行时间表
	3）编制招标文件及工程量清单
3. 开展招标工作	1）招标过程管理
	2）中标
	3）档案管理
	4）总结
四、融资、投资咨询	
1. 试点投融资咨询	1）研究投融资渠道模式
	2）设计与制定投融资方案
	3）协助进行投融资谈判
2. 投资管理策划	1）确定投资目标
	2）进行全周期跟踪评估，出具资金平衡风险评估报告
	3）对试点选址环节的征迁方案资金平衡
	4）申报方案环节的资金估算方案
	5）实施方案环节的资金概算方案

续表

工作项目	工作内容细分项
2. 投资管理策划	6）建设施工环节的造价预决算方案
	7）建立投资管理制度和工作文件
	8）进行投资风险管理，对其中风险提出规避措施及资金筹措优化建议
3. 前期阶段的投资控制	1）项目建议书
	2）可行性研究报告
	3）勘察设计阶段
4. 招标采购阶段的投资控制	1）编制、审核造价文件
	2）商定暂估价、暂列金额
	3）确定招标控制价
5. 实施阶段的投资控制	1）工程进度款
	2）工程变更申请
	3）工程变更签证
6. 竣工结算	1）审查竣工结算资料
	2）竣工结算审核
	3）结算审计后付款
	4）履约保证金
	5）质量保证金
7. 合同结算	其他合同结算
8. 决算、审计	配合业主决算审计
9. 总结与归档	1）阶段总结
	2）资料归档
五、勘察设计管理与咨询	
1. 工作策划	1）项目策划
	2）目标策划
	3）过程管理策划
	4）沟通管理策划
2. 规划研究咨询	1）负责衔接上位规划
	2）研究评估规划单元范围
	3）研究评估实施单元范围
	4）研究评估未来社区限制性要素
	5）提出规划条件调整建议
	6）研究未来社区"引领性"的营建理念
	7）研究指标体系
	8）研究功能业态策划
	9）研究建筑空间设计

续表

工作项目	工作内容细分项
2. 规划研究咨询	10）研究数字化系统设计
	11）研究韧性社区系统设计
3. 场景系统咨询	1）进行全周期的跟踪评估，出具场景系统符合性评估报告
	2）申报方案环节的场景策划
	3）实施方案环节的场景设计
	4）履约协议环节的场景约定
	5）建设施工环节的场景建设
	6）运营环节的场景实效
	7）对其中风险提出规避措施及优化建议
4. 场景联合体咨询	1）指导与评估实施方案编制单位、产业联盟单位进行场景联合方案设计
	2）协助委托方选择确定场景联合体解决方案
5. 工程勘察咨询	开展工程勘察管理或工程勘察活动
6. 工程设计咨询	1）开展工程项目的方案设计的管理工作
	2）开展初步设计的管理工作
	3）开展施工图设计或管理其中一类工作等
7. 设计管理咨询	1）动态跟踪九大场景指标在施工图设计、建设施工中的落实情况
	2）对设计成果文件进行系统性审查
	3）提供包括九大场景落地设计纠偏、技术建议、风险提示、工程设计优化等内容
8. 数字化管理咨询	1）指导与评估 CIM 系统解决方案编制
	2）指导 CIM 实施单位利用可视化和数字化工具开展全周期建设活动
	3）实现与省级 CIM 平台无缝对接
9. 试验桩及其他试验	1）试验桩图纸
	2）试验桩施工单位确定
	3）试验桩检测单位确定
	4）试验桩施工
	5）试验桩检测
	6）试桩数据汇总
	7）其他试验
	8）试验报告审查
10. 设计变更	1）建设单位或设计单位提出
	2）施工单位提出
11. 设计交底与图纸会审	设计交底与图纸会审
12. 其他设计管理工作	其他设计管理工作
13. 合同管理	合同履约

续表

工作项目	工作内容细分项
14. 总结与归档	1）阶段总结
	2）资料归档
六、报批报建报验等手续	
1. 发展改革委行政许可审批	1）项目立项报批或核准或备案
	2）项目建议书
	3）可行性研究报告
	4）初步设计及概算
2. 自然资源部门行政许可审批	1）建设项目选址意见书
	2）建设项目规划条件
	3）地质灾害危险性评估报告备案
	4）建设项目用地预审
	5）建设用地规划许可证
	6）建设用地批准
	7）国有土地使用权证
	8）建设工程方案设计招标备案
	9）日照分析复核
	10）建设工程方案设计核查
	11）未来社区命名核准
	12）建设工程规划许可
	13）超限高层抗震设防审批
	14）市政管线接口审批
	15）施工图修改备案
	16）建设工程开工验线
	17）建设工程竣工验收测绘
	18）建设工程规划验收
	19）建设项目用地复核验收
	20）不动产权登记（与住房和城乡建设部门联合办理）
3. 住房和城乡建设部门行政许可审批	1）公开招标改邀请招标或直接发包审批
	2）招标公告（投标邀请书）和招标组织形式备案
	3）地质勘查报告、施工图设计文件审查、消防设计审核、人防设计（图审单位）
	4）施工图设计文件审查合格书备案（含地质勘察报告审查合格书）
	5）工程总承包或施工（监理）招标文件备案
	6）建设工程招标投标情况报告备案
	7）建设工程合同备案
	8）建筑工程施工许可

续表

工作项目	工作内容细分项
3. 住房和城乡建设部门行政许可审批	9）民用建筑工程建筑节能专项验收
	10）建设工程竣工验收备案审核
	11）建筑节能施工图设计文件抽查（施工许可环节）
	12）超限高层建筑工程抗震设防审批
	13）市政基础设施配套费收费审核
	14）承包方履约保函、业主支付保函备案
	15）建设项目竣工验收
	16）房屋建筑工程和市政基础设施工程竣工验收备案
4. 其他主管部门行政审批	1）人居环保部门
	2）交通运输部门
	3）审计部门
	4）林业水利部门
	5）水务部门
	6）城管部门
	7）公安消防部门
	8）人防部门
	9）卫生部门
	10）园林文物部门
	11）勘测设计单位
	12）新型墙体材料管理部门
	13）城市建设档案管理部门
	14）供电部门
	15）房产测绘部门
七、合同管理	
1. 合同策划	合同策划
2. 合同谈判	合同谈判
3. 合同签订	1）公开招标
	2）直接委托
4. 合同履约	1）合同履约
	2）索赔管理
	3）合同履约评价
5. 合同后评价	合同后评价
八、进度管理	
1. 总进度控制计划	1）进度策划
	2）业主需求管理
	3）确定总进度控制计划

续表

工作项目	工作内容细分项
2. 进度计划分解	1）年度计划
	2）分段工程计划
	3）二级进度计划
3. 进度动态管理及纠偏	1）进度动态管理
	2）进度纠偏
4. 工期索赔管理	工期索赔管理
5. 进度资料管理	进度资料管理
九、现场工程管理与咨询	
1. 项目报审咨询	1）项目建议书
	2）可行性研究报告
	3）项目申请报告
	4）资金申请报告
2. 工程勘察咨询	开展工程勘察管理或工程勘察活动
3. 工程设计咨询	1）开展工程项目的方案设计的管理工作
	2）开展初步设计的管理工作
	3）开展施工图设计或管理其中一类工作等
4. 招标（采购）咨询	1）确定招标采购流程和实施方式
	2）规定管理与控制的程序和方法
	3）协助项目建设单位开展招标（采购）工作
	4）相关单位招标
	5）施工单位招标
5. 工程造价咨询	1）开展编制或审核项目投资估算
	2）开展编制或审核项目设计概算
	3）开展编制或审核施工图预算
	4）开展编制或审核项目发承包、施工、竣工等阶段的相关造价咨询服务
6. 场内迁改	1）绿化迁移
	2）燃气、给水排水、路灯、通信、热力管（杆）线迁改
	3）电力—管（杆）线迁改
7. 场地三通一平	1）场地平整
	2）施工临时用电
	3）施工临时用水
	4）施工临时道路（红线外）
8. 施工许可证	申办施工许可证
9. 质量控制	1）开工准备
	2）施工过程

37

续表

工作项目	工作内容细分项
9. 质量控制	3）进场物资质量管理
	4）旁站监理
	5）设备监理（如有）
	6）驻厂监造（钢结构加工、石材加工、幕墙加工等）
	7）质量缺陷处理
	8）质量事故处理
10. 造价控制	1）工程计量和付款签证
	2）竣工结算款审核
11. 进度管理	1）进度计划
	2）动态管理
12. 安全生产管理	1）组织机构
	2）预防工作
	3）安全监理
13. 合同管理	1）合同工期延期或延误
	2）合同争议
	3）合同解除（业主原因）
	4）合同解除（承包人原因）
	5）合同解除（非双方原因）
14. 协调工作	1）第一次工地会议
	2）管理工作交底
	3）监理工作交底
	4）设计交底与图纸会审
	5）会议、汇报、总结
	6）其他事项中的协调
十、信息综合管理	
1. 建立信息化平台	1）策划
	2）建立及使用
	3）调整更新
2. 信息管理	1）管理制度
	2）归档及分发
3. 综合管理	1）内部管理
	2）外部管理
十一、风险管理	
1. 风险策划	1）风险识别
	2）风险管理组织

续表

工作项目	工作内容细分项
2. 风险评估	风险评估
3. 风险控制	1）应急预案管理（重大风险）
	2）过程控制
	3）动态控制
十二、验收和移交	
1. 工程验收	1）中间验收
	2）专项验收
	3）竣工验收
2. 工程移交	工程移交
3. 保修管理	1）保修日常管理
	2）保修费用核定（如符合质保费用规定）
十三、运维阶段咨询	
1. 运营管理策划	1）运营组织设计
	2）招商策划
	3）销售策划
	4）人力资源管理
	5）设备／设施管理
	6）财务管理
2. 运营管理与评估考核咨询	1）协助委托方开展运营主体选择
	2）评估运营方案的符合性
	3）"平台＋管家"具体运营模式的合理性
	4）运营方案应明确基础物业服务和增值物业服务的界限范围，公益性与经营性空间的规模与范围，以及管家体系架构、管家职责、管家培训计划
	5）协助委托方开展考核与验收
	6）负责试运营、省级未来社区试点验收
	7）档案信息等管理咨询
	8）项目后评价
3. 项目绩效评价	1）绩效评价的准备
	2）绩效评价的实施
	3）绩效评价报告的编制
4. 设施管理	1）设施运维管理
	2）设施空间管理
	3）设施能源管理
	4）设施财务管理
	5）设施安全管理
5. 资产管理	资产管理

续表

工作项目	工作内容细分项
十四、其他专项咨询	
1.BIM 咨询	1）BIM 策划
	2）决策阶段的 BIM 应用
	3）勘察阶段的 BIM 应用
	4）设计阶段的 BIM 应用
	5）施工阶段的 BIM 应用
	6）竣工阶段的 BIM 应用
	7）运营维护阶段的 BIM 应用
	8）改造和拆除阶段
	9）开展 BIM 培训
	10）确定咨询单位
	11）编制两评一案
	12）PPP 单位采购
	13）设计咨询
	14）招标管理
	15）过程管控
	16）选择技术咨询单位
	17）施工准备
	18）过程中的技术咨询
	19）后期服务
2.医疗工艺咨询	1）医院战略发展及医疗功能规划
	2）医疗工艺一级流程设计咨询
	3）医疗工艺二级流程设计咨询
	4）医疗工艺三级流程设计咨询
	5）医疗工艺现场配合与督导
	6）成果提交
3.法务咨询	法务咨询
4.政策咨询	政策咨询
5.绿色建筑咨询	1）咨询策划
	2）设计管理
	3）实施管理
6.海绵城市咨询	海绵城市咨询
7.智慧建造咨询	1）智慧建造策划
	2）BIM 信息技术应用
	3）智慧设计

续表

工作项目	工作内容细分项
7.智慧建造咨询	4）智慧工地
	5）智能化子系统的应用
8.无人机管理咨询	1）测绘功能的应用
	2）与BIM配合使用
	3）动态监测
	4）辅助施工

2.4 岗位职责

未来社区的建设过程一般包括项目前期阶段、招标采购阶段、勘察设计阶段、施工准备阶段、施工阶段和竣工阶段，每个阶段全过程工程咨询的岗位工作分别如下。

2.4.1 前期阶段

在项目前期阶段，咨询单位应进行试点选址咨询，督促业主委托的相关单位应编制好环评报告、选址报告书、节能评估报告、水土保持方案等，并对这些报告进行审查，帮助业主做好项目报批工作。

2.4.2 招标阶段

控制好各项工作的进度，确保招标质量并合法合规，尽快发挥项目投资效益。协助业主监督管理项目招标工作，审核招标、资格预审等文件，并对合同履约管理情况进行监督、检查。

2.4.3 勘察设计阶段

对设计单位提供的勘察任务书进行审核，协助业主监督、检查勘察工作。开展设计管理咨询，动态跟踪九大场景指标在施工图设计、建设施工中的落实情况，协助业主对方案设计、初步设计以及施工图设计等各个阶段进行审核，提供包括九大场景落地设计纠偏、技术建议、风险提示工程设计优化等内容。设定设计进度目标，并动态地对设计单位的设计进度进行审查。帮助业主审核材料、设备的采购标准，对设计文件进行决策，审核设计施工图阶段进度，保证审查批准实施时间。

2.4.4 施工准备阶段

施工准备阶段协助业主获得用地规划许可。协助业主办理国有土地使用证，依法获得建设工程规划许可。协助业主及时进行质监、安监备案，并协助业主依法获取建设工程施工许可证。

2.4.5 施工阶段

在项目实施过程中，应对项目信息进行严格管理，统一项目信息的收集与传递。协助业主进行各项合同管理，监督各参建单位合同的履行情况。协助业主进行项目实施过程中的安全和环境的监督、管理工作，审核环境管理方案，监督环境管理工作，审核施工安全管理方案，监督现场健康安全工作的实施。协助业主进行项目实施进度管理，对各参建单位上报的进度计划进行统一协调、优化、检查、调整进度计划，分析、处理工期延误情况，审核计划调整方案，监督计划实施。协助业主进行项目实施质量控制，编制质量目标，监督质量管理程序，分析质量问题，审核质量控制方案。协助业主投资控制、监督施工质量、核实项目拨付的工程款、工程变更、现场签证、索赔处理等工作。协调项目各参建单位之间的工作，确保项目顺利推进。

2.4.6 竣工验收阶段

协助业主进行项目竣工验收及结算管理工作，负责试运营、省级未来社区试点验收，审查各单位整理、汇报的资料内容，配合城建档案馆进行项目资料归档，督促建设单位执行工程质量保修书相关规定。最后，对项目进行评价。

第 2 篇 综合性咨询

本篇针对综合性咨询七个服务模块，结合具体工程实践经验，逐一给出详细的服务步骤，内容分析，并对有关重难点工作内容给出了相应方法措施和案例。

第3章 选址咨询

未来社区项目的选址是指在具有多个不同供需设置点的行政区域内，根据相关的选择标准确定项目地点的规划过程。未来社区项目选址是一项复杂、系统的工作，是一系列科学决策的分析结果，涉及区位分析、土地成本、交通运输、市场整合、基础配套、区域竞争等多方资源和领域的调研及数据处理。任何项目的选址都是项目建设的首要环节，选址的合理性将直接决定着未来社区项目的成败。

每个项目的前期工作不能只考虑自身及周边很小范围内的实际情况，还应统筹更大范围的公共利益，否则将损害公共利益，导致城市高楼风貌千篇一律、缺乏人文尺度和情怀。因此，通过未来社区项目选址论证方法的研究，一方面能够为项目自身提供更为合理的公共服务设施配套，另一方面还能够为未来社区提供更为科学的具体项目落地方法。

3.1 选址的影响因素

由于未来社区项目具有固定性、不可移动性和区位性等特殊属性，影响项目选址的因素主要体现在以下五个方面：

（1）自然条件和环境因素。自然条件和环境因素对于项目选址的影响是最基本的，包括地形和地貌、气候、土壤、水文、旅游资源和当地矿产资源等要素，是形成和决定项目区位分析的最基本的因素。同时，用地因素中任何项目开发都有一定的面积约束。建设方在相关部门获得土地审批时已经对地块的用途、面积、容积率等进行了限制和要求。因此，用地的地形特征、规模、形状等对未来社区项目建设有着重要的影响，而这种影响会在建设成本和后期运营成本中有所体现。

（2）基础设施的配备。基础设施是保障国家或地区社会经济活动正常进行的公共服务系统，以为社会生产和居民生活提供公共服务的工程设施为主体，是社会和国家公民赖以生存发展和体现社会进步的一般物质条件。基础设施配备由硬件设施和软件设施两部分组成：硬件设施配备主要涉及联系城市内外的便利度，如道路的数量和通达度、城市供水、供电和通信系统的完善程度；软件设施配备主要指城市公众开放场所，如图书馆、博物馆、医院、学校、公园、健身器械等配备情况。基础设施的完善是对地块正常使用的保障，如果选地内的建筑建设完毕了但基础设施尚未完成，地块就不能在预计时间内收回成本，会对投资造成巨大的损失。其次，当下未完成的基础设施在后期也会存在较多隐患。

（3）社会环境及人口因素。未来社区项目的开发要与城市的发展相结合，既要遵循城市规划的统一布局，还要满足城市发展的总体趋势。未来社区项目由于其建设体量相对较大，需要社会资源和土地资源较多，需要使用更为稀缺的城市土地资源，并与城市经济发展布局、人口布局相结合。未来社区项目的主要服务对象是人。因此，人的因素对项目的选址、建设和经营有着重要的决定性影响。人是社会物质财富的创造者，同时也是社会产品的最终消费者。区域的人口结构和规模是人口因素的重要构成，主要包括常住人口和流动人口所占的比例、区域内人口的素质。

（4）经济的繁荣程度。"购买力"是指人们在购买商品或劳务时的货币支付能力。因此，一个项目开发的成败，很大程度上取决于当地居民的消费水平、消费结构、劳动力的素质以及文化教育、科研机构的具体情况，经济的集聚程度体现在商业、旅游、银行等服务性行业在区域分布的数量。由于地域的不同，人们在生活习惯、行为习惯上存在着区域差别。因此，在项目选址时，需要特别注意对消费者的消费习惯的实地考察，以保证后续运营效益的可靠性和可持续性。

（5）政策环境。国家层面所制定的土地政策对项目选址有很大的影响作用，尤其是近些年，房地产行业迅速发展情况下，出现了房价快速上涨、空置率较高甚至房产过度金融化等不良现象。为了调控房价，政府会依据现状适时地出台新政策来引导市场。同时，项目能否实现顺利、高效率地实施和命名，相关政策也是重要关注的因素之一。

城市的发展潜力、外来人口的大量迁入、优美的城市景观都会对项目区位的选择发挥锦上添花的增值作用。作为未来社区项目选址，要从消费者的角度进行建设，看到所在的区位是否具有这些"隐性"价值：如周边的环境优美，临近休闲广场和城市绿地覆盖率要高；小区购物方便，交通通信及人际交往便利；周边社会治安、小区物业服务等要素都是项目选址综合考虑的因素。未来社区项目的选址是一个综合性的评估，存在诸多不确定的因素，因此选址要根据项目的性质和所在城市具体拥有的优势资源和区位条件进行综合、科学的评估，选择合适的指标体系进行调查和考察，为项目决策提供科学依据。

3.2 项目选址的指标体系

对任何项目建设方而言，都需要对相关因素进行调研分析，并结合自身战略发展定位和资源优势进行科学论证，从而做出合理的投资决策。因此，从管理学的优化理论而言，项目选址就是在对各项影响因素分析的基础上进行的综合权衡过程，没有所谓最好的地块，只能力求合理。

在遵循科学性、系统性、代表性和定性与定量相结合等原则的基础上，结合未来社区项目的具体实际，选取自然及环境、基础设施、社会人口、经济消费、政策及规划5个影响因素、25个评价指标，得到未来社区项目选址的指标体系（表3-1）。

未来社区项目选址的指标体系　　　　　　　　　　表 3-1

影响因素	指标体系
自然及环境因素	地形地貌
	气候水文
	自然风光
	居住环境
	大气噪声水污染状况
基础设施因素	距城市中心距离
	公共交通便利度
	城市道路通达性
	水电气通信设施状况
	教育文化医疗体育设施状况
社会人口因素	人口流动状况
	人口密集程度
	人口结构及素质
	人口素质
经济消费因素	土地价格
	商业集聚程度
	居民消费水平
	人均可支配收入
	经济发展水平
	区域供应量
	区域入住率
	区域出租率
政策及规划因素	宏观政策
	道路及规划条件
	周边用地类型

3.3　项目选址决策分析

目前，关于项目选址的决策方法研究较多，如综合加权评分法、AHP 层次分析法、模糊综合评价法和分级评分法等。根据未来社区项目选址较为复杂的特点，本文以多因素分级评分法作为项目选址的决策方法。各因素分级按"好（大、多、高）"为（1）级，"较好（较大、较多、较高）"为（2）级，"较差（较小、较少、较低）"为（3）级，差（小、少、低）为（4）级，制定分级评分标准并进行分级评分（表 3-2）。

多因素分级评分法分级评分标准   表 3-2

序号	评价项目	分级评分标准			
		（1）级	（2）级	（3）级	（4）级
1	地形地貌	90	75	60	45
2	气候水文	90	75	60	45
3	自然风光	90	75	60	45
4	居住环境	90	75	60	45
5	大气、噪声、水污染状况	90	75	60	45
6	距城市中心距离	90	75	60	45
7	公共交通便利度	90	75	60	45
8	城市道路通达性	90	75	60	45
9	水、电、气、通信设施状况	90	75	60	45
10	教育、文化、医疗、体育设施状况	90	75	60	45
11	人口流动状况	90	75	60	45
12	人口密集程度	90	75	60	45
13	人口结构及素质	90	75	60	45
14	人口素质	90	75	60	45
15	土地价格	90	75	60	45
16	商业集聚程度	90	75	60	45
17	居民消费水平	90	75	60	45
18	人均可支配收入	90	75	60	45
19	经济发展水平	90	75	60	45
20	区域供应量	90	75	60	45
21	区域入住率	90	75	60	45
22	区域出租率	90	75	60	45
23	宏观政策	90	75	60	45
24	道路及规划条件	90	75	60	45
25	周边用地类型	90	75	60	45
	合计	2250	1875	1500	1125

采用上述评分标准可获取各评价项目的分级评分，通过综合计算可得，选址项目几个备选方案的综合评分值。根据综合评分值，可确定项目首选选址方案。如果方案的综合评分值极为相近应做仔细比较分析，以获取对项目建设者更为合理的选址方案。

3.4 选址咨询服务流程

选址咨询的服务流程一般有五步：

（1）根据未来社区建设要求，初步选定选址意向；

（2）根据选址意向，进行调研和数据收集；

（3）对调研获取及收集的数据信息进行整理后，开始评价指标分析；

（4）确定方案分析结论，确定推荐方案；

（5）协助确定项目用地规划条件设定。

基于流程，全过程工程咨询单位应当关注以下重点：

1. 成立专门的项目选址小组

未来社区项目与一般的安置房或房地产项目不同，具有普惠性、共享性、开放性等特性，所以需要有专门的规划管理程序来负责项目选址工作，打造人人都能有序参与治理、人人都能享有品质生活的"人民社区"。

项目选址小组要在最快的时间做出科学的应对，就需要全面了解项目选址的影响因素，充分结合当地特点和实际情况。

2. 注重效率和实施操作

未来社区项目选址和规划需要在有限的时间内保质保量地完成，所以，注重效率和实施操作十分重要。为了能够在一定时间内达到最优的效果，规划管理的思路要有所转变，项目建设的重点要有所转移。项目的规划和选址不仅是考虑空间布局上的问题，还要考虑到如何落实、运用等具体的事宜，抓住主要的矛盾。

3. 合理利用多方面因素

在未来社区三大理念"人本化、生态化、数字化"的倡导下，选址规划研究也要充分考虑三大理念。从规划项目的选址，到项目建设以及后来的运营。项目选址中对环境、文化、交通、景观等方面因素的考虑，都需要体现这三大理念。

未来社区项目选址时还要善于运用市场因素，要对该项目可能带来的经济影响有所分析。项目对周边地区可能形成土地增值的范围、增值潜力进行土地经济分析，选择相对较优的选址方案。对项目选址的市场因素考虑，不仅可以达到城市空间建构的合理层面，而且又可取得良好城市经营效益。另外，选址规划研究还善于运用公众因素，听取来自不同方面的意见和建议，这也是项目选址合理性的重要保证。

第4章 场景系统咨询方案

什么是未来社区？常规做法是给出一个字斟句酌的定义。浙江省没有采用常规方法，而是通过场景来描述，将其场景化是未来社区概念最明显的标志。场景分为"场"和"景"两部分。"场"是时间和空间的概念，一个场就是时间加空间；"景"就是情景和互动，当用户停留在这个空间的时间里，要有情景和互动让用户的情绪触发。场景化设计就是基于对特定用户使用场景的分析，得出用户需求与痛点，并且根据前后场景预判用户目标，通过设计让场景赋予产品意义。因此可以发现，将未来社区场景化带来的一系列好处，首先是需求分析时能更有针对性地抓住价值点，让需求分析更准确；其次是让建筑产品功能更全面，市场定位更明晰；最后是让参建各方、各种团队对未来社区的理解更具体，更便于做出符合愿景的作品。

4.1 未来社区场景解析

4.1.1 核心依据

（1）《浙江省人民政府关于印发浙江省未来社区建设试点工作方案的通知》（浙政发〔2019〕8号）。

（2）《浙江省人民政府办公厅关于高质量加快推进未来社区试点建设工作的意见》（浙政办发〔2019〕60号）。

（3）《省发展改革委关于开展浙江省未来社区建设试点申报工作的通知》（浙发改基综〔2019〕138号）。

（4）《省发展改革委关于开展浙江省未来社区建设第二批试点申报工作的通知》（浙发改基综函〔2019〕183号）。

（5）《省发展改革委省建设厅关于开展2021年度未来社区创建的通知》（浙发改基综函〔2021〕228号）。

（6）《浙江省未来社区建设试点实施方案参考大纲》。

（7）《浙江省未来社区试点创建评价指标体系（试行）》。

4.1.2 九大场景指标解读

1. 未来邻里场景设计

注重历史记忆的活态保留传承，充分调研地方特色文化，挖掘项目场地历史遗迹，明确社区特色文化主题，打造融地域文化与社区共享生活于一体的特色社区文化公园；融合当地丰富的历史文化传承，明确社区文化主题和构建社区文化标志；建设多功能复合且面积不小于 600m² 的社区文化礼堂，丰富社区文化设施；打造开放性社区，设置"平台＋管家"管理单元，建设开放共享生活体系；打造宜人尺度的邻里共享空间和多形式邻里服务与交往空间，提升"5分钟生活圈"服务配套；提出社区邻里公约、邻里贡献和声望的积分机制、社群社团活动等方面具体方案和实施路径。

2. 未来教育场景设计

配建托幼一体幼儿园、幼托教育设施和安防监控设备，提出3岁以下托育服务全覆盖；引入公益性、高端性等多层次托育机构，探索家庭式共享托育等新模式；配建四点半课堂，做好与社区外义务教育资源衔接，做好幼小扩容提质；打造功能复合型且面积不小于 1000m² 的社区幸福学堂，全龄覆盖；建立分时段课程制度，提升活跃度、参与度的运营机制；配建面积不小于 200m² 的社区共享书房，构建数字化学习平台、跨龄互动学习机制等方面具体方案和实施路径。

3. 未来健康场景设计

配建室内健身场馆、球类场地、室内外健身场地和器械；慢跑绿道成网成环，配置智能健身绿道、全息互动系统等智能设施；推广社区健康管理O2O模式，个人或家庭终端与区域智慧健康平台数据互联；社区卫生服务中心与三级医院合作合营建立医联体，提供远程诊疗、双向转诊等服务；充分调研回迁居民意愿，按需配建养老化住宅；打造升级版卫生服务中心和卫生服务站，围绕全民康养目标，提出社区高质量医疗服务、数字化健康管理、智能健康终端应用、社区养老助残服务、活力运动健身、国医保健服务、健康积分应用等方面具体实施方案。

4. 未来创业场景设计

按照"未来创客厅"理念，配建不小于 300m² 的社区双创空间，提供弹性共享的办公空间、复合优质的生活服务空间等功能空间，或根据社区布局、业态等条件灵活设计空间产品，打造高性价比办公场所；依托智慧平台搭建创业者服务中心、创客学院、社区众筹服务平台等创业孵化服务平台的实施方案；引入适合地区发展定位的特色产业，打造产城融合的城市功能综合体；针对区块未来吸引特色人才特征，建立相应的人才落户机制。

5. 未来建筑场景设计

规划建设期，构建社区现状的数字化基底模型，利用 GIS ＋ BIM 的先进技术手段，绘制"数字孪生社区"；细化数字化拆迁系统、数字化建设系统等各类试点创新子系统，并与 CIM 平台实现无缝对接。运营期建立以 CIM 平台为依托的智慧服务平台，打通与各类物联网设备数据传输链路。

以人本化的规划设计思想，做体现多种城市功能混合，建筑空间方便、直接的链接和提供便利的生活服务设施。聚焦空间集约开发创新，以构建 TOD 为导向、"高低错落疏密有致"的空间布局形态和"宜居宜业"的社区环境品质为目标，复合性建设地上、地下的空间并对其开发利用。花园平台、垂直绿化、建筑楼层中间设置绿化架空层、绿化屋顶露台，打造立体多层次复合绿化系统，构建"有辨识度、有地域感"的城市文化地标为目标，提出基于地方文化特色、应用现代科技的建筑原创方案；推广装配式建筑和建筑装修一体化技术应用，提出集"标准化设计、工厂化加工、机械化施工、信息化管理"于一体的建造技术集成方案；建筑综合性社区邻里中心，地块内结合里坊分散设置共享空间、住宅楼底层和空中设置架空开放形式的绿色开放式的公共共享空间。

重点落实空间布局规划、形态风貌设计、建筑产品创新、人文环境营造、建造技术集成、信息平台搭建、指标标准设定等方面内容。

6. 未来交通场景设计

围绕未来社区居民出行、车辆通行、物流配送等三方面交通服务需求，建立安全、完整以及对所有人开放的步行环境，以公共交通站点为中心，实现步行 10 分钟内到达公交站点，为该地块提供良好的步行环境和多种交通方式的换乘接驳；增设支路，打通社区内外道路，努力营造多样化小街区、密路网的社区城市生活空间，提高出行便捷性；建立交通信息发布系统和平台，提供定制公交等个性化出行服务；建立安全、完整的自行车道网络，提高社区慢行交通网络密度；配置社区风雨连廊；配建停车位充电桩设施，建立全自动停车库与智慧共享停车系统；引入共享停车机制，提高车位利用率，并实现 5 分钟内取停车；在社区内部封闭式管理空间及社区中部分支路实现人车分流模式；结合共享空间建设住宅小区智能快递柜、物流服务集成平台等智能物流设施，运用智慧数据技术打造"社区—家庭"30 分钟智慧物流服务集成系统。

7. 未来低碳场景设计

依托场景标准模块，实现"光伏建筑一体化＋储能"的供电系统；公建部分采用集中供热供冷，构建近零碳能源利用体系；新建建筑采用超低能耗建筑技术；通过引入能源服务商，搭建智慧集成的管理及服务平台，实现绿色建筑节能、公共区域节能和家庭智慧节能；中水绿化灌溉系统，垃圾回收系统，资源循环利用。

8. 未来服务场景设计

采用平台＋管家的创新物业管理模式，大平台管理，降低物业管理成本；预留部分物业经营用房，通过经营用房的盘活支付物业管理成本，实现基本物业服务居民零付费；结合社区裙房和商铺，发展社区商业 O2O 模式，建立社区商业服务供应商遴选培育机制，配置与居民日常生活密切相关的各项便民设施；通过与专业检测机构的数据共享及应急机制连接，建立社区消防、安保等机制的完善，为居民生活安全提供保障；通过物联网、大数据平台进行实时安防技术计算，构建无盲区的安全防护网，应用人脸识别等技术，推广数字身份识别管理，建设智安社区；通过社区智慧服务平台预警救援、地图定位、一键式求助、联动报警等功能，实现突发事件零延时预警和应急救援。

9. 未来治理场景设计

建立未来社区工作委员会，整合统一社区和居委会边界，构建党建引领的全域基层党建体系；配置社区议事会、社区客厅等空间载体，建设服务性、公益性、互助性社区社会组织和志愿者队伍，建立联合调解机制，培育社区自治公益服务体系；依托智慧平台，促进"基层治理四平台"整合优化提升，结合邻里中心建设社区服务大厅。

4.2 场景系统咨询的目的及意义

1. 场景系统构建定位

坚持以人为核心，满足社区全人群美好生活的向往，融合先进文化和前沿科技，引领高品质生活方式革新，确定场景系统构建定位。

2. 合理布局空间

空间规划上以居住为中心，打造具有商业、办公、教育、医疗、文化、运动、公园绿地等全方位配套的，宜居、宜业、宜游的多元功能复合社区，提供多元便利的生活方式。

3. 空间营造

（1）绿色立体的社区生态环境：采用地面、平台与屋顶、垂直绿化相结合的方式，打造立体多层次复合绿化系统。

（2）有辨识度的社区景观风貌：结合地块自然环境、历史环境和人文景观建构建筑特色风貌，打造有辨识度，有地域感的特色社区。

（3）完善便捷社区公建配套：合理布局社区配套，解决社区居民生活服务需求，便捷可达。

4. 场景联合体

整合资源，组织场景联合体，实现场景系统创新。

5. 管控设计合理性

以运营需要及服务内容为先导，就物理空间的规划建设及技术应用建立规划指导体系，实现运营内容与建筑技术、低碳技术、数字技术的融合；通过便捷温暖的空间场景化设计，高质的生活内容设计，以人为本的生活轨迹与生活需求内容推演，最终提高居民生活的舒适度、便利度、品质感，保障运营可落地。

6. 运营资金平衡可持续性

成立未来社区运营基金，用于后续未来社区项目整体运营的前期孵化，保障未来社区项目长效运营。

资金来源：① 前期建设利润预留；② 政府补贴和政策期权兑现；③ 业主缴纳一次性生活服务基金。

基金监管：由政府统一监管。

基金使用范围：未来社区公共设施、软性服务、线上平台等运营服务内容。

基金申请流程：由运营公司向政府申请，并报备业委会。

4.3 九大场景系统咨询方案策划

4.3.1 未来邻里场景系统咨询策划

1. 未来邻里场景方案设计咨询

基于邻里场景特征,从可行性的角度,包括了以下一些维度的分析:

(1)针对性:通过社区内居民的定量和定性分析,准确把握社区居民的生活需求、社区公共服务的需求,在功能规划上保证针对性。

(2)互补性:通过调研社区周边相应的供给,确保邻里场景功能设计上不重复和周边保持互补性。另外需要参考"5-10-15分钟"的步行生活圈和周边供应的辐射圈的重叠度,对于高频的服务需要放在底层考虑,不在互补性的范围内。

(3)功能空间分布的合理性:每个社区的实际空间分布都有自己的限定,所以需要结合生活和公共服务的功能规划来进行空间布局,需要考虑相关群体的便利性、实际生活及消费行为的效率和实用性。

(4)社区生活的聚集性(公共性):虽然从单一功能的满足上,分散而贴近居民的居住点是最让人希望的,但在实际的社区生活中,必须要考虑人们活动的聚集性,作为城市生活的社区,充分数量的人的交互、不同人的交互是构成社区活力的关键部分,所以对于功能空间的分布上,要适当地聚集,形成1~2个社区的集中式公共空间,这个空间可以适合各类人群各类主要的社区活动。这样也才能提高这些公共空间的使用频率,从而提高居民对于这个空间的归属感,最终把社区融入广义的"家"的概念中去。

(5)工程条件的适配性:在功能空间落位到具体的建筑后,需要对业态和相应的工程条件进行匹配,可能还需要微调,以适应当地法规的要求。

(6)运营管理的有效性:从不同空间的使用时间段、密集程度来分析,如何能最优地安排和分配运营团队,提高运营效率。

2. 未来邻里场景运营实效咨询

邻里场景的运营主要考虑社区居民的参与度、居民的满意度(包括日常生活和公共服务)、运营的效率(商业空间的出租率、非商业空间的利用率、资金平衡),具体参见表4-1。

邻里场景满意度抽样调查表　　　　　　　　　　　　　表4-1

(社区居民定量抽样调查)	Y1	Y2	Y3	Y4
居民参与度				
居民满意度				
—日常生活便利的满意度				
—公共服务的满意度				
(以下由运营公司内部填写)				

续表

（社区居民定量抽样调查）	Y1	Y2	Y3	Y4
运营效率				
—商业空间出租率				
—非商业空间利用率				
—资金平衡（差额）				

抽样调查的样本，每个社区保证100个，平均分配到不同的单元，依据社区的年龄、性别等组成样本，每年保证至少20%样本的更新。

运营指标可以作为下一年度运营的重要KPI（Key Performance Indicator，关键绩效指标）设定。

3. 未来邻里风险规避措施及优化建议

未来社区整体是个新鲜事物，其框架和系统非常复杂，定期的风控管理有助于项目的稳步推进，建议从如表4-2所示几个方面来考察邻里场景的基本风险。

邻里场景风险管控表　　　　　　　　　　　　　　　　表4-2

可能的风险	发生的影响	发生的概率	综合评估风险等级	规避建议
1. 社区居民入驻不足，或严重滞后	中	高	中高	对于邻里的功能可以总体规划，分阶段实施，避免空间和运营的浪费
2. 未来线上对于线下的冲击	中	中	中	在邻里的功能规划上，提高具有本地化性质的功能配比，增加空间功能的复合型
3. 周边的竞争（包括商业、公共的）。未来社区之间也将形成竞争	高	中	中高	从社区的规划，定位阶段就明确社区独特的标签，构成社区独有的优势，包括但不限于社区品牌、重点功能业态、产业、社区特色文化活动等
4. 居民的参与不足	中	中	中	越来越多的社区居民是社区新居民，或者是城市的新居民，需要建立他们对于社区本身的归属感，从小孩入手是比较行之有效的方式，通过鼓励孩子们的相互认识、熟悉、活动来建立小孩对于社区的归属感，然后建立家庭对于社区的归属感
5. 运营孵化期投入不足	高	高	高	未来社区的运营成本是高的，仅仅从所属的商业部分的空间收入来支撑整体的未来社区的运营是困难的，特别是在前面2~3年的孵化器，所以前期需要从整体项目资金池里提供孵化支持资金，保证运营和进入平稳期后的过渡

4.3.2　未来教育场景系统咨询策划

1. 未来教育场景方案设计咨询

建立幼托、课外、全龄与体验式的全方位教育体系，构建未来教育场景，满足并服务社区全人群教育需求，构建"终身学习"的社区氛围。解决人民群众托育和入幼难、课外教育渠道有限、优质教育资源稀缺、覆盖人群少等社会教育问题。发挥社区教育对学校教育的补位作用,激活社区孵化、整合、传递、运作教育资源功能,使未来社区成为知识流动、技能共享的终身学习平台,主要服务内容包含不限于以下几点:

1)托育全覆盖

(1)设置养育托管点:按照住房城乡建设部《托儿所、幼儿园建筑设计规范(征求意见稿)》、国家卫健委《托育机构设置标准(试行)(征求意见稿)》要求,落实空间规模、人员配置、设施配置等要求进行配置。

(2)专业托育员培育:鼓励将社区内全职家长、退休儿保专业人士等发展为专业托育员,取得育婴证和教师证后持证上岗,并提供托育员继续教育支持和职业上升渠道。托育服务从业人员应具有保育员或育婴员等国家职业资格证书,每年应完成不低于72课时的继续在职培训。

(3)幼托一体"园中园":普惠性可依托公办幼儿园设置托班,中高端则依托民办幼儿园设置托班,最大限度落实托幼一体化工作。

(4)家庭入户指导:结合国家卫健委"三优"工程,参照幼儿成长规律重要时间节点,派驻人员定期上门指导为依托保姆照护幼儿的家庭,按需提供专业指导、临时监督等免费服务。另一方面,依托有资质的社会机构、有教师证和育婴证的专业人士个体,为全职家长、老人、保姆自行照护幼儿的家庭,按需提供上门指导帮助,包括亲子教育指导、饮食指导、生活指导、护理指导等专业增值服务。

(5)其他合建型托育点:鼓励托育点、幼儿园与社区养老服务设施、创业办公空间等结合布置,共享活动空间、阅读空间以及部分照护人员等,建立固定互访制度。

(6)托育机构信息查询服务:3岁以下托育服务信息管理平台,动态更新未来社区15分钟生活圈范围内托育机构信息,包括名称、主体、性质、位置、适合年龄段、收费、评价等,方便家庭查找。

2)幼小扩容提质

(1)学区信息入学信息发布:整合发布幼儿园、小学、中学等学校信息、入学信息、注意事项等,由各县(市、区)教育部门负责信息接入。

(2)打通"名师进社区"渠道:依托教育广场资源,建立名师微课堂、家长学校、同步课堂等。

(3)建立分时段使用机制:如周一到周五白天,作为社区双师课堂场地,或作为室内公益活动场地、广场舞场地、智能健身场地等;周一到周五放学后作为社区四点半课堂场地,提供双师辅导;周末用作童体适能训练馆、戏剧表演馆、科普教育馆、绘本共读馆等。

(4)公益性服务:社区退休名师直播讲课,通过社区退休教师资源,与线下的社区四点半课堂联动;入驻机构定期免费讲课,定期提供免费线上线下精品课。

(5)微利性服务:使用线上学信数据记录、作业错题分析辅导系统;发布作业求助信息,解答者可获得微利费用或积分奖励。

(6)商业性服务:打通精品名师讲课资源、青少年STEM(科学Science,技术

Technology，工程 Engineering，数字 Mathematics）课程。

3）幸福学堂全龄覆盖

（1）全龄段幸福学堂：设置功能复合，不少于 800m² 的固定、机动空间。固定空间内可设置品牌教育机构入驻和复合型商业配套功能。机动空间可分时段灵活开展活动，如文化艺术活动、名师"飞行式"讲课活动和亲子创意集市等。

（2）建立与品牌兴趣培训机构合作机制：例如入驻机构定期提供免费线上线下精品课、体验课。

（3）建立项目制跨龄互动机制：与相关机构明确每周素质教育活动时间表，依托平台发布信息，根据家庭报名情况组织开展线下活动，包括艺术创作、公益帮扶、环保科普、运动比赛等。

（4）设置"以天地为课堂、以万物为教材"的儿童友好户外空间：如儿童游乐场地、公共家庭农场（认领植物）、绿色环保行动展示区、儿童职业体验。

4）知识在身边

（1）建立社区达人资源库：由居民自愿报名，上传特长、资质证书信息、课程信息等，明确积分值，由居民按需使用积分购买。

（2）公益性服务：开设社区生活技能通识课，如垃圾分类、智慧平台和设备运用、社区公约普及、社区文化历史普及等。

（3）微利性服务：居民"就地请师"1对1授课，社区达人提供非遗技艺、艺术特长、专业技术指导线下入门级、业余级传授指导的知识付费；发布技术难题、学术难题等，对解答者给予一定付费。

（4）商业性板块：设置职业技能培训精品课、兴趣爱好培训精品课。

（5）构建社区学习地图：整合15分钟生活圈内博物馆、美术馆等场馆、活动、讲座信息。

2. 未来教育场景运营实效咨询

教育场景的运营主要考虑居民满意度和运营效率（盈亏平衡点、招生满园率、学费实收率等），具体参见表4-3。

教育场景满意度抽样调查表 表4-3

（社区居民定量抽样调查）	Y1	Y2	Y3	Y4
居民参与度				
—居民满意度				
—教育服务满意度				
（以下由运营公司内部填写）				
运营效率				
—学费实收率				
—招生满园率				

续表

（社区居民定量抽样调查）	Y1	Y2	Y3	Y4
—开课情况				
—专业教室薪酬				
—外教配比				
—房租				

3. 未来教育风险规避措施及优化建议

1）空间措施：住房和城乡建设部《托儿所、幼儿园建筑设计规范（征求意见稿）》（2019年6月），室外活动场地人均面积不应小于$3m^2$。国家卫健委《托育机构设置标准（试行）（征求意见稿）》（2019年7月），专为3岁以下婴幼儿提供全日托、半日托、计时托的托育机构，人均用房面积不少于$3m^2$，户外活动场地人均面积不低于$2m^2$。

2）人员配置措施：国家卫健委《托育机构设置标准（试行）（征求意见稿）》（2019年7月），托育人员和保育员与婴幼儿的比例应当不低于：乳儿班（6～12个月）1:3，小托班（12～24个月）1:5，大托班（24～36个月）1:7，每个班至少有1名托育人员。

3）设施配置措施：国家卫健委《托育机构管理规范（试行）（征求意见稿）》（2019年7月）控报警系统确保24小时设防，婴幼儿生活和活动区域应当全覆盖。监控录像资料保存期不少于90日，不得无故中断监控，不得随意更改、删除监控资料。

4.3.3 未来健康场景系统咨询策划

1. 未来健康场景方案设计咨询

以运动、医疗、养老全方位健康体系为导向，发展医疗、居住、养老、休闲的基本要素，促进健康，面向全人群与全生命周期，构建"全民康养"未来健康场景。主要服务内容包含不限于以下几点：

1）健康生活

（1）室内、室外健身点：通过健身场地结合公园、街区空地、楼群间空地、裙楼屋顶灵活布置，提供球类、健步、慢跑、休闲健身等活动，组建社区区位运动会、运动社团组织活动、民俗节庆类集体活动及健康咨询、急救培训、科普教育活动。

（2）配置健身场馆：与邻里中心、商业空间相结合或独立布置楼宇，通过设置基础健身馆与专业训练馆，提供基础游泳、球类、儿童游乐，专业健身课程、文体活动训练，满足老年人、慢病患者等特殊人群健身康复训练等健康需求。

（3）慢跑骑行绿道成网成环：绿道环绕社区，连接健身运动点与步行系统，与河滨、公园等景观绿化系统融合，与省、市等绿道系统连通，形成多层级绿道网络。

（4）智能化运动健身设施：基于人脸识别、行为识别等技术，借助智能穿戴设备，绿道沿线设置智能便民设施，健身课程智能互动，同时采用线上智能化管理和移动支付收费方式。

（5）组织未来社区活力运动社群：鼓励发展多元化运动健身社群，形成群体氛围，组团参加群众性体育赛事。

（6）"邻里积分"健康模块：运动积分是邻里积分的其中一种，是鼓励社区居民参加健康运动的方式。居民通过参加健康类运动获得运动积分，参加健康运动和提供运动服务的社区居民均可获得积分。邻里积分健康模块链接社区商圈资源，构建运动激励、实践、激励的有效闭环。

2）优质医疗

（1）医联体创新：建立明确的院校人才输送、定向培养、结对帮扶、下派任职、下派锻炼制度要求；联合体系内机构实行人才柔性激励，人员工作地点统一调配，新进人员联合体内轮岗培养；与现有的"三服务"行动等基层活动相结合，共同推进，促进资源整合；对下沉工作做出突出贡献的单位和人员进行表彰、奖励，业绩突出的城市医院医师可优先晋升专业技术职务。

（2）打造升级版社区卫生服务中心：在社区就能体验到较高的检查水平，除了急诊外优先收治下级上转病人，促进在社区检查首诊，紧密的人才、业务合作，也让居民放心下转至社区康复。另一方面，加强日间手术的条件和能力建设，手术实施的医生资源短缺可由下派医生补充，社区医生需提升手术需求、出院条件、并发症处理等的诊断能力。同时配备观察床位，条件好的可以配置全麻医生等人员，扩展手术范围。

（3）普及居民电子健康档案：建立从育儿到临终的全周期健康档案，针对肿瘤病、肺疾病、肝炎、肾功能不全等重要疾病患者，通过高频检查产生大量随访记录，记入档案，开展精准健康评估，分析病情发展趋势；针对重病大病类康复、心理性康复和生理性康复等患者，通过全面的档案记录制定康复方案。产生的数据以慢性病/老年病档案结合，分析疾病风险因素、健康趋势等，开展病种管理。

（4）家庭自检设备：通过配置便携式血糖、血压、血氧自检仪，穿戴式心率检测仪、体脂、身体基础代谢率、身体质量指数等检测仪有效的家庭自检，及时更新常见慢性病病情进展，录入居民电子健康档案，关注重点病人，防止治疗时机滞后。

（5）远程医疗：通过病人病情变化的及时采集传输，异常变化时通知上级医院医生，开展协同会诊、复诊续方等，提高处理效率，降低人力设备成本。

（6）人工智能辅助诊断：基于人工智能、大数据、物联网等技术，探索使用成熟的系统、设备，提高就医就诊效率，辅助医生提升诊断质量。

3）幸福养老

（1）配置适老化住宅：由社区部分住宅、公寓设计建造或进行适老化装修，套内潜伏性设计、较大的储藏空间、适中的无障碍设施，配置适老化智能家居；公共区域无障碍设计、楼梯适老设计，设置担架梯，楼栋间设置风雨连廊，与普通住宅混合布置增强适老住宅活力。

（2）社区级、街道级居家养老服务设施：结合社区服务用房、经营用房布置，考虑交通、生活配套的便利性，采取政府补贴、公建民营等方式提供基础的简餐、家政、洗涤等上门服务；提供基础的饮食、医疗康复、休憩娱乐等日间照料服务，可少量配置日托床位。

（3）时间银行：构建互助圈和互助网络为目标，将服务用时间来量化的媒介，志愿者为老年群体提供服务，提升他们的生活品质；志愿者积累并储存时间积分，兑换未来需要的服务或产品。积极解决社会需求、营造"互帮互助"的和谐环境、倡导"全民向善"的社会风气。

（4）推广适老化智能终端应用：通过配置丰富智能健康养老服务产品供给。针对家庭、社区、机构等不同应用环境，满足多样化、个性化健康养老需求。

（5）"互联网+"养老服务：依靠"互联网+健康养老"服务系统管理运营，平台由服务端（医疗养老机构）和企业联合开发，联通社区智慧服务平台健康模块，并进行数据共享，重点开展对失能、半失能、慢性病等居家康复老人的服务。

2. 未来健康场景运营实效咨询

健康场景的运营主要考虑居民满意度和效率（如健康设备配置、时间银行应用和养老服务设施配置情况等），具体参见表4-4。

健康场景满意度抽样调查表　　　表4-4

（社区居民定量抽样调查）	Y1	Y2	Y3	Y4
居民满意度				
—服务满意度				
—服务响应率				
（以下由运营公司内部填写）				
运营效率				
—健康设备配置情况				
—时间银行应用情况				
—养老服务设施情况				
—居民电子健康档案数据				
—运动社群情况				
—邻里健康积分情况				
—健康设备配置情况				

3. 未来健康场景风险规避措施及优化建议

1）医疗健康信息互联互通保障措施

推动实现省、市、区三级双向转诊平台互联互通，基层医疗机构可根据居民病情需要精准预约上级医院专家、床位及检查等医疗资源，实现医疗服务质量同质化检验检查结果互认共享。

2）医疗健康人工智能保障措施

基于居民医疗卫生数据，建成可视化的数据资产管理平台和大数据分析服务平台，用于慢性病疾病发病模型、发病趋势预测、传染病暴发预测预警、精准临床诊疗相关性等领域研究,例如基于糖尿病、肾病等相关疾病采集的眼底图谱,在 AI 智能诊断的基础上进行专家复核,实现糖尿病、肾病等眼底疾病的早期预防、早期诊断。

3)绩效考核保障机制

加强对成本费用控制、统计、内审、医保资金的管理,以法人为单位,分账核算,统筹管理和分配结余的各类资金,实现利益共享。

4.3.4 未来创业场景系统咨询策划

1. 未来创业场景方案设计咨询

1)定义未来社区的创业

基于创业场景中居住、办公、孵化三位一体的建设定位,通过移动互联网技术让社区人群的工作协同,可以脱离开物理意义上的聚集,特别是在居住成本激升、通勤时间拉长和空气质量糟糕的现状下,使人们可以选择进行灵活的移动办公。在未来社区创业场景下,我们预见会大量地使用数字化技术,展开异地、多点式的协同,甚至是全球范围内的合作。这里的创业将是深度细分的、专业化的,产业和服务的交付是在地化的。

2)未来社区里的创业特点

受社区本地化市场的限制,服务单元是微小的,同时考虑已经深度细分的各领域以及各领域中寡头的存在,未来社区里的创业企业大部分将是小而美的。在这些小微企业里,人才成了最具决定性的因素,特别是创意阶层的人才。当下关于人才的竞争停留在城市的层面,未来一定会下沉到社区的层面。

3)未来社区里对于创业的培育方式

要培育小微创业企业,最理想的是建立创业生态圈。一个好的未来社区创业生态,应该建立的是生态的价值观,自我调节的体系以及整个创业生态的愿景。类似亚马逊热带雨林,它除了在系统内的不同物种之间构建起相互依存和支持的关系外,还具有自我修复的能力。所以对于未来社区的创业场景中的培育方式,我们建议采用润物细无声的方式,微孵化、微实践、微赋能。

4)未来社区里的创业和其他场景的关联协同

未来社区的各个场景是未来社区的有机组成部分,所有这些场景需要服务于社区的总目标或愿景,例如,如果智能化未来社区是这个社区的特色目标,所有的场景要在满足约束性、指导性指标框架的基础上,导向如何能更好地发展这个社区"智能化"的方面。各个场景间的相互支持,应始终围绕一个问题,即它们能否更好地达到社区最终的总目标。

5)未来社区创业人群

从目标创业人群的来源分析,可以分成产业导入类、人文吸引类、本地社区类。

基于社区所在地的特色产业、休闲产品、旅游衍生品而设计、生产、打造产业基地,吸引全国相关产业的人才,在住房、落户、办公、政策配套、产业配套等方面提供有吸引力的整体服务。

依托当地的自然、人文景观，借助创意园的建设，吸引文创性人才来创业，也可以是候鸟型的，通过举办有影响力的标志性活动，来形成人文方面的吸引。城市发展，特别在2020年新冠疫情以后，旅游市场将更加细分，深度游加快发展，任何有底蕴、能发掘故事的城市对于各地游客将很有吸引力。

在本社区建立针对本地创业项目的孵化，也为本地的就业提供支持。通过生态系统的建立，为他们提供资金、业务、资源上的支持；可以提供类似Co-living这样的住宅产品。

2. 未来创业场景运营实效咨询

1）生态环境的打造

创业是一个系统性的工作，因此需要一个生态，这当中包括了空间硬件、政策、优势产业、生态链企业等方面，同时最关键的是结合本社区的传统、优势，区域的上位规划，宏观政策，来定义社区的特色产业。每一个社区都是不同的，定义自己的特色产业就是在建立自己的比较优势。

作为未来社区，我们在每个场景上都提供了基础的服务，同时在此基础上，定义自己的特色产业，形成差异，背后连接的是产业，产业的对接就是建立社区创业生态最关键的可持续因素。

特色产业在规模，质量上一定会强于周边其他未来社区的相同产业，从而形成区域内未来社区的互补，这样也构成了良性的发展以及各未来社区间的流动，构成一个拓扑网络。

2）创业辅助服务

现在的创业相比传统的创业可以说很简单，也可以说很复杂。简单的是企业的设定、人员的组织、业务的发布等大大便捷了；复杂的是因为竞争的激烈程度，必须有专业化的辅导和支撑才能有机会生存下来，这包括了商业和管理的辅导、融资、渠道的扶持、资源的对接、以及持续运营和退出。

在社区的创业需要充分地利用社区的资源，例如利用社区的居民，组织有效的"私董会""创业咖啡"等活动，让社区的创业者从社区相关人士处获得经验、建议、滋养。

3）种子招募

每一个创业企业就如同一粒种子，整个生态系统就是由无数颗这样的种子开始的，吸引、招募、鼓励、维护这些种子的健康成长是未来社区创业场景中的重要职责。一些种子可能没有发芽，但它可能激发了其他种子更好地成长，一些种子可能还没有破土就夭折了，但这个经验可能为创始人开始下一段创业打好更坚实的基础。

从吸引创意阶层的"创意指数"上也能给我们一些启发，社区居民的受教育程度、特色产业的技术含金量、社区对于外来文化和新社区居民的包容性、社区能提供的可负担的住房等。这些构成了一个对于"种子"有吸引力的生态蓝图。

创业场景不是简单的空间，它是一个生态，创业者需要能真正获得营养、包容、鼓舞、支持、归属。

3. 未来创业风险规避措施及优化建议

创业场景风险评估及规避建议见表4-5。

创业场景风险管控表　　　　　　　　　　　　　　　表4-5

可能的风险	发生的影响	发生的概率	综合评估风险等级	规避建议
有硬件空间，但没有项目	高	高	高	需要在整个未来社区规划时明确整体的愿景、特色产业、创业生态的方向，这样可以定向地招募创业项目。不同的未来社区的创业场景，对于不同的创业项目的吸引力是不同的，必须作出有战略思考的选择
有项目但续存率低	中	高	中高	前期确定特色产业，建立生态。单个项目的存活是个概率，整个社区的创业的续存率低就是系统性的问题，说明生态无法支持个体，这个里面最关键的市场因素是构成整个生态的支柱性产业、企业
创业场景和其他场景的冲突，例如为创业者提供可负担得起的住房和公寓/类住宅的商业化	中	高	中高	在未来社区发展规划时，需要明确整体的目标，短期的资金平衡和长期的社区的可持续健康发展之间要有权衡
居民对于创业者的不接受	高	高	高	城市化提高后，社区的流动性一定会更高，所以在地化文化本身也一定受到冲击，从社区治理的角度需要来管理整个社区文化发展的路径、取舍。对于外来的新事物，新居民抱有开放的态度。在日常的社区生活中，提供更多的机会让新旧居民间相互接触和了解，建立信任

4.3.5 未来建筑场景系统咨询策划

1. 未来建筑场景方案设计咨询

1）方案设计阶段

结合未来社区项目的特点、难点及建筑场景指标体系要求，提供未来社区装配式建筑、装配式装修、绿色建筑、立体绿化、绿色建材等专项方案策划：

了解项目的周边环境状况，对项目基本情况和方案进行全面审核；

完成相关的可行性分析，根据项目的实际情况和建设目标，确定本项目实现以上几个专项的实施方案及优化措施，并根据相应等级制定技术措施和增量成本分析，制定最佳技术体系策略，为业主提供决策依据；

装配式建筑结构体系技术经济性可行性研究；

装配式装修技术经济性可行性研究；

绿色技术体系技术经济可行性研究：针对该项目技术体系中的各项技术进行国内外应用情况调研，并分析该技术在本地的应用可行性。从技术和经济两方面分析，提交初步的项目方案，完成整体《绿色建筑设计可研报告》，并充分考虑业主的需求，提出绿色建筑认证目标建议。

2）初步设计阶段

按照未来社区建筑场景要求，提供以下咨询：

定位和技术体系的论证：组织相关专家对社区建筑场景各专项的定位和技术体系进行论证，确保各项技术可靠可行，并具备领先性；

协助甲方确定建筑场景各专项的目标定位、实施方案；

根据确定的实施方案，进行具体的技术措施量化分析，并确定各技术的空间落位；

成本分析：分析各专项所采取措施的成本，并提供给造价专业，协助其进行资金平衡计算；

未来社区建筑场景实施方案编写：根据既定目标和技术措施，完成本社区建筑场景实施方案的编写；

配合实施方案的汇报、答疑、专家意见回复、实施方案备案等工作。

3）施工图设计阶段

按照未来社区建筑场景技术要求，提供施工图深化、优化咨询，审核各功能模块，以确保满足未来社区指标体系的要求。

列出详细的资料收集清单发送业主及各相关方，收集整理项目环评资料、设计文件，分析项目设计任务书，对与各专项相关的各项信息进行详细审核。

根据现阶段设计图纸现状评估项目各专项既定方案落实情况，找出影响既定方目标的关键问题和项目达标情况以及改进建议。

通过审核图纸和对各专业设计方案的单项分析，并根据最佳技术体系策略，监督、审核各项技术在项目施工图纸中的落实情况，提供《施工图阶段各专业审图意见》，保证项目各项设计均符合既定实施目标。

协助设计院撰写施工图绿色建筑设计专篇，并针对审图单位对施工图绿色建筑专篇的审核意见，进行各项答疑和补充，确保施工图绿色建筑部分通过审核。

对装配式建筑、装配式装修、绿色建筑和节能技术措施的增量成本进行概算和分析，形成增量成本分析报告，提供给业主参考。

2. 未来建筑场景运营实效咨询

建筑运营是建筑全生命周期的最长篇幅，其成功与否绝不仅仅取决于物业的表现，更是全生命周期各方参与的结果。要理解建筑设计和运营的偏离，首先要理解参与者们的利益和需求。所处位置不同，各自关注点自然也存在差异。为了概括绿色建筑中不同的需求，我们将参与者分成四个版块——建筑本身、基础建设方、物业和使用者，各参与方共同构成绿色建筑运营的系统。

其中，基础建设方包括投资、设计、施工等施工阶段的主要实践者。建筑本身的需求是作为某类建筑而存在的属性、功能、标准、政策等需求。表4-6概括了系统内各参与方的需求。

各参与方的需求表   表4-6

参与方	建筑本身	基础建设方	物业	使用者
需求	定位，标准要求，政策导向	商业价值，达标合规，风险控制，工期/实施难度，影响力	控制：人员、车辆、环境、能源、安全、空间、物资、信息、设施设备、风险、供应商； 商业价值：节能、效率、品牌形象/顾客价值、商业服务	环境舒适，服务周到，安全性，价值/效率

通常，建筑本身和基础建设方位于运营阶段之前，物业和使用者是运营阶段主体，如表4-6所示。当确立建筑定位、对标和政策需求后，绿色建筑的整体理念切割成碎片化的指标，基础建设谋求达标合规的需求将覆盖于建筑本身的整体理念之上；一旦基础建设方移交给物业，商业价值的内涵发生了变化，建筑的所有权交易转变成使用权交易，承载于使用权上的环境、节能、维护等需求集中爆发显现；在一个长期连续的过程中，物业和使用者是建筑运维的实践者，有共同需求也有博弈，例如，物业的环境控制范围与使用者的舒适需求范围存在非交集。

需求的多样性是系统的基本面，参与方及其需求的转变潜移默化地引导着系统需求的转变。若追求系统高效的状态，这需要运营前后期的参与方能够达成共识。

3. 未来建筑风险规避措施及优化建议

（1）工作机制：建设单位应统筹协调参建、参与各方的工作机制，较早确定相关合作单位和专业配合单位，并明确各单位的职责。

（2）协作机制：通过定期会议、专题会议、微信群、顶顶群等多种形式建立各单位协同合作机制，促进各方之间的紧密协作。

（3）装配式建筑专项验收机制（施工前）：建立预制构件样板验收制度、铝模样板验收制度、装配式标准层结构联合验收制度、工法样板房，通过以上措施规避装配式建筑施工过程中可能产生的风险，并优化施工工艺和工法。

施工前做好绿色建筑重点内容专项交底会议。

利用CIM平台、BIM协同平台，进行项目的范围、进度、成本、质量等方面的管理。

利用绿色建造平台，对重大施工工艺和施工方案，可先行在平台上进行模拟，以便优化施工方案。

4.3.6 未来交通场景系统咨询策划

1. 未来交通场景方案设计咨询

1）方案设计阶段

结合未来社区项目小街区密路网、人车分流的特点及未来社区交通场景指标体系要求，提供未来社区交通规划等专项方案策划：

了解项目的周边环境状况，对项目基本情况和方案进行全面审核；

完成相关的可行性分析，根据项目的实际情况和建设目标，确定本项目实现交通专项的实施方案及优化措施，并根据相应等级制定技术措施和增量成本分析，制定最佳技术体系策略，为业主提供决策依据；

智能停车系统技术经济性可行性研究；

智能物流配送技术经济性可行性研究。

2）初步设计阶段

按照未来社区建筑场景要求，提供以下咨询：

定位和技术体系的论证：组织相关专家对社区交通场景专项的定位和技术体系进行论证，确保各项技术可靠可行，并具备领先性；

协助甲方确定交通场景各专项的目标定位、实施方案；

根据确定的实施方案，进行具体的技术措施量化分析，并确定各技术的空间落位；

成本分析：分析各专项所采取措施的成本，并提供给造价专业，协助其进行资金平衡计算；

未来社区交通场景实施方案编写：根据既定目标和技术措施，完成本社区交通场景实施方案的编写；

配合实施方案的汇报、答疑、专家意见回复、实施方案备案等工作。

3）施工图设计阶段

按照未来社区交通场景技术要求，提供施工图深化、优化咨询，审核各功能模块，以确保满足未来社区指标体系的要求。

列出详细的资料收集清单发送业主及各相关方，收集整理项目环评资料、设计文件，分析项目设计任务书，对与各专项相关的各项信息进行详细审核。

根据现阶段设计图纸现状评估项目各专项既定方案落实情况，找出影响既定方目标的关键问题和项目达标情况以及改进建议。

通过审核图纸和对各专业设计方案的单项分析，并根据最佳技术体系策略，监督、审核各项技术在项目施工图纸中的落实情况，提供《施工图阶段各专业审图意见》，保证项目各项设计均符合既定实施目标。

对智能停车系统技术措施的增量成本进行概算和分析，形成增量成本分析报告，提供给业主参考。

2. 未来交通场景运营实效咨询

相较于其他八大场景，未来交通旨在解决社区居民"衣食住行"四大根本性需求中的出行问题，因此是衡量"未来社区"建设成效最有效的四大标尺之一。作为串联其他场景的关键环节，是实施其他场景的基本保障。未来交通所带来的变革是巨大的。交通与人口、环境与能源是密切相关的。城市人口快速增长，必将带来拥堵问题。交通拥堵问题一旦形成，只会加剧拥堵。在2018年全球自动驾驶高峰论坛上，"共享、无人、电动"是未来交通的三大力量。提出"未来交通"概念的初衷，是希望利用新技术，让路上车更少，让整个城市变得更有智慧，能够让交通工具更有序、更安全地把我们带到我们想去的地方，将物品更快捷、更高效地送达我们手中。对于社区而言，交通出行面向的主体即是人、车和物，必须以"人畅其行、车畅其道、物畅其流"作为目标，才能让居民满意。建设未来社区,应该紧紧围绕"以人为本"的核心,结合TOD(以公共交通为导向的开发,Transit-Oriented Development)、MaaS(出行即服务,Mobility as a Service)、智慧交通等发展理念,瞄准人、车、物的个性化交通需求,实现公共交通一体化、慢行交通便利化、智慧交通集成化、社区交通分级化和出行服务人性化,打造"5、10、30分钟生活圈",构建一个"全对象、全过程、全覆盖"的可持续未来交通场景。未来社区居民出行场景繁多,最为关键的环节便是解决便利化问题。出行的便利化程度直接反映了出行的效率与体验。未来社区以居民慢行顺畅、10分钟到达公交站点为目标,打造10分钟"慢行+公交"的交通出行链。

(1)"公交+社区"与"TOD"导向的一体化对外交通。在有条件重建或新建的社区,结合社区建设,围绕快速、大运量的轨道交通站点进行综合一体化开发。平面规划上,结合社区特点为社区到公共交通站点间提供便利、舒适的衔接设施服务;立体空间上,将TOD综合体与周边社区紧密结合,合理规划轨道上盖的不同功能的物业综合体。采用多种技术手段(如加强稳静化处理、提供出行服务等)保障10分钟"慢行+公交"的交通出行链建设。

(2)"全天候、无障碍"的便利化慢行交通。统一规划非机动车道和人行道,并接入城市交通干道中,构建内外畅通的非机动车及人行交通系统。街道设计上,充分考虑老人、孕妇、残障人士等特殊群体需求,布置休憩空间和风雨连廊等人性化设施。

(3)"小街区、密路网"的"街区制"社区交通。该路网设计能为慢行交通和公共交通提供高密度、低干扰的街道空间。综合考虑街道沿线的用地性质、交通特性、社区经济和街道景观等因素,针对不同类别进行模块化设计。另一方面,充分考虑城市未来交通发展趋势,布设路测传感器、预留智慧交通设施标准化接口以满足"共享、无人、电动"未来交通形态。

(4)"一键式、全行程"的人性化出行服务。引入一站集成式出行服务运营商,提供从出发地到目的地的"个性定制化"出行服务,满足社区居民便利多模式出行需求。以社区为单位综合开发"邻里共享出行平台""社区出行仪表盘"等数据产品,引入社区拼车、"社交+出行"等特色功能,完善社区居民交通出行信息服务。社区公共场所设置居民生活服务信息显示牌,实时播报社区周边干道交通运行状况;社区对外公交站点设置交通信息显示牌,实时提示公交到站时刻信息。

(5)打通社区公交微循环、实现行人和私家车"人车分流"。对于公共交通车辆,充分利用社区内部支路密路网体系,完善交通导向设施,优化社区公交车路线,形成社区内部公共交通可持续微循环体系;对于私家车,统一规划管理,引导车辆从小区外部道路直接进入地下车库,避免车辆在地面行驶对公交和慢行交通的干扰,实现"人车分流"。

(6)"智慧停车、共享停车、绿色停车"。静态交通方面瞄准"5分钟取停车"目标,从新服务、新机制、新设施等维度着手推动社区停车朝着智慧化、便捷化、高效化方向改革。利用立体车库、AGV等技术提高车位机械化率、自动化率,提供停车诱导、一键停车、无感停车、自动结算和在线支付等便民智能服务。统筹社区租售及公共车位资源,创新车位共享管理机制，制度化、常态化更新社区停车配建指标，适应不同发展阶段对车位的需要。配备完善社区停车充电设备，支持鼓励第三方充电桩运营平台入驻社区，打造"未来社区"智能化便民共享充电服务平台，全天候、全时段满足"未来社区"新能源汽车充电需求。

（7）"规模化、品质化"的便民集成配送平台。集成配送方面，联合各物流企业及社区零售、餐饮配送企业，对社区物流进行整合和分类，统一管理，实现物联网末端追踪。收集居民对于末端派送的个性化需求以及售后意见和建议，实现配送员灵活排班、配班，统一安排物件派送，并实时监控维护配送设备和智能蜂巢等存储设备的管理使用情况。社区建设中，统一规划物流用房（仓储空间）、社区公共用房与物业用房用地，每个中转场至少配备一个员工休憩整备场所，完善社区物流技术设施配套。探索利用区块链溯源等技术，强化物流配送安全智慧化管理。

（8）"精细化、智能化"的新型配送手段。提升智能快递柜等社区智能配送终端覆盖率，覆盖半径满足社区居民需求，实现"3分钟取货"。加速智能机器人、无人车、无人机等新型配送方式的试点与应用。引入"丰Box"等绿色环保包装应用，针对生鲜等特殊货品，采用前沿冷链技术实施供应链管理。

3. 未来交通风险规避措施及优化建议

（1）为避免公交站点变更或取消而步行10分钟到不了的风险，建议提前与道路、交管、公交系统对接，固化站点设置方案。

（2）为避免车位数量不足而使地面出现大量占位停车的风险，建议：一是对地下停车位超指标配置，以满足未来可能扩张的停车需求；二是切实做到"小街区密路网"的路面宽度设计，不给车辆留下见缝插针占位停车的机会。

（3）借助智慧平台、大数据管理等先进手段，让停车管理更高效，杜绝强行停车、无理停车，保护遵守公共规则的行为，不让老实人吃亏。

（4）为避免智慧物流曲高和寡的风险，建议：一是建立更为友好的人机交互，让老人、残疾人、不擅使用电子设备之人等群体也能方便地享受智慧化服务；二是加强宣传和普及型教育，对用户进行使用培训；三是注意加强日常设备维护，减小故障概率。

4.3.7　未来低碳场景系统咨询策划

1. 未来低碳场景方案设计咨询

1）方案设计阶段

结合未来社区项目多能协同的特点、难点及未来社区指标体系要求，提供未来社区低碳场景能源系统、海绵社区与非传统水源利用、垃圾分类回收利用、超低能耗建筑等专项方案策划：

了解项目的周边环境状况，对项目基本情况和方案进行全面审核；

完成相关的可行性分析，根据项目的实际情况和建设目标，确定本项目实现以上几个专项的实施方案及优化措施，并根据相应等级制定技术措施和增量成本分析，制定最佳技术体系策略，为业主提供决策依据；

能源系统（包括"光伏建筑一体化＋储能"的供电系统、集中供暖（冷）系统、智慧能源网布局、可再生能源利用、互利共赢能源供给模式改革等）体系技术经济性可行性研究；

海绵社区与非传统水源利用技术经济性可行性研究；

垃圾分类回收利用技术经济性可行性研究；

近零能耗建筑体系技术经济性可行性研究。

2）初步设计阶段

按照未来社区低碳场景要求，提供以下咨询：

定位和技术体系的论证：组织相关专家对社区低碳场景各专项的定位和技术体系进行论证，确保各项技术可靠可行，并具备领先性。

协助甲方确定低碳场景各专项的目标定位、实施方案：

根据确定的实施方案，进行具体的技术措施量化分析，并确定各技术的空间落位；

成本分析：分析各专项所采取措施的成本，并提供给造价专业，协助其进行资金平衡计算；

未来社区低碳场景实施方案编写：根据既定目标和技术措施，完成本社区低碳场景实施方案的编写；

配合实施方案的汇报、答疑、专家意见回复、实施方案备案等工作。

3）施工图设计阶段

按照未来社区低碳场景技术要求，提供施工图深化、优化咨询，审核各功能模块，以确保满足未来社区指标体系的要求。

列出详细的资料收集清单发送业主及各相关方，收集整理项目环评资料、设计文件，分析项目设计任务书，对与各专项相关的各项信息进行详细审核。

根据现阶段设计图纸现状评估项目各专项既定方案落实情况，找出影响既定方目标的关键问题和项目达标情况以及改进建议。

通过审核图纸和对各专业设计方案的单项分析，并根据最佳技术体系策略，监督、审核各项技术在项目施工图纸中的落实情况，提供《施工图阶段各专业审图意见》，保证项目各项设计均符合既定实施目标。

对能源系统、非传统水源、垃圾分类回收利用和近零能耗建筑技术措施的增量成本进行概算和分析，形成增量成本分析报告，提供给业主参考。

2. 未来低碳场景运营实效咨询

（1）结合社区综合能源服务商引入及社区能源管理平台各项能耗数据收集，提供运营效益分析。对不同建筑、不同分类、分项能源制定相应定额指标，以考核各用能单位能源消耗水平，实现定额用能、节能评估、节能排序等；对于低于定额的单位实施奖励，对于高出定额的单位予以考核；参照用能定额，按照不同用能单位、不同建筑类型进行能耗排名公示，可按单位能耗、人均能耗及增减幅度等能耗数据，对能耗信息进行定义后上网公示，通过公示激励行为节能，实行超定额加价，节约奖励。

（2）采取智慧化可追溯模式，科学规划布局社区垃圾分类投放、分类收集和分类运输的分类体系。结合居民垃圾分类参与度调研，垃圾分类统计信息，提供垃圾分类收集制度、设施的应用分析优化报告。

（3）基于智慧能耗监测服务平台，实现对社区的能源利用情况、用户消费行为、用能特性等开展分析，提高终端能源使用效率，实现能源供需高效匹配、运营集约高效。根据低碳场景各项技术实效，提供碳排放分析报告用以综合评估低碳场景运营实效。

3. 未来低碳风险规避措施及优化建议

（1）严格履行工程合同，按照国家质量验收标准达到一次性验收合格。

编制专项施工组织方案，重视图纸自审、会审。

（2）加强原材料的质量控制：所有材料均经过市场调查，现场实地考察。严格执行质量管理体系标准规定，从材料供应商合格单位内订货，所有到场材料均履行一系列验收程序，同时对进场材料做好见证取样，送检复检，做到不合格材料坚决不用在工程上。

加强技术交底，严格实行样板先行制度，样板指导施工：在关键部位、技术难度或施工复杂的检验批、分项工程施工前，技术交底方案由咨询单位进行审核，驻场工程师监督执行，重视对操作班主的技术交底，将交底落实到操作班主层面上。

（3）实体样板点评：检验工程实体质量是否与展示样板保持一致，是否全面符合设计要求及质量验收标准，为后续大面积施工提供质量保证。

制定严格的质量验收标准，加大质量控制力度：加大施工过程中质量检查频率及增加实测点数，加强过程巡检，涉及被动式相关节点全数检查；工序管理上，认真执行自检、互检和交接检查制度，在隐蔽工程验收前由熟知被动房知识专业工程师参与验收。

（4）坚持质量检查与验收制度：在施工中严格执行"三检制"，不合格的产品不得进入下道工序施工。对于质量容易波动、容易产生质量通病或对工程质量影响较大的工序和环节要加强预控、中间检查和技术复核工作，确保工程质量。

（5）针对项目制定相应工期保证措施：人力资源保证措施、机械设备保证措施、物资材料的保证措施、资金保证措施、季节性施工保证措施、夜间不间断施工保证措施、节假日不间断施工保证措施、工期滞后的赶工措施、预案及抵抗风险措施，确保项目整体施工进度。

4.3.8 未来服务场景系统咨询策划

1. 未来服务场景方案设计咨询

服务场景建设以"平台+"为核心理念，通过物业、商业、安防、政务的社区提升方案，通过"平台+管家""孪生客厅""数字化智慧物业服务方案"和"社区应急与安防"的有机协同，提升社区作为开放型社区的运营服务能力，提供"高性价比"的社区服务。主要服务内容包含不限于以下几点：

1）物业可持续运营

（1）智慧服务平台：构建未来社区智慧服务平台，实现线上管家应答、智能门禁等功能，并基于此构建"平台＋管家"物业服务模式。

（2）社区管家中心：以居民评价反馈为准则持续完善服务内涵实现各模块线下功能；组建管家人员，建立一整套培训、考核管家的服务体系；明确经营用房比例、制定运营平衡方案，实现基本物业服务居民零付费。

（3）增值物业服务：提供房屋增值服务、O2O服务等增值物业服务，此分类暂不考虑非业主增值服务。由居民线上提出服务需求，管家配置资源提供线下服务，居民线上反馈服务结果，以提升便民性、微利性的作用，进一步优化居民居住体验，补贴部分物业费。

2）社区商业服务供给

（1）社区商业O2O模式：结合社区智慧服务平台，专设社区O2O服务模块，引入优质生活服务供应商，打造线上便民商城和线下社区商业、惠民商业服务空间，通过整合线上线下资源，实现居民足不出户购买商品、享受服务。

（2）供应商遴选培育机制：建立"线上＋线下"的供应商遴选机制、洽谈邻里积分制合作商家、商家考核机制，利用大数据，分析社区人口特征及比例，按照实际需求取向配比线上线下服务，实现服务的精准定位、社区资源有效利用。

（3）基本服务功能：以社区居民为中心，以服务需求为导向，提供如洗衣、家政、维修等服务预约功能，配置惠民商业和品牌商业满足社区内不同人群的多种生活需求。

（4）社区生活服务：注重创新型生活服务，引入如置换、到家服务等专业化物业服务供应商，提供定制化、高性价比生活服务。

3）社区应急与安全防护

（1）预警预防体系与应急机制：建立完善的社区消防、安保等预警预防体系及应急机制。在社区管家中心配置数字管理中心作为监控室和社区应急管理指挥部，24小时配置监控人员，负责集中监控、指挥调度。如在社区管家中心组建应急管理团队和一键报警、报事报修、智能巡检、线上应急联动等线上预警应急功能。

（2）无盲区安全防护网：社区内推广应用人脸识别等技术，统一数字身份识别管理，线下管理人员用二维码、NFC标签扫码的方式进行日常巡检、月度巡检，在智慧服务平台管理员端口即可完成，所有巡检报告记录可查，实现在线无纸化巡检功能。另一方面，利用多传感器、监控设备将采集的数据信号加以处理后传输至信息处理平台，结合云搜索、人像比对、轨迹刻画、异常发现等多种研判分析手段，对结果进行可视化展示。

（3）智能安防设备：通过智慧平台预警救援、地图定位、一键式求助、联动报警等功能，实现突发事件零延时预警和应急救援。

2. 未来服务场景运营实效咨询

服务场景的运营主要考虑居民满意度和运营效率（如管家培训率、管家认证情况、管家考核情况等），具体参见表4-7。

服务场景满意度抽样调查表　　　　　　　　　　　　　　　表 4-7

（社区居民定量抽样调查）	Y1	Y2	Y3	Y4
居民满意度				
—服务满意度				
—服务响应率				
（以下由运营公司内部填写）				
运营效率				
—管家培训率				
—管家认证情况				
—管家考核情况				
—增值物业服务收益				
—公共用房租赁收益				
—运营广告收入				
—建设区盈余				

3. 未来服务风险规避措施及优化建议

（1）经营性收益管理措施：经营性收益可由业主委员会自行管理，或由物业服务企业代为管理的，需开设专门收支账户，并授权银行及时向信息平台推送其经营性收支账户流水等信息数据。

（2）商铺管理措施：不同业态需要配备不同大小的经营面积。超市、影院、置业机构、教育培训等需要较大经营面积，餐饮、理发店、甜品店等则大型小型错位。同时根据业态规划对主力模块品牌进行选择对接，优先开展选铺落位工作，奠定整体招商品质，筛选具有市场竞争力、服务品质优良的口碑店铺，同时推动各业态中小型补充商户入驻。

（3）零物业费管理措施：物业管理公司通过人才公寓出租、部分商业出租、经营性广告收费等获得持续的收益。另一方面，依托数字化平台和相应的软件，形成"智慧＋管家"的全新物业管理模式；采用人脸识别技术、智慧安防系统等，减少人力成本；使用节能材料、设备，减少物业运营费用支出。

4.3.9　未来治理场景系统咨询策划

1. 未来治理场景方案设计咨询

以社区党建引领治理、数字化精益管理和居民自治为核心，解决多表填报重复录入问题突出、社会组织专业化程度不高、可持续性不足和社区志愿参与意愿不足、志愿者组织发展落后等问题。依托精益化治理平台，构建党建引领的"政府导治、居民自治、平台数治"未来治理场景。主要内容包括不限于以下：

1）社区治理体制机制

（1）社区党委核心引领：提高社区党组织整合、统筹、协调社区资源的能力，为实现资源共享、优势互补、民主协商、和谐发展提供领导保障，推行兼职委员会制度，把有一定影响力、关心支持社区工作的党员先锋推选为社区党员代表,参与社区治理工作。

(2)社区治理机制改革:聚焦社区"三张皮"矛盾,组建未来社区工作委员会,通过召开定期例会和不定期协调会的方式组织协商解决社区管理和服务问题。

(3)社区工作"减负增效":进一步规范梳理社区工作事项,建立社区工作准入机制,明确社区协助行政事务清单和公章使用范围清单,破解"万能社区"。充实社区专业化社工队伍,设定名额配置标准,加强社工培育,提高社工待遇和保障。

2)社区居民参与

(1)社区自治机制:形成以社区自治章程为核心、以社区公约为重点、各类决策议事规则相配套的自治规则制度体系,推动居民参与的规范化。

(2)社区民主议事会:明确社区党组织和社区工作委员会成员等制度,针对社区的政务、事务、财务、服务等工作定期召开民主议事会,集中征求各方面的意见和建议。

(3)社区客厅:建设社区客厅,作为工作委员会成员的主要办公地点,为社区民主议事会、社区基金会、百通岗、人人公益志愿者协会提供固定的办公场所。

(4)社区基金会:由居民自发成立,兼职担任基金会理事成员,聘任专业人员管理基金会事务,建设期资金由盈余资金、居民自筹、企业赞助等方式进行筹备。

(5)志愿者协会:利用时间银行和积分贡献制度,调动居民参与社区公共服务积极性,培育自治精神,从"要你做"到"我要做"的实质性转变。

(6)联合调解机制:建立由党员+社区贤能骨干+志愿者+专业人员组成的社区联合调解队伍。组建调解工作室,调解居民矛盾邻里纠纷,实现矛盾不出社区就地化解;打造线上线下融合的调解模式。依托线上调解室,探索建立线上调解室,引入居民自身力量参与到邻里矛盾化解工作中,并整合到社区综合APP,实现线上调解与线下调解相补充。

(7)社区参事议事:通过组织社区活动,提升社会组织活跃,促进居民参与踊跃,增强居民社区认同感、归属感;因地制宜创新社区参事议事模式,建设线上线下结合的参事议事模式。

3)精益化数字管理平台

(1)数字化精益管理:搭建数字化精益管理平台,依托浙江政务服务网和"浙政钉"平台,促进"基层治理四平台"的融合,打造可视化"数字孪生社区"智能化应用。

(2)业务流程再造:对社区工作任务进行精益梳理,通过业务去重和流程再造,让数据跑步,社区办事大厅无差别一窗受理。

(3)社区综合App:配置治理功能,设置普通版和专业版。专业版面向网格员,作为清单化的日常工作工具,采取社区信息和问题,并协助处理。普通版面向社区居民,参与问题上传和处理,与积分系统挂钩。

2. 未来治理场景运营实效咨询

治理场景的运营主要考虑居民满意度和运营效率(如社区基金情况、项目运作情况、志愿者招募和培训情况等),具体参见表4-8。

治理场景满意度抽样调查表　　　　　　　　　　　表 4-8

（社区居民定量抽样调查）	Y1	Y2	Y3	Y4
居民满意度				
—治理满意度				
—社区认同感				
—社区归属感				
（以下由运营公司内部填写）				
运营效率				
—社区基金情况				
—项目运作情况				
—办公用房情况				
—志愿者招募、培训情况				
—社区 App 使用情况				
—社区基金情况				

3. 未来治理风险规避措施及优化建议

（1）社工待遇和保障措施：工作报酬标准比照当地事业单位同类人员工资水平确定，参加企业职工社会保险、缴纳住房公积金，所需经费由市、县（市、区）财政按一定比例承担。可建立薪酬动态调整和正常增长机制，确保社区正职、副职和其他人员年平均收入水平分别不低于当地上一年度全部单位在岗职工年平均工资的 1.6 倍、1.3 倍、1.1 倍。

（2）专业化社工配置措施：按社区实际管辖户数每 250 户配备 1 名社工的标准配置，建立专职社区工作者退出机制。建立健全社区工作领军人才数据库和社区治理师资库。

（3）社区工作准入措施：成立社区减负工作组，该区所有下沉到社区的工作机构、工作台账、创建任务等事项，均要经过工作组审批程序。对未经批准擅自进入社区的工作事项，社区有权拒绝。

（4）社会组织引入措施：民政、财政联手，市区两级 1∶1 配套推进公益创投，推动社会组织高效承接社区公益服务；政府由"买岗"转向"买项目"，通过购买服务引入专业社会组织，即承接社区公共服务；对所有中标项目，引入第三方开展中期与结项绩效评估，其中社区评价以及服务对象满意度占 60% 以上，对评估不合格的，中止项目，并将社会组织、社工人才开展服务的绩效评估纳入社会组织信用记录。

（5）志愿者协会组建措施：建设志愿服务中心、志愿服务站、楼栋志愿服务小组和特色志愿服务队伍，形成三级志愿服务网络；建立居民服务档案，将居民需求与志愿服务项目对接，使服务进楼栋、进家庭。开通 24 小时志愿服务热线、网上信箱，让居民及时找到志愿者；推行志愿者注册制度，组织志愿者服务岗前培训；采取多种方式激励优秀志愿者，如授予一至五星级志愿者荣誉称号，组织免费体检、订报纸、买保险、逢年过节慰问等。联络驻社区职能部门、企事业单位，把志愿者表现反馈给单位，协调所在单位优先考虑提拔重用。

4.4 场景系统符合性评估标准

未来社区九大场景包含33项约束性指标，任何一条不合格则视为不满足未来社区的建设标准，因此需按以下标准对建设实施过程进行严格管理。符合性评估标准见表4-9～表4-17。

未来邻里场景系统符合性评估表　　　　　　　　　表4-9

	评估项目	评估分级		
		优良	合格	不合格
1	邻里特色文化指标完成情况			
	（1）社区特色文化公园配置情况	已完成建设	已开展，并建设中	未开展建设
	（2）是否明确社区特色文化主题	反应快、内容齐全	稍有延误，但质量欠佳	经催办后，仍可上报要求的资料
	（3）社区文化标志、设施配置情况	完全齐备	基本齐备	未配置或质量不符合要求
2	邻里开放共享指标完成情况			
	（1）"平台＋管家"管理单元优化设置情况	完全符合并有优化	符合	基本符合
	（2）社区封闭式管理空间单元配置情况	完全满足要求	基本满足要求	不符合要求
3	邻里互助生活指标完成情况			
	（1）邻里积分体系机制构建情况	完全满足服务要求	基本满足服务要求	未建设或不符合要求
	（2）社区邻里公约制定情况	反应快、内容齐全	稍有延误，但质量欠佳	经催办后，仍可上报要求的资料

未来教育场景系统符合性评估表　　　　　　　　　表4-10

	评估项目	评估分级		
		优良	合格	不合格
1	托育全覆盖指标完成情况			
	（1）养育托管点建设情况	设施完备，安防监控设备全覆盖	设施基本完备，安防监控设备基本覆盖	未建设或质量不符合要求
	（2）专业托育员配置情况	完全满足工作要求	基本满足工作要求	人员不足，但仍能准备开展工作
2	幼小扩容提质指标完成情况			
	（1）社区外义务教育资源对接资料情况	反应快、内容齐全	稍有延误，但质量欠佳	经催办后，仍可上报要求的资料
	（2）制定扩大优质幼小资源覆盖面计划	完全执行或积极主动提出不能执行的理由	能照办，但质量欠佳	拖而不办，但经催促后仍能办理

续表

评估项目		评估分级		
		优良	合格	不合格
3	幸福学堂全龄覆盖指标完成情况			
	（1）社区幸福学堂建设情况	已完成建设	已开展，并建设中	未开展建设
	（2）制定分时段课程制度	完全符合并有优化	符合	基本符合
4	知识在身边指标完成情况			
	（1）数字化学习平台建设情况	已完成建设	已开展，并建设中	未开展建设
	（2）社区达人资源库构建情况	积极主动	基本主动	经催办后，仍可上报社区达人资料
	（3）设置共享学习机制	完全符合并有优化	符合	基本符合

未来健康场景系统符合性评估表　　　　表4-11

评估项目		评估分级		
		优良	合格	不合格
1	活力运动健身指标完成情况			
	（1）健身场馆、球类场地等场所设施配置情况	完全齐备	基本齐备	未配置或质量不符合要求
	（2）室内、室外健身点设施配置情况	完全齐备	基本齐备	未配置或质量不符合要求
2	智慧健康管理指标完成情况			
	（1）社区卫生服务中心建设情况	完全满足建设要求	基本满足建设要求	未建设或质量不符合要求
	（2）居民电子健康档案建设情况	完全符合并有优化	符合	基本符合
	（3）社区家庭医生供给服务实施情况	提供完整服务	稍有不足	提供基本服务
3	优质医疗服务指标完成情况			
	（1）医联体建设情况	社区卫生服务中心与三级医院完全开展合作合营	社区卫生服务中心与三级医院基本开展合作合营	社区卫生服务中心与三级医院未开展合作合营
	（2）中医保健服务引入情况	积极主动	基本主动	经催办后，仍可上报中医保健供应商资料
4	社区养老助残指标完成情况			

续表

评估项目		评估分级		
		优良	合格	不合格
4	（1）适老化住宅建设情况	已完成建设	已开展，并建设中	未开展建设
	（2）街道级、社区级居家养老服务设施	已完成建设	已开展，并建设中	未开展建设

未来创业场景系统符合性评估表　　　　　　　　　　表 4-12

评估项目		评估分级		
		优良	合格	不合格
1	创新创业空间指标完成情况			
	（1）社区双创空间建设情况	已完成建设	已开展，并建设中	未开展建设
	（2）生活服务功能空间建设情况	已完成建设	已开展，并建设中	未开展建设
2	创业孵化服务及平台指标完成情况			
	（1）创业者服务中心功能模块建设情况	已完成建设	已开展，并建设中	未开展建设
	（2）完善创业服务机制	反应快、内容齐全	稍有延误，但质量欠佳	经催办后，仍可上报要求的资料
3	人才落户机制指标完成情况			
	（1）制定特色人才落户机制	反应快、内容齐全	稍有延误，但质量欠佳	经催办后，仍可上报要求的资料
	（2）配建人才公寓	已完成建设	已开展，并建设中	未开展建设

未来建筑场景系统符合性评估表　　　　　　　　　　表 4-13

评估项目		评估分级		
		优良	合格	不合格
1	CIM 数字化建设平台应用指标完成情况			
	（1）社区数字化信息平台建设情况	已完成建设	已开展，并建设中	未开展建设
	（2）社区规划全生命周期智慧管理计划	完全符合并有优化	符合	基本符合
2	空间集约开发指标完成情况			
	地下管廊集约规划布局建设	已完成建设	已开展，并建设中	未开展建设
3	建筑公共空间与面积指标完成情况			
	（1）综合性社区邻里中心建设情况	已完成建设	已开展，并建设中	未开展建设

续表

评估项目		评估分级		
		优良	合格	不合格
3	（2）配置街坊共享空间	完全齐备	基本齐备	未配置或不符合要求
	（3）配置开放共享空间	完全齐备	基本齐备	未配置或不符合要求
4	装配式建筑与装修一体化指标完成情况			
	（1）装配式一体化（建筑、绿色建材、建筑装修）应用情况	完全符合并有优化	符合	基本符合
	（2）模块化定制服务（户型组合和菜单式个性化装修等）	完全满足服务要求	基本满足服务要求	未提供或不符合要求
5	建筑特色风貌指标完成情况			
	立体多层次布局情况	完全符合绿化系统并有优化	符合	基本符合

未来交通场景系统符合性评估表　　表4-14

评估项目		评估分级		
		优良	合格	不合格
1	交通出行指标完成情况			
	（1）公交站点设置情况	完全满足服务要求	基本满足服务要求	未建设或不符合要求
	（2）规划"小街区、密路网"社区道路	完全符合并有优化	符合	基本符合
2	智能共享停车指标完成情况			
	（1）智能停车系统建立情况	完全满足服务要求	基本满足服务要求	未建设或不符合要求
	（2）建立共享停车机制	完全满足服务要求	基本满足服务要求	未建设或不符合要求
3	社区交通慢行指标完成情况			
	社区内人车分流机制	完全符合并有优化	符合	基本符合
4	物流配送指标完成情况			
	（1）配置智能物流设施	完全齐备	基本齐备	未配置或不符合要求
	（2）配置物流收配分拣空间	完全齐备	基本齐备	未配置或不符合要求
5	供能保障与接口预留指标完成情况			
	车位预留充电设施安装条件	完全满足服务要求	基本满足服务要求	未建设或不符合要求

未来低碳场景系统符合性评估表　　表4-15

评估项目		评估分级		
		优良	合格	不合格
1	多元能源协同供应指标完成情况			

续表

	评估项目	评估分级		
		优良	合格	不合格
1	实现多元能源（光伏建筑一体化＋储能）供电供暖	完全满足服务要求	基本满足服务要求	未建设或不符合要求
2	社区综合节能指标完成情况			
	（1）能源供给模式改革	完全符合并有优化	符合	基本符合
	（2）引入综合能源资源服务商	反应快、内容齐全	稍有延误，但质量欠佳	经催办后，仍可上报要求的资料
	（3）搭建智慧集成的管理及服务平台	已完成建设	已开展，并建设中	未开展建设
3	资源循环利用指标完成情况			
	（1）生活垃圾管理办法	完全符合并有优化	符合	基本符合
	（2）节水型洁具配置情况	完全齐备	基本齐备	未配置或质量不符合要求

未来服务场景系统符合性评估表　　表4-16

	评估项目	评估分级		
		优良	合格	不合格
1	物业可持续运营指标完成情况			
	（1）"平台＋管家"物业服务模式构建情况	完全符合并有优化	符合	基本符合
	（2）全生命周期物业运营资金平衡方案制定情况	完全满足要求	基本满足要求	不符合要求
2	社区商业服务供给指标完成情况			
	（1）生活服务供应商引入情况	反应快、内容齐全	稍有延误，但质量欠佳	经催办后，仍可上报要求的资料
	（2）供应商遴选培育机制制定情况	完全符合并有优化	符合	基本符合
	（3）基本社区商业服务功能配置情况	完全满足服务要求	基本满足服务要求	未建设或不符合要求
3	社区应急与安全防护指标完成情况			
	（1）社区应急机制制定情况	反应快、内容齐全	稍有延误，但质量欠佳	经催办后，仍可上报要求的资料
	（2）数字身份识别管理建设、推广情况	完全符合	符合	基本符合

未来治理场景系统符合性评估表　　　　　　　表 4-17

评估项目		评估分级		
		优良	合格	不合格
1	社区治理体制机制指标完成情况			
	（1）社区党建引领治理机制完成情况	完全符合并有优化	符合	基本符合
	（2）社区综合运营体系完成情况	已完成建设	已开展，并建设中	未开展建设
2	社区居民参与指标完成情况			
	（1）社区自治机制完成情况	已完成建设	已开展，并建设中	未开展建设
	（2）社区议事会、社区客厅建设情况	已完成建设	已开展，并建设中	未开展建设
	（3）联合调解机制建立情况	完全执行或积极主动提出不能执行的理由	能照办，但质量欠佳	拖而不办，但经催促后仍能办理
3	精益化数字管理平台指标完成情况			
	（1）社区服务大厅建设情况	已完成建设	已开展，并建设中	未开展建设
	（2）无差别受理窗口服务情况	完全满足服务要求	基本满足服务要求	未建设或不符合要求

4.5　场景履约约定咨询

1. 确定合理有效的场景履约监管方式

当前履约监管更注重平台化管理、信息公开化管理的形势和履约不能脱离场景建设现场的特点，应采用以全过程工程咨询为管理主线，"信息系统管理"与"现场检查"相结合的监管方式实施监管：一方面，建立信息系统平台采集项目的场景系统方案信息和履约过程信息，通过对这两类数据进行监督、对比、统计和分析，发现场景履约过程存在的问题、风险和隐患，及时进行过程问题化解、政策引导和服务；另一方面，通过现场检查对确定的场景系统方案和信息系统数据的真实性进行核实，对场景施工现场履约情况进行更直观、全面和深入的了解和面对面的指导，对现场存在的违规违约行为及时查处。

2. 建立确保合同订立双方配合监管的制约手段

要采取多种手段推动协议订立双方落实履约责任，如通过动态监管对其不履约的行为进行行政处理；通过行业自律和诚信体系建设，使其在市场竞争中优胜劣汰等。

3. 开展履约监管制度的规范化建设

履约监管模式所包括的内容往往是多方位的，一般通过制度、工作标准等形式予以体现,既有实体方面的,也有程序方面的,这两方面紧密结合、互相作用,故应将履约监管指导思想、工作原则、主要工作分类、具体工作内容、管理要点、工作评估标准等内容以科学、合理、规范化的形式建立起来,形成系统的、完善的履约监管工作标准和制度。

4. 建立保障有力的执行体系

建立一支思想认识统一、专业素质过硬的履约监管人员队伍,以保障履约监管中的每个环节得到充分、准确地落实。

5. 提高竞买门槛,严格竞买人资格审查

在土地出让阶段对潜在竞买人进行严格审查,对曾有未按履约监管协议全面履约等不良行为的竞买人,禁止其参加土地竞买。

6. 建立开竣工履约保证金制度

落实场景竣工申报制度,可利用经济手段制约、督促当事人按照协议约定及时履行场景落地责任。土地成交后,实施主体可依据成交价款的一定比例收取履约保证金,与受让人签订《场景系统落地履约保证金协议》,受让人按照协议约定实施场景建设。

7. 建立信用共享,部门联动的共同监管工作机制。

对未按约定落实场景系统的用地单位,向社会公示,计入企业诚信档案,在处理未到位之前,严禁土地使用权人申请新的用地,并及时通报发改、住建、规划、环保、监察、银行等有关部门,形成部门联动、各依职责、多方制约,加强对违规违约行为的综合监管。

4.6 建设施工环节的场景建设咨询

1. 质量管理咨询

(1)建立完善的质量责任制,在部门内部明确质量管理责任,按专业在部门内部分解到人。按项目场景建设各项合同明确场景建设各参建单位质量责任、质量控制目标。

(2)执行质量标准,质量标准已在相关合同中予以明确,但部门还应落实各场景对应质量法规、验收规范、技术规程、工法、施工方案等的收集整理,以便在质量管理过程中严格执行。

(3)建立及运行场景质量检查、验收程序,并以正式制度予以明确,要求各责任主体执行。

(4)施工准备阶段,组织各单位落实仔细审图、设计交底、图纸会审,消除场景设计错、漏、碰、缺,保证场景建设施工质量。

(5)编制或审查监理规划、场景建设施工组织设计的质量管理体系、质量保证体系、质量控制措施、质量管理工作程序、质量措施、质量控制方法的符合性、规范性、科学性及可操作性。

(6)组织召开工地例会,检查各场景建设责任主体人员到位情况、施工准备情况,督促场景设计对施工单位进行交底,落实会签。会同建设单位签发全过程工程咨询项目管理手册，并对相关管理制度进行交底。

（7）检查进场施工机械、场景应用设备进场数量及质量，保证场景建设施工质量。

（8）检查进场材料／设备／构配件品牌、质量、技术参数等，事前控制场景建设施工质量。

（9）落实场景样板先行制度，组织施工、场景设计单位参与样板验收及确认工作，作为场景建设施工质量控制标准，方可大面积开展场景施工。

（10）组织场景施工单位针对场景建设特点制订质量控制点、关键点、见证点，施工过程落实责任单位跟踪控制。

（11）参与场景建设过程隐蔽验收、平行检验、分部分项工程验收、专项验收，组织单位工程验收、竣工验收，提出验收意见，督促各场景建设单位履行质量义务。

（12）定期及不定期组织场景质量行为检查，制订整改措施、预防措施，并按合同落实处罚建议。

（13）加强日常巡视，督促各责任单位落实场景建设质量责任制。

（14）依据场景建设进展及具体情况，及时下发质量管理指令。

（15）组织落实场景变更、技术核定办理，保证质量。

（16）组织或参与场景质量问题、质量事故的调查、处理、验收，给出验收意见。

（17）审查场景建设分包单位资质，提出审查意见。

2. 进度管理咨询

（1）施工准备阶段，参与编制场景建设总控计划。依据项目总控计划，组织编制场景施工总控计划。

（2）参与审查场景设计进度计划、场景采购进度计划，提出审查意见，协调各计划体系保持一致。

（3）依据场景施工总控计划，编制细化年、季、月场景施工计划，编制主要单位进场计划、大型材料／设备排产进场计划、主要场景系统工程施工进度计划、施工准备工作计划、验收计划、移交计划等。

（4）下发各项进度计划并进行宣贯，加强全员进度控制意识。督促各场景施工单位编制各自进度计划并审查。

（5）检查各级进度计划执行情况，分析进度滞后原因、影响程度，制定整改措施或调整计划体系，实时签发进度管理指令性文件。

（6）按合同落实场景进度处罚建议。

（7）针对场景施工现场实际进度及阶段施工特点，定期及不定期召开进度调度会，部署相关工作。

（8）重视关键场景建设节点工期的控制，抓住关键线路不放松。

（9）充分利用网络计划的技术先进性、逻辑性，控制场景进度计划实施。

（10）编制监理规划、场景施工组织设计中进度目标、进度计划的符合性，资源投入的保证性，提出审查意见。

3. 投资控制咨询

（1）项目实施方案编制阶段熟悉项目场景系统投资组成，作为招标控制价、合同价、过程投资目标值的控制依据，合理分解项目各场景系统投资计划，协助建设单位资金筹备。

（2）场景系统设计阶段，利用价值工程体系，合理确定各场景建设投资。工程管理部配合审查各阶段设计成果，配合设计材料、设备选型，通过优化设计寻求投资节约的措施。

（3）采购阶段，工程管理部配合完善场景建设合同对方义务的合同条款，避免合同执行纠纷及索赔。依据现场实际情况提出原始依据、数据等，配合测算招标控制价。

（4）配合审查工程量清单，主要审查清单项目特征描述是否准确、是否漏项、措施项目是否齐全、材料设备品牌及档次是否与场景定位一致、暂估价材料是否合理等，提出审查意见。

（5）落实场景建设施工场地准备，避免场景施工单位索赔。

（6）审查场景施工组织设计、施工方案，避免场景施工单位擅自修改施工方案，增加措施费用。

（7）审查场景建设变更条件，确保从现场反馈的数据、原始资料真实。

（8）审查场景变更，主要审查场景设计变更的调整工程量、影响程度、工期等，综合考虑后发布变更指令。

（9）及时处理场景建设施工索赔，组织进行调查，分清责任，及时给出意见。对方索赔不成立时，就启动反索赔程序。

（10）参与场景工程计量，核定现场场景施工形象进度，初步审查月产值报表工程量及款项，提出审查意见。

（11）配合场景施工质量控制、施工进度控制，合理利用支付及计量手段。

（12）参与场景工程结算，规范结算报表形式，落实结算调度事项，客观处理签证、索赔等事件。

4. 安全管理咨询

（1）坚持"安全第一、预防为主、群防群治"的安全管理原则。树立"管质量必须管理安全"的意识。

（2）审核场景系统设计文件中涉及场景系统的重难点部位和环节的实施建议，在场景施工招标阶段提供危大工程清单。

（3）采购阶段，在招标文件中提出安全管理目标。

（4）审查场景施工组织设计是安全管理目标是否明确、安全管理责任制是否建立。审查场景施工方案的安全措施是否健全、计算书是否完整、取值是否规范、计算是否正确。

（5）检查场景系统施工单位安全保证体系是否建立，核查现场安全管理人员是否到位、数量是否满足现场要求。安全管理人员是否持具备岗位资格，特殊工种是否持证上岗。

（6）核查现场安全投入是否符合合同约定，投入的材料、设备、机具是否安全可靠。

（7）按照场景施工方案检查是否按方案实施，应进行安全检测的材料、设备是否经过检测，检查检测结果是否合格。

（8）核查安全设施投入使用前是否经过验收，验收程序是否合规，验收结论是否合格。

（9）检查安全设施是否按制度、技术要求进行维护，是否存在隐患。

（10）定期及不定期组织全面的安全大检查，针对季节性施工特点、不同阶段的施工特点进行专项安全检查，对存在的安全隐患落实"定人、定措施、定时间"整改，按相关制度落实处罚建议。

（11）组织或参与安全事故调查，提出处理意见。

5. 合同管理咨询

（1）采购阶段，从场景建设施工管理咨询角度配合采购部门拟定合同主要条款，务必具体、明确，减少合同漏洞。

（2）合同签订阶段，配合审查合同主要条款，不应背离招标文件合同条件，依据投标承诺补充完善合同条款。

（3）建立场景合同台账及场景合同管理制度。

（4）组织部门学习、熟悉合同文件，合同条款执行过程中，负责解释存在歧义的合同条款。

（5）按场景建设合同检查各责任单位质量、进度、安全等义务履行情况。

（6）按合同原则检查处理现场签证、变更、技术核定、索赔。

（7）按合同约定落实场景履约考核，提出考核意见及处理建议。

（8）当出现合同洽商、补充协议情形时，组织造价合约部完成补充协议的签订。

6. 信息管理咨询

（1）建立场景信息管理制度及台账体系，落实专人负责部门信息收集、整理、加工、分类、归档、借阅管理等工作，负责本部门管理文件的发放。

（2）信息管理人员做好与前期咨询部、设计技术部、工程监理部、造价咨询部、综合管理部、运营管理部等部门的横向联系。

（3）建立场景系统信息文件的编码体系，由本部门形成的资料统一编码行文，同时落实本部门内部传阅，做到工程管理各专业信息共享。

（4）接收由场景设计部门转发的设计成果文件，落实登记及内部分发，同步下发至场景施工单位。

（5）负责落实图纸会审纪要、签证单、工作联系单、技术核定单等逐级审批类文件的内部流转管理及部门外传递管理。

（6）负责本部门组织的场景建设会议纪要制作及会签、分发，落实本部门内部传阅。

（7）落实造价咨询部合同谈判阶段配合需求，接收合同文本及同步转发场景施工单位。

7. 组织协调咨询

（1）组织工地例会，介绍各部门设置、人员职责分工、项目场景建设准备情况，落实工程管理部工作及提出工程管理要求，协调工程管理纵向关系。

（2）参加场景建设管理例会、专题会议，解决本部门应当解决的问题，就涉及本部门工作的提出意见或建议，协调项目管理部横向关系。

（3）参加前期咨询部、设计技术部、工程监理部、造价咨询部、综合管理部、运营管理部组织的专题会，落实本部门范围内工作，加强横向配合关系。

（4）组织本部门内部管理会议，落实本部门工作，做好部门内部工作协调。

（5）处理现场场景施工界面争议、工作联系单、处罚通知单等，及时签发《场景建设工作联系单》等指令性文件。

针对特定事件，组织相关单位交谈协调，解决例外事件。

第5章 资金平衡咨询

资金平衡咨询对未来社区建设具有重要意义，因为以存量用地改造更新为主的未来社区建设体量庞大，全省规模预计达到数万亿元的量级，因此，只有确保收支基本平衡才能实现可持续发展。本章主要阐述资金平衡咨询目标、内容、方案，以及根据实践案例总结提出关于未来社区实现资金平衡的一些建议，使读者能够了解如何开展资金平衡咨询工作，对未参与过未来社区项目的读者具有一定的引导作用。

5.1 资金平衡咨询目标和意义

资金平衡是指试点社区全周期现金流入和现金流出之间的盈亏水平。《浙江省未来社区试点建设全过程工程咨询服务指南（试行）》（浙发改办基综〔2020〕30号）明确指出："资金平衡咨询就是按照实现建设期与运营期均达到资金总体平衡的要求，对试点实施方案环节的资金概算方案、建设施工环节的造价预决算方案，进行全周期跟踪评估，出具资金平衡风险评估报告，并对其中风险提出规避措施及资金筹措优化建议。"

《服务指南》同时指出，综合性咨询贯穿试点建设全周期并覆盖全部赋码项目，是未来社区试点建设的核心咨询服务。综合性咨询以试点建设项目及其"三化九场景"的策划、设计、建设、运营、评估等咨询为核心，以资金平衡管理和技术体系管理咨询为支撑，以试点选址咨询、实施方案管理、土地供给与履约监管咨询、运营管理与评估考核咨询为重点，确保人本化、生态化、数字化"三化"理念落实，实现打造新兴城市功能单元的目标。

5.2 资金平衡咨询方案

《浙江省人民政府关于印发未来社区建设试点工作方案的通知》（浙政发〔2019〕8号）提出：资金平衡，按照系统设计、去房地产化、立足社区建设运营资金总体平衡，在交通和环境容量允许前提下，改革城市核心资源配置机制。改造更新类在满足原住民利益、符合未来社区建设标准、可市场化操作前提下，测算设定改造地块容积率、提升开发强度，通过地上地下增量使得合理限价租售，基本实现资金平衡；规划新建类参照"标准地"做法，实行带方案土地出让模式适度降低用低成本，提高综合配套水平。

全过程咨询服务的资金平衡目标是应保证建设期与运营期均达到资金总体平衡。通过对试点实施概算、预算进行全周期跟踪评估，出具资金平衡风险评估报告，提出规避风险措施及资金筹措优化建议。本章中主要介绍项目投资决策阶段的资金平衡，以征拆方案、规划及建筑设计方案、运营方案等为依据，结合当地经济发展水平和政策性支持情况进行综合分析，而建设阶段跟踪评估、出具评估报告、提出规避措施和优化建议等可参考第17章第5节"项目投资控制"，运营阶段亦可参考此节。

未来社区项目的资金平衡表编制流程如下：

（1）研读未来社区项目实施（申报）方案，熟悉项目概况；

（2）梳理项目经济技术指标，准确的经济技术指标是编制资金平衡表的基础；

（3）确定项目开发建设及运营，如分期建设，可分期编制资金平衡表；不同开发主体，应分开编制资金平衡表；

（4）基础数据收集（当地拆迁补偿政策、政府与居民签订的回迁安置协议、项目同地段土地出让情况、房产售价）；

（5）项目所在地政府对未来社区建设的特别规定；

（6）编制资金平衡表。

5.3 实践案例

本节结合已有案例对资金平衡咨询工作做进一步阐述。

5.3.1 建设期资金平衡

未来社区项目的开发建设模式结合项目特点制定，有政府方委托城投开发建设、城投和用地主体分别开发建设以及用地主体开发建设、政府回购等多种方式。因此建设期资金平衡有所不同。本案例一、案例二为不同开发建设模式下的资金平衡测算。

1. 案例一

（1）项目概况：本项目为改造更新类项目，采用用地主体开发建设、政府回购的开发建设模式，居民按照安置补偿协议额外支付安置住宅造价补差。

（2）本项目建设期政府方及用地主体方资金平衡分别如表5-1、表5-2所示。

政府方资金平衡（项目一） 表5-1

序号	项目		金额（亿元）	面积（m²）	单价（元/m²）	备注
一	收入		27.31			
1	土地出让收益（含返还部分）		22.98			
	其中	土地出让金	24.80	322016.00	7700.00	
		安置房地块出让金	3.60	179779.00	2000.00	
		土地出让金返还比例	80.95%	—	—	

续表

序号	项目		金额（亿元）	面积（m²）	单价（元/m²）	备注
2	回迁缴纳		4.33			
	其中	安置住宅	3.22	167919.00	1915.00	安置居民额外支付1915元造价补差
		停车位（个）	1.12	1859.00	60000.00	安置居民额外购买限1个
二	支出		25.47			
1	征地费		1.27	—	—	政府提供
2	拆迁费（含临时安置费）		9.73	—	—	政府提供（含临时安置费）
3	临时安置费		0.02	—	—	政府提供
4	自持房屋维修基金		0.02	29064	70	70元/m²
5	回购		14.43			
	其中	安置住宅	10.91	167919.00	6500.00	含300元/m²
		停车位（个）	1.12	1859.00	60000.00	政府回购车位
		安置房配套基础设施	0.50	7750.00	6500.00	政府回购配套
		回购商业办公	1.89	28480.00	6650.00	办公公共部位精装修，外立面幕墙
		自持物业	0.00	29064.00	0.00	综合体、幼儿园、社区中心
		自持车位	0.00	531.00	0.00	车位移交
		自持配套	0.00	20509.09	0.00	道路移交
三	资金盈余		1.8453			

用地主体开方资金平衡（项目一） 表5-2

序号	项目		金额（亿元）	面积（m²）	单价（元/m²）	备注
一	收入		82.2537			
1	政府回购		12.53			
	其中	安置房回购	10.91	167919.00	6500.00	
		公建配套	0.50	7750.00	6500.00	
		停车位（个）	1.12	1859.00	60000.00	
2	销售收入		62.83			
	其中	人才住宅1	8.34	35329.00	23600.00	出售率按照100%计算
		人才住宅2	21.72	92021.00	23600.00	出售率按照100%计算
		人才公寓	26.35	111666.00	23600.00	出售率按照100%计算
		商业	4.06	22563.00	18000.00	地上部分整体确权出售率按照100%
		回购商业办公	1.89	28480.00	6650.00	
		公建配套	0.46	4632.00	10000.00	商业配套用房
3	停车位出售		6.89			
	停车位（个）		6.89	2921	236000.00	出售率按照90%计算

续表

序号	项目		金额（亿元）	面积（m²）	单价（元/m²）	备注
二	支出		79.56			
1	土地出让金支出		29.24			含3%契税
	其中	住宅用地	24.80	322016	7700	
		安置房地块土地	3.60	179779	2000	
2	建设工程支出		35.58	768416		
	其中	地下工程支出	9.55	265170	3600	
		地上工程支出	25.78	501190	5144	
		地块道路工程支出	0.26	20509.09	1250	纵三路、横一路、横二路
3	建设工程其他费用		1.78	—	—	按建设工程支出的5%计
4	预备费		1.87	—	—	按建设工程支出的5%计
5	建设期利息		5.33	—	—	按土地、工程支出的70%×5%×2
6	期间费用		1.65	—	—	管理费、销售费用合计2%
7	税金		4.11	—	—	增值税、土地增值税
三	资金盈余		2.69			

（3）案例一各项指标的确定：

① 土地出让金返还比例：本项目根据当地政策，扣除土地出让提留后，按照80.95%用于项目建设；

② 回迁停车位数量＝回迁居民户数；

③ 为实现资金平衡，在编制资金平衡阶段，建议本项目人才公寓产权定为70年，以提高其售价；

④ 建安单方造价经过经确测算确定，地块道路工程的单方造价参照开发建设框架协议；

⑤ 土地出让金及房屋、停车位售价均参考同地段。

2. 案例二

（1）项目概况：本项目开发建设情况较为复杂。项目实施单元内共6个地块，其中地块5已于2020年由城投组织一期建设；其余地块分批建设；地块1、地块4为安置房地块；地块6为立面整治，由城投组织二期建设；地块2、地块3实行带方案出售，由开发商拿地建设。

（2）由于本项目用于出让的土地面积小，用于实现资金平衡的土地出让金返还少，但是建设费用高，无法实现项目资金平衡。因此在开发方案设计阶段，将规划单元外的一个地块居民迁至地块1，其土地挂牌出售，相应的土地出让金同地块2、地块3同比例返还项目用于项目资金平衡。

（3）本项目建设期政府方及用地主体方资金平衡分别如表5-3、表5-4所示。

政府方资金平衡(项目二) 表5-3

序号	项目		金额（亿元）	面积（m²）	单价（元/m²）	备注
一	收入		31.63			
1	土地出让收益（含返还部分）		18.09			
	其中	土地出让金	19.04			
		2号地块	3.58	34125	10500	
		3号地块	4.59	41697	11000	
		增加地块	10.87	60378	18000	
		土地出让金返还比例	95.00%			土地出让金返还按照95%计算
2	实施单元外地块居民安置费用		13.54			
	其中	规划单元地块拆迁安置费	12.08	105995	11400	
		停车位	0.43	537	80000	
		安置商业	1.03	7800	13200	
二	支出		30.74			
1	一期拆迁		3.96			
	其中	征地费用	1.88	—	—	已有数据
		拆迁费用	0.95	—	—	已有数据
		拆迁补偿	0.55	—	—	已有数据
		社保	0.58	—	—	已有数据
2	二期拆迁		3.7			
		征地费用	1.54	—	—	
		拆迁费用	0.95	—	—	
		拆迁补偿	0.6	—	—	
		社保	0.61			
3	收储费用		2.06			
	其中	3号地块收储	0.94	62.55	1500000	
		1号、2号地块收储	0.74	61.47	1200000	
		临海酒店收储	0.38	6930	5500	
4	政府建设费用		21.03			
	一期安置房		5.09			
	政府回购二期安置房建设费用		15.94	9.53		
	其中	安置房	8.25	152840	5400	
		商业	0.05	1000	5000	
		办公	0.49	9768	5000	

续表

序号	项目		金额（亿元）	面积（m²）	单价（元/m²）	备注
4	其中	地上不计容	1.14	38016	3000	
		整治费用	0.06	6166	1000	
		地下建筑	3.82	84792	4500	
		配套	0.93	18574	5000	
		工程建设其他费用	0.74	14.74	5%	
		预备费	0.46	15.48	3%	
三	资金盈余		0.89			

用地主体方资金平衡（项目二） 表5-4

序号	项目		金额（亿元）	面积（m²）	单价（元/m²）	备注
一	收入		20.89			
1	住宅销售收入		10.16	53453	19000	出售率按100%计算
2	人才房销售收入		1.45	8040	18050	出售率按100%计算
3	人才房公寓销售收入		7.66	42453	18050	出售率按100%计算
4	办公		0	4093	0	全部自持
5	商业		0.82	3735	22000	出售率按100%计算
6	配套		0	3568	0	2号、3号地块，自持
7	架空层		0	13605	0	自持
8	停车位销售收入（按个计算）		0.8	617	130000	自持400个停车位
二	支出		20.14			
1	土地出让金支出		8.17			
	其中	2号地块	3.58	34125	10500	
		3号地块	4.59	41697	11000	
2	建设工程	建设工程支出	8.81			
		安置房	0	0	5400	精装
		商品房	2.89	53453	5400	精装
		人才住宅	0.43	8040	5400	精装
		人才公寓	2.29	42453	5400	精装
		办公	0.2	4093	5000	简装
		商业	0.19	3735	5000	简装
		展厅	0.23	4547	5000	精装
		配套	0.19	3568	5400	精装
		架空层+分时空间	0.41	13605	3000	
		地下建筑	1.98	43984	4500	

续表

序号	项目	金额（亿元）	面积（m²）	单价（元/m²）	备注
3	工程建设其他费用	0.44	—	—	建安工程费×5%
4	预备费	0.28	—	—	（建安工程费＋工程建设其他费）×3%
5	期间费用	0.42	—	—	销售收入2%
6	建设期利息	0.98	—	—	按照土地出让金×6%×2
7	税金	1.04	—	—	
三	资金盈余	0.75			

（4）案例二各项指标的确定：

① 政府方资金平衡，根据项目建设特点，支出项分期统计；

② 土地出让金返还比例：本项目按照95%计，以实现资金平衡；

③ 实施单元外地块居民有偿安置；实施单元内居民无偿安置；

④ 征地、拆迁、社保费用以政府提供数据为准，无数据的，按照当地政策预估；

⑤ 政府方建设费用按照一期、二期单列；

⑥ 为实现资金平衡，资金平衡阶段建议本项目人才公寓产权定为70年，售价同人才房；

⑦ 人才房、人才公寓的售价定为商品房的95%；

⑧ 建安单方造价经过经确测算确定，部分指标参考省直建筑设计院的《未来社区资金平衡相关问题》的课题研究结果；

⑨ 房屋、停车位售价均参考同地段较高档次小区；

⑩ 为实现用地主体（开发商）资金平衡，本项目地块2、地块3（实施单元内）土地出让金设定低于项目同地段水平；实施单位外的地块出让金参考同地段水平。

3. 建设期资金平衡的建议及意见

（1）用地主体（开发商）的资金盈余率建议达到5%以上，以可观的利润吸引用地主体（开发商）参与到未来社区项目的开发建设中；

（2）资金平衡应考虑资金盈余可弥补运营筹备期、孵化期资金缺口；

（3）人才房售价：人才房定价应低于商品房，一般按照商品房售价的95%计。根据《关于高质量加快推进未来社区试点建设工作的意见》（浙政办发〔2019〕60号）：支持未来社区人才公寓租购同权。积极探索以房引才、按照分层分类原则，对试点项目新引进的人才根据其专业水平，业绩贡献等，分别基于住房激励、购房优惠、房租减免等奖励政策；

（4）出售面积的确定：应在确保建设期资金平衡的情况下，充分考虑运营期资金平衡需求，确保商业运营空间和公益运营空间的合理设置。

5.3.2 运营期资金平衡案例

1. 案例介绍

以上述案例一的运营期资金平衡为案例（表5-5）。

运营期资金平衡（项目一）

表 5-5

序号	项目	金额（万元/年）	面积（m²）	单价（元/m²）	筹备期（0年）金额（万元）无收入	孵化期（1~2年）金额（万元）实际收入按50%计算	上升期（3~5年）金额（万元）实际收入按80%计算	成熟期（6~8年）金额（万元）实际收入按90%计算
一	收入	2413.69			0	1206.84	1930.95	2172.32
1	人才房出租收入	0.00	0	108				
2	商业办公共享空间出租收入	1719.02	37390	522		859.51	1375.21	1547.11
3	商业出租	414.83	7953	427		207.41	331.86	373.35
4	办公出租	987.57	23113	501		493.79	790.06	888.82
5	共享空间出租	316.61	6324	0		158.31	253.29	284.95
6	幼儿园出租	0.00	6100	2400		0.00	0.00	0.00
7	停车位出租收入	205.32	856	300		102.66	164.26	184.79
8	智慧运营收入	180.00	6000.00	30		90.00	144.00	162.00
9	物业收入	189.35	63117			94.68	151.48	170.42
10	广告等其他经营性收入	120.00				60.00	96.00	108.00
二	支出	1865.82			200.00	1865.82	1865.82	1865.82
1	前期招商费用	200.00			200	0	0	0
2	海绵设施运维成本	2.62	0	5%		2.62	2.62	2.62
3	设备维修、智能软件、硬件维护	120.68	2413.687067	5%		120.68	132.7527887	159.3033464
4	智能软件使用费	100.00				100.00	100.00	100.00
5	营销管理费用	471.13				471.13	471.13	471.13
6	基础物业服务补贴成本	1091.39	454744	24		1091.39	1091.39	1091.39
7	其他支出	80.00				0	0	0
三	资金盈余	547.87			−200.00	−658.98	65.13	306.50

本项目建设期出让方案已预留 856 个停车位用于运营，同时充分利用灰空间，考虑了底层和架空层空间使用；在时间上进行了细化，运营筹备期（运营前）、运营孵化期（招商期）和运营成熟期设置不同的出租比例，经测算项目在上升期（出租率80%）可基本实现资金平衡，在运营成熟期达到资金平衡。

需要说明的是，未来社区应实现物业的可持续运营，其基础为合理确定供物业经营用房占比，实现基本物业零付费。因此在资金流出项应根据当地物业收费标准计入基础物业补贴。

2. 运营期资金平衡的建议及意见

（1）合理确定住宅、商业、停车位的自持比例，运营期间用于出租增加运营收入，以实现运营期资金平衡。

（2）为降低运营主体财务成本及税负压力，建议土地增值税及企业所得税免预缴；为实现未来社区长期运营效果，吸引前期招商入驻，建议长期或前五年免征房产税及土地使用税。

（3）充分利用物业服务智能化、物业管理信息化，降低人力成本、管理成本。

5.3.3 为实现资金平衡的其他建议

为了帮助缓解资金平衡压力，浙江省人民政府办公厅印发《关于高质量加快推进未来社区试点建设工作的意见》（浙政办发〔2019〕60号），提出11条高含金量的政策意见以支持未来社区试点建设。其中，"允许试点项目的公共立体绿化合理计入绿地率""支持试点项目合理确定防灾安全通道、架空空间和公共开敞空间不计入容积率""支持试点项目空中花园阳台的绿化部分不计入住宅建筑面积和容积率"是对容积率的放宽，即允许增加可售面积；"对符合条件的土地高效复合利用试点项目，纳入存量盘活挂钩机制管理，按规定配比新增建设用地计划指标""改造更新类试点项目对应土地出让收益，剔除上缴国家部分，其余全部用于支持试点项目建设"是对建设用地的优惠措施，大幅度削减用地成本；"鼓励给予试点社区实施主体房屋预售、按揭贷款等政策支持"是对建设资金的支持，对于资金密集型的房地产开发而言，放宽预售、贷款等限制无异于造血再生。

但一个项目要具有生命力，不能完全依靠政策倾斜，而应努力强化自身发展的原动力，实现无政策支持的独立生存。也就是说，建设者需要在一个被严格约束的框架内通过精细化的构思、策划，努力创造条件开源节流。本书根据已有项目经验，提出以下几条建议，可以较好地缓解资金平衡压力。

1. 开源

1）立体绿化

立体绿化具有防风防尘、净化空气、缓解城市热岛效应、丰富物种多样性、降低城市噪声、减少城市光污染、节约能源及景观效应，还可折算未来社区项目绿地率。当立体绿化折算绿地率后，能节约一部分原应作为绿地的用地面积，以便更高效、更集约化地利用土地，从而产生经济效益。

2）连廊

连廊属于公共活动空间，不可销售，但其建筑面积要计入容积率，占用了能产生收益的面积指标。把连廊设计成空中连廊就更不可取，因为在抗震地区设计高位连体建筑非常不符合抗震原理，可导致普通建筑升级为超限建筑，极大增加建造成本；其自身大跨度的特点也决定了单方造价指标远高于其他部位，而且施工难度、措施费用极大提高。所以，除了必不可少的连廊（如跨越公路、连接地块等）或对整体起到提亮效果以外，不宜过多设置。

3）公共卫生间

由于公共卫生间占用面积指标，但不能销售，所以传统住宅社区内一般很少建。但公共卫生间很有实用性，能解决邻里交往、外客来访、儿童嬉戏、物业办公等场景的生理内急问题，可作为未来社区生活品质提升的亮点。该如何化解此矛盾？笔者建议可充分利用地下建筑面积不计容的条件，将其建在地下室，一般占用三个车位即可建成一处带洗手前室的男女公共卫生间，甚至附带一个残疾人卫生间或残疾人厕位。

4）广告位

社区营销是最接近消费者的一种营销模式，这种营销模式所带来的广告收入可以成为物业管理的重要收入来源。但过多的广告或者不适景的生硬的广告会使人产生厌恶感，使社区生活的体验质量变差，这与未来社区的建设初衷是背道而驰。如何让广告更加容易被人接受，让广告信息非常自然地传递给受众，需要艺术性的策划能力。

社区广告面向的群体都是相对精准，在社区内常见的广告载体包含电梯、宣传栏、门禁、道闸、灯箱、公共卫生间。设计时结合不同场景植入相应的广告位则显得更为完美，例如运动场地植入运动品牌产品广告、邻里交往场地植入生活品质类产品广告、老年人活动空间植入康养产品广告等，都能实现润物细无声般的广告效应。总之，以精细化为指引的广告位策划和设计是化平庸为神奇的创收妙招。

2. 节流

控制成本主要有两个策略：一是不分档次部分固化统一标准以降低成本，如梁板柱墙、桩基础等；二是可分档次部分匹配客户需求以避免超配、错配，如装修、景观、绿色节能等。

1）地下室有条件时尽量改为半地下室

相比于全埋式的地下室，半地下室在节约造价方面有很多优势。第一能节约基坑支护成本，第二能节约结构抗浮成本，第三能节约土方量。除了显性成本以外，还有隐性成本。半地下室能减少垂直交通面积，提高面积利用效率，如坡道变短、台阶变少，还能使无障碍设计变得可行，进一步提高人性化设计程度。

为了尽可能多地将优质面积用于住户生活所需，物业管理部门可考虑在地面上只设置对外窗口用房，如接待、财务缴费等，而将办公用房、库房、宿舍等不直接对外的房间设在地下，不占用容积率。半地下室由于采光通风条件优于全地下室，既解决了占用容积率问题，又有相对更好的使用条件。

2）关于外墙立面的讨论

外墙立面由窗、墙体（含保温）、装饰组成。窗地比是外窗面积与建筑面积之比，窗地比越大，说明外墙上窗户面积越大。窗户面积大，固然有利于采光、通风、日照，但也带来一些弊端，首先受到影响的是节能性能。因为窗户的热传导能力远高于砌体墙，所以它是能耗泄漏的便捷通道。未来社区试点项目一般要求达到绿色建筑二星标准，为了实现这一目标，必须采取更为严格的绝热措施，如双层中空玻璃、充氩气、贴银镀膜、冷热断桥等，这些措施花费的成本远高于砌体墙。因此，控制窗地比是节约建造成本的重要举措。

外立面率是扣除门窗洞后外立面装饰面积与地上计容面积比率。一般情况下，建筑的外立面率越高，其成本越高。外立面率这个指标在于控制外立面装饰成本，因为线条和凹凸越多越复杂，外立面率越高，越费人工和模板，用的装饰材料也多。因此，控制外立面率不是节约建造成本的重要举措。

3）景观工程的软硬景配比

景观工程中的软景以植物、水体等为主，硬景以人工材料处理的道路铺装、小品设施等为主，硬景花费的成本更高，是重点控制对象。硬景主要包括步行环境（含地面铺装、踏步、坡道、挡土墙、围栏、栏杆、墙及屏障）、景观设施（含照明、座椅、垃圾箱、雕塑小品、电话亭、信息标志、护柱、种植容器、自行车停车场）、活动场所（游乐场、休闲广场、运动场）、车辆环境四大部分。

景观的成本控制主要以提升品质为出发点，不仅要形成景观特色，满足客户的核心需求，也要时刻绷紧控制成本这根弦。硬景成本高于软景，硬景中的石材成本高于非石材，软景中成本降序依次为乔木、灌木、草坪。所以设计策略有三条：一是控制软硬景配比，在保证品质的前提下，硬景占比不宜过高；二是硬景中尽量多用非石材，少用石材；三是软景控制大乔木数量，对低成本的灌木、草坪可较多采用。

3. 开拓运营渠道

未来社区重视长期运营，努力把运营和资产管理放在最核心的位置。长期运营是一种主动式资产管理，当控制着一个空间的运营权时，谁来租、租金多少、怎么服务好，就成为运营式思维的主方向。除了租金收入外，还有活动收入、广告费收入、赞助冠名收入等。所以未来社区实际上是把资产开发和管理结合起来。如果运营服务做得好，便能取得好的长期资金回报，填补建设期的投资亏损，实现项目全生命期总体资金平衡。

在新居住时代，伴随着技术进步，居住产业的服务合作网络开始无边界扩张，出现新的市场、新的业态、新的模式。传统物业公司一度是不赚钱的，但是如果有新的运营能力支持，社区服务将成为新的蓝海市场。笔者建议，未来社区运营可以注重以下方面。

（1）健康服务，如药店、社区医院；

（2）中介服务，如房源信息管理、客源信息管理、房客匹配、长短租服务；

（3）物业服务，如私人绿化打理、工程服务、维修服务；

（4）装修服务，如室内设计、原材料代购、工程施工；

（5）家政服务，如月嫂、保洁、家庭托育、家庭养老；

（6）财富服务，如资金投资、众筹；

（7）社区商业，如衣食住行采购；

（8）共享办公，如灵活的办公空间、共享办公设备。

5.3.4 销售方式与预售条件的政策性需求

为协助用地主体尽快回笼资金，加快房屋销售，建议积极争取政府对未来社区项目实施主体房屋预售、按揭贷款等政策支持。

（1）参考《浙江省人民政府办公厅关于推进绿色建筑和建筑工业化发展的实施意见》：

① 采用装配式方式建造，且预制装配率超过年度控制指标10%的商品房项目，在基础施工完成、装配式构件进场并开始安装时，可以申请提前预销售；

② 使用住房公积金贷款购买装配式建筑的商品房，公积金贷款额度最高可上浮20%，具体比例由各地政府确定。

（2）争取当地银行放宽个人办理购房按揭贷款的条件。

（3）非营利的场景空间返还政府方，回购方式需结合地方及省市相关政策制定。

（4）探索未来社务人才公寓租购同权，探索以房引才；鼓励人才利用共享办公空间自主创业。

一个健康发展的项目不应依靠外部力量输血方能生存，而应具有原发的旺盛生命力，因此从项目自身挖掘资金平衡能力是建设未来社区的核心能力。未来社区的资金平衡应不仅限于数据上的平衡，更应能指导实施方案管理、土地供给与履约监管咨询、运营管理与评估考核咨询，使未来社区的开发建设"数出有据"，发挥其对综合性咨询的支撑作用。

5.3.5 建设期资金平衡

根据项目建设开发方案的不同，资金平衡方式不同。通常项目采用开发商拿地建设、政府回购的方式，本书以此为例，结合《未来社区试点实施方案评审要点》，介绍建设期资金平衡方案需考虑的内容。

1. 政府方资金平衡

政府方资金平衡表详见表5-6。

政府方资金平衡表　　　　表5-6

序号	项目	金额（亿元）	说明
一	支出		
1	征迁安置费		主要包括货币安置约××亿元、企业拆迁约××亿元，农户产权安置补偿××亿元，居民产权安置补偿××亿元。（包含征地、拆迁及临时过渡费用）
2	整治提升		
3	市政配套设施建设费用		道路、绿化等市政配套设施建设费用

续表

序号	项目	金额（亿元）	说明
4	回购费用		回迁房、公共配套设施等回购费用
二	收入		
1	土地出让收益		按土地出让金总额的××%计算
三	盈余/缺口		收入－支出

说明：

（1）根据《浙江省人民政府办公厅关于高质量加快推进未来社区试点建设工作的意见》（浙政发〔2019〕60号）：除国家和省另有规定外，改造更新类试点项目对应土地出让收益，提出上缴国家部分，其余全部用于支持试点项目建设，保障资金总体平衡。除项目所在地有特别规定外，土地收益扣除上缴国家的部分，按照90%～95%返还项目；

（2）拆迁安置费以政府提供数据为准，无相关数据的，按照项目所在地拆迁安置政策进行测算；回购费用包括安置房回购费用、停车位及配套基础设施等回购；

（3）收入部分，部分地区采取有偿安置的措施，安置居民的回迁缴纳费用计入收入一项。回迁缴纳费用参照政府与待安置居民签订的回迁安置协议。

2. 用地主体资金平衡

用地主体方资金平衡表详见表5-7。

用地主体资金平衡表　　　　　表5-7

序号	项目		金额（亿元）	说明
一	支出			
1	建设工程费用			说明费用构成，包含回迁房、人才房、可销售住宅、商业办公等公建、基础配套设施等具体支出，需涵盖九大场景落实费用
2	建设工程其他费用			
	其中	土地出让金支出		
3	预备费			（建设工程费用＋其他费用）×××%
二	收入			
1	销售收入			说明收入构成，包括人才房、可销售住宅、商业办公以及停车位等销售收入（分别提供销售单价和数量）
2	回购	政府回购收入		回购总量及构成（单价×数量）
		居民回迁缴纳		单价×增购面积
三	盈余/缺口			

说明：

（1）用地主体资金平衡表中，如项目涉及出让及划拨不同的土地出让方式，土地出让金需分开列项；

（2）居民回迁一般由政府回购后安置，故一般计入政府方收入一项。

项目开发建设方式不同，资金平衡方案也应随之调整，在后面的章节本书将介绍不同开发建设模式下的资金平衡方案。

5.3.6 运营期资金平衡

1. 运营期资金平衡工作原则

运营期采用创新经营性资产收益共享机制等方式,实现基本物业零收费。运营期的资金平衡遵循以下原则:

(1)运营主导。全过程咨询资金平衡测算与建议以运营单位主导,对所涉及假设前提与经营测算结果,经过运营专家充分论证,使得测算贴合实际,有据可依。以教育场景为例,引入教育运营单位,对租金、运营费用等具体项目进行复核。

(2)空间细化。将运营空间根据其运营属性进一步分为商业运营类(运营期间能够持续产生运营收益,并且其运营成本由开发主体承担)和公益运营类(运营期间无运营收益产生,并且需要开发主体承担运营成本)。因未来社区项目存在大量公益运营场景、空间维度的细化测算,有利于更加科学地测算运营成本,避免出现漏项和低估。

(3)时间细化。未来社区为长期运营项目,即使全过程资金平衡能够达到,其在各个时间阶段的资金需求仍然需要精准核算。全过程咨询在实施方案资金测算基础上,进一步拆解到更为精确的时间单位(如按年),充分考虑运营筹备期(运营前)、运营孵化期(招商期)和运营成熟期,对应各阶段资金投入需求。

(4)充分利用灰空间。充分考虑底层和架空层空间使用。

2. 运营期资金平衡工作内容

运营期资金平衡见表5-8。

运营期资金平衡表 表5-8

序号	项目	金额(亿元)	说明
一	支出		
1	物业运营成本		
2	智慧运营成本		
3	其他成本		
二	收入		
1	房屋出租收入		说明收入构成,包括人才房、商业办公、停车位等租赁收入(分别提供租赁单价和数量)
2	智慧运营收入		
3	广告等其他经营性收入		
4	其他收入		
三	盈余/缺口		收入-支出

第6章 技术体系管理咨询

本章从技术体系管理咨询目标出发，进行技术体系归类，在此分类的基础上形成技术体系管理咨询方案。

6.1 未来社区技术体系管理咨询目标

技术体系管理是项目管理的重要组成部分，通过加强技术体系管理，可以显著提高项目整体效益。未来社区作为高密集化、高先进性、多专业融合的技术体系集成性项目，对于全过程咨询单位来说是检验管理水平和专业性的新挑战。

在传统的建设流程中，技术体系的选型一般是交由总承包单位来确定，即在施工图设计阶段考虑，由于介入的阶段过晚，技术体系的适配度往往不高，因此会造成施工阶段大量材料和人工的浪费。针对未来社区项目的技术体系管理咨询，一般需要在申报方案阶段介入，协助业主单位做好技术体系管理策划，其介入深度比实施方案阶段要浅一些；技术体系管理咨询介入的阶段越早对于后期建设成本和建筑本身价值的影响就越大。

按照浙江省发展改革委印发的《浙江省未来社区试点建设全过程工程咨询服务指南（试行）》，明确未来社区项目技术体系管理咨询目标：根据试点建设项目实际情况和所在地的全产业链发展水平，结合场景系统建设要求，并依托未来社区产业联盟技术解决方案库，开展适宜性技术体系框架研究，指导评估申报方案环节的技术体系策划、实施方案环节的技术方案比选、建设施工环节的技术方案定型，为后续实施供应链管理提供支撑。

6.2 未来社区技术体系的建立

与未来社区相关的技术有很多，除了传统的、常用的技术之外，关系最为密切的新兴技术有五类，分别为智慧化、低碳、TOD导向、绿色建筑、环境资源。以下就这些技术门类逐一介绍。

6.2.1 智慧化技术体系

与未来社区密切相关的技术型辅助策略便是智慧化建设，智慧化建设的内涵是以数字、信息、网络、传感、人工智能等新兴信息技术为核心，构造现代一体化建筑体系的建设模式。智慧化建设具有智能性、先进性、互联性、虚拟性等特点。其中，智能性体现在人与人、人与建筑物之间的无缝智能沟通；先进性体现在由智慧化建设带来的高端、先进居住体验；互联性体现在由各种网络信息技术构建的便捷、高效通信；虚拟性则体现在智慧化建设自成一体的网络社群化社交。智慧化建设是支撑未来社区建设的核心技术，它将从教育、健康、创业、交通、建筑、低碳、服务、治理和邻里等多个场景提供未来社区构造的核心工艺。近年来，国内外以智慧化建设构建出的社区经典作品也日趋繁多，例如：福建省厦门市政府打造的"莲花五村数字社区"项目、美国布莱克斯堡镇"数字之城"项目、韩国新松岛城"数字化未来之城社区"项目等，这些项目中蕴含的智慧化建设元素令居住者叹为观止并乐享其中。

未来社区智慧化建设需要以互联网、物联网、数字控制系统、高速宽带网络等为基础建设运维，为业主提供一个便捷、安全、舒适的社区环境。政府、企业要想正常运转未来社区，必须在现代信息技术的加持下才能有效完成。现阶段的未来社区智慧化建设，可以将未来社区智慧化技术体系按照功能进行层次划分，划分为四个层次，即感知层、网络层、数据层、平台层。

1. 感知层技术

感知层是通过信息采集识别、无线定位系统、RFID（射频识别技术）、条码识别等各类传感设备，对社区中的人、车、物、道路、地下管网、环境、资源、能源供给和消耗、地理信息等要素进行智能地感知和自动获取并转化为数据。

1）空间定位技术

（1）卫星定位技术

目前卫星定位技术主要有美国主导的GPS卫星定位技术、俄罗斯主导的GLONASS卫星定位技术、中国主导的COMPASS卫星定位技术以及欧盟主导的Galileo卫星定位技术。常见的卫星定位的原理是：由多颗工作卫星组成卫星体系，使得在全球任何地方、任何时间都可观测到多颗卫星，安装在移动终端上的信号接收器可以被动地接收观测卫星到的特征信号，对特征信号进行一系列的处理，可以计算出卫星到终端之间的距离，通过运算多颗卫星的距离数据就得到位置请求终端的具体位置。

卫星定位的特点是可实现户外的精确定位，技术成熟，稳定性高，但是如果进入室内或者有遮蔽物的区域将产生定位误差，甚至无法定位，而且耗电量较大，并且在整个天空范围内寻找卫星效率非常低下，这就直接导致在首次启动时需要较长的时间。

（2）基站定位技术

基站定位技术原理是：首先获取为移动终端提供服务的社区的识别码，然后将社区识别码翻译成经纬度坐标，这样就可以确定移动终端所处的具体位置。移动终端登录进通信网络，在这一过程中基站将获得移动终端的信号强度信息，同时运营商具有基站的准确位置信息，因此在高度差相对较小的情况下，以收到手机信号的基站为圆心作圆，其半径为由手机信号强度所得出的估计距离，便可以得到一个或多个圆，这些圆的交集则为手机的位置。基站定位技术的特点是定位速度快，但是由于基站之间一般距离较远，且信号的衰减与周围环境密切相关，所以在基站密度较低、环境较恶劣的区域，基站定位精度并不高。

（3）WiFi 定位技术

移动终端设备在非连接的状态下，就可以对 WiFi 热点进行侦听，同时检测出周围各个 WiFi 热点的信号强弱信息，信号的强弱信息可以近似地转化为距离的远近，通过对比服务器上存储的各个 WiFi 热点的位置，便可以计算得出请求定位的移动终端设备的位置信息。

（4）RFID 定位技术

通过架设天线并设置一定数量的读卡器，根据读卡器接收信号的强弱、到达时间、角度来定位。

2）状态感知技术

（1）环境状态感知

社区居民对社区生活的满意度很大程度上取决于社区的环境，优质的社区空气环境不但能保障社区居民的身体健康，还能在很大程度上指导社区居民在社区内的出行、娱乐。环境状态感知就是要获取社区以及建筑物内空气的物理特性以及污染等数据。主要需要检测的对象包括温度、湿度、风速、甲醛、CO_2、CO、SO_2、NO_2、PM2.5、PM10 等。对这些需要检测的对象进行量化的技术分别是：

① 温度感知技术：主要通过热敏电阻式、半导体式等温度传感器，实时获取当前温度，并能以一个时间间隙将温度数据上传至数据中心，以便服务平台可以及时对非正常数据进行排查，并做出一系列举措。

② 湿度感知技术：通过使用双压法、双温法、分流法、饱和盐法、硫酸法、露点法、干湿球法等方法的电子式传感器，实时监测当前湿度。

③ 风速感知技术：利用风杯、旋桨式风速计等感知设备对社区内风俗进行感知，风速数据可指导社区住户出行。

④ CO_2 感知技术：通过 CO_2 光谱探测器，对室内 CO_2 气体浓度进行检测。

⑤ CO 感知技术：通过化学 CO 传感器、红外 CO 光谱探测器对室内外 CO 气体浓度进行检测。一旦室内浓度超标，要及时上报，并警告室内人群，防止 CO 中毒。

⑥ SO_2 感知技术：通过碘量法或红外 SO_2 光谱探测器对室内外 SO_2 气体浓度进行检测。

⑦ NO_2 感知技术：通过红外 NO_2 光谱探测器对室内外 NO_2 气体浓度进行感知。

⑧ 甲醛感知技术：主要利用电化学传感器法对室内甲醛气体进行测量，保障新装修后的室内甲醛气体浓度能被住户及时知晓。

⑨ PM2.5、PM10 感知技术：利用重量法、β 射线吸收法、微量振荡天平法等方法检测室外空气中的 PM2.5 和 PM10 的浓度，指导社区住户出行。

（2）智能建筑状态感知

对于未来社区内各种状态的感知，主要利用楼宇自动化系统（BAS）对社区内给水排水系统、变配电系统、配气系统、照明系统、电梯系统、地下管网系统、停车库系统等建筑设备和社区设施状况进行感知。

（3）安全状况感知

由于社区中人流较大，存在着多种安全隐患，如非法人员入侵，有威胁的异常行为，以及煤气、天然气泄漏、火灾等危险情况，也存在着一些突发的需要紧急救助的状况，这就要求利用信息化技术实现对社区安全状况实施监测，并能及时响应和处理异常现象，保障社区内部的安全。包括周界防越技术、视频监控、电子巡更、煤气、天然气泄漏感知技术、火灾探测技术等。

（4）个人信息感知

对社区居民个人信息的感知采集不但能科学地、信息化地管理社区，也为社区居民的安全提供保障。社区居民的个人信息主要可以分成两大部分：身份特征信息和身体健康信息。身份特征信息主要包括语音、指纹、虹膜、脸部以及掌纹信息等，这些身份特征是每个社区居民独一无二的，采集到社区内居民的这些信息后，可保障进出社区人员的合法性；身体健康信息有血压、血糖、脉搏、体温等，实时测得个人身体的这些健康数据可帮助社区居民及时知晓自身的身体状况，并可对其饮食、运动、娱乐、就医等提供指导。

3）物联网技术

物联网技术是社区智慧化建设的重要基础，在该技术的加持下，未来社区管理系统获得了感知功能，使各个模块的管理更加智能化、人性化。比如，社区公共区域应用物联网技术后，社区管理系统可以自主感知温度、水位、照明、个人健康、电子商务等需求。智能家居管理平台在应用物联网技术后，可以对家庭生活区域进行智慧化管理，包括安全系统、医疗系统、家电控制系统等，使业主可以通过网络自由控制家居环境，达到节约时间、节省资源、对家庭环境进行远程监控的目的。物联网技术是未来社区的核心组件，可以保证业主与社区服务管理系统实现信息的实时交流，从而满足业主的实际需求，打造社区智慧化服务。

2. 网络层技术

各种定位技术和感知技术获取了未来社区中最原始的数据信息，将依靠网络层以有线或无线的方式进行传输，同时网络层还承担着为社区住户提供数据、视频、语音接入，为数字化的服务提供网络支持的责任。这就要求为未来社区提供合适的接入网使其与外界网络连通，且在社区内部需要有控制网，实现对各种设备的控制，多网络系统环境下，就需要有网络集成技术来统一数据之间的交互，同时在整个数据传输的过程中都需要网络安全的保障。未来社区网络层主要包括未来社区中存在的网络类型，即接入网、以太网、控制网，另外需要网络集成和网络安全来支撑这三种网络的通信。

1）接入网技术

（1）以太网接入技术

以太网接入技术从标准以太网，快速以太网，千兆以太网一直发展到了万兆以太网。经过多年的应用和发展，以太网技术不断地得到完善和成熟，同时，在成本上也比较低廉。目前主流的基于以太网技术的接入网方案主要有以下三种方式：VLAN 方式、VLAN＋PPPoE 方式和 MUX 方式。VLAN 方式简单而高效，但缺少对用户的认证和授权环节；VLAN＋PPPoE 方式在 VLAN 的基础上添加了认证和授权功能，但是却不能支持组播功能；MUX 方式与前两种解决方案相比有着全面的功能覆盖，包括有认证、授权、IP 地址的动态分配、计费以及组播等功能，但这种方式的接入网方案目前还缺乏一定的技术标准，也就不能保证所使用设备的兼容性。

（2）光纤接入技术

光纤接入技术可以分成两类，有源光网络（AON）和无源光网络（PON），而应用在未来社区中的光纤接入技术主要是无源光网络。目前适用在未来社区中的无源光网络技术是 EPON、10GEPON 以及 GPON 技术。

（3）无线接入技术

目前未来社区中无线接入技术主要包括两类，即移动通信技术和短距离无线接入技术。移动通信技术包括 3G、4G 技术，短距离无线接入技术包括有 WiFi、ZigBee、Z-Wave、Bluetooth、NFC 技术等。

2）以太网技术

以太网技术的成熟和普遍，现阶段未来社区园区网的主要承载方式是以太网。依据以太网带宽的不同可分为快速以太网、千兆以太网以及万兆以太网。所使用的传输介质可选用双绞线或光纤。未来社区要承载社区居民语音、视频以及数据的通信，在接入层、汇聚层以及核心层都可以使用以太网技术来实现。快速以太网与原来在 100Mbps 带宽下工作的 FDDI（光纤分布式数据接口）相比具有许多的优点，最主要体现在快速以太网技术可以有效地保障用户在布线基础设施上的投资，它支持 3、4、5 类双绞线以及光纤的连接，能有效地利用现有的设施；快速以太网的不足是其仍是基于 CSMA/CD 技术，当网络负载较重时，会造成效率的降低，当然这可以使用交换技术来弥补。千兆以太网技术很好地兼容了快速以太网，所以不必改变原有网络的拓扑并支持最大距离为 550m 的多模光纤、最大距离为 70km 的单模光纤和最大距离为 100m 的同轴电缆。万兆以太网在 IEEE802.3 标准的补充标准 IEEE802.3ae 中，它扩展了 IEEE802.3 协议和 MAC 规范，使其支持 10Gb/s 的传输速率。

3）控制网技术

随着嵌入式技术和通信技术的快速发展，计算机控制系统逐渐出现了集散控制系统以及功能更加强大、可靠性更高、兼容性更加完善的现场总线控制系统。

4）网络集成技术

（1）BACnet

为了实现楼宇自动化系统中设备与设备、设备与系统、系统与系统之间的互联和信息兼容，达到信息共享与系统兼容的目的，使其更具有开放性和互操作性，这些设备和系统之间的数据通信就必须遵循同一个标准协议，这个协议就是 BACnet。BACnet 协议共分四个层次，即应用层、网络层、数据链路层、物理层。

（2）TCP/IP

TCP/IP协议实现了基于以太网的网络通信集成，连接到以太网的所有设备可通过TCP/IP协议来实现相互通信。TCP/IP参考模型可分为四层，即应用层、传输层、网络层、主机到网络层。

5）网络安全技术

（1）Web安全

社区的Web站点上存储有大量社区居民的隐私信息，因而对Web站点信息的保护是社区网络安全的重要内容之一。Web安全主要通过对服务器、浏览器以及两者之间的网络通信共三方面来进行保护实现的。对服务器和浏览器之间数据传输的安全性解决方法一般采用具有过滤功能的IPsec协议和SSL方式。

（2）防火墙

防火墙是设置在社区内部网络与Internet之间的，防止外部网络对内部网络发生入侵行为的安全技术。使得所有从内部网络到外部网络，或者从外部网络进入内部网络的数据包都必须途径这个统一的媒介，有了防火墙的设置，所有非授权数据包将被过滤。防火墙的类型主要有数据包过滤防火墙、应用级网关、代理服务器防火墙和混合型防火墙，不同类型的防火墙工作重点不同。

（3）入侵检测

入侵检测是一种以主动的方式收集网络数据，分析网络行为的安全防护技术。入侵检测技术可以将社区网络中的安全日志以及审计数据等信息进程排查，检测出其中违反安全策略的行为。这种方式不但可以有效地抵抗外部的入侵行为，还能检测来自内部的攻击行为，在网络系统受到危害之前拦截和响应入侵。常见的入侵检测方式可分为对异常数据和行为的检测以及基于特定规则的检测。

3. 数据层技术

对感知层获取的数据进行存储，首先就必须要对这些数据进行规范化，以方便存储，更为以后的使用提供便利；然后对收集到的异构数据和已有的数据进行集成，以保障在应用数据时不至于产生紊乱而导致错误的发生；数据交换技术保障数据可通行在异构系统下，防止信息孤岛的产生；数据安全则有效地保障数据层数据的存储安全和操作安全。

1）数据规范化

数据规范化是指在存储收集的数据时，采取规范化的手段进行编码，对数据进行规范化的手段主要有以下几种。

（1）元数据。用于对数据的多维属性进行描述，这些属性包括有数据的历史使用情况、存储位置等。

（2）数据元。作为最小的数据单元，用于描述数据的定义、标识、表示等。

（3）数据编码。可以用来标识所记录的各个数据，通过一定的编码规则，对不同的数据进行分类、核对。这种方式不但能节省存储空间，还能提高处理速度。

2）数据集成

（1）联邦数据库集成

联邦数据库系统是一种可以联合多个成员数据库的集成系统。多个成员数据库之间可以保持自治性，并独立地进行不同程度的共享，这是一种早期的数据集成方案。

（2）中间件集成

为解决层次与层次之间、系统与系统之间的交互问题，中间件的概念很早就被提出来了。随着异构数据的产生，需要大量的在异构数据库中交互数据，所以数据集成的概念被提出来了，中间件的概念也被引入数据集成中。使用 XML 构建全局数据模式，是最常被使用的中间件集成方式。

（3）数据仓库集成

使用 Extract、Transform、Load 工具，定期从数据源中装载数据副本到数据仓库中，这样数据仓库中就有供用户使用的数据，而达到数据集成的目的。

3）数据融合

数据融合技术是指在一定的原则下，对采集的数据进行分析，并去除冗余信息而使得原始数据在规定的原则下，保有最大的信息量。目前进行数据融合的方法很多，主要可以分为基于估计的方法、基于统计的方法、基于信息论的方法和基于人工智能的方法四种类别。

4）数据交换

（1）XML。XML 是可扩展标记语言，是一种跨平台的、依赖于内容的技术，也是当今处理分布式结构信息的有效工具，且非常适合网络传输。

（2）JSON。JSON 采用了一种独立于语言的文本格式，这使得人们在阅读时更加方便，并且也更加易于计算机的解析和生成，基于这样的特性，利用 JSON 可以提高网络传输速度，是一种理想的数据交换语言。

5）数据安全

（1）数据加密。利用加密算法对数据进行加密，以保证数据在传输和存储时的安全性。

（2）硬盘加密。对于硬盘的加密主要方式有以下几种：对硬盘的分区表信息进行修改、在启动硬盘的时候添加密令认证、利用写保护方式保护磁盘、对磁盘扇区数据进行加密。

（3）灾备技术。主要分为本地灾备和异地灾备，本地灾备可使用磁盘阵列和双机容错技术，异地灾备可使用冷备、暖备、热备、双活、手工恢复、站点选择服务、基于应用复制、基于数据库 LOG 复制、基于磁盘复制、同／异步复制等技术。

4. 平台层技术

平台层技术主要是为整理好的数据信息进行展示和加以利用的应用提供平台，并保障各应用之间无隔阂地交互信息。平台层技术包括云计算技术、GIS、IBMS、数据融合、数据挖掘、目录服务、应用集成技术等。

1）云计算技术

现阶段，国内各城市的人口数量增长迅速，流动性呈上升趋势，这也给社区服务管理增加了难度。社区智慧化建设是一种全新的社区管理模式，通过物联网、移动通信、大数据、云计算等现代信息技术，打造了一个高效、安全、便捷的社区管理平台。云计算具有存储量大、计算力强的优点，利用网络资源，云计算可以对社区的各个传感设备、网络终端、监控设备等信息进行统一采集、管理、计算、分析，从而为社区智慧化的高效运行提供保证。

传统互联网架构向"云"转型发展是目前信息化发展的大趋势。"云"能够为硬件资源存储带来新方向和无限容量，解决单个计算机存储资源有限的难题。云计算技术的理念可以按下述理解：在互联网这一庞大网络中，借助虚拟化技术使得多种服务器组成的计算系统在虚拟的计算环境中运行，利用分布式计算、并行计算、效用计算等高效计算方式来为用户处理海量数据、提供资源获取、软件配置等服务。那些提供各类云计算相关服务的平台，可以称之为云平台。从服务对象来看，可以将云服务分成公有云以及私有云两类。私有云是面向一些中小型企业内部资源服务的，而公有云则服务对象比较广泛、资源量巨大。云平台的服务模式一般包括三种：① IaaS 基础设施即服务，平台用户以租用协议来获取存储、服务器等基础服务，上层应用需由用户自行建立；② PaaS 平台即服务，除了提供基础服务以外，能够给予平台架构、工具、原材料等，用户只需在架构中填充需求业务；③ SaaS 软件即服务，用户只需提出自己的业务需求，云服务商来开发应用模块满足用户需求，实现定制化服务。

平台系统的登陆模式一般有 C/S 架构和 B/S 架构两种方式，C/S 架构是基于客户端/服务器的登录方式访问系统，但在使用过程中会遇到每个 PC 机的客户端定期维护、在更新系统时重新安装软件等问题，而 B/S 架构是在互联网的基础上直接通过浏览器访问网页就能实现系统登录，并且 PC、手机、平板等移动端联网后都能便捷访问系统。因此，智慧建造平台层系统可采用 B/S 架构服务模式，使得运行维护工作较容易开展、服务器类型可选择性强、应用方式丰富、服务更加便捷。

目前云数据库形式有很多种，常见的有关系型数据系统、非关系型数据系统以及时间序列数据库等。关系型数据系统，应用的比较多，常见的有 MySQL、SQLServer 及 Oracle 等，能够有效处理结构化数据资源，但对于非结构化数据的储存和管理比较困难，难以把结构化数据和非结构化数据有效关联上。为了解决这一难题，非关系型数据系统被设计应用，其主要指 NoSQL 数据库，能够有效处理海量数据和多种类型数据，并且具有较强的扩展性和灵活的数据结构。时间序列数据库，包含 OpenTSDB、InfluxDB 等数据库，能够有效处理和存储与时间序列相关的数据，具有数据实时性、采集高效性、扩展性好等优势。对于智慧建造平台层数据库的选择，需要考虑平台数据库内储存数据种类的多样性、变化性以及流动性，采用 MySQL、NoSQL 和 OpenTSDB 等数据库组合的方式来实现平台数据库的搭建。

由于平台层各项功能的实现需要有大量子系统协同工作，但是每个子系统的开发程序语言和数据结构形式都有所区别，很难不发生兼容问题，并且平台层需要实现外联软件应用、外联系统应用、外源数据传输等方面功能，必须要具备强大的扩展性。因此，需要借助接口技术来实现系统之间的功能互联。接口的种类根据平台使用的需求以及各个功能模块的内容来进行接口的设计和预留。

2）大数据

面对基数庞大、高速增长、类型多样化的信息量扩展趋势，常规软件工具已经无法有效完成采集、管理、处理和分析工作。大数据技术的出现能够有效解决这一难题。大数据技术的功能包括数据采集、数据存储与管理、数据分析等。大数据技术能够借助强大的采集功能获取海量数据。同时，采集的数据类型呈现多样化，不仅包含有序的结构化数据，还有繁多杂乱的半结构化数据或者非结构化数据；从数据的价值角度来看，大数据技术处理的数据不仅包含价值密度较高的数据源，而且还有海量的低价值数据以及有待发掘价值的数据。对于数据的存储管理，大数据技术采用 NoSQL 数据库、分布式数据库等数据存储方式；在存储位置方面，依靠云计算技术可以有效地将无限增加的数据源储存于云端，避免了物理机械存储的烦琐。大数据分析技术包括了文本情感分析、数据模型、机器学习等，借助数据分析技术能从海量数据库中挖掘出有价值的内容、走势和结论，并以可视化的方式呈现给用户。

大数据技术与云计算技术的有效融合是未来社区平台层搭建的重要环节。云计算技术的运用可以对建造全过程实行集中、全面管控，有效减少不必要的繁杂程序，节约成本，优化用工结构，同时实现项目管理的平台化协作模式。在此基础上，运用大数据技术对未来社区建设、运营等全过程中产生的大量信息进行存储、分类管理和追溯分析，可以实现对每个信息源设备或组件的监管；同时借助大数据技术能够在大量信息流中深度挖掘相关性高的目标信息，定位关键问题，提供有效处理建议，能够为管理者减少工作量、提高管理效率和质量。将大数据技术与云平台结合起来构建云化的大数据平台，是技术间融合、集成的良好开端。

受地理环境的影响，各城市对未来社区的规划建设也各不相同，但大数据背景下，各个未来社区的建设模式与运营管理基本一致。通过互联网技术，各个社区的智慧化服务系统可以有一个平台统一支配、记录，以达到数据共享、共同发展的目的。

3）CIM 技术

CIM 技术发展尚处于初级阶段，目前业内对其的主要认识是：通过大量数据的收集、储存和处理建立社区模型，为后期运营维护提供指导，主要由 BIM＋GIS 有机结合而成。BIM 技术即建筑信息模型，是对单体建筑的建筑、结构、水暖电等专业的信息集成，精度可达到 LOD500，不仅包含了各类构建的几何信息，还包括众多属性信息、施工过程信息等。GIS 是通过创建实景三维模型、地质三维模型，对社区的地上、地下的地形、地貌及拆迁前的人文风貌三维数字化还原，建立与实体社区环境一致的社区基底模型。通过 BIM 与 GIS 的有机结合，可充分发挥两者的优势，明确社区现状及改造、重建重点，辅助设计方案制定和项目建设实施，促进工程建设提质增效，破除信息孤岛，促进创新性未来社区理念落地。

6.2.2 低碳建设技术体系

伴随着我国工业化的高速发展，工业生产所造成的污染气体排放量也在日渐增多，生态环境被破坏的程度也在逐渐加剧。低碳技术旨在通过科技研发达到降低能耗与提高能源利用率的目的，是低碳能源开发利用的保证。低碳技术可分为三个类型：一是减碳技术，即高能耗、高排放领域的节能减排技术；二是无碳技术，如核能、太阳能、风能、生物质能等可再生能源技术；三是去碳技术，较为典型的是二氧化碳捕获与埋存。低碳技术一旦能够良好地作用于低碳生产中，就可以更好地发挥低碳能源高效率、低排放的特点。低碳能源的开发催生低碳技术的研发来匹配低碳能源的利用。同样，低碳技术的发展也能从反方向引领能源利用方式的转变。在能源与技术得到发挥的前提下，城市就可以发展与之相匹配的低碳产业，实现传统高碳产业向低碳产业的转换，催生新的产业发展机会，并从结构上实现经济的低碳、高效发展。

社区建设模式的探索始终是人类城市文明中不竭的追求，世界各国都在不断探索低碳社区、零碳社区甚至是负碳社区，期望彻底摆脱以往大量生产、大量消费和大量废弃的能源资源利用模式，形成绿色、高效、可持续的能源资源循环体系和健康、节约、低碳的生活方式，最终实现社区能源供应全部来自可再生能源、水和垃圾资源全部循环利用和二氧化碳零排放。我国低碳社区发展较晚，当前尚属于起步阶段，但在我国几大城市中已有结合国外低碳技术新建低碳社区的实践和"低碳生活方式"在城市社区的公众参与行动。与国外低碳社区建设有所区别，我国低碳社区建设在两个层面运作：一是政府主导、引进国外先进低碳技术"自上而下"的低碳社区规划建设，二是由企业提供资金技术支持、组织、社区居民参与的社区低碳生活方式的宣教与实践。两个层面的主导方式与内容不同，体现了我国低碳社区规划的两大内容——物质空间建设与非物质内容引导。

未来社区着力构建"绿色多元、节约高效、循环无废、智慧互动"的低碳场景是未来社区发展的重要一环，也是实现社区能源资源利用最大化、降低能源资源消耗成本、减少环境破坏与污染、促进人与自然和谐共生的重要抓手。未来社区的低碳建设技术体系主要包括以下几个方面：

1. 低碳构造

建筑节能技术能够达到减碳的效果。"低碳"理念的实现离不开建筑节能，其在节能减排工作中所占据的位置显而易见。

（1）通过对建筑物围护结构热工性能的改善，减少围护结构的室内外传热，可以减少能量损失，进而减少供暖、空调等设备的能量消耗。

（2）针对建筑的屋顶采取节能材料，并对其导热和吸水属性予以核验。

（3）合理采取地面节能技术，尽可能减少地面热量耗损量是绿色节能技术的高效路径。例如在作业过程中采取泡沫玻璃，因为它的密度、强度、吸声以及热稳定性较强，能够大幅度提高保温效果。

（4）注重建筑工程墙体绿色施工技术。在建筑工程中积极采用绿色施工技术，不但可以大幅度提高建筑墙体保温的效果，同时还能够进一步节省房屋建筑的使用规模，防止产生墙体渗漏或者开裂等安全隐患。

（5）合理采用暖通系统节能技术

① 采用冷热能回收技术，利用暖通空调散发的余热，就可以缩减能源耗损的规模，谨慎地控制建筑工程的冷热能释放规模，大幅度地提高暖通空调系统能源的使用效率。

② 采用变流量调节技术，变风量空调系统能够依据温度、空调区二氧化碳数量等因素，迅速地调整送风量，有效地契合空调负荷需求。

③ 采用地源热泵与水源热泵设备系统，充分利用地球表面浅层水源如地下水、河流和湖泊中吸收的太阳能和地热能所形成的低温低位热能资源，并采用热泵原理，通过少量的高位电能输入，实现低位热能向高位热能转移。

2. 低碳用能

低碳能源是指高能效、低能耗、低污染、低碳排放的能源，包括可再生能源、核能和清洁煤，其中可再生能源包括太阳能、风力能、水力能、海洋能、地热能及生物质能等。实现低碳能源的广泛使用，需要从源头（基底）开始，加速从"碳基能源"向"低碳能源"和"氢基能源"转变，改变现有的能源结构。

低碳建设最重要的要求之一就是减少含碳能源的使用，太阳能和风能等清洁能源成为替代含碳能源的首选。在未来社区建设过程中需要考虑如何在现有的建筑体系下引入可再生能源的使用模式。考虑运用太阳能热水系统，并进行太阳热水系统与建筑的整合设计，具有较强的适用性。为充分利用太阳能，在坡屋面的改造设计中考虑屋面设置太阳能集热器的位置，使集热器有良好的朝向和倾斜角度，以充分接受太阳辐射热，同时还要做到与屋面一体化，不影响建筑的整体外观。

数字化综合能源供应系统

作为低碳化未来社区的重要基础，数字化综合能源供应系统以多元协同的能源技术为核心，以社区综合管廊及微能源网、用户侧管理为手段，实现各种能源和资源的互联互通、高效利用。

（1）多元协同的能源技术。天然气分布式能源具有更节能、更经济、更环保、更合理、更灵活等特点，适用于有相对稳定的电、热（冷）负荷，并有持续的天然气气源供应的场所。天然气分布式能源系统涉及储能技术、热泵技术、光伏建筑一体化技术等。

储能技术是通过装置或物理介质将能力储存起来，以便需要时利用的技术。考虑到未来社区的特点和用能需求，在未来社区场景中，储能技术主要以电化学类储能为主。

热泵技术是一种能从自然界的空气、水或土壤中获取低位热能，经过电能做功，提供可被人们所用的高位热能的装置。在未来社区场景中，热泵技术可与其他能源技术耦合供能，满足多变负荷工况下的用能需求。

光伏建筑一体化技术是未来社区场景中一项重要技术。它是将太阳能发电（光伏）产品集成到建筑上的技术。光伏与建筑相结合是未来光伏应用中最重要的领域之一，发展前景十分广阔，是未来社区建筑节能的方向，拥有巨大的市场潜力。可采用的新型太阳能电池主要有碲化镉薄膜太阳能电池、铜铟镓硒薄膜太阳能电池、钙钛矿太阳能电池等。

（2）社区综合管廊。社区综合管廊指建于社区地下用于容纳两类及以上工程管线的构筑物及附属设施。社区综合管廊按照统一规划、统一建设、统一管理的模式，涵盖给水、雨水、污水、再生水、天然气、热力、电力、通信等管线，统筹了各类管线规划、建设和管理，解决了反复开挖路面、架空线网密集、管线事故频发等问题。相较于传统市政管线直埋的形式，综合管廊具有综合性、长效性、环保性、可维护性、抗震防灾性、运营可靠性、高科技性等特点。

（3）综合能源智慧服务平台。综合能源智慧服务平台作为低碳化未来社区的神经中枢，利用互联网、云计算、大数据等技术，实现能源管理、资源协调、智慧管家等功能，从而打造高效智慧、供需互动、健康舒适、循环无废、绿色共享的低碳化未来社区。① 供应侧管理：未来社区的综合能源智慧服务平台是数字化技术与能源新技术的深度融合，以实现多能协同供应、全方位智慧节能、供应侧与需求侧智慧互动。② 需求侧管理：综合能源智慧服务平台能够实现对社区的能源资源利用情况、用户消费行为、用能特性等开展分析，引导用户进行负荷管理和技术改造，使负荷平均化，提高终端能源使用效率，实现能源供需高效匹配、运营集约高效。③ 多网融合：综合能源智慧服务平台通过互联网、大数据、人工智能、区块链等数字化技术与能源、建筑、水资源等领域新技术深度融合，推动社区能源资源供给侧、需求侧统筹创新。④ 商业功能：综合能源智慧服务平台整合一体化开发、投资、建设和运营，实现投资者和用户互利共赢，有效降低能源资源使用成本。

3. 低碳排放

在未来社区项目建设中，合理规划，避免产生过多的建筑垃圾，对于拆除、修缮过程中产生的废弃物要分类放置，有价值的可回收利用。回收利用水资源可对屋面雨水全部收集回用、回灌地面雨水经透水砖全部渗透，以缓解水资源紧缺，改善自身的生态环境。由于饮食上的差异，中国人厨余垃圾的种类远远多于西方人，包含大量易于腐烂的肉类及蔬菜垃圾，而且不易分类。可通过采用填埋、焚烧、堆肥、饲料化、生物发酵脂蛋白饲料技术、餐厨垃圾粉碎机及餐厨垃圾处理机等一些回收利用的方式实施减量化、资源化和无害化处理垃圾。针对资源分类分级、循环利用，建设集约高效的供水系统，打造海绵社区，推进雨水和中水资源利用。采取智慧化可追溯的模式，科学规划布局社区垃圾分类投放、分类收集和分类运输的分类体系。

（1）分质循环智慧水务。在未来社区建设过程中，可以分别从雨水资源、中水资源、空调冷凝水资源对社区内水资源进行智慧循环利用。

（2）可追溯的垃圾分类回收。在社区中进行垃圾分类，将大量采用移动互联网、大数据、物联网、云计算等信息技术，从垃圾分类宣传、垃圾分类投递、垃圾分类收集、垃圾分类本地处置等环节入手，涉及厨余垃圾、其他垃圾、可回收垃圾和有害垃圾等类别。

4. 植绿碳汇

目前最实用的增加碳汇的方法是建筑结合绿化，加强建筑绿化的功能性设计，利用植物的光合作用减少建筑碳排放总量。未来社区内多数具有公共绿地，可在社区内努力做到见缝插绿、破墙透绿、合理播绿、全民植绿，加大社区公园、河道绿化种植率，提高区域立体空间的绿色浓度，降低城市热岛效应，增加碳汇。未来社区项目常用的绿化技术包括以下几种：

（1）适生绿化植物筛选技术。低碳型绿化植物选择的关键始终在于植物的功能适宜性以及生态适宜性上。在对低碳型绿化植物进行选择时，应与社区建设目标相结合，对当地的气候条件、土壤情况、生态特点、植物生长情况等方面进行实地考察，并与当地居住区绿化特点相结合，对现有适生植物种类进行选择，同时充分考虑初选植物的固碳能力、生态功能，并在此基础上对低维护、高固碳的适生绿化植物进行选择。

（2）绿化植物群落配置技术。在传统园林植物景观规划中，往往从植物造景的角度进行植物群落配置，实际上生态群落是一种与自然相接近的植物设计方式，它是设计低碳型绿化群落的重要基础，在设计过程中国可以与相关研究成果、原理相结合，对低碳型绿化植物群落进行设计。

① 配置原理。社区是人们生活的主要场所，社区绿地应该在建设过程中突出生态、休闲与景观功能，所以在配置低碳社区群落时应将以上三种功能突出，同时对群落的固碳功能进行突出。并与绿地碳平衡原理、植物固碳原理相结合，在此基础上将低碳型绿化植物群落配置中需要考虑的主要因素提出来。

② 配置方法。在低碳型社区绿化植物配置过程中，乔木起到了一种基础性的作用，它的固碳能力非常高强，是灌木的几倍、草坪的百倍。绿地类型不同，其固碳能力也会存在较大差异，很明显乔灌草型绿地的固碳能力与灌草等类型绿地相比要高出很多，所以在配置绿地的过程中应该将乔木作为主体，将其与灌木、草坪合理搭配，采用一种复层种植的模式，将不同层次的植被结构组合在一起，将固碳功能最大限度地发挥出来。

同时，在对树种进行配置的过程中，应对速生与慢生树种、常绿与落叶树种的比例进行合理安排，因为速生树种的固碳能力比慢性树种强很多，可以在短期内起到非常好的固碳效果；慢生树种的树龄比较长，能够在长期碳汇功能中将其作用充分发挥出来。

（3）生态材料与节约型绿化技术

① 生态材料。低碳经济的一种重要含义就是节约化能源消耗，为新能源的利用提供基础。传统的绿地建设主要利用混凝土、原木，水泥在其中消耗了大量的化石燃料，同时将大量二氧化碳排放到空气中，不仅增加了木材的采伐量，木材中的二氧化碳又被返还到空气中，所以使用一些生态建材，例如生态水泥、低碳水泥等，在绿地设施建设节能减排过程中有着重要意义。

② 节约型绿化技术。可以从有机覆盖、立体绿化与生态围墙两方面进行分析。有机覆盖物已经被很多发达国家应用到了城市绿地覆盖中，我们经常可以在这些国家的道路绿地等位置看到这种覆盖物质。它可以对绿化废弃物二次污染问题得到很好的解决，同时将

这些固定碳返还绿地系统中，使绿地固碳能力得到增强。如果能够将建筑屋顶、阳台广泛开展的话，多数城市都能节约大量能耗。据初步估算，围墙占有建筑面积的 10%～25%，如果将围墙有效利用起来，就可以对社区环境起到很好的改善作用。

6.2.3 TOD 导向技术体系

TOD 即 Transit-Oriented Development，是以公共交通为导向的开发，是规划一个居民区或者商业区时，使公共交通的使用最大化的一种非汽车化的规划设计方式。TOD 导向技术为未来社区公共交通布局模式的可持续性、灵活性以及能耗效率提供了一套导则和方法，为未来社区的开发构建了新框架，使未来社区的各个元素融合为混合度高、适于步行且以公共交通为导向的街区和社区，为更多元的出行模式以及社会经济活动创建平台。

为了开发可持续的、低碳的未来社区，我们需要一套新的能够与混合使用相匹配的交通系统策略，它能够平衡道路系统中行人、自行车、公交、小汽车以及货车等多种需求。系统的关键是增加过境道路的数量，从而建立能够分散交通流的交通格网。交通系统必须鼓励和支持步行和自行车出行，使目的地更靠近家和公交站，从而取代小汽车出行。

TOD 理念产生于美国 20 世纪 90 年代，它主要是针对美国第二次世界大战后城市郊区化产生的种种弊端所提出的。TOD 最初由美国城市及建筑设计师彼得·卡尔索普（Peter Calthorpe）提出。他在 1993 年发表的名为《下一代美国大都市：生态、社区和美国梦》(*The Next American Metropolis: Ecology, Community and the American Dream*) 一书中首先提出了 TOD 这一概念。该书是这样定义 TOD 的：

TOD 是一个半径约 600m 步行范围的社区，其中心部位是公交站点和主要商业中心。TOD 集多样住宅、商店、办公楼、开放空间及其他公共设施为一体。TOD 的整体环境要便于行走，在其社区居住和工作的人们可以很方便地通过步行、自行车、公共交通或汽车到达他们想要去的地方（图 6-1）。

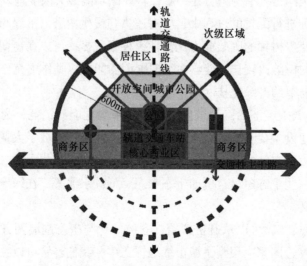

图 6-1　TOD 开发模式示意图

TOD 为导向的交通体系与过去几十年所采用的单一区划城市发展模式不同。在一个 TOD 社区内，人们可以找到多种形式和档次的住房，它也提供多样服务设施和工作场所，人们在 TOD 社区内完全可以只通过步行或自行车就能满足日常生活需求，由于公交站点就在 TOD 的中心位置，因此人们也可以很方便地通过公共交通到其他想要去的地方，这样就大大地减少了对小汽车的依赖和使用，构建便捷低碳的美好生活社区。

汉克·迪特马（Hank Dittmar）和格劳瑞亚·奥兰德（Gloria Ohland）编辑的《新交通城——以公交为导向的城市发展最佳实践》(*The New Transit Town——Best Practice in Transit - Oriented Development*) 一书从另一个角度，即从影响和作用方面来定义 TOD，指出 TOD 项目需要达到五个目标：

（1）区位效益。这里不仅地理位置适宜，公共交通方便，而且其高密度分布的生活、就业、服务设施以及良好的步行环境，使其成为人们向往的生活和工作之地。

（2）多样选择。这里具有多种形式的住宅，而且良好的邻里设计使人们在步行范围内就可以满足多样生活及活动选择。

（3）溢价回收。方便的公交设施使这里的投资者、居住者、经营者及地方政府都能得到良好的资金回报。

（4）使一个地方具有吸引力。一个生机勃勃的 TOD 社区吸引人们到那里居住、工作和娱乐。

（5）公交站点与社区相融合。

未来社区 TOD 为导向的交通系统的设计要点包括：

（1）混合使用土地。所有的未来社区都必须同时包含一定数量的公共设施、商业中心和住宅。一般来说，各种用地所占的比例大约为：公共设施为 5%～15%；商业及其他可就业场所为 10%～70%；住宅为 20%～80%。这些用地的划分比例与具体与未来社区所在的位置有关：未来社区位于城郊，则住宅所占的比例较大；未来社区位于城市中心地段，则商业及办公楼所占比例可适当放大。

（2）多样住宅相混合。未来社区所提供的住宅应该包括从较低密度到高密度的多种形式的住宅，房屋的价格和档次应该有比较大的变化空间，并应同时包括用于出租的住房和房主自住房。

（3）便于行走和使用自行车的街道。未来社区内的道路应该采用方格网状，其彼此互相相连并便于寻找，这些道路方便地通向公交车站及主要商业设施。道路周围的环境应该是对行人友善的，如具有良好的绿化、设立沿街小商店和连续的有盖人行道、限制沿街停车等。未来社区的主要设施之间，如公交站、商业中心、公园、学校和其他社区服务设施之间，还需提供自行车道。TOD 的交通网络要为人们创造一个对行走和骑自行车更安全和舒适的环境。较窄的车道和较低的车速可以减少车祸的发生。

（4）方便的商业和公共设施。每一个未来社区都应该包含一个主要商业中心，它应该与公交站点相毗邻，小型的商业中心应该包含零售店和社区服务机构，而大型商业中心还应包含超级市场、餐馆、娱乐设施和办公设施。社区还应为其居民和在那里的工作人员提供必要的公共空间，如公园、小广场、绿地和公共建筑等，人们可以在这里聚会、娱乐，进一步体验社区的安逸和舒适。另外，未来社区还应该包括幼儿园、邮局、警察、消防和政府服务等基本服务设施。

（5）高密度、多样化和优质设计。社区、邻里范畴内的TOD，它除了坐落于公交站周围外，还具有3D（Density, Diversity and Design）的特点，即高密度、多样化和优质设计。

① 较高密度的开发是TOD所强调的，土地的高密度使用可以有效地克服城市不断蔓延的弊端，同时高密度的发展可以大大地提高公共交通的使用率，使公交体系可以良性运作。

② 多样化包括土地的多样化混合使用及多样化的住宅形式。土地的多样化使用有很多好处。首先，它可以减少人们对机动车的依赖和使用，人们可以通过步行或自行车往返于住所、工作地、学校和其他服务设施之间。另外，它可以节约土地，白天的停车场可以作为傍晚人们举行活动的场所，道路用地也同样可以减少。再有，它有利于建设平衡的社区，防止"卧城"社区，并可以使整个生活和工作环境更为多样化、安全和充满情趣。而多样化的住宅形式可以满足各种不同的需求，同时也可以形成更丰富多彩和更平衡的社区，它也可以避免形成富人区或穷人区，有利于社会和谐。

③ 优质的设计为人们创造方便舒适和高品质的生活，这一点是TOD非常强调的，也是与未来社区的核心理念相符的。高质量的社区及建筑设计主要有几个方面的含义：第一，建筑物、社区空间环境以及社区本身设计的精细和优美，人们身处其中，可以有舒适和美的享受；第二，社区设计要以人为本，一切以方便居民的生活为出发点；第三，建筑及社区设计必须具有自己地方的特色和特点，没有自身特点的建筑和城市设计，即使是豪华的、造价昂贵的，也仍然是拙劣的、低质量的。此外，在未来社区设计中还要特别注重保护和保留具有地方特色的旧建筑及文化遗址，因为旧建筑和文化遗址可以提升城市的品质和韵味。

6.2.4 绿色建筑技术体系

未来社区的核心理念是绿色低碳，打造绿色宜居宜业空间，应用推广绿色建筑设计标准、室内装修工业化集成技术以及装配式建筑。

1. 绿色建筑的设计技术

建筑设计具有多元化的特性，其价值体系的依托往往决定了设计发展的方向和结果。绿色建筑设计应该杜绝以纯粹的形式化注意、个性化等出发点，而将绿色生态的价值观作为设计实现的核心与输入输出的依据，去创造理性的、地域的、与自然和谐的建筑表达。

绿色建筑要遵循五个不同维度的设计原则，并以此为共识展开建筑设计，这五个维度包括生态环境融入本土化设计（本土化）、绿色行为方式与人性使用（人性化）、绿色低碳循环与全生命周期（低碳化）、建造方式革新与长寿利用（长寿化）、智慧体系搭建与科技应用（智慧化）。其中：本土化是设计展开的基础，要赋予建筑天然的绿色基因，体现地域气候和文化的特征；人性化是设计总体的态度，更加注重真正从人的需要出发，创建健康、舒适、自然、和谐的室内外建筑环境，使人有更多的获得感；低碳化是最终建设目标，更加注重发挥全行业的集成创新作用，降低建筑全生命期的资源环境负荷；长寿化是重要的发展方式，更加注重延长建筑寿命与可变的适应性，有效延长资源利用时间，提高资源利用率；智慧化是管理的有效手段，以信息技术为职称，提升建筑功能和服务水平，为使用者的工作、生活提供便利。

绿色设计不是绿色技术拼凑的设计，也不是参考打分条目罗列出来的设计。绿色建筑设计依然是遵行建筑设计的深层逻辑，通过挖掘绿色基因展开设计，在设计深入的不同阶段不断融合绿色策略，通过整体平衡的方式选取最适宜的解答，应以建筑为主体，发挥其引领作用，与各专业协同推进。

绿色设计是以环境与建筑的共生体为研究对象，从前期规划布局中绿色策略的决定性作用入手，到后续的各专项技术细节的接入，在全生命周期内形成完善的绿色设计系统，杜绝孤立的技术拼贴和片面的要点叠加。

绿色设计是以总体平衡为目标，从建筑设计的内在本质出发处理地域、环境、空间、功能、界面、技术、流程、造价等一系列问题，以创作为引领，以技术为依托，在平衡中创造最优的建筑与环境的关系，最大限度地利用资源、节约能源、改善环境。

在设计正向推进的主线下，不断地评估修正，进行验证反馈，在整体体统平衡中达到最优效果，并以此为导向评判绿色建筑的方向与优劣。

2. 预制装配式建筑

预制装配式建筑能规避对周边环境造成极大破坏，减少建设施工对周边环境及居民的干扰，降低资源损耗，增加工程的综合效益，也是未来社区建设中的指导方向之一。

预制装配式建筑是事先在工厂完成建筑各构件的制造工作，之后将其运输到施工现场，参照工程规范要求完成组装。预制装配式建筑包括砌块建筑、模块建筑、升板建筑、大板建筑、框架轻板建筑等。这些建筑类型各具优缺点，要求工程人员结合工程的实际需求，确定最佳建筑类型。如砌块建筑的工艺流程简洁，施工难度较低；而模块建筑则更具立体感，拥有形式多样的立面形式；升板建筑则可节省施工时间，缩短工期；大板建筑则不受传统建筑布局的束缚，布局形式更加多样；框架轻板建筑的内部空间设计多样，可随意组合变换。

装配式建筑设计的具体流程及注意事项：

1）做好总图规划

总图规划是指在正式设计前对整体工程实行概括总结，全面考虑施工期间可能遇到的各类问题。如预制构件的大小需参考建筑空间的具体情况，二者需做好协调处理，使该空间可以容纳构件的摆放，尽量减少吊装，一次性完成起落工作。同时还需注意执行起落作业的大型起吊设备，须做好管理工作，做到安全建设，以防对其他构件造成损坏。另外，工程人员应按要求规范放置参与施工的构件，清理施工现场，平整地面。且在每天上工之前，施工单位还要组织参建人员开会交流，会上告知一周内及当日的施工进度要求，使施工人员做到心中有数，增强现场施工的秩序性。需要注意的是，整个建筑工程须在不干扰正常交通的情况下进行，不得为追赶工期延长施工时间，进而干扰到周边居民的正常休息。要求施工在规定周期内，开展有序高效的施工作业，提高作业效率，保质保量完成工作。

2）开展平面设计工作

进入平面设计阶段，预制装配式建筑设计模式须遵守模块化协调的相关原则，即在平面设计中，参照工程实际，确定模块的具体类型与尺寸大小，可实行适当的调整优化，确保相关构件和装饰原件符合工程标准规范。在上述工作高效完成后，加强对施工技术的管理，以加快作业进度，减少不必要的损耗，节省工程成本投入。开展布局设计工作时，设计者要按顺序先实行大空间的布局作业，参照方案规划，科学设计承重墙、管径的位置，力求加强建筑内部空间布局的科学性，使整体建筑的功能性更强。

3）开展立面设计工作

（1）拆分设计。设计预制建筑立面时，设计人员需选择合适的布局方式，重要结构采用水平分割设计，不得拆分制作要求高且制作难度大的构件。

（2）拆分预制外墙。拆分预制外墙是工程中不可忽视的结构体系，因此在工程设计的过程中，应结合剪力墙结构拆分墙板。为便于运输构件，可将任意一间预制墙予以拆分，之后结合工程规划设计，将该拆分部分同其他墙体进行组装，最终形成一个整体。为提高组装环节的效率，减少出错，可将拆分构件做好编号，方便安装。

（3）科学利用标准件。现阶段，建筑行业对建筑工程的质量安全有着较高的要求，对建筑整体美观性也具有一定的标准条件，这使得装配式建筑中的标准件设计精细化和多样化趋势明显加强，且构件的造型也更具独特性。设计人员在实施组装作业时，需考虑到美观性的要求，注重构件造型和色彩的搭配，突显建筑艺术美感。

（4）合理应用非标准构件。预制装配式建筑工程中，梁、柱和剪力墙等常见的标准件可批量生产，但室内装饰装修和室内结构设计施工则需运用非标准构件，以突显建筑的个性化造型，这些非标构件需实行小批量定制生产。

4）开展构件设计工作

在预制装配式建筑设计中，需要高度遵循模块化和标准化原则，做到规范化设计，尽量减少应用构件的类型，从而降低成本。在设计构件参数和生产构件的过程中，应深度考虑建筑项目所在地的构件生产和运输能力，注重工程质量。设计过程中所使用的建筑构件需要具有良好的防火性能。设计组件过程中，可将项目建设的安全性和便捷性作为重点。

（1）预制外墙设计工作中，设计人员应考虑到墙体的保温性与隔热性，并根据当地的气候条件，确定最佳建筑结构类型。在确定内墙材料时，若墙体不属于承重墙，则可采用安装难度小，具有优良隔声效果且拆除便捷的隔墙板，科学划分建筑内部空间布局，采取有效方式合理连接建筑主体结构与承重墙，注重二者连接的科学性，增强建筑结构稳定性，改善其抗震性能。

（2）优化潮湿环境设计。潮湿环境多指厨房、卫生间等环境，设计的过程中需全方位考量厨房的防水性，做好清理工作，合理连接空调、卫浴构件。选择楼盖的过程中，需以叠合楼板为首选，若楼层平面设计较为复杂，同时开放空间占比较高，则可建设现浇楼盖，保证板与墙、板间的参数及形式均满足结构设计的要求，增大内部空间安全系数。

（3）在空调外机架设计的过程中，设计人员可全方位参考预制阳台的结构形式完成施工任务，阳台的设计需先设置好管孔、地漏等区域。

5）开展构造件节点的规划工作

在预制装配式建筑设计期间，构件节点的规划设计工作同样极为关键，其关系到混凝土剪力墙的结构稳定性。在预制外墙板的设计中，针对其比较弱的位置，设计人员在选择该部分材料和构造节点时，需首先考量其物理性能，其次可以考虑建筑整体的美观性问题。在接缝处理中，设计人员依然要参照工程的具体规范标准开展作业，将节能理念融入其中，且做好接缝的防水工作。在预制墙板的水平接缝结构防水中，设计人员可利用高低接缝完成处理工作，这里的接缝宽度，须符合材料变形的相关要求。对于外墙连接点的密封处理，要求工程人员利用混凝土的优良融合性予以高效完成。外围结构的相关计算作业，则应根据与之对应的各参数完成，保温层须具备优良的连接性，以符合建筑工程的节能要求，做到绿色设计。

6）BIM技术在装配式建筑中的应用

住房城乡建设部《2016—2020年建筑业信息化发展纲要》(建质函〔2016〕183号)指出，鼓励将BIM技术应用于装配式建筑的全生命期管理，建立基于BIM技术的云服务平台，实现装配式建筑的多个参与主体在各阶段与环节协同工作。在装配式建筑的质量管理中，将BIM技术与物联网技术相结合，通过射频识别RFID、红外感应器、激光扫描器、全球定位系统GPS等信息传感设备，把装配式构件与互联网相连接，进行信息交换和通信，对装配式构件的智能化识别、定位、跟踪、监控和管理，以实现装配式建筑的相关构件信息在设计、生产、运输与施工等阶段的有效存取、传递和信息共享，使各参与方协同管理，提高装配式建筑全过程的质量管理水平。

基于BIM＋物联网的装配式建筑全过程质量管理要点是，根据装配式混凝土建筑的特点，通过物联网技术跟踪预制构件的数据信息，结合BIM技术进行装配式建筑全过程协同质量管理，有助于提升装配式建筑全过程质量管理水平。

（1）设计阶段——BIM深化设计＋构件数据标记装配式混凝土建筑的设计阶段包括方案设计、初步设计、施工图设计、深化设计。装配式建筑设计阶段核心是预制构件的设计质量，与一般建筑的设计阶段有所区别。设计阶段的质量管理应重点集中在采用BIM技术进行模型构建，通过建筑、机电、管线等专业模型的碰撞检查，对出现的碰撞问题进行修正。运用BIM技术对施工图纸进行前期的管线碰撞检查，重点解决管线碰撞问题，确定预留孔洞位置及尺寸。采用BIM技术对设计阶段进行质量管理，可以有效地解决预制构件安装过程中出现的管线铺设冲突等问题。同时，设计阶段是建立BIM＋物联网信息平台的关键阶段，是实现装配式混凝土建筑全过程质量控制的重要阶段。在BIM设计图纸上完成重点构件的射频识别RFID标记，为后期阶段施工和管理奠定基础。

（2）生产阶段——BIM协同管理＋构件数据存取装配式预制构件的生产，从钢筋加工、起吊件预埋、安装预留预埋、模板安装、钢筋绑扎、混凝土浇筑、振捣、养护、脱模吊装、构件修补已实行全过程流水线生产。生产阶段质量控制主要在于预制构件的生产精度。预制构件精度不满足要求，将会影响后续吊装装配质量，需严格控制精度要求。生产阶段质量管理，按照BIM模型深化设计图纸，对预制构件尺寸、预留洞口、钢筋绑扎、预留拉筋进行质量控制。

构件数据存取主要工作包括：

① 采用RFID标签对预制构件进行数据存取，建立构件RFID信息数据库，可实现对构件进行可追溯跟踪质量控制，并将构件质量信息共享至装配式建筑BIM信息平台。

② 通过BIM 5D技术，对构件模具生产、加工、装车顺序与现场吊装计划进行统一，避免因为构件未加工或装车顺序错误影响现场施工进度。

（3）运输阶段——BIM数据监测＋构件数据追踪。装配式混凝土建筑预制构件生产完成后，运输阶段质量控制主要指预制构件运输过程中构件质量控制，防止出现混凝土裂纹及预留钢筋损坏等问题。采用RFID技术对构件进行运输质量跟踪，严格控制运输过程管理不善带来的构件质量问题。为此，将出厂前的发货检验确认和构件进场检验通过BIM项目数据库进行综合比对，确保运输问题中不出现质量问题，对其进行有效监督。

（4）装配施工阶段——BIM施工管理＋动态数据监控。装配施工阶段，从构件进场、吊装、试安装、施工等方面加强质量控制。采用BIM及物联网技术可以有效解决或避免传统施工管理无法解决的施工质量问题。主要实现以下控制：

① 预制构件进场，加强进场检验，重点检查预制构件外观质量、产品合格证和相关试验报告是否齐全。通过BIM信息共享平台，与构件RFID出厂信息进行比对，及时发现运输过程的质量问题。检查合格后的预制构件方可存入堆放场地或直接进行吊装。

② 预制构件吊装前严格按照吊装规范要求进行吊装，避免吊装不规范造成预制构件碰损或出现裂缝等问题。

③ 施工前采用BIM技术进行预制构件试安装，复核预制构件安装过程中的拼装位置、预制构件拼装节点结构构造形式、电气点位位置等内容，提前解决构件安装中的冲突问题。

④ 采用BIM可视化技术对构件安装进行技术交底，可以有效解决预制构件安装等技术问题。运用BIM 5D技术进行施工模拟，对关键节点及施工隐蔽质量缺陷进行控制，提前采取措施进行处理和预防，实现精准施工。如采用BIM施工模拟，可以将预制构件与现浇部分钢筋进行施工前模拟，将冲突问题提前反馈，并加以优化解决。

⑤ 对构件安装环节，例如混凝土浇筑、灌浆、安装等过程进行物联网传感器追踪，通过实时动态监控，将构件施工结果进行比对，实现施工过程的质量可追溯。

3. 建筑装饰一体化设计

建筑装饰一体化设计也是未来社区核心内容之一，通过部品工业化生产、现场装配式施工，最后形成多样化的建筑整体。在装配式建筑装配式装修设计过程中，建筑、空调板、预制梁和柱,主要以装配式建筑方法而制成,实施装配式建筑与装配式装修一体化设计,可有效规避两者之间的矛盾,确保预埋装修部件可以顺利完成在装配式建筑上的安装工作。在具体的操作中,要综合考虑如下几个方面的内容:

(1)装修部件成品模块化在装配式建筑装饰装修过程中,每一个装饰品要符合设计要求,才能保证安装要求得到满足的同时,可以保障装饰效果,意味着在装修物品选择中,要综合考虑装配式建筑的实际装修风格。这样一来,可在适应大部分装配式建筑的情况下,实现大规模的商品化生产,从而可以保证这些装饰部件可以充足供应,进而有利于保证装配式装修进度。

(2)设定标准化模数在装配式装饰装修设计过程中,要对设计对象的功能和性能进行综合分析,并将其有机协调起来,以此保证装饰设计具有统一化、规范化等优势。如墙顶地三面往往会运用到三种部件材料,而传统的装饰风格,则是不同面有着不同规格的不同材料,而装配式装修则是统一模数,可以保证墙顶地材料模块拼装分缝做到对齐统一,避免了模块尺寸不一而出现不整齐的现象,以此保证装修质量。除此之外,在装配式装修过程中,面临六个面的接缝,要予以措施做好收口工作。如顶面为300模数的铝扣板和300mm模数的墙挂板连接时,要运用特定的收口模板进行收口作业,以此规避模板接缝的缝隙过大,同时也可以在特定收口模板的支持下,达到美化接口的效果。

(3)施工装配化在装配式建筑装饰装修过程中,主要以装配式部件为主,意味着在具体的操作中,施工人员只需要按照设计好的图纸进行有序安装即可,极大地简化了施工人员的操作,便于在提高施工效率的同时保证装修施工质量,原因在于装配式部件都是工厂标准化大量生产的标准化部件,且在具体的安装过程中,有着详细、全面的安装标准,安装人员只需要按照此操作程序进行,即可高效完成装配式装饰装修工作。

6.2.5 环境资源技术体系

未来社区是以人民美好生活向往为中心,实现美好生活零距离,其生态可持续性是衡量未来社区是否成功的重要标志。

生态可持续性技术是指一种既可有效满足现代人们的日常生活需要,节约资源和合理利用能源,又能有效保护环境的一切生产手段和技术方法。与环保生产技术、清洁能源生产技术等其他概念比较,更明显地具有应用的广泛性和技术普遍性。目前生态技术的形成和发展主要技术特点是以传统生态学的原理和生态社会经济发展规律为主要理论依据,以各种可再生能源技术为主要的能源基础,以生物技术、信息电子技术等各种高新技术领域为基础和中心,以各种可再生型或低耗型的常规信息技术为基础和补充,形成了结构合理的整体性复合型信息技术和网络体系。

未来社区大力支持和提倡推动节能低碳减排,倡导低碳环保生活,创建一个环境友好型的社会,为了更好地实现这一战略目标,逐渐引进新能源技术以及对外开放的新能源,研究新能源材料,开展工业和建筑节能减排工作,减少对能源的浪费。

未来社区新能源的主要应用有：

1. 光伏建筑一体化建筑

从近30年浙江省太阳能总辐射资源统计来看，全年日照在1400～2200h，太阳总辐射年平均值为4190～5016MJ/(m^2·a)，约相当于140～170kg标准煤，属于资源丰富地区，并已接近资源很丰富的程度。然而，浙江省的太阳能资源属于不稳定区域，不稳定值为4.5，因此建议设置建设光伏建筑一体化＋储能的供电系统，既可充分吸收太阳能转化电能，又可利用储能系统解决发电不稳定及发电用电时间不匹配的问题（表6-1）。

太阳能资源丰富程度等级表 表6-1

太阳总辐射年总量	资源丰富程度
≥6300 MJ/(m^2·a)	资源最丰富
5040～6300 MJ/(m^2·a)	资源很丰富
3780～5040 MJ/(m^2·a)	资源丰富
<3780 MJ/(m^2·a)	资源一般
太阳能稳定等级	
太阳能资源稳定程度标准	稳定程度
<2	稳定
2～4	较稳定
>4	不稳定

在建筑屋面合理布置光伏板，可以实现"光伏建筑一体化＋储能"的供电系统，选择适合的光伏组件替代部分连廊顶部，成为建筑物的一部分，并在幕墙结构及连廊顶部留出光伏建设预留，为后续增容提供接口。

主要优势包括：

（1）光伏建筑一体化的本质功能是光电转化，建筑结合过程中，还发挥建筑构件的受力、隔热、防水和遮阳功能；

（2）光伏建筑一体化实现光电转化，还能减少其他能源的使用量，提高建筑整体透光度；

（3）光伏设备与建筑形成色彩和深度的比对，既保证建筑的传统形式，又融入光伏组件的现代元素，提高建筑美观性；

（4）采用储能技术，可以实现用电削峰填谷，提高电网运行效率。

2. 被动式房＋热回收技术

根据未来社区指标规定，浙中地区城市供冷时间约4～5个月，供热时间约3个月，设置集中供冷供热系统。然而考虑到建设及后期运营成本、居民对供冷供热的现实需求，使用被动式房及热回收技术，是合理有效的。

被动式房是采用高效复合外墙保温系统及高效被动房门窗系统，极大限度地减少围护结构的传热损失，同时采用提高建筑物气密性的构造减少通风热损失。因此被动式房拥有保温隔热效果和气密性极佳的围护结构，不需要主动供冷供热，也能满足居民的日常舒适度要求，实现能源节约及减少居民能耗支出。

此外，为了保证室内空气品质及人员新风量的需求，被动房设置高效热回收的全置换新风系统，既能实现室内换气要求，又能回收室内冷（夏季）热（冬季）能，以满足室内居民新风及舒适度要求，相信该技术将会受到居民的欢迎。

未来社区建筑热工一般需达到以下要求：

（1）外墙：外墙采用复核外墙外保温系统，加厚保温层，设计重点是防止热桥产生，确保外墙的平均传热系数维持在限值之内外墙传热系数控制在 $K<1 \text{W}/(\text{m}^2 \cdot \text{K})$；

（2）屋顶：屋顶采用挤塑聚苯板保温，局部突出屋面的建、构筑物均采取保温措施，屋面的传热系数控制在 $K<0.6\text{W}/(\text{m}^2 \cdot \text{K})$；

（3）外窗：透光体部分为玻璃幕墙，保温门窗，幕墙采用双层皮幕墙层间隔600mm宽的空气通道，外窗采用多腔结构型材的多层玻璃窗，窗框具有良好的气密性和水密性，防止不可控制的空气渗透，外门窗的气密性等级不低于标准规定的6级，传热系数小于 $2.4\text{W}/(\text{m}^2 \cdot \text{K})$；

（4）外遮阳：可调节室外遮阳，减少夏季热负荷，同时还具有保温、调光、隔声作用，并能起到丰富建筑外立面的作用；

（5）控制建筑体形系数，通过合理朝向及形体设计，降低建筑能耗；

（6）在应用以上措施的基础上，按照限值再提高各项指标标准，建筑能耗再降低20%。

3. 地缘热泵系统＋蓄冷储热技术

浙江省地热能资源丰富，地热能资源开发潜力巨大，地源热泵系统也是未来社区集中供冷供热的理想冷热源。根据资料显示，100 m深度范围内钻孔初始平均温度为19.21～22.49℃，变温层深度范围为10～17m，恒温层厚度范围为9～21m，恒温层温度范围为18.2～20.0℃。100m深岩土平均导热系数范围值在1.65～2.62W/(m·K)，岩土平均体积比热容为2217～2823kJ/(m³·K)，平均每米热交换孔释热量范围值在40.70～57.41W/m，取热量范围值在34.56～44.41W/m，具备开发利用浅层地热能的优良条件，因此未来社区采用地源热泵系统是合适的。

另外，未来社区建设工程一般为蓄冷蓄热设施，建议采用地源热泵＋蓄冷储热复合空调系统，不仅具备地源热泵、水源热泵和蓄能的优点，还有其独特的优势。

（1）未来社区所需的冷量大于需热量，结合蓄能设备，可以根据冷、热负荷中的较小者选择热泵机组，不足负荷由水蓄能装置承担，这能减小系统的装机容量，降低工程造价；

（2）考虑到住宅建筑，住户各自的冷热用能时间差异较大，通过蓄冷储热设置储存的冷热量用于低负荷时的供冷供热，能减少热泵机组低效运行的时间，提高运行效率，实现热泵机组的间歇运行，减少磨损消耗，延长热泵机组的寿命；

（3）可以有效利用电力的峰谷差，实现对电网削峰填谷的作用，有着较好的经济性。

总之，该系统不仅符合消费者节约能源、降低消费的经济性要求，也符合环保要求，具有良好的社会效益。

4. 分布式能源＋储能技术

根据未来社区指标要求，考虑到能源的可靠性，提出一些分布式能源技术并储能。未来社区用能量大、用能设备多、用能类型及用能时间各有不用，且社区内兼有光伏发电等产能设备，对能源系统的灵活性、高效性、可靠性提出了很高的要求。

分布式能源是一种建在用户端的能源供应方式，可独立运行，也可并网运行，是以资源、环境效益最大化确定方式和容量的系统，将用户多种能源需求以及资源配置状况进行系统整合优化，采用需求应对式设计和模块化配置的新型能源系统，是相对于集中供能的分散式供能方式。然而，分布式能源具有一定的随机性与间歇性，无论是并网运行还是孤岛运行，都会出现电压波动及频率波动的现象，储能技术的应用，可以帮助分布式能源调峰调频、平滑波动，输出优质电能，因此，未来社区采用分布式能源＋储能技术，是实现多元能源协同供应、社区综合节能的有效技术。

分布式能源体系中常用的储能技术主要包括储热技术、蓄冷技术、势能储存技术、电化学蓄能。

储热技术主要包括显热储热、潜热储热。

蓄冷技术主要有水蓄冷、冰蓄冷、共晶盐蓄冷的方式。主要与地源热泵系统、空气源热泵系统相结合，实现集中供冷供热。

势能储存技术：浙江地区降雨量较为充沛，年总降雨量平均为1497mm，社区可以利用建筑高度，在屋顶上收集雨水并储存，势能储存潜力巨大，此外还可以利用低谷电价将雨水抽到建筑屋顶，实现电能与势能的转化。当需要势能释放时，利用屋顶雨水的重力势能发电，可以实现调峰、调频、填谷以及紧急事故备用的效果。

电化学蓄能：分布式能源系统一般采用各种技术成熟的可充放电电池系统作为电化学储能体系，特别是近些年锂电池的发展，为社区电化学储能提供了可靠的保障。未来社区的电池设置，除了考虑固定点设置外，随着目前电动汽车的发展，还可以将电动汽车的电池作为社区的电化学储能，将电动汽车作为移动电源，实现社区与外界建筑的能源联系，若社区能源供应不足时，可以利用电动汽车的移动电源为社区供应必要的应急电源，提高社区供电的可靠性。

5. "海绵社区"建设技术

海绵社区建设应遵循生态优先等原则，将自然途径与人工措施相结合，在确保城市排水防涝安全的前提下，最大限度地实现雨水在社区区域的积存、渗透和净化，促进雨水资源的利用和生态环境保护。建设"海绵社区"并不是推倒重来、取代传统的排水系统，而是对传统排水系统的一种"减负"和补充，最大限度地发挥社区本身的作用。在海绵社区建设过程中，应统筹自然降水、地表水和地下水的系统性，协调给水、排水等水循环利用各环节，并考虑其复杂性和长期性。

（1）通过对场地环境要素的组织，搭建水循环与海绵生态框架。充分利用场地内各空间元素，包括建筑屋顶花园、透水铺装、下沉绿地、景观水体等，构建水循环生态系统，加强对雨水的吸纳、储蓄和缓释作用，有效控制雨水径流，实现自然积存、自然渗透、自然净化。衔接和引导屋面雨水及道路雨水进入生态系统，并采取相应的径流污染控制措施，控制雨水径流量。

（2）场地开发应遵循低影响开发原则，"灰绿"结合，进行保护性高效开发。开发建设应尽可能保护原有水文特征，加强对区域河湖、湿地、池塘、溪流等水体自然形态的保护，禁止填湖（河）造地、河道硬化、裁弯取直等，保护自然生态排水的完整性。

在未来社区建设中优先采取具有渗透、调蓄、净化等"海绵"功能的雨水源头控制和综合利用设施，提高"绿色"基础设施建设比例，充分发挥建筑、道路、绿地、景观水系等生态系统对雨水的吸纳、蓄渗和缓释作用，有效控制雨水径流，实现自然积存、自然渗透、自然净化。对于场地自然渗透和调蓄不了的超标雨水，采用雨水管道、雨水调蓄池、生物滞留池等设施进行转输、储存和净化。

（3）应对雨水的年径流总量、峰值及雨水污染物进行有效控制，不对外部雨水管道造成压力。根据现状条件、发展需求，结合现状本地指标，应确定区域海绵社区建设控制目标，一般包括径流总量控制、径流峰值控制、径流污染控制、雨水资源化利用等。目标的制定要针对每个不同场地的不同特点，各地应结合水环境现状、水文地质条件等特点，合理选择其中一项或对象目标作为规划控制目标。

传统快速排放模式，80%以上雨水年径流流量外排。海绵社区彻底改变以往"快速排放"的传统排水模式，将此值降到40%以下，提倡降水地下渗透、储存调节、水体修复等循环综合利用，依靠城市自然环境综合利用各种措施吸收、储存大气降水和地下水，进而缓解城市的内涝问题。

通过海绵社区建设，充分发挥"海绵"设施迟滞洪峰、调蓄雨量的作用，达到一定量的雨水量不外排的目的，同时消减径流污染物，不对外部设施造成超负荷压力，这就是海绵社区建设要达到的最明显的目标和效果。

（4）减少硬质下垫面面积，使场地径流系数开发后不大于开发前。地表径流系数指的是同一时间段内流域面积上的径流深度（mm）与降水量（mm）的比值。随着城市建设的快速扩张，原有场地的硬质化覆盖率发生了极大变化，社区建设过程中的不透水层的行程，导致社区区域雨水下渗与蒸发的显著减少，使同强度暴雨形成的地表径流和径流总量增大，是地表径流系数增大。

开发时应根据降雨规律、下垫面组织、地下水位、土壤渗透条件等分析建设场地范围内的径流系数，在场地内尽量减少硬质铺地，通过提高水面率、增加绿地、透水铺装、绿色屋顶等措施，保证开发后场地径流系数不大于开发前。

6.3 未来社区技术体系管理咨询方案

未来社区建设以和睦共治、绿色集约、智慧共享为内涵特征，相应地带来了对新工艺、新技术、新材料、新装备的需求，以需求为导向，促使生产技术水平再提高，技术装备更先进，技术体系管理要求更高，这也使得技术体系管理更加重要。

在构建未来社区过程中会面临多种技术抉择与组合问题，应当选择适宜的技术体系，来满足未来社区特殊要求，克服增量成本带来的挑战，从而构建适应不同区域社区生态和资源环境特点的宜居社区。未来社区技术体系的建立能够使建设单元的内容更加丰富、新颖、具有说服力和指导性，从而切实贯彻未来社区的建设标准，打造功能优化、工程品质提升、建设工期合理的建筑产品。

6.3.1 技术体系的咨询流程

基于未来社区适用的各项技术体系，梳理未来社区技术体系管理的咨询流程，构建决策督导、技术推动加专业咨询顾问的模式，同时积极整合相关科研院所和长期合作咨询单位的力量，建设技术支撑平台、细化操作指南，最终形成包括未来社区产品研发、技术咨询、专家评审、绿色施工管理、系统运行优化、客户满意率调查等，覆盖项目规划、设计、施工、验收及运行等全生命周期关键环节的未来社区建设与效益评估策略。

经过各项条件梳理，形成的技术管控体系涵盖目标制定、专业咨询、设计建造优化和未来社区产品体系完善的四个阶段，并进一步细分为九个步骤，如图 6-2 所示。

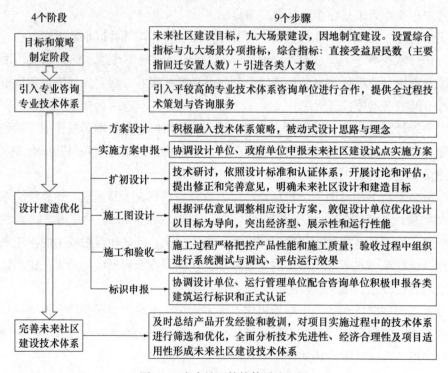

图 6-2 未来社区管控体系流程图

6.3.2 技术体系的应用管理方案

未来社区项目的诞生自带"创新精神"，在"创新精神"的引导下，结合多年的全过程工程咨询管理经验和各类项目中的创新技术应用经验，对创新技术项进行梳理、归类，将全方位地用于未来社区项目的技术体系管理咨询工作上。

未来社区技术体系管理咨询流程为：

（1）建立 OA（Office Automation，办公自动化）办公平台。针对未来社区项目特点，全过程工程咨询单位将与建设单位、设计单位、施工单位共同建立基于本项目的 OA 办公平台，所有管理人员均纳入平台办公。

（2）设计阶段，建立 BIM 模型，并借助各类功能性插件充分发挥信息模型的智慧化管理功能，范围覆盖项目开发、建设、运营的全过程。

（3）积极开展城市信息模型（City Information Modeling, CIM）研究与应用。

（4）项目建设阶段，针对项目建立"未来社区智慧工地集成化平台"。智慧平台的建立，不仅要做到全方位、全覆盖监控，更要对现场的材料、人员以及施工环境进行实时监测，并做好数据分析，使项目管理工作更智能化。

（5）项目占地面积较大时，可引进"无人机技术"，并利用无人机技术对现场情况进行勘探、测量土方量以及分析项目形象进度，实现项目动态可视化管理。

（6）针对各方参建单位多、领导重视度高的项目，可建立项目"智能会议系统"，保证工程建设会议的质量。

（7）项目施工过程中，要建立基于手机终端巡检技术的应用。便于现场人员开展工程安全、质量、实测实量等方面的管理工作，事后也可做到有据可查。

（8）项目需实行全封闭式管理，项目各出入口必须建立"基于人员识别的行为记录系统"，便于对现场人员的管理和分析施工人员及工种配备的合理性。对现场人员的管理达到可追踪、可分析、可查询的目的。

（9）协调建设单位、咨询单位、勘察单位、设计单位、施工单位建立"未来社区信息化管理平台"（可与 OA 系统合并），使项目各方信息交流更加通畅、信息存储更加便利。

（10）运营阶段，在 5G 高速通信、物联网、人脸识别、大数据、AI 等软硬件基础设施成体系部署和应用的基础上，针对未来社区对智慧化条件下生活场景的应用需求，实现智慧停车、智能物流、智能安防等应用，构建未来交通、未来低碳、未来服务、未来治理等应用场景。

主要创新手段、具体创新思维和管理方法详见表 6-2。

主要创新手段、思维及管理办法 表 6-2

序号	主要创新手段	具体创新思维和管理方法
1	以互联网＋、物联网、大数据、云计算等为依托建立项目信息化管理平台	（1）大数据技术的应用：大数据是以容量大、类型多、存取速度快、应用价值高为主要特征的数据集合。研究建立建筑业大数据应用框架，统筹政务数据资源和社会数据资源，建设大数据平台，将各工程项目生命周期中产生的数据以及在运维阶段的能耗数据和设施运维数据进行收集、处理和加工，通过大数据的分析与挖掘，为各方提供更有价值的数据服务。

序号	主要创新手段	具体创新思维和管理方法
1	以互联网+、物联网、大数据、云计算等为依托建立项目信息化管理平台	（2）云计算技术的应用：云计算是推动信息技术能力实现按需供给、促进信息技术和数据资源充分利用的全新业态。建筑业信息化基础设施相当薄弱，云计算的成熟为建筑业信息化带来了极好的机遇。利用云计算技术开展工程建设管理及设施运行监控等，而且以用为主，可以降低信息化总成本。云平台可以忽略硬件单点故障，提升应用系统的可用性，应对海量访问。同时，采用云平台可以降低用户推广应用过程安装部署工作的难度，改善用户操作体验。 （3）物联网技术的应用：物联网是新一代信息技术的高度集成和综合运用，为实现施工现场各类原始基础数据的持续采集提供了可能性。利用现场监测、无损检测或各种传感技术进行建筑安全、设备运行状态、施工环境监测、现场人员管理、进场物资管理等，实现数据的自动采集与传输，在专业软件的辅助下，完成对大型建筑施工状况的评估和预警。此外，在智慧城市、智能建筑方面以及智慧工地需要大量采用物联网技术。 （4）智能化技术的应用：智能化是在计算机技术的基础上，结合了传感器技术、GPS定位技术、网络技术、人机交互技术等衍生出的更高层面的技术。全位置焊接机器人已应用在国内超高层建筑钢结构施工中。手持智能终端在施工现场质量、安全检查等管理工作中初步得到应用。引入这些先进技术，利用"工业4.0"理念和智能制造技术，能全方位改进生产施工工艺、提升生产力
2	智能会议系统	智能会议系统结合语音控制技术、电子签到技术、人员感知技术、直播技术将工程上的会议自动记录形成台账。 具体应用场景：会议签到不再是纸质签到，进入会议室通过智能终端实现电子签到，通过人员感知技术可清查签到人数与参会人数是否相符，并做出智能提醒，电子签到自动合成会议附件；会议过程自动抓拍会议影像，作为会议资料附件，同时会议信息会在项目管理系统生成会议草稿，可事先选择是否保存会议语音文件；摄像机可进行声控提醒是否需要录播、是否开启直播功能，人员可与摄像机进行语音交互，未能到场参会人员可通过终端直播收看会议内容
3	基于"一张图"管理的施工链系统	利用GIS（地理信息）平台将施工产业的上下游链条进行数据挖掘、分析，用世界"一张图"的模式直观展现产业合作伙伴，如业主、全过程工程咨询单位、分包商、供应商等，建立相应的专题图，形成单位内部数据、资源共享机制，如工程紧缺材料的供应可以通过施工链近距离查找，形成资源互补
4	三维模型交互模拟系统	（1）塔式起重机动态监控：打通与塔式起重机黑匣子的数据连接，实现塔式起重机实时运转的各种数据均能到项目平台，通过点击模型上的塔式起重机，用户就能看到该塔式起重机的实时黑匣子数据，也能实现历史数据查询。设置报警机制，塔式起重机运转数据超标能触发报警。 系统由带动态显示且内置制动控制的黑匣子（安装在塔式起重机驾驶室）、角度传感器、幅度传感器、倾斜传感器、风速传感器、无线通信模块、地面远程监控平台组成系统主要包括风速报警、防倾斜、禁行区域设置保护、多塔式起重机的防碰撞、制动控制、塔式起重机黑匣子等多种功能。 （2）视频监控系统：在工地大门、材料堆场、工人生活区、管理人员生活区、高空作业设备等前端监控点安装球形或枪形摄像头，实时监控网络内各路视频
5	基于手机终端应用的工期、安全、质量、实测实量等管理	手机巡检终端应用APP，通过该应用程序，可实现计划跟踪考核、安全整改通知单下发、安全日巡检、质量整改通知单下发、实测实量数据现场填报及后台分析、进场材料设备验收管理。 通过手持终端设备的应用，提高了安全、质量整改效率，能在施工现场快速发现问题、解决问题，整改痕迹会完整记录；终端还实现了施工单位接入整改流程，让整个整改链条与实际相符、完整闭合；整改超过时限会实现预警功能。 计划考核板块能通知到每条工期进度计划相对应的责任人、负责人，让相关人员清晰知道本月、本周的工作计划，计划是否完成由项目总负责人过程考核。

续表

序号	主要创新手段	具体创新思维和管理方法
5	基于手机终端应用的工期、安全、质量、实测实量等管理	实测实量板块可以实现CAD图纸在终端下载、上传、在线浏览、在线填报平整度、垂直度偏差值，后台自动计算实测实量合格率，且一张图纸可多人同时操作记录实测实量数据。 用手机巡检系统终端进行材料设备进场的过程验收，并能记录验收影像，移动端操作即可生成材料进场台账、材料验收记录。 通过手机巡检系统能够即时的掌控巡检到位、隐患现场、施工监护等，有助于开展全过程工程咨询管理工作，防患于未然
6	基于人员识别的行为记录系统	（1）实名制一卡通系统：实现持卡门禁、考勤、访客、就餐、消费、巡更、违规、签到、节水、工资发放等应用。 （2）机械使用采用指纹识别开启机制：施工升降机及塔式起重机均实现操作人员指纹识别方能启动机械的功能，防止机械被乱用，另外操作人员每次刷指纹启动时，其操作的行为形成的记录也将同步保存，以备调取用之他处。指纹识别只是一种手段，面部识别技术可能会产生同样的效果，可能还有其他先进技术，应用适合的即可。 （3）图纸追踪、档案追踪、共享追踪：图纸追踪就是项目建立共享图纸柜，分类存放图纸，但是查看取阅图纸需要刷卡或扫描二维码形式，图纸不在了，通过刷卡或扫描二维码就能追踪图纸在那个人员手中。档案追踪就是通过扫描档案柜二维码就可知道里面的档案盒主要包含什么内容，查看档案的目录清单，追踪资料跟进状态。共享追踪就是在施工现场为工人准备必要的操作手头工具，如工人去地下室没有手电筒，现场可免费刷卡提供一个，但如果不归还就能追踪到是哪个人未还
7	基于大数据的BA分析系统	基于项目管理信息系统运行多年积累的数据，建立面向决策层的BA分析系统，抓取涵盖工程、技术质量、人资、商务、财务、市场营销等模块的数据，利用可视化的线状、图状数据进行数据分析为决策层提供支持
8	智慧工地集成化平台	项目层级智慧工地集成平台将现场基本数据收集、保存、展示，并能对数据进行分析预警，将分散的数据平台进行集中，同时将项目管理过程中的亮点做法、工程大事、科技成果进行汇总展示，也是记录项目周期历程的一个平台。项目平台采用模块化宫格组图风格，注重用户交互体验，让用户一键触碰就能进入想了解的数据界面。 平台整体功能包含重要数据感知层、工程影像＋虚拟现实、劳动力统计、绿色施工、手持终端映射、远程监控、无线网点覆盖、机械动态监控、智慧风暴、安全管理、能耗管控、其他共12个模块
9	无人机技术	借助无人机的低成本与高机动性以及先进的数字化摄影先进技术、定位技术、GIS技术等，将大大提高信息的采集与空间监测的自由度，不受地面人员、交通条件的限制，实现从零至千米的不同距离、高度、角度对建设目标与空间的信息捕捉。 工程测绘上的应用：基于无人机的数字化测绘技术克服了传统工程上的人工测绘难、精确度低的困难。在对项目建设的信息获取以及小范围的快速成图可提供有力的支持。 基于无人机的施工管理：无人机强大的视觉和空间无约束优势使无人机更好地应用于工程建设上，通过无人机搭载三维扫描设备从各个角度快速获取在建项目的关键点云数据，可以建立起逆向三维重塑模型，通过与前期设计模型进行对比分析，可尽早发现问题并及时纠偏
10	BIM技术	BIM技术的运用将覆盖本工程项目管理的各个环节，包括模型移交、深化设计管理、施工组织管理、进度管理、成本管理、质量监控等。从建筑的全生命周期管理角度出发，借助于BIM技术在图纸会审、设计变更、方案论证、管线碰撞、施工模拟等方面的作用，辅助项目成功实施，并为业主和运营方提供更好的售后服务，实现项目全生命周期内的技术和经济指标最优化
11	CIM技术	结合未来社区在建设、运维全生命周期的具体应用场景和实施要求，CIM技术实施要求对BIM、GIS技术的应用深度、范围以及BIM＋IoT、5G、大数据等技术应用深度、实现方式进行策划、落实和过程管理，以实现CIM的数据积累和需求实现。其中包括社区级/城市级基础数据模型建模、更新与应用，如三维地质模型、三维测绘模型、三维规划模型，服务于未来社区CIM模型基础数据的建立和更新，以及规划审批、建设管控等数字政务实施

续表

序号	主要创新手段	具体创新思维和管理方法
12	5G 高速通信、物联网、人脸识别、大数据、AI 等	如智慧停车，实现车流控制与导引，在停车场终端建立智慧停车系统，实现全自动停车与智慧共享车位。联网通信应支持 5G 等多种网络方式，保障数据传输的保密性、时效性和准确性。停车场可采用"先出场，后支付"的多种电子支付方式。智能物流，采用无人机、地下物流等新型低成本、高效率方式，实现快速精准投递，解决共配物流最后一公里的问题。智能安防，采用人脸识别、大数据技术等，通过视频监控、电子门禁、楼宇视频对讲、智能电梯、巡视机器人等系统的应用，有效识别人员定位和进出，减少社区安全隐患
13	OA 办公系统技术	与建设单位、设计单位、施工总包单位共同建立项目 OA 办公平台，所有管理人员均纳入平台办公，系统特别定制 OA 系统管理并实现对工程项目的全程管理。以流程为驱动引擎，实现自动化、精细化管理：流程体系的建立包含项目立项审批、项目主流程、监理规划审批、人员动态调整、合同管理在内的上百个复杂流程

结合以上叙述，未来社区技术体系管理方法不胜枚举，现以 BIM、CIM 等技术为例阐述管理咨询方案：

1. BIM 技术在未来社区建设中的应用

BIM 技术可以应用在未来社区建设全生命周期的各个阶段，能够帮助参建各方更有效地控制投入成本、把控项目进度、提高项目质量。BIM 技术在未来社区建设各阶段的主要应用如图 6-3 所示。

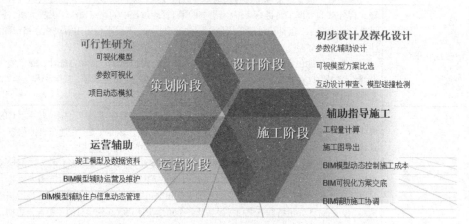

图 6-3 BIM 技术在未来社区建设各阶段的主要应用

1）未来社区项目前期策划阶段的 BIM 应用

BIM 技术可以根据实际参数建立 3D 模型，同时将造价成本等信息录入模型之中，可以将项目的总体规划、周边配套设施等信息立体化、可视化地呈现。BIM 模型可以辅助决策者较为精准地预测建设项目的开发成本，从而提高决策的准确率。

未来社区的前期阶段的主要工作是项目可行性的论证。在该阶段，各参建单位相关部门针对项目论证的数据具有关联性及专业性，任意部门对论证数据的调整都会引起其他部门相应的调整。如果利用传统的纸质图纸指导管理模式，前期策划阶段将面对数据调整的大量烦琐工作。而BIM模型作为包含各类信息数据的3D数据模型，通过云储存技术将相关数据进行各部门共享，将各部门的数据变动即时上传至工作平台共享，避免了各部间对应数据调整的重复工作，从而达到对项目进行高效、准确论证的目标。

2）未来社区项目设计阶段的BIM应用

未来社区作为"未来邻里、教育、健康、创业、建筑、交通、低碳、服务和治理等九大场景创新为重点的集成系统"，是多个不同功能型建筑的集合体，因此对于设计阶段中的功能布局要求更为严苛。BIM技术基于现实数据建模的特点，在设计阶段可以对不同功能型建筑的日照、景观视角等参数进行数据可视化模拟，并根据可视化模型进行功能布局。设计者可以利用软件对项目所在地的日照、风向、温度等自然条件进行全天候模拟，通过模拟各类自然条件展示对3D模型的影响，更好地对九大场景进行联动设计，将自然条件与功能布局相结合，提高设计质量。同时，通过BIM技术的模型漫游功能，可以将整个社区的功能布局通过可视化手段更为直观地展现出来，方便项目决策者更直观地进行方案设计比选。

传统建筑业主流的设计方式是运用CAD绘制二维图纸，通过平面图、立面图、剖面图的配合来表达三维建筑。这种二维转化为三维的设计方式不利于设计理念的表达，单纯依靠二维图纸也可能使各专业间的设计沟通不畅导致出现设计矛盾。BIM技术的使用基于同一主体模型，不同专业的设计单位共享主体模型并利用自身配套的BIM软件在主体模型中建立本专业的参数模型，云储存技术的发展可以让各单位的设计人员实时共享各专业的设计信息，并可以通过相应BIM软件的碰撞检查功能将各专业模型汇总并进行碰撞检查，简化了各专业之间的图纸复核及冲突检查，从而提高设计效率，如图6-4所示。

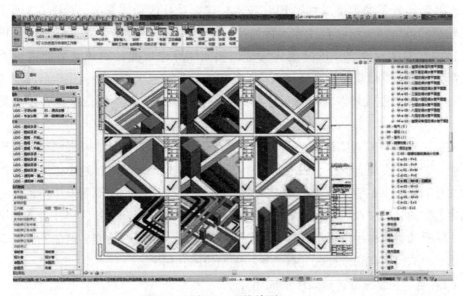

图6-4 碰撞检测

3）未来社区项目施工阶段的BIM应用

在未来社区项目的施工阶段，BIM技术的主要角色是作为项目施工管理的精细化工具。未来社区的施工相比于其他房地产建设项目，基于"三化九场景"的建设目标，九大场景不同区域的功能性建筑集成在同一项目中统一施工，导致现场施工管理难度增大，利用BIM技术的数据可视化特点可以相对降低管理难度。

成本控制是施工阶段对于项目进行管理的主要控制手段。基于BIM技术模型中可附带各类数据的特性，通过各类造价软件对模型中的数据进行读取计算，可以便捷有效地展示施工过程中的相关成本信息，基于各类成本信息科学地编制成本控制计划，严格执行成本控制计划，从而提高各参建单位对成本的把控，避免各类资源的过度投入及浪费问题。

在纸质二维图纸指导施工管理中，设计交底主要以文字叙述结合平面图纸进行，基于二维图纸将抽象的设计落地到项目实施过程中，存在着2D转换为3D的困难，2D的施工图纸难以简单直观地指导施工。BIM技术模型可视化的特点完美规避了设计交底中2D转换为3D的困难，BIM软件的发展程度已达到可以利用3D模型进行施工模拟演示施工过程，从而直观地让实施者明确具体的施工工艺流程，提高施工效率。

同时，施工模拟的演示可以直观展现施工方案的实施过程，充分暴露施工方案的优缺点从而对方案进行优化改善，防止返工等降低施工效率的现象发生，从而加强施工的进度管理。因此，BIM技术在未来社区施工阶段的应用能够帮助各参建单位更好地控制工程质量、进度与成本。

4）未来社区项目运营管理阶段的BIM应用

通过设计、施工阶段的BIM技术应用，在未来社区项目竣工前可以通过集成各项工程信息整合出一个科学可靠的竣工模型，该模型可以作为未来社区的运营管理信息支撑。未来社区运营管理者可以利用BIM技术构建智慧社区管理系统，如图6-5所示，并将竣工模型的各类相关信息直接导入智慧社区管理系统。利用智慧社区管理系统可以对未来社区的运营实现全方位的智能化管理，例如测算建筑能耗对建筑节能进行实时管理；进行突发事故模拟从而提高管理人员的管理素质及应急处理能力；提供各类隐蔽管线的位置及规格，方便管理者及时进行设备维修、排除故障，减少延误维修造成的经济损失等。

未来社区的运营管理围绕着"人本化、生态化、数字化"，对"未来邻里、教育、健康、创业、建筑、交通、低碳、服务和治理等"九大场景统筹管理，这对未来社区内不同场景的交互有着极高的管理要求。通过智慧社区管理系统利用3D模型模拟技术，对不同功能的建筑物内光照、通风、温度等要素进行把控，从而提高未来社区居住者和使用者的舒适度。同时通过管理手段引导居住者和使用者体验不同场景的功能，增加九大场景间的交互联动性，从而提高未来社区九大场景功能建筑的利用率。

2. CIM技术在未来社区建设中的应用

目前，浙江省未来社区CIM服务平台是服务于全省未来社区试点建设的平台。该平台对未来社区的数字化设计、施工及运营维护均研发了相关功能。在前期策划过程中，应该结合项目具体特点、现场实际情况及业主需求，明确后续CIM技术实施应用点及相关准备工作。

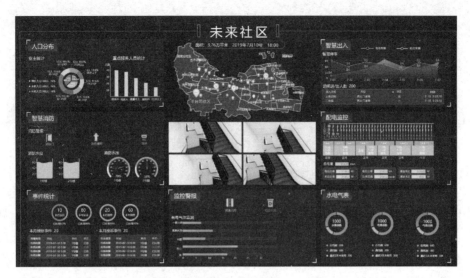

图 6-5 智慧社区管理系统（构想图）

1）设计阶段的 CIM 技术应用

（1）设计方案的比选

设计方案的比选主要依据 CIM 平台的可视化功能，通过实体三维模型及其包含的周边场地三维模型，以动态的方式全方位呈现建筑及周边景观，为设计方案的比选提供了重要的可视化依据，如图 6-6 所示。

图 6-6 某未来社区项目方案比选

（2）社区性能化分析

人本化是未来社区的最大要求，在社区整体设计时需充分考虑整个社区的日照、风环境、噪声控制，满足居民的舒适性要求。利用 CIM 平台的属性信息及模拟功能，可以实现日照分析、风环境分析、声环境分析等性能化分析，提高社区居住品质。

（3）天际线分析

天际线是指天空与观察点周围的表面以及要素相分离的界线。天际线分析功能可根据观察点，生成当前场景窗口中建筑物顶端边缘与天空的分离线。借助分离线可以直观发现不和谐的建筑体，如图 6-7 所示。

图 6-7　某未来社区项目天际线分析

2）施工阶段的 CIM 技术应用

施工阶段 CIM 技术应用主要包括投资管理、进度管理、质量管理、安全管理、设计管理、设备管理、党建管理等。例如进度管理功能是编制各重要功能单体的进度计划并关联模型，通过现场实际进度比对，得出提前完成工作量、按时完成工作量、逾期未完成工作量等数据，为控制项目工期及后续进度安排提供决策依据；质量与安全管理是对项目现场质量安全隐患进行排查，依据 BIM 模型及现场实际情况，提出整改要求并跟踪具体整改措施，为项目安全质量保驾护航，如图 6-8、图 6-9 所示。

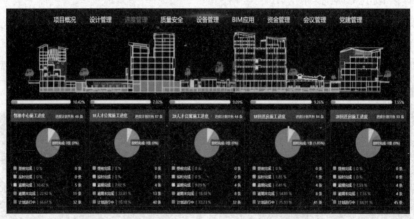

图 6-8　某未来社区 CIM 平台在施工阶段进度管理

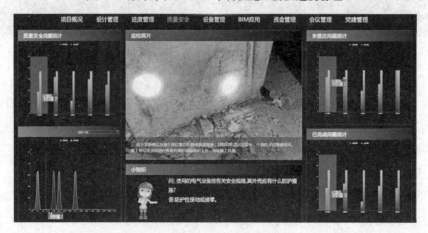

图 6-9　某未来社区 CIM 平台在施工阶段安全质量管理

3）运营维护阶段的 CIM 技术应用

在运营维护阶段，通过将社区的人员、设备、能耗、安防、应急等数据汇集到 CIM 平台上，可实现社区平时运行可视化、应急情况可控、助力社区精准服务高效运行。例如利用家庭燃气报警系统，可以在平台上第一时间发现应急情况；疫情期间实现人员跟踪与管理；火灾或灾难时提供安全应急疏散路线等。

CIM 平台的搭建与应用是未来社区数字化建设的核心工作，虽然目前该技术仍处于探索阶段，但总结好目前已有的技术成果，策划好后续试点项目实施方案，是后续项目实施好数字化建设的关键，相信随着试点项目的逐渐落地，未来社区的 CIM 技术将发挥应有的作用。

6.3.3 技术体系的管理要点

对于提升未来社区技术体系的管理能力，必须要有明确的管理思路。遵循未来社区技术规律，渗透科研、生产管理、设计协调管理等方面。技术形式与实践应用成效方面，也会直接关系到未来社区的建设。所以，技术管理应综合分析技术档案与标准，根据未来社区现有的技术控制体系，加强技术管理控制与实践应用的合理性。要建立未来社区技术控制体系，密切关联发展形势，关注设备形式、技术体系更新，满足未来社区管理要求，提升技术创新成效。

1. 提高技术体系管理水平

提高技术管理是加强未来社区建设的重要因素之一，实施技术管理，应该掌握技术知识模式、指标制度，将技术体系实践到未来社区建设中，完善未来社区建设技术体系。

技术体系管理的诸多影响因素中，人为因素相对重要，也会在实际管理工作中带来比较大的影响。选择技术体系管理人员时，要综合考虑未来社区建设现状，组建相应技术体系的管理机制。例如，智慧技术体系人员应具备智慧化技术的专业性，了解智慧化技术形式、具备智慧化技术专业知识，以发挥出技术体系管理的优势。

2. 完善技术体系管理制度

大数据时代下，技术体系管理是以技术发展模式为基础的，其通过总结各项技术性质，以现有制度体系为基准实施技术管理。开展技术管理与控制时，参考不同的技术模式会给未来社区建设带来不同影响。基于此，未来社区的建设应积极完善技术体系管理制度，定期组织技术制度体系审查，才能保证技术管理工作取得理想的实施效果。

3. 创新技术体系管理模式

技术体系管理模式具有复杂性。技术体系管理形式比较有限，需要未来社区建设的现有技术组织形式为基础，加强技术管理模式创新。

第 7 章 实施方案管理

实施方案是未来社区前期工作最重要的成果文件之一,是未来社区建设理念的集中体现,是三化九场景各个指标的具体体现。实施方案一般包括核心观点凝练、总体设计及说明、与申报方案的对比、场景设计及指标落实情况、数字化系统设计、建筑运营组织、资金平衡测算、政策及保障措施、相关技术图纸等内容。

《服务指南》对全过程工程咨询单位在实施方案管理阶段提出了具体的工作要求,包括实施方案编制管理与评估管理咨询、设计管理咨询、场景联合体咨询、数字化管理咨询四项内容。

7.1 实施方案编制管理与评价咨询

实施方案编制与评估的管理是按照试点建设实施方案编制有关要求,制定实施方案任务书,协助委托方开展实施方案编制单位选择,并指导编制过程中的答疑;对各阶段实施方案成果开展评估,协助委托方决策;组织县(市、区)实施方案审查,并协助委托方完成实施方案的省、市两级评审、修改、备案等工作。

7.1.1 实施方案编制管理的工作内容

根据《浙江省未来社区试点建设管理办法(试行)》规定,实施方案由实施主体负责编制。试点名单公布后,原则上规划新建类试点半年内完成实施方案编制和评审,改造更新类试点考虑拆迁安置进度等因素,1年内完成实施方案编制和评审。实施方案应在申报方案基础上予以深化,并达到以下要求:

(1)实施方案应以申报方案确定的内容为依据进行编制。

(2)实施方案中的建筑工程建设内容应达到初步设计深度,并明确涉及九大场景的技术方案、建筑面积指标和用地指标。

(3)提出建设期投资概算、资金筹措方案、成本回收方案,明确具体资金流向和实现路径;在基本物业"零收费"前提下,明晰运营期财务收支方案,分析预计收益,确保全周期资金平衡。

(4)为落实九大场景约束性指标要求,采取"场景联合体"供应商模式,实施方案应体现运营单位与场景联合体供应商的合作内容,提出"场景联合体"有关成员单位筛选要求和名录,明确九大场景系统运营方式。

（5）根据不同的用地主体，确定土地供应方案及建设工期安排。

根据以上要求，全过程工程咨询单位在实施方案编制阶段主要工作内容如下：

（1）编制实施方案管理策划文件。主要包括项目概况、未来社区重难点分析及该项目具体情况分析、组织结构及各方工作职责、实施方案编制进度管理、成果质量要求及内部成果质量把控流程等。

（2）编制实施方案任务书。全过程工程咨询单位需依据申报方案意图及申报方案评审意见、建设单位的建设意图、项目现场实际情况等因素编制实施方案任务书，具体内容包括项目背景、建设目标、理念与定位、规划条件、九大场景设计任务、成果编制要求及附件等。

（3）辅助建设单位确定实施方案的编制单位及答疑工作。实施方案编制单位可以为申报方案编制单位，也可以重新选择单位。全过程工程咨询单位主要辅助建设单位对实施编制单位的资信业绩、实施方案的编制思路、编制人员投入、报价等因素进行审查并提供建议，最终确定编制实施方案单位。在编制过程中，需沟通协调建设单位与实施方案编制单位，传达建设单位要求，解答实施方案编制单位疑惑，把控省市地方政策，保障实施方案的顺利编制。

7.1.2 实施方案评价咨询

实施方案编制完成后进入评审阶段，为了顺利地通过评审，全过程工程咨询单位除了参与组织县（市、区）实施方案审查，并协助委托方完成实施方案的省、市两级评审等组织协调工作外，一般需先进行项目内部评审，由全过程工程咨询单位及建设单位对实施方案做出评价，提出相应问题及优化建议。

目前国内建设评价的相关指标体系多以单角度、单维度为主，未来社区的建设评价是结合空间开发强度、绿色可持续、区域联系与交通、智慧创新、人文宜居、运营管理、资金平衡、建筑风貌等多方面，对现有相关指标体系进行梳理、整合，同时针对浙江省未来社区建设类型、地区经济发展水平，通过赋值权重进行分类分级指导和评价，构建科学、合理、全面的综合性未来社区建设评价指标体系，为未来社区建设提供指导，为未来社区评价提供基础。依据《浙江省未来社区试点创建评价指标体系（试行）》，指导建筑设计文件符合约束性指标要求并加强响应引导性指标内容，以满足未来社区评价体系，并根据未来社区评价体系协助评审完成实施方案的省、市两级评审、修改、备案等工作。

实施方案的评价主要包括以下内容：

（1）总体评价，总体评价是对实施方案的总体概括及给出评审结论，其评价内容包括"139"系统框架的符合性、创新性及落地性；是否延续了申报方案的核心内容；方案深度是否满足要求；场景设计是否完整等做出评价；

（2）规划布局，规划布局的评价内容包括对实施单元及规划单元是否统筹考虑；与周边开发地块是否衔接合理；公共空间及商业配套的服务半径是否按照单元级、社区级、区域级等分级考虑；公共空间的引导性、共享性、开放性是否满足要求；原著居民区的环境、功能及配套是否充分考虑了原住民的生活习惯；景观及绿化设计是否合理等；

（3）建筑方案，建筑方案评价内容包括对建筑户型设计、装饰装修设计、立体绿化立体花园设计、无障碍设计、消防设计、抗震设计、装配式设计、集中供冷供暖设计、室内空气品质及监控措施等；

（4）指标落实情况，指标落实情况评价内容包括对回迁户、引进人才数量等综合性指标及约束性指标等；

（5）场景系统，场景系统评价内容包括九大场景的总体目标、指标落实清单、建筑空间方案、数字化及机制保障方案、场景联合体方案等；

（6）运营方案，运营方案评价内容包括运营方案是否具有落地性及实操性、社区建设与运营是否统一考虑、基本物业零收费及后期治理奖惩制度是否可行、立体绿化设计及后期运营维护方案是否具有可持续性、可租售商业收入和自持公建物业的是否具备增值保值、配建公建业态是否稳定持续的经营收入等；

（7）数字化方案，数字化方案评价内容包括是否具有落地性、是否与项目实际相结合、智慧服务平台及CIM平台建设是否支持九大场景落地、智能化专业图纸及设备设施是否能够支撑社区数字化建设、社区数字化建设数据安全性问题、CIM平台和智慧服务平台的标准化接口是否打通等；

（8）资金平衡，资金平衡方案评价内容包括资金平衡最终结论是否满足建设要求、资金平衡的成本与收入的测算是否完整准确、运营测算是否翔实、投资回收期是否满足建设单位要求等。

7.1.3 实施方案评价案例分析

本节对某未来社区实施方案评价为例，说明全过程工程咨询单位在实施方案评价中的工作成效。

1. 评估过程

《××未来社区实施方案》（以下简称《实施方案》）已经过区市两级评审，编制单位根据各部门各专家提出的建议意见对指标落实情况、规划建筑设计、数字化系统、运营组织、概算与资金平衡等内容进行修改完善。在此基础上，全过程工程咨询单位对修改后的《实施方案》进行评估，形成以下评估意见。

2. 评估依据

（1）《浙江省人民政府关于印发浙江省未来社区建设试点工作方案的通知》（浙政发〔2019〕8号）；

（2）《浙江省人民政府办公厅关于高质量加快推进未来社区试点建设工作的意见》（浙政发〔2019〕60号）；

（3）《省发展改革委关于开展浙江省未来社区建设试点申报工作的通知》（浙发改基综〔2019〕138号）；

（4）《浙江省未来社区试点项目创建管理办法（试行）》；

（5）《浙江省未来社区试点创建项目实施方案编制指南》。

3. 方案总体情况

1）方案基本情况

实施方案基本符合未来社区试点创建要求和"139"系统设计框架。实施方案充分体现了"数字化、生态化、人本化"，体系完整，对区域区位、配套及上位规划等情况分析到位，各功能板块布局较为清晰，主题明确，功能较为合理，九大场景的技术措施表述得比较充分，特色主题展示内容展示较丰富。项目运营方案可实施性较强，资金平衡分析较充分，对政策的研究及设计依据的分析充实，场景落地性较强，方案含多处创新设计内容，整体深度满足评审要求。

2）方案总体的前瞻性、科学性、可行性及特色性实施方案以"古今商城、特色城市"为定位，结合千年商都、产业强区、人文润城、山海水城的四大特质，提出促进生产、生活、生态融合发展的实现路径。

在打造多元特色场景方面，立足激发城市焕新和改善民生的创新式邻里社区，依托"共享交往＋市井街巷"，打造多元温馨未来邻里场景；依托"全龄覆盖＋数字平台"，打造跨龄互动未来教育场景；依托"安全适宜＋立体复合"，打造无缝便捷未来交通场景；依托"创业平台＋人才公寓"，打造青春活力未来创业场景。

实施方案总体在前瞻性、科学性、可行性及特色性等方面均有不同程度的展示，可落地性满足要求。

4. 指标落实情况

1）综合指标与申报方案契合度

申报方案：实施单元用地面积26.9公顷，综合指标共7675人，按20公顷标准折算综合指标共5706人。实施单元总建筑面积80.6万 m^2，其中地上57.7万 m^2，地下23万 m^2，平均容积率2.1。住宅总套数3933套，其中安置住宅1250套、商品房1688套、人才住宅1000套、人才公寓1300套。

实施方案：实施单元建设用地22.1公顷，综合指标6433人，按20公顷标准折算综合指标共5821人，大于申报阶段指标。实施单元总建筑面积85.21万 m^2，其中地上56.28万 m^2，地下24.13万 m^2，平均容积率2.6。安置住宅1142套、人才住宅1686套、租赁式人才公寓330套。

2）指标调整内容：

（1）总投资增加：申报方案总投资78.4亿元，实施方案总投资86.06亿元。

（2）总建筑面积增加，开发强度提高：申报方案总建筑面积80.6万 m^2，平均容积率2.1，实施方案总建筑面85.21万 m^2，平均容积率2.6。

（3）核心指标人数：直接收益居民数4417人，引进各类人才指标2016人。共计6433人，折合每20公顷5821人，大于申报阶段指标。

全过程工程咨询单位意见：

（1）在综合指标方面，实施方案与申报方案整体契合度较好，指标更为准确。

（2）约束性指标落实情况，参照《省发展改革委关于开展浙江省未来社区建设试点申报工作的通知》（浙发改基综〔2019〕138号）提出的九大场景指标体系，并对照《浙江省未来社区试点创建评价指标体系（试行）》要求，实施方案的33项场景指标约束性条款全部满足，引导指标高度响应，其指标落实的具体路径和举措合理可行。

（3）引导性指标落实情况，九大场景指标体系中的引导性指标，实施方案均分别进行了不同程度的响应，且针对项目的四大特色场景指标——邻里场景、教育场景、交通场景、创业场景，实施方案中均进行约95%响应度设计，其余非特色打造场景指标，实施方案中也进行约80%响应度设计。整体引导性指标的落实情况和实现路径可行。

5. 总体规划设计

项目通过全面的调研和分析，深挖当地文化特色，结合周边山水及交通等资源，提出了以"古今商城、生态城市"为特色，浙东南发展的西进标杆，浙江南部生态之城的目标，由于亮点的提出充分结合了当地的实际情况，后续可落地性较好。

整体设计均参照控规及当地主管部门的规定要求执行，过程中所遇疑义均及时与主管部门沟通并获得认可，最终成型方案均满足经当地规划部门批准的用地规划图与规划条件。

实施方案中场景配套空间、场景技术应用以及场景配套空间与运营主体清单明晰，各场景组成既集成复合又错落分布，把近似场景充分复合，以减少运维成本，但如涉及居民的常规使用功能空间又保证足够的分离性，以确保居民的便利性。为保证城市天际线，方案对实施单元内部的建筑高度进行控制，旨在做到项目开发后天际线的整体协调性，并严格遵照上位城市规划的天际线要求。同时为保证城市风貌，构建异于周边所有建筑且有较高辨识度的主楼地标，其位置及功能服务均居于整个规划单元中心。

6. 场景系统设计落地情况

九大场景均按照浙江省未来社区试点创建评价指标体系为构架，其约束性与引导性指标的落实性及完整性情况如下：

1）未来邻里场景

通过打造5号地块诚信文化公园，创建特色的文化氛围，并为市民提供多样的休闲体验；针对邻里开放空间，硬性规定优化设置"平台+管家"管理单元；采取贡献换积分、积分换服务的模式，同时融入弘扬诚信文化积分体系。

2）未来建筑场景

（1）CIM数字化建设平台应用：在该地块构建社区现状的数字化基底模型，利用GIS+BIM的先进技术手段，绘制数字社区，并建立统一的社区数字化信息平台，在全生命周期的规划建设管理与未来场景的服务应用，并预留接口，拓展发展连片开发的周边区域。

（2）空间集约开发：以空间集约化模式，疏密有致的规划布局，实现公共服务设施与公交站点的无缝衔接；实施功能混合，优化土地极差强度；地上地下立体开发，充分开展地下空间建设，提高使用效率；倡导共享开放，优化社区公共空间组织。

（3）建筑特色风貌：采用地面、平台与屋顶、垂直绿化相结合的方式，打造立体多层次复合绿化系统，泛邻里带上布置邻里综合体、文创街区建筑组团、TOD等，与周边建筑组团产生互动。

（4）装配式建筑与装修一体化：项目设计装配式全覆盖，按照《装配式建筑评价标准》DB33/T 1165—2019，住宅部分装配率不低于50%，公建部分装配率不低于60%。

（5）建筑公共空间与面积：建设综合型邻里中心，由邻里综合体、文创街区、TOD组成。分散配置街坊共享空间在建筑底层设置无人超市、共享健身房、邻里活动空间等，建立空间中人和文化、生活、场所的联系。从而点到面地激活居住、办公、商业等活动中的空间潜在价值。通过建筑底层架空开放等形式，创造开放共享空间。结合建筑群体布置，利用建筑底部地形架空层，以街坊为单位布置便民性服务设施。

3）未来教育场景

在各组团内设置多个3岁以下养育托管点，加强设施完备度；集中设置社区幸福学堂，便于社区居民聚集交流。

4）未来健康场景

5分钟步行圈内设置卫生服务中心；15分钟步行圈内结合综合邻里带建立社区卫生服务站；实施单元配置1345m^2的日间照料中心。

5）未来交通场景

街区的路口间距150～300m。道路分级明确，社区路网全支路可达；引入社区第三方停车运营平台，应用自动引导（AGV）停车技术等智慧停车设施；设置多个快递智能分拣室和休憩空间；其中实施单元为每个管理单元配建1个物流分拣中心。

6）未来创业场景

结合邻里中心，TOD创业中心设置创业者服务中心，为片区创业者提供多样全面的就业服务。

7）未来低碳场景

采用光伏一体方式，地下室空间设置储能设施；社区内路灯统一采用光伏路灯；建设社区能源中心站，采用"热泵＋蓄冷储热"技术；绿地的雨水管理措施，在硬质地面可以通过渗水铺装实现雨水渗透，或通过水渠和沟槽将雨水引流至街道附近的滞留设施中，净化的雨水可以就地消化于水景观中。

8）未来服务场景

采用环保、智能化等高科技手段，依托智慧平台构建"平台＋管家"的物业服务模式；设立24小时便民社区商店；构建完善的社区消防、安保等预警体系及应急机制。

9）未来治理场景

建立未来社区居委会和社区，边界统一配置社区议事会、社区客厅等空间载体；鼓励服务性、公益性、互助性社区社会组织和志愿者协会参与社区积分制度；建立智慧平台，整合优化各项基层平台，建设一站式社区服务大厅，设置无差别受理窗口。

7. 数字化系统设计

本项目通过数字化平台汇聚社区规划单元信息数据，串联所有应用场景，并依托平台进行辅助分析和调整优化，构建未来社区智慧服务体系，实现未来社区数字化建设，并与现实社区同生共长，建立人员库、环境库、设备库、记录库和社会信息资源库。实现全光交换、多网融合、万物互联。该未来社区数字化系统在各场景中配置适当，具有落地性。

1）CIM平台

实现规划、设计、建设、运营全流程数字化。规划建设期各类社区信息模型整合方案的总体架构合理可行。全过程系统选型、实施流程、各方职责等内容描述清楚，较合理。方案充分结合试点实际，体现了项目特色，且较有针对性。

2）智慧服务平台

平台整体架构合理可行、与CIM平台的衔接较好。对照《未来社区试点创建指标落实清单》要求，方案与九大场景数字化约束性、引导性指标充分衔接。系统架构方案、各场景模块数字化应用方案、智能化设备配置以及集成对接智慧服务平台路径合理。整体运维及数据安全保障方案较好，满足整体要求。

8. 建设运营组织

1）建设运营模式

土地出让方式以"带方案""招拍挂"形式进行土地出让并将实施方案写入土地出让合同，土地出让明确以"建设运营一体化"模式，明确约定按备案的实施方案九大场景33项约束性指标完成率等情况，可避免开发商仅以市场为主导，导致开发建设后社区运营理念与建设理念不符情况发生。采用"建设运营一体化"模式，未来社区物业交由开发商运营。商业租赁、自持车位租赁、智慧运营、物业收入的回收资金支付建设社区及智能软硬件维护、维修开支，基本保证资金平衡，运营方案合理、可行。

2）运营阶段安排

构建"平台＋管家"运营模式，创新社区治理、社区服务供给模式，打造新型治理关系、新型协商关系、新型邻里关系，整合优势资源以运营服务为导向，创新服务供给多方保障机制，实现未来社区服务供给的可持续运营。通过积分兑换、图书管理、心理咨询、文明监督任务完成，获得积分，可兑换相应服务与物业费用减免等奖励，为实现社区自治打下基础。围绕社区全生活链服务需求，运营旨在提升品质生活，打造具有特色的"三化九场景"未来社区，以实现良好的社会效益和经济效益。

9. 资金平衡

1）政府方资金测算

（1）政府收入22.58亿元：土地出让金收入按照700万元/亩，其收益23.22亿元，按90%返还有20.90亿元；回迁安置收入为129390m^2×1300元/m^2＝1.68亿元；

（2）政府支出21.36亿元：回购商业、安置房及停车位16.63亿元，征地拆迁4亿元，道路及绿化0.4亿元，设计咨询费0.33亿元。

2）用地主体资金测算

总收入 85.7 亿元，总支出 84.13 亿元，实现资金盈余 1.57 亿元。

3）运营期资金测算

十年期运营总盈利 993.65 万元，其中成熟期年收入 2077.65 万元，年支出 1704.35 万元，年盈余 373.30 万元。

7.2 设计管理咨询

设计管理是在遵守国家相关法规、规范标准的基础上，全过程工程咨询单位对项目实施的设计工作进行控制，为项目的设计过程、施工组织、后期运营进行系统筹划和保障的行为。设计管理是全过程工程咨询的重要环节，是全过程、全方位的，由于其对项目的决策和实施影响深远，所以关于设计的管理和咨询意见必须及时、迅速、准确，且具有一定的预见性和前瞻性，确保技术可行、经济合理。

未来社区的设计管理咨询是依托实施方案，动态跟踪九大场景指标在施工图设计、建设施工中的落实情况，对设计成果文件进行系统性审查，提供九大场景落地设计纠偏、技术建议、风险提示及工程设计优化等内容。从上述要求可知，未来社区的设计管理主要在于实施方案确定后（即初步设计完成后）对施工图设计的管理，然而在项目实施过程中，较多的实施方案设计成果不满足初步设计深度要求。因此，建议全过程工程咨询的未来社区设计管理与咨询应该在编制实施方案或者更早的编制申报方案时介入，以达到预期的管理效果。

7.2.1 设计管理目标

设计管理目标是通过计划、组织、协调、控制职能，保证设计文件质量、进度、投资实现项目立项时确定的既定目标。由于未来社区项目的特殊性，设计管理的进度、质量、投资三大目标均有其特点。

1. 设计管理进度目标

设计出图进度应符合项目报建、项目招标采购及项目施工的需要，设计进度目标应依据项目建设总控计划、项目报建工作计划、项目工程施工计划、项目招标采购计划等系统进行编制，设定设计进度目标时应预留充足的设计文件审查调整及报审审批时间。

对于未来社区项目，设计进度还需满足实施方案编制及评审的时间节点要求。由于未来社区除了传统的设计内容外，还涉及诸多的指标因素，且未来社区试点阶段主要由政府主导，变更及修改内容多，预先设定好进度目标，既是对设计单位的进度约束，也间接要求政府及建设单位提高决策效率。

2. 设计管理质量目标

项目设计文件应满足项目使用功能及项目立项时确定的项目建设标准、建设档次、国家地方行业标准规范等目标要求。未来社区项目的设计质量则提出了更高的目标，以约束性及引导性的方式提出的33项指标给设计质量提出了明确的要求，也为全过程工程咨询设计管理提供了明确的管理依据。

除此之外，方案设计需符合《建筑工程设计文件编制深度的规定》（2016版）及设计合同约定，满足投资估算编制要求，满足报批要求，一般只涉及申报方案和实施方案。初步设计需符合《建筑工程设计文件编制深度的规定》（2016版）及设计合同约定，主要技术方案确定，满足设计概算编制要求。施工图设计需符合《建筑工程设计文件编制深度的规定》（2016版）及设计合同约定，满足编制施工图预算及施工招标要求。

3. 设计管理投资目标

设计管理投资目标应依据项目立项文件中给定的投资额，分成投资估算、设计概算及施工图预算三个阶段进行投资控制，层层控制，最终实现工程决算总投资不突破经主管部门批复的项目概算投资额。

而对于未来社区项目，设计管理的投资目标不仅局限于建设投资的"五算"，设计成果还需考虑后期运营维护成本、运营创收，最终实现在特定的年限内投资与应收达到平衡，即资金平衡目标。

7.2.2 设计管理内容

在实施方案编制及设计阶段，全过程工程咨询方明确设计阶段的负责人，界定管理职责与分工，制定项目的设计阶段管理制度，确定项目设计阶段工作流程，配备相应资源，由设计管理负责人负责组织、指导、协调项目的设计工作，确保设计工作按项目目标要求组织实施，对设计进度、质量和费用进行有效的管理与控制。在设计管理负责人以下，拟按专业分设若干个设计管理组，共同编制设计管理工作文件，依次为管理大纲、管理规划、管理细则等，以此明确设计管理工作目标、管理模式、管理方法等。

设计管理工作职责是：具体负责设计管理制度及流程的建立并控制执行，落实各项设计过程进度、质量、投资控制，组织设计文件审核、优化，协调设计配合现场或采购需要出图或出具设计变更，负责组织图纸会审和设计交底工作，协调建设单位及设计单位落实工程变更及各专项设计的审批，协调建设单位及设计单位参与现场质量问题的处理，协调建设单位及设计单位针对现场施工质量定期或不定期巡查，负责设计图纸及资料的日常保管及最终归档管理，负责协助建设单位落实对设计单位的履约质量的检查及绩效考核，负责设计费支付的初步审核等。

具体到未来社区项目，包括以下内容：

（1）辅助建设单位收集项目拆迁、实施单元现场、项目所在地对未来社区各项政策等基础性资料，为设计提供依据；

（2）依据未来社区试点建设工作一般程序、申报方案及实施方案评审的时间节点，编制项目设计总控计划及设计管理流程；

（3）辅助编制或审查设计任务书，对九大场景及33项指标做出清晰的界定，明确表达设计意图、设计功能及要求，明确设计交付标准；

（4）对技术管理进行策划，编制技术管理细则；

（5）审查项目前期文件、招标文件中有关技术要求的内容，提出审查意见，协助业主选择设计发承包模式及设计单位招标；

（6）负责设计管理，主要包含设计质量管理、设计进度管理、设计变更管理、深化设计管理、设计服务配合协调管理、项目勘察设计阶段投资管理；

（7）组织专家委员对方案设计、初步设计进行审核，重点审核方案设计依据是否充分、内容是否完整、文件标识是否齐全规范、深度是否达到相关规定的要求；

（8）全程参与申报方案、实施方案评审，督促设计单位对专题提出的评审意见进行修改并提出合理化建议。

7.2.3 设计管理流程

未来社区的设计管理流程，应依据传统的设计管理流程并结合未来社区试点项目的实施流程进行制定，具体流程图7-1所示。

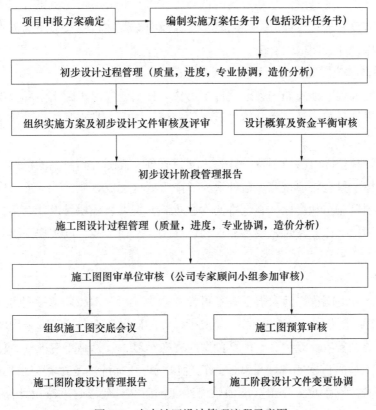

图7-1 未来社区设计管理流程示意图

7.2.4 设计风险管理

未来社区的设计阶段存在诸多风险因素，若不加强管理提前策划，易造成不能满足试点建设各项要求、无法通过方案评审、资金平衡难以实现导致项目无法继续实施等后果。

因此在设计阶段一定要加强风险管理，将其作为一个重要的管理内容列入日常工作中。

1. 基础性资料风险

基础性资料需由建设单位或建设单位委托的全过程工程咨询单位负责提供，大体可归纳为人文地理和技术经济状况，原材料、设备等资料，规划部门的规划要点、规划设计条件、规划场地红线图、规划地形坐标图，工程地质、水文地质、地形测量以及控制测量等资料，地震资料，气象资料，公用工程协作条件资料，环境影响评价资料等。除了自然环境的基础性资料，未来社区项目还有拆迁基础性资料、规划单元及实施单元基础性资料、文物及保护基础性资料等，完整全面地提供设计基础资料是控制勘察设计质量的前提。

2. 设计工期风险

未来社区的申报方案、实施方案及开工时间均有明确的时间节点，因此对设计工期要求更为明确。确保设计的合理工期，监督设计单位按时、按程序提供相应成果文件至下步工序单位，加强设计过程管理，及时收集和勘察设计过程文件，严格按照合同约定履行责任和义务，高度重视证据的保存和事故的调查工作等。此外，由于决策部门众多，设计管理在督促设计方按时提交设计成果的同时，还需及时跟踪建设单位提出的需求及对成果的确认工作，确保设计工期得以实现。

3. 多个设计单位同时参与项目设计时的风险

未来社区九大场景涉及的内容远超传统的住宅项目，同时也超出了部分设计单位的设计业务范围，设计分包或设计联合体是重要的选择，同时也带来了多个设计单位同时参与项目设计的风险。

有多个设计单位同时参与项目设计时，项目管理需要提升到更高的标准，要把设计过程看成一个整体，只有将项目完整地理解，才能很好地完成分期设计管理。应提前做好项目规划，明确项目需求和目标，制定协调沟通机制，定期召开项目设计例会，协调多个设计单位之间的衔接工作，及时将技术要求和设计条件互通反馈，以实现工程建设质量和进度的匹配。

4. 重大变更风险

未来社区涉及范围广、涉及拆迁等不可控因素多、新技术新理念应用多，设计重大变更风险随之增加。对设计方案、技术或经济指标等的确定应充分论证，采用的新技术应行之有效，选用的设备应性能优良，计算依据应齐全可靠，计算结果应准确可信，限额设计的同时应保证工程质量并实现建设意图，正确执行现行标准规范尤其是当地的地方标准，避免在施工图阶段发生重大变更。如因政府职能部门文件要求、勘察设计标准依据更新、建设单位使用功能调整等原因确有必要变更，应对变更情况进行论证，重新制定工期和投资计划，确保工程建设能够有序进行。

5. 过程管控风险

不能认为对设计的管控权是对设计文件的审查。设计单位提交的设计成果，在深度和质量上是否满足法规和相关规范的要求，待设计基本完成后才由各专业专家进行审查，一旦此时发现重大问题再修改，往往会延误时间，浪费人力、财力、物力，如因各种条件限制在此阶段已无法彻底修改设计中存在的问题，还会造成施工困难、浪费投资、影响使用等不利后果。所以虽然设计完成后对设计文件的审查必不可少，但对设计过程的管控十分重要。

7.2.5 设计管理咨询案例分析

全过程工程咨询单位于××日收到某未来社区项目实施方案文件，××日收到方案相关技术图纸，设计管理团队人员对方案文本及相关技术图纸进行仔细研究，提出以下咨询意见：

总体概况：现实施方案设计深度不足，总图上存在多处不满足设计规范等问题，深化后可能对整体方案功能、容量存有较大差别，建议设计院及时深化方案。具体问题如下：

1. 住宅地块

（1）侧向人才公寓楼高度均大于24m属于高层建筑，应满足高层建筑设计规范要求，同时应设置消防登高场地，如图7-2所示；

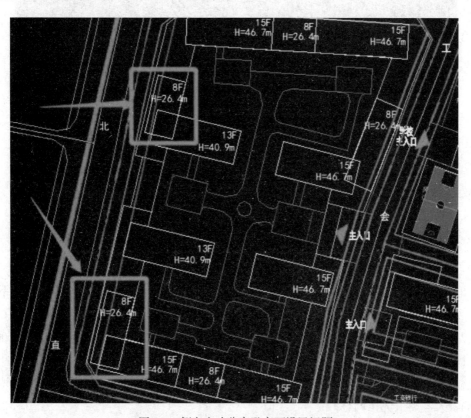

图7-2　侧向人才公寓登高面设置问题

（2）人才公寓布置不合理，与住宅部分交错太多，平面空间利用率低，且人才公寓仅一半满足日照要求，建议设计单位根据平面功能的实用性合理化设计；

（3）现总图布局上，关于沿街商业及商业网点的认定，根据《建筑设计防火规范》

GB 50016—2014规定，商业网点为设置在住宅建筑的首层或首层及二层，每个分隔单元建筑面积不大于300m²的商店、邮政所、储蓄所、理发店等小型营业性用房；若每个分隔单元建筑面积大于等于300m²时，则为商业建筑，该楼整体将认定为综合楼，建筑高度大于50m时，总图上需设置环形消防车道，且消防登高场地长度不应小于高层建筑一个长边或周长的1/4且不小于一个长边长度；详见《浙江省消防技术规范难点问题操作技术指南（2020版）》第2.1.6条；

（4）总图上，消防车道设置不满足规范要求；根据《建筑设计防火规范》GB 50016—2014规定第7.1.9条，环形消防车道至少应有两处与其他车道相连通。尽头式消防车道应设置回车道或回车场，回车场的面积不应小于12m×12m；对于高层建筑，不宜小于15m×15m；供重型消防车使用时，不宜小于18m×18m；

（5）总图上部分建筑超出建筑退让线，如图7-3所示；

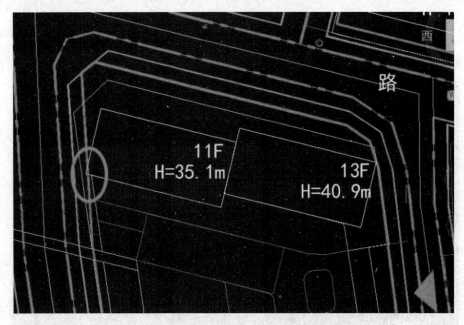

图7-3　建筑超出建筑退让线图示

（6）住宅组团流线不清晰，人行车行流线，组团内建议满足人车分流，以及地下室范围线、地下车库出入口设置等；

（7）社区礼堂与生鲜超市不宜设置在一起，考虑到各自的人车流量较大，交通压力大，且需考虑各自停车广场等，建议设计将其分开设置；

（8）总图上，根据建设单位最新意见，保留建筑可以将其迁建。方案中将其保留对总图影响较大，建议优化调整；

（9）底层连廊消防通道高度不满足规范要求；

（10）3号楼9层以下边套疏散口设置不满足规范要求；

（11）无空中连廊连接点的结构做法和说明。充分考虑空中连廊对各单体的影响，建议采用连体结构之间的整体建模分析。空中连廊若与主体结构之间采用滑动支座，则应采取措施防止在大震情况下两者相碰或掉落；

（12）单体高层与空中连廊连接后，需按照超限高层要求进行结构设计。

2. 商业地块

（1）建筑间距不满足建筑设计消防规范要求，建议设计单位根据相关规范进行优化调整；

（2）街巷空间营造不合理，若干个巷道过于狭窄，无法使用，建议设计单位优化老街巷道空间等；

（3）商业地块总图未考虑消防车道及高层建筑需设置消防登高场地；

（4）商业地块未考虑地面临时停车、大型商业入口广场空间等；

（5）地下室范围线及地下车库出入口未考虑；

（6）场地景观绿化范围未考虑；

（7）建筑功能、层数、高度等各类总图信息需明确；

（8）地块内部分建筑超出地块建筑退让线；

（9）抗震缝的设置宽度应满足规范要求，需补充裙房结构设计图纸。

（10）地下室顶板作为各单体的嵌固端，故地下室顶板的结构布置，上、下层刚度比等均需满足相应规范的要求。地下室属超长钢筋混凝土结构，建议应采取必要的措施防止混凝土产生有害裂缝而影响使用。

7.3 场景联合体咨询

场景联合体不仅是提供九大场景软硬件服务的供应商，还是九大场景室内外物理空间及其所能提供的场景解决方案的总和。《管理办法》指出，为落实九大场景约束性指标要求，采取"场景联合体"供应商模式，实施方案应体现运营主体与场景联合体供应商的合作内容，提出"场景联合体"有关成员单位筛选要求和名录，明确九大场景系统运营方式。县（市、区）政府或设区市政府派出的开发区（新区）管委会与试点创建项目的建设、运营主体签订创建协议，协议内容应包括九大场景具体实现方案，并明确落实各项场景约束性指标要求的场景联合体供应商或相关责任主体。

场景联合体咨询是依托实施方案，开展场景联合体咨询，负责指导评估实施方案编制单位、产业联盟单位场景联合体方案设计，协助委托方选择确定场景联合体解决方案。作为全过程工程咨询单位，应明确各大场景的工作内容，熟悉能够解决各项工作内容对应的单位及其提供的产品特性，为实施方案编制、后期招标采购提供咨询服务。

目前，浙江省已通过两批未来社区产业联盟成员申报，分别遴选出110家、214家联盟成员单位，主营业务应符合教育、健康、建筑、低碳、生活等未来社区"三化九场景"范畴。参与企业为本行业龙头企业，具备突出的核心竞争力；或为"隐形冠军""小巨人"企业，在细分领域优势明显，产品科技含量高，技术工艺领先；或为创新性、潜力型新兴企业，能够适应"三化九场景"发展趋势。本节将对各场景联合体方案及相关典型企业介绍，为场景联合体咨询提供参考。

7.3.1 未来社区邻里场景联合体方案及典型企业

未来邻里场景联合体方案：

（1）未来邻里建筑空间方案，主要包括社区公园、文化礼堂、邻里社群社团活动室、邻里活动中心、历史博物馆等；

（2）未来邻里数字化和机制保障方案，主要包括邻里积分系统、邻里共享平台、邻里信用平台、邻里资源共享平台、邻里管家平台等。

某场景联合体单位将聚焦社区特色文旅资源的独特性，提供未来邻里文化服务项目分析评估、品牌建设、文化展示设计、互动体验策划、内容创意提升等服务。结合"远亲不如近邻"的人文价值理念，通过创新的游戏化设计、数字化运营，活化社区资源；通过搭建资源共享平台，提高社区资源间的联动性；通过社区积分互助机制，提高居民参与社区生态的积极主动性，形成社区凝聚力和社区归属感；通过社区大数据分析，修正运作机制，构建数字化未来社区服务生态圈，促进数字经济发展，为美好生活的实现提供全新可能，助推浙江省乃至全国加速未来城市、未来城区、未来社区建设。

7.3.2 未来社区健康场景联合体方案及典型企业

未来健康场景联合体方案：

（1）未来健康空间方案，主要包括社区卫生服务中心、社区健康中心、社区养老服务中心、社区医院等。

（2）未来健康数字化和机制保障方案，主要包括社区健康信息平台、远程健康巡诊系统、智能居家监护系统、智慧社区健身平台、养老助残志愿者服务机制等。

某场景联合体单位是提供家庭"医疗、健康、养老"解决方案的服务商。根据"未来社区"的规划，其旗下"享医享健康"平台打造"智慧医疗＋智联健康＋智能养老"的康养医养结合的服务模式，提供线上＋线下服务结合的产品，完美解决"未来社区-健康场景"的全部内容，可提供完整的"未来健康"配套服务。"享医享健康"提供包含以美国家庭医生标准365天24小时不限次不限时咨询的视频享医、知名专家、MDT、中医专家等多层次医疗级咨询、四类健康咨询、智能养老、空陆救援、健康档案通、智能健康云等多种服务。秉承着"健康让家庭更幸福"的企业使命，以科技护佑家庭健康。

7.3.3 未来社区教育场景联合体方案及典型企业

未来教育场景联合体方案：

（1）未来教育空间方案，主要包括社区托幼中心、社区幼儿园、儿童交流中心、社区图书馆、社区老年大学等；

（2）未来教育数字化和机制保障方案，主要包括网络直播课堂、线上教学、学习积分机制、图书馆数字化系统等。

某教育体系根据社区教育托育难、入幼难、课外教育资源有限等教育场景中的痛点，提出了亲子中心、幼儿园、艺术中心等教育产品。亲子中心以安全、温馨、高品质的成长环境，个性化定制全日制、半日制、计时制的精心呵护及陪伴，全面激发幼儿智慧潜能，培养独立、自信、具有创造力的全科素养儿童，为幼儿人生奠定良好基础；幼儿园在"蒙养、乐养、慢养"的教育理念指引下，基于孩子成长的适应性规律，形成以体格教育为基石、艺术教育为经、养成教育为纬、经纬交织的课程特色，从而培养孩子独立、健全、乐观的核心人格；艺术中心充分整合各类艺术培训资源及师资力量，以舞蹈、器乐、美术、声乐、语言、体育、科学七大门类为依托，以服务就近、专业、齐全为特色，以搭建各种展示、公益、比赛成果为平台，构建从社区到城市的全覆盖多层级艺术教育模式。

7.3.4　未来社区交通场景联合体方案及典型企业

未来交通场景联合体方案：

（1）未来交通空间方案，主要包括社区TOD、社区停车场、充电桩设施、社区物流站等；

（2）未来交通数字化和机制保障方案，主要包括智能停车平台、智能物流配送系统、智能交通出行系统等；

某场景联合体单位聚焦社区停车难问题，研发了智慧停车管理系统。主要由前端各类停车场景的停车场收费管理子系统、道路停车管理子系统、路外停车管理子系统、城市智慧停车管理平台以及停车诱导发布子系统等组成。该系统通过智能化、信息化手段管理各类型停车场并将运营数据汇集至智慧停车管理平台。该平台采用地磁检测器、地磁管理器作为泊位状态感知设备，巡检手持机作为收费管理辅助工具，由智慧停车管理平台直接管理。地磁检测器将检测到的泊位状态变化信息上传到平台，车主通过车主APP进行主动入车操作，本方案完全替代人工执行停车登记、计时和账单生成，车主只需要在APP或公众号支付账单即可。

7.3.5　未来社区创业场景联合体方案及典型企业

未来创业场景联合体方案：

（1）未来创业空间方案，主要包括社区双创空间、产业聚集区、创业成果展示区、休闲公共配套、创业指导交流培训中心、最多跑一次办事大厅等；

（2）未来创业数字化和机制保障方案，主要包括双创共享平台、创业就业信息发布平台、创业投融资平台、智慧管理服务平台、残疾人老年人创业扶持政策等。

某场景联合体单位根据未来社区缺乏适宜创业的办公设施与环境等创业痛点，提出了在未来社区内出租办公室的业务，其设计研发的独具匠心的办公空间，在这里可以完全专注于自己的工作，其他的琐事都由其管理（可以理解为物业），租户可以享受到为租户准备的前台服务、各类设施、茶点以及更多便利。

进入后疫情时代，其在持续做好疫情防控工作的同时，携手合作伙伴、会员与行业专家,进一步优化社区空间,更新产品设计,支持企业对于保障业务连续性与员工健康安全的需求,有力支持复工复产。针对瞬息万变的市场环境和复杂多变的办公空间需求,尤其对灵活性以及布局"中心辐射型"组织的要求,减少员工日常通勤时间,该单位亦更新灵活办公解决方案,包括灵活合约、弹性工位和多点工位等,即使会员分布不同地区、不同办公空间也能实现企业日常工作的有序且更高效率的运转,进一步适应企业随战略及人员规模调整产生的租赁需求变化,赋能资产结构优化和业务发展,助力会员企业在后疫情时期确保业务发展的连续性。

7.3.6 未来社区服务场景联合体方案及典型企业

未来服务场景联合体方案:

(1)未来服务空间方案,主要包括一站式服务中心(社区政务、便民服务、物业管理服务)、社区应急管理中心(消防控制室、安全监控、车辆监控、人员监测)等;

(2)未来服务数字化和机制保障方案,主要包括物业平台+管家、安放应急体系、安防设备、智能物业、智能家居等。

某场景联合体单位××服务"未来社区"科技应用入选浙江省2020年度重点研发计划项目,针对开放式社区普遍存在的人员类型复杂监管难、居民停车难、服务效率低等问题与痛点,利用基于空洞卷积网络Atrous DCNN的多尺度多目标特征提取、基于深度卷积神经网络学习的二进制哈希函数编码方法等多项关键技术,从人员管理、车辆管理、智能服务三个维度提出了包含融合对象特征的目标分类识别、基于业主车辆出行群体行为分析的车位共享量化模型等在内的总计九项研究内容。

7.3.7 未来社区低碳场景联合体方案及典型企业

未来低碳场景联合体方案:

(1)未来低碳空间方案,主要包括社区能源中心、垃圾分类回收点、太阳能光伏、海绵及雨水回用系统、超低能耗建筑等;

(2)未来低碳数字化和机制保障方案,主要包括能源互联网、楼宇自控、能耗监测、垃圾分类回收监测机制等。

某能源管理系统结合行业痛点,深度挖掘智慧空气开关及智慧能源服务云平台的产品价值,采用AI智能硬件+IoT+用户侧电气大数据的生态架构,通过对末端用户电气安全数据和能源需求数据的精准把控,将用户侧数据与建筑智能化、智慧社区以及电气火灾安全监管等系统集成对接,实现用户侧智慧能源服务与节能管理。

7.3.8 未来社区建筑场景联合体方案及典型企业

未来建筑场景联合体方案:

(1)未来建筑空间方案,主要包括建筑特色及社区风貌、地标性建筑、文物建筑保护、安置房人才公寓户型及装修等;

（2）未来建筑数字化和机制保障方案，主要包括 CIM 数字化建设平台、BIM 模型创建、全生命周期运营指挥中心、EPC 总承包＋全过程工程咨询建设模式等。

试点方案中明确，鼓励优先采取"项目全过程咨询＋工程总承包"管理服务方式。某场景联合体单位是全过程工程咨询的头部企业，也是最早参与未来社区研究与实践的全过程工程咨询企业之一，目前已实施多个试点建设项目。其利用丰富的技术及管理经验，在场景系统咨询、资金平衡咨询、技术体系管理咨询、实施方案管理、土地供给与履约监管咨询、运营管理与评估考核咨询等方面均有深入的研究，并成功申报了省级研究课题《未来社区投资决策咨询研究》。

CIM 平台建设是建筑场景中的重要组成部分，浙江省研发的未来社区 CIM 平台，作为社区的全信息数字平台，其 CIM 平台基于三维 GIS 底图，结合 BIM 技术，集成数字化规划、设计、征迁、施工管理，不仅是实践未来社区数字化建设工作的重要工具，更作为数据承载汇聚者，对迭代构筑浙江省数字城市具有深远意义。

7.3.9 未来社区治理场景联合体方案及典型企业

未来治理场景联合体方案：

（1）未来治理空间方案，主要包括党建工作区、社区居委会、社区议事大厅、社区公益大厅等；

（2）未来治理数字化和机制保障方案，主要包括社区中和数据中心（政务服务、社工管理、综合管理、阳光执法、便民服务、人口管理等）。

某场景联合体单位打造的智慧服务平台，正是基于全球领先的 AIoT、云计算、大数据等技术，全面融合社区场景服务能力，实现人、物、云、服务在数字世界的智能融合。按照"五个1"建设思路，构建一站式社区服务平台，支持九大场景的数字化落地，实现通过智慧服务平台的线上开放端口串联九大场景生态合作伙伴，形成具有强大生命力产业联盟生态的目的。同时，平台提供多种方式，面向产业联盟企业开放软硬件和服务标准化对接，共建未来社区产业生态。据悉平台预集成了 60 多种品类设备和 30 多种集成系统，沉淀了 270 多个细化场景应用，可以帮助社区轻松实现设施设备数字化的管理，帮助社区居民、管理者、应用开发者打造丰富的智能化应用场景，实现全生活链场景的数字化、在线化。

7.4 数字化管理咨询

数字化社区建设以网络化、智能化、信息化、数字化为基础，使社区管理和社区服务更加符合社区居民的多样化需求，最终建成管理有序、服务完善、文明和谐的智慧社区。数字化社区建设是城市管理及社区建设的基础环节，是城市信息化和社会信息化的重要组成部分，也是政府加强城市管理和为民服务的有效手段。数字化社区建设是一个系统而庞大的工程，除了涉及网络技术问题，还涉及具体项目研究、业务流程优化、系统软件开发、社区管理体制、组织保障机制、投资运营机制等多个方面。为此,各级政府越来越重视数字化社区建设,研究数字化社区建设问题具有十分重要的理论和实践意义。

数字化管理咨询是依托实施方案,开展数字化管理咨询,指导评估CIM系统解决方案编制,指导CIM实施单位利用可视化和数字化工具开展全周期建设活动,并实现与省级CIM平台无缝对接。

7.4.1 明确未来社区数字化建设主要目标

数字化是未来社区三大价值体系之一,按照未来社区数字化建设要求及试点建设情况,主要的建设目标如下:

1. 工程建设全过程数字化

对实施单元提出BIM设计要求,并依托省未来社区CIM平台,为社区从规划、设计、建设直至运营提供统一的数字化平台;提出社区建设过程的数字化管理方案,包括对工程建设质量、进度、安全、环保等进行精细化管控,实现建设过程统筹管理。

2. 建立数字孪生社区

通过建筑信息模型、地理信息系统、物联网等数字化技术搭建数字孪生社区,并汇聚社区规划单位自然资源信息、社会职务信息、设施配套信息等数据,周期性地更新数据,实现数字社区与现实社区同生共长,并以三维可视化方式呈现;通过三维模型,直观展现规划设计方案,并依托CIM平台对容积率、社区公共配套、资金平衡测算等主要指标和参数进行辅助分析并调整优化。

3. 智慧化运营管理

依托CIM平台形成的数字基底,构件未来社区智慧服务平台,全面融合和赋能九大场景。明确平台总体框架,提出面向居民、物业、政府等不同主体的系统化平台方案;根据各场景需求,提出服务体系与功能模块搭建具体方案;明确用户评价体系方案,建立可信赖、可追溯的社区服务体系;明确积分获取、应用与管理具体方案、助力社区治理模式升级,促进本地化消费与未来社区服务生态圈的形成。

7.4.2 明确未来社区数字化建设定位

在项目实施过程中,部分建设单位对CIM技术的实施目标及定位不清,不同社区对CIM技术实施预算及造价相差较远,甚至影响项目的资金平衡。究其原因,主要是对CIM技术理解不清,明确CIM技术实施目标及定位是全过程工程咨询前期策划过程中的首要问题。

另一种认识是将CIM理解为社区智能信息模型,除了在建设阶段对各类信息进行收集、储存、处理外,还设置了大量的感知系统,如各类传感器、探测器、摄像头等对运营维护阶段的信息进行收集、分析及处理,为社区运营维护提供决策依据。该系统不仅包括了BIM及GIS等技术,还需要物联网、大数据等相关技术的支持,可以说该理解方式是前一种理解方式的升级版,见图7-4。

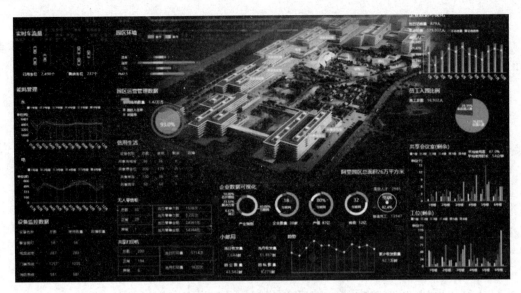

图 7-4 某未来社区智能信息平台
图片来源于某未来社区实施申报方案公开资料

因此,在前期的 CIM 技术实施策划过程中,全过程工程咨询单位应充分考虑项目实际,为业主普及相关概念认识,对接 CIM 平台实施方,明确 CIM 实施的目标及定位,考虑 CIM 实施成本及资金平衡因素,为后期开展项目明确方向。

7.4.3 组织结构及主要参建方职责

未来社区数字孪生社区的建设随着项目实体同生共长的,需要将实体项目中的各类信息准确完整地传递到 CIM 平台中,各参建单位均需参与 CIM 平台建设。因此,明确组织结构、各参建单位的职责,是数字化社区建设的重要前提。考虑到未来社区的建设模式,鼓励采用全过程工程咨询＋EPC,某未来社区项目 CIM 平台建设组织结构如图 7-5 所示。

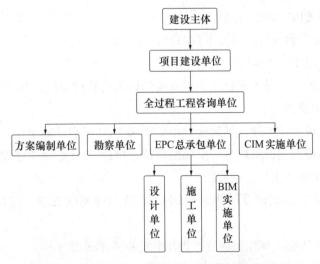

图 7-5 某未来社区项目 CIM 平台建设组织结构图

1. 建设主体单位

试点所在的县（市、区）政府或开发区管委会为建设主体，其在各阶段的主要职责如下：

（1）明确所辖区域未来社区 CIM 数字化建设定位；

（2）负责与省级未来社区 CIM 平台对接；

（3）推进及把控未来社区 CIM 数字化建设；

（4）协调 CIM 数字化建设过程中各级部门之间的关系。

2. 实施主体或建设单位

实施主体或建设单位是未来社区项目业主单位，其主要职责如下：

1）规划与申报阶段

（1）明确项目 CIM 数字化建设定位；

（2）辅助项目申报编制单位完成 CIM 数字化建设方案，提供项目所需原始资料；

（3）利用所建立的 CIM 平台，辅助项目规划及建设方案的制定。

2）实施方案编制及项目立项阶段

（1）参加 CIM 实施方案相关汇报，提出相应的要求及意见；

（2）负责协调未来社区各参建单位工作，落实 CIM 平台接口衔接、账号密码、协同工作等事项；

（3）监督 BIM 模型、地质三维模型、实景三维模型制作及上传到 CIM 平台工作。

3）项目实施阶段

（1）确保 CIM 数字化平台资金投入；

（2）把控软硬件设备采购；

（3）应用 CIM 平台辅助工程建设；

（4）监督建设过程信息录入。

4）竣工验收阶段

（1）对参建方 CIM 实施工作履约评价；

（2）利用 CIM 平台及智慧运营平台对社区进行运行。

3. 全过程工程咨询单位职责

全过程工程咨询单位是未来社区项目重要的咨询与管理单位，其主要职责如下：

1）规划与申报阶段

（1）负责与建设单位沟通，辅助建设单位明确 CIM 平台功能定位；

（2）负责沟通协调建设单位与申报编制单位，推进 CIM 数字化建设；

2）实施方案编制及项目立项阶段

（1）进行 CIM 需求调研及咨询，确定 CIM 技术使用的方向、应用点、费用投入等内容；

（2）审查 CIM 实施方案相关内容，提出相应的要求及意见；

（3）辅助建设单位协调未来社区各参建单位工作；

（4）管理及审查 BIM 模型、地质三维模型、实景三维模型制作及上传到 CIM 平台工作。

3）项目实施阶段

（1）负责项目 CIM 工作总体策划，包括实施方案、具体细则、工作制度、保障措施要求等；

（2）负责把控项目 CIM 工作整体推进、进度控制；

（3）审查设计、施工、竣工各阶段 BIM 成果，提供相关建议；

（4）组织 CIM 专题会议、CIM 各方协调会议；

（5）负责 CIM 成果总结、经验收集、信息归档、组织评杯报奖；

（6）定期向业主单位汇报成果；

4）竣工验收阶段

（1）负责或辅助业主对相关参建单位的 CIM 实施情况进行考核评价；

（2）为业主单位专项培训。

4. CIM 服务方职责

CIM 服务方是未来社区数字化建设的实施主体单位，其职责如下：

1）规划及申报阶段

（1）提前对接试点的征迁安置需求，以便在申报完成后提前介入征迁安置工作，实现征迁数据的真实录入；

（2）全面对接后续 BIM 服务、数字化建设管理服务等服务需求，制定专项服务方案。

2）实施方案编制及项目立项阶段

（1）确认征迁安置工作情况，提前提供数字化征迁系统服务或对接已有征迁平台；

（2）与勘察/设计单位对接测绘、勘察数据，并为试点建立三维实景模型、地质模型，创建数字孪生基底；

（3）及时对接全过程工程咨询单位或 EPC 实施单位，跟进并确认方案 BIM 实施情况，在 BIM 模型定稿后予以收集、发布；

（4）及时对接确认数字化建设管理系统状态，如缺少相关系统则提供数字化建管子系统搭建服务，如已具备则尽快打通已有系统和 CIM 平台之间的数据通路，相关工作由试点 EPC 方承担。

3）项目实施阶段

（1）尽快收集施工 BIM 模型，对规划、设计阶段模型做补充收集；

（2）尽快打通与其实际使用的数字化施工建设管理系统间的数据接口，相关工作由试点工程总承包方承担；

（3）基于 CIM 平台交付数字化服务，完成 CIM 数字化建设。

4）竣工验收阶段

负责提供数据服务，并保证在社区正式运营中持续可用。

7.4.4 基础数据收集

未来社区数字化的建设过程，是将数据收集整合到平台，然后利用平台数据实现对社区运营的全过程管理，而基础数据的收集及顺利上传到 CIM 平台是数字化建设的前提。未来社区数字化建设的基础数据主要包括实景三维模型、地质三维模型、建设全过程 BIM 模型及建管征迁过程信息。

1. 基础数据收集的基本要求

未来社区数字化建设全过程涉及众多的信息与数据，在收集数据的过程中需要满足以下要求：

（1）有效性；在前期策划及收集数据过程中，需对数据及信息筛选与甄别，提取出对数字化建设及后期运营维护有效的信息；

（2）准确性；数据需准确无误，与项目实际、现场实际一致；

（3）及时性；数据产生后应及时收集传递，一方面确保数据不会遗失，另一方面保证数据能及时应用；

（4）兼容性；各类数据因使用软件不同、收集方式不同、格式不同等，会存在兼容性问题，应考虑格式转换问题。

2. 明确数据衔接方式

未来社区的数字化建设是以数据为基础，主要由 BIM 模型、实景三维模型、地质三维模型、运维后实时测量等信息构成。如何完整地收集各类信息，并将这些信息顺利地传输到 CIM 平台是前期策划中的重要内容，关系到 CIM 技术实施的成效，主要包括 BIM 模型信息收集及各类模型信息的格式统一。

BIM 模型强大的单体属性信息是 CIM 平台主要的数据来源。影响 BIM 模型信息收集的主要因素包括模型的精细度及模型信息的传递。《浙江省建筑信息模型（BIM）应用统一标准》DB33/T 1154—2018 的 4.4.1 条：工程项目各阶段 BIM 模型精细度应满足项目所需的 BIM 要求，并对各阶段模型深度做出了明确的规定。根据目前的项目实施经验，建议 BIM 模型深度达到 LOD350 以上即可满足 CIM 平台要求。此外，BIM 模型的信息是通过设计阶段、施工深化阶段、现场施工阶段及竣工阶段逐渐建立或收集起来的，而实际实施过程中，BIM 模型并不能顺利地传递，例如设计单位的 BIM 模型就很难被施工单位接受，施工单位往往自己重新建立 BIM 模型，最终无法将设计 BIM 中信息收集到 CIM 平台中。因此，在前期策划阶段需明确约定 BIM 的实施精度，规划 BIM 各阶段的实施流程，做好各阶段各单位 BIM 工作的衔接。

此外，由于 BIM 模型、实景三维模型、地质三维模型等均采用不同的软件，且软件类型各异，各模型在整合到 CIM 平台过程中，往往会出现数据丢失、失真等情况，甚至不能顺利整合到 CIM 平台中。因此，在前期策划过程中，应明确 CIM 平台的数据格式，并约定各类模型的数据类型、创建的软件、软件版本等要素，确保数据能够顺利传输到 CIM 平台中。某未来社区各类模型数据格式举例如表 7-1 所示。

某未来社区各类模型数据格式　　　　　　　　　　表 7-1

模型	软件	格式
BIM 模型	Revit2016	RVT/IFC
	Bentley	DGN
实景三维模型	Smart3D	OSGB
地质三维模型	AutoCAD Civil 3D	DWG

3. BIM 模型创建与应用

BIM 模型是基础数据收集的重要来源，规划与实施好 BIM 技术对收集基础数据意义重大。除了前期的 BIM 策划外，BIM 深度及应用点的选择是核心内容。

BIM 深度要求：BIM 模型深度等级应满足表 7-2 的要求，模型细度应符合《浙江省建筑信息模型（BIM）应用统一标准》DB 33/T 1154—2018 附录 B 的要求。对于 CIM 平台需要收集的模型深度需达到 LOD350 以上。

各阶段 BIM 模型深度等级　　　　　　　　　　表 7-2

各阶段模型名称	模型细度等级代号	形成阶段
方案设计模型	LOD100	方案设计阶段
初步设计模型	LOD200	初步设计阶段
施工图设计模型	LOD300	施工图设计阶段
深化设计模型	LOD350	深化设计阶段
施工过程模型	LOD400	施工实施阶段
竣工模型	LOD500	竣工验收

BIM 应用点策划与选择需根据项目的实际需要、业主要求及 CIM 平台所需数据，既要满足项目的使用需求，又要防止过度建模、过度应用 BIM，各阶段 BIM 应用点内容、要求及成果如下。

1）各专业模型创建

实施内容：明确各阶段的模型创建要求，建立各阶段的 BIM 模型。

成果要求：BIM 模型满足规范要求的模型精细度，完整反映设计图纸意图，最终以 RVT、NWD 格式提交。

2）基于 BIM 模型的性能模拟分析

实施内容：主要在设计阶段，根据项目需求对声、光、热、气流等实施模拟分析，提高设计品质，提高建筑舒适度。

成果要求：各类性能分析报告、设计问题反馈及修改报告、图表、图片与视频。

成果举例：未来社区某场景气流组织模拟分析，如图 7-6 所示。

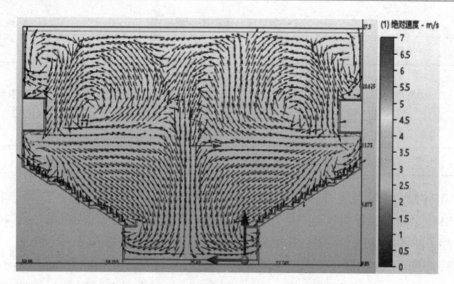

图 7-6 未来社区某场景气流组织模拟分析

4. 净空净高分析

实施内容：利用 BIM 模型开展建筑内部净空和净高分析，及时输出成果便于对管线布局及走向进行优化。

成果要求：提供净空分析报告、净空不足问题反馈报告、图片等。

成果举例：未来社区某地下室净高分析示意图，如图 7-7 所示。

图 7-7 未来社区某地下室净高分析示意图

5. 管线综合及辅助施工图设计

实施内容：基于 BIM 模型的管线综合设计优化，解决管线碰撞、安装空间、检修空间等问题，并出具辅助施工图，提高设计成果的可实施性，提高现场安装效率。

成果要求：管线综合优化需不改变设计意图、符合施工工序与工艺，各专业辅助施工图必须得到设计师确认方可用于现场施工。具体成果包括三维模型（rvt 或 NWD 格式）、二维平面图、剖面图、复杂节点三维视图（PDF 格式）。

成果举例：管线深化设计辅助施工图，二维管综平面图、剖面图、复杂节点三维视图如图 7-8、图 7-9、图 7-10 所示。

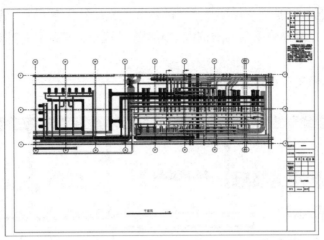

图 7-8　二维管综平面图

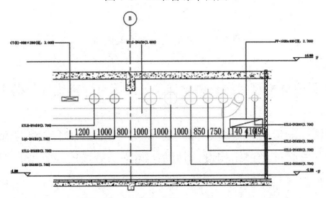

图 7-9　剖面图

图 7-10　复杂节点三维图

6. 支吊架与抗震支吊架设计

实施内容：根据设计图纸、设计说明、管线综合情况及规范要求，对机电系统设计支吊架及抗震支吊架，满足机电系统正常运行。

成果要求：支吊架与抗震支吊架是重要的机电系统安全设备，既要满足安装空间要求，更要满足安全要求。最终的支吊架与抗震支吊架设计成果，必须具备计算书及设计专业人员确认方可实施。

成果举例：支吊架及抗震支吊架设置如图7-11所示。

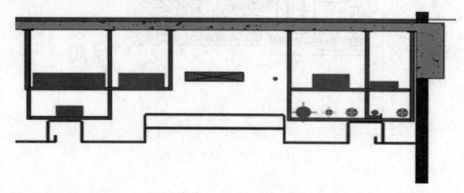

图 7-11　复杂区域支吊架设置

7. 辅助预留预埋

实施内容：利用BIM模型可视化精确定位管线洞口预留位置、提高管线布设、洞口开口质量，保证后续施工，减少后续结构开洞对建筑的影响；

成果要求：预留孔洞应明确定位、标高及孔洞大小，预埋套管应明确普通套管或防水套管，结构梁穿越套管必须经过结构设计师确认同意，最终形成预留预埋套管图（PDF）。

成果举例：排水管穿越室外挡土墙时的管道孔洞预留预埋，如图7-12所示。

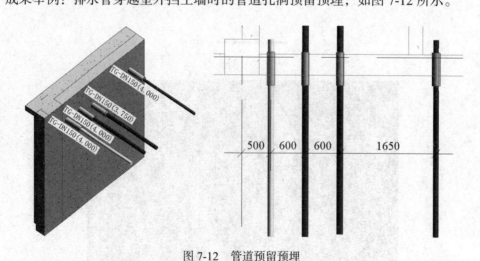

图 7-12　管道预留预埋

8. 机房深化及装配式机房

实施内容：对重要复杂的设备机房，如冷冻机房、生活水泵房、消防水泵房等进行施工深化，并基于BIM技术开展机电构件的预制加工。

成果要求：机房深化不应改变原始设计意图，深化后的图纸应得到设计人员的确认，预制装配图纸应得到施工技术负责人的确认方可实施。

成果举例：某冷冻机房冷却水装配式构建安装示意图，如图7-13所示。

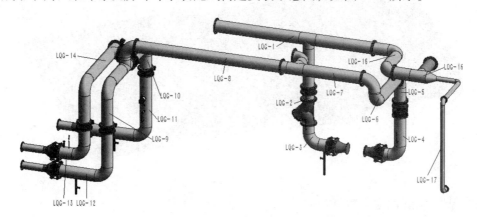

图7-13　某冷冻机房冷却水装配式构建安装示意图

9. 施工场地总平面图布置

实施内容：施工单位创建施工总平面布置模型，优化空间利用，提高施工总平面布置效率和管理能力。

成果要求：提供场地布置模型，场地交通模拟分析。

成果举例：某场地规划模型如图7-14所示。

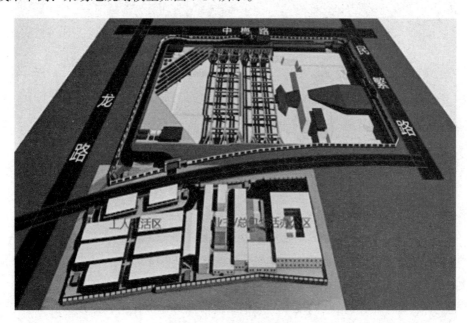

图7-14　场地规划模型

10. 土方平衡分析

实施内容：基于BIM模型进行土方平衡方案优化，减少重复开挖运输次数。

成果要求：土方平衡分析报告，计算挖填方量。

成果举例：土方平衡分析模型如图7-15所示。

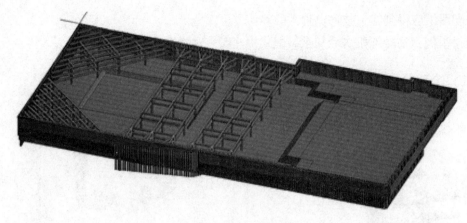

图 7-15 土方平衡分析模型

11. 基于 BIM 的安全质量管理

实施内容：利用 BIM 技术，根据项目质量管理目标对施工重要样板做法、质量管控要点等进行精准管控；模拟分析施工过程中的危险区域、施工空间等安全隐患，降低安全事故风险。

成果要求：提供安全质量相关模型、图片视频等。

成果举例：某安全文明标化工地如图 7-16 所示。

图 7-16 某安全文明标化工地模型

12. 基于 BIM 的钢结构优化

实施内容：基于 BIM 钢结构模型，对钢结构节点进行深化，辅助现场施工。

成果要求：钢结构模型、构件详图、节点构造详图。

成果举例：某钢结构深化模型如图 7-17 所示。

13. 项目管理平台搭建与运用

实施内容：应用 BIM 管理平台的文档、会议、质量、安全、变更、投资、手机 APP 等功能进行现场管理，实现现场管理信息化。

成果要求：施工单位应该根据项目实际及业主要求，搭建适合项目的管理平台，并给各方开放账号接口。

成果举例：某项目管理平台如图 7-18 所示。

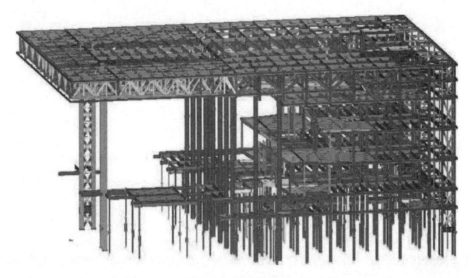

图 7-17　钢结构模型

图 7-18　某项目管理平台界面

第8章 土地供给与履约监管咨询

8.1 土地出让方式咨询

详见本书第14章。

8.2 履约监管的潜在风险

1. 履约的责任人意识缺乏

在合同管理的前期,合同的签订往往受到合同双方的高度重视。然而,很多企业在合同签订之后便束之高阁,对履约不重视,这也是合同管理问题大多出现在履约中后期的重要原因。因此签订合同之后,合同分析和合同交底要引起重视,以防合同签订和合同执行脱节,避免日后产生合同纠纷。

2. 依法履约意识的淡薄

双方签订合同之后,从业人员对合同的法律意识明显不足,不能清楚地认知合同及合同法律之间的关系,依法履约意识淡薄。管理人员不善于利用法律手段维护自身合法权益,例如代位权、撤销权和抗辩权的使用,使之在合同出现问题时造成权益受损。

3. 合同及时变更能力的缺失

合同变更在合同的履约管理过程中比较常见,但部分管理人员缺乏对合同的及时变更能力,对超出履行期限未完成任务的合同既不解除合约也不追究其违约责任,在日后的合同谈判中将自身推向不利地位。

4. 相互监督和控制力的不足

任何一个合同履约都需要各个部门的配合完成,有秩序的配合能够保证问题出现的最小化。但由于部门分散,容易导致部门各自为政、缺乏交流,当合同出现问题时互相推卸责任,增加了建设单位解决问题的难度。

8.3 履约监管方案

未来社区全过程工程咨询应充分发挥工程管理、投资管理、风险管理和合同管理等全过程全生命周期的咨询优势,协助建设单位做好合同履约监管工作,主要表现在以下几方面。

1. 努力营造氛围，合同双方诚信守约经营

大力倡导诚实信用原则，不管是建设单位或土地受让方，都应遵守诚信原则，这是一个维护自身信誉的核心，切不可为了局部小利益或眼前利益而做出不诚信的行为。不讲诚信不但使国家、建设单位投资利益受到损害，也使企业长期的利益受到损害。目前，我国建筑市场竞争的关键点正在由以前的"最低成本"竞争逐渐转变为"诚信度"竞争。缺乏诚信无疑是慢性自杀，必将受到经济规律的惩罚。加强政策引导和支持，加快各种担保和保险制度的推行，如履约担保、投标担保、投资担保、支付担保等，使合同执行的活动处于利益风险共承担、权利义务均等的环境。同时针对建筑工程开辟更多的保险品种，转移风险也是值得借鉴的。要将合同管理贯穿从投标到工程竣工的全过程，既有利于合同目标的实现，又使技术和经济相结合，能产生良好的经济效益。因此，加强合同管理是企业重要的管理手段，也是综合实力的体现。

2. 确定合理有效的场景履约监管方式

当前履约监管更注重平台化管理、信息公开化管理的形势和履约不能脱离场景建设现场的特点，应采用以全过程工程咨询为管理主线，"信息系统管理"与"现场检查"相结合的监管方式实施监管。一方面，建立信息系统平台采集项目的场景系统方案信息和履约过程信息，通过对这两类数据进行监督、对比、统计和分析，发现场景履约过程存在的问题、风险和隐患，及时进行过程问题化解、政策引导和服务；另一方面，通过现场检查对确定的场景系统方案和信息系统数据的真实性进行核实；对场景施工现场履约情况进行更直观、全面和深入的了解和面对面的指导；对现场存在的违规违约行为及时查处。

3. 建立确保合同订立双方配合监管的制约手段

要采取多种手段推动协议订立双方落实履约责任，如通过动态监管对其不履约的行为进行行政处理；通过行业自律和诚信体系建设，使其在市场竞争中优胜劣汰等。

4. 开展履约监管制度的规范化建设

履约监管模式所包括的内容往往是多方位的，一般通过制度、工作标准等形式予以体现，既有实体方面的也有程序方面的，这两方面紧密结合，互相作用，故应将履约监管指导思想、工作原则、主要工作分类、具体工作内容、管理要点、工作评估标准等内容以科学、合理、规范化的形式建立起来，形成系统的、完善的履约监管工作标准和制度。

5. 建立保障有力的执行体系

建立一支思想认识统一、专业素质过硬的履约监管队伍，以保障履约监管中的每个环节得到充分、准确的落实。

6. 提高竞买门槛，严格竞买人资格审查

在土地出让阶段对潜在竞买人进行严格审查，对曾有未按履约监管协议全面履约等不良行为的竞买人，禁止其参加土地竞买。

7. 建立开竣工履约保证金制度

落实场景竣工申报制度，可利用经济手段制约、督促当事人按照协议约定及时履行场景落地责任。土地成交后，实施主体可依据成交价款的一定比例收取履约保证金，与受让

人签订《场景系统落地履约保证金协议》,受让人按照协议约定实施场景建设。

8. 建立信用共享,部门联动的共同监管工作机制

对未按约定落实场景系统的用地单位,向社会公示,计入企业诚信档案,在处理未到位之前,严禁土地使用权人申请新的用地,并及时通报发改、住建、规划、环保、监察、银行等有关部门,形成部门联动,各依职责,多方制约,加强对违规违约行为的综合监管。

8.4 开发建设运营履约协议的编制

未来社区项目土地出让时需根据委托方的要求、场景落位及实施方案实施要求从建设和运营的角度为委托方起草《开发建设运营履约协议》,对协议进行风险评估并提出合理化建议。

8.4.1 开发建设运营履约协议的基本内容

开发建设运营履约协议的基本内容以及要求见表8-1。

开发建设运营履约协议的基本内容、要求　　　表8-1

序号	内容		要求
1	总则	协议目的	明确协议编制的目的及协议对构成
2		项目概况	明确项目区位、建设规模、建设条件等情况
3	项目建设总体要求	政策要求	明确国家、省、地市的相关政策要求
4		主体要求	明确竞买主体的资格条件
5		各方职责	明确协议签订各方对具体职责
6		建设目标	明确项目进度、质量、安全等建设目标
7		设计要求	明确设计内容、设计标准、设计审核等内容
8	回购工程	回购范围	明确回购的范围及主体
9		回购要求	明确回购部分的标准、面积、套数、时间等要求
10		回购款及支付	明确回购的费用及支付条件
11	无偿移交工程	无偿移交工程	明确无偿移交的范围、内容及移交主体
12		移交要求	明确回购部分的标准、面积、移交时间等要求
13	项目运营	运营总体要求	明确运营时间、运营方案、运营收入分配等内容
14		九大场景运营	明确九大场景运营的具体要求
15		物业管理	明确物业管理范围及物业收费等要求
16	违约责任及履约保证	履约保证	明确履约保证的形式、具体金额、时间等内容
17		违约责任	明确可能违约的情况及违约的赔偿
18	其他说明	其他说明	对项目存在的风险及其他需要说明的事项进行说明

8.4.2 开发建设运营履约协议编制的注意要点

（1）应注意协议中数据要求的准确性、一致性；
（2）应注意协议文件的严谨性，避免提出无法量化的要求；
（3）协议中相关要求应有依据进行佐证；
（4）协议中所提要求应同步匹配对应违约条款进行约束；
（5）由于履约监管协议为政府签订的文件，编制时应充分征求关联部门的意见；
（6）协议中相关限制条款的设定应充分调研同类项目的成功案例。

8.5 履约过程的监管

8.5.1 设计监管

项目公司须根据履约协议要求选择有相应资质的设计单位，报实施主体批准。

1. 扩初设计阶段

1）过程控制

（1）实施主体、全过程工程咨询单位同项目公司共同与设计单位进行交流沟通，确保设计过程的顺利进行。

（2）在规定的时间节点内，设计单位需要提交初步设计成果，而全过程工程咨询单位与项目公司需要根据履约协议中的相关要求，对此进行初审。

2）扩初设计评审

（1）由项目单位组织规划扩初设计评审会，设计单位送交初步设计成果，实施主体、全过程工程咨询单位及政府相关部门和人员对此进行建筑、使用功能、场景系统等方面的评审，然后由项目公司汇总评审意见，报政府职能部门审批。

（2）项目公司将评审意见反馈给设计单位，设计单位依据评审意见，对初步设计成果进行修改、调整。

2. 施工图设计阶段

（1）依据《施工图设计任务书》，设计单位按照具体的要求和标准，提交施工图；全过程工程咨询单位与项目公司共同组织各专业工程师对施工图进行审查，一旦发现问题，协助设计单位整改。

（2）设计单位提供最终施工图，全过程工程咨询单位需要再次组织各专业组对施工图进行图纸内部评审。同时，项目公司应将相关图纸送外部审查，在取得内外部审批意见后，形成《施工图审查意见表》。

（3）项目公司将《施工图审查意见表》发给设计单位，进行补充、修改和完善。设计单位修改完成后，设计成果由实施主体进行复核。

8.5.2 工程质量监管

项目公司根据适用法律、合同文件等有关规定和标准进行项目施工。实施主体委托监理单位、质量监测机构对工程质量进行全过程监督、检测。

8.5.3 工程进度监管

根据进度计划，实施主体及全过程工程咨询单位对工程进度进行监督管理，一旦工程进度延误，项目公司根据履约协议承担相应违约责任。

8.5.4 工程建设档案资料监管

项目公司须按国家、地方及行业规定建立档案资料管理制度，对档案规范管理。

8.5.5 安全监管

项目公司需严格执行法律、法规以及规定，其中包括《中华人民共和国安全生产法》《建设工程安全生产管理条例》等。项目公司应按合同约定履行建设单位安全职责。

实施主体委托监理人根据国家有关安全的法律、法规、强制性标准以及部门规章，对项目公司委托的承包人的安全责任履行情况进行监督和检查。项目公司负有的安全责任，项目公司应对其现场机构雇佣的全部人员的工伤事故承担责任。

8.5.6 财务监管

财务监督是运用单一或系统的财务指标对项目建设运营公司的生产经营活动或业务活动进行的观察、判断，建议和督促。项目财务监督主要是资金使用情况监督、项目合同支付情况监督。

1. 资金使用情况监督

对资金使用情况的监督包括：资金的来源是否具有合理性，资金使用的过程中，是否具有规范性；对于预算内与预算外的资金，二者之间是否有明确的界限划分，有无违规操作的问题；对于现金和银行存数的管理是不是符合规定；各种财产物资的来源渠道是否透明且符合相关规定，资产的利用率情况如何。

2. 项目合同支付情况监督

项目合同支付情况的监督包括：项目施工合同、材料供应合同、第三方服务合同等款项支付是否按合同要求及时支付，有无拖欠合同款项的情况。

8.5.7 项目运营期监管

运营期监管主要包括价格监管、日常运营维护及临时接管监管。

1. 价格监管

为防止项目公司利用垄断地位损害经营者利益，加强对项目的租赁价格监管以促进公共服务和产品合理定价,因此必须设立科学合理的价格监管机制。价格监管机制的设立应当以维护公众利益、追求公平与效率、促进社区发展与经济效益为目标。

2. 日常运营绩效及日常维护

对项目公司日常运营维护监管的主要内容：一是监管项目公司在协议运营期内的合法经营,二是协助项目公司与相关政府部门进行沟通和协调。运营期内,监督项目公司履行合同义务,定期监测项目产出绩效指标,加强对公共服务日常运维监管,并要求项目公司定期进行检修,将监管的情况及时反馈主管部门,使得运营绩效监管与付费挂钩。

3. 临时接管监管

在项目运营期内,如项目公司发生项目协议约定的违约行为,项目实施主体有权对项目设施进行临时接管,一般情况下触发临时接管的违约行为包括：擅自转让、出租项目运营权；擅自将所运营的财产进行处置或者抵押；因管理不善,发生重大质量、生产安全事故；擅自停业、歇业,严重影响到社会公共利益和安全。

8.5.8 项目移交阶段的监管

项目移交阶段,未来社区项目的主要工作内容包括移交准备、性能测试、财务清算和资产交割、项目后评价直到项目的结束。对于移交工作,项目实施主体会同各主管部门、项目公司、全过程工程咨询单位组成移交工作组,具体负责项目的移交工作。

8.6 履约监管的方法

实施主体不论是依靠行政主管部门、还是行业监管机构,或是委托社会专业机构对项目公司进行监管,其惩戒手段不外乎警告、经济惩罚、资质（资格）惩罚、解除合同等。实施主体的惩罚手段,除了既有法律和规章已经赋予的权利外,其他条款必须在合同中明确体现。惩戒不是目的,只是为了促进项目公司履行合同义务。因此,违约惩罚机制应尽可能具有促进项目公司合法履约的内在激励特性,过多的警告和经济惩罚可能适得其反。

在履约协议监管中引入违约罚分机制、履约报告制度、期中评估与期末评估制度和特殊情况下政府介入机制等监管手段是十分必要的。

8.6.1 违约罚分机制

为了使项目建设方违约行为的处罚量化,并起到警戒作用,在履约协议监管中应该引入违约罚分机制,清楚阐明项目公司没有达到合同要求的产品或服务标准时的后果。通常作法是,项目公司每违约一次就会被扣罚一定的分数,分值的大小视违约程度的不同而不同。履约协议监管办法中应该详细说明每种违约情况下扣分的分值,这样项目公司违约的严重性就和项目建设方的经济损失挂钩了。

项目公司的违约扣分通常不会立即产生经济上的损失。一般说来,只有罚分累积一定的预设值时,实施主体才会对项目公司进行经济惩罚。在未达引起经济惩罚的值前,实施主体可利用其他的手段如批评和警告，促使项目公司改善行为，更好履行合同。

在协议中可以约定，当项目公司的罚分到达一定数值或发生严重的违约事件时，实施主体有权增加对项目公司工作情况检查的次数，加大监督力度，直至项目公司的履约情况合乎要求。

监管目的是要惩戒那些屡教不改的建设方，以促进建设方尽快纠正已犯的错误。在罚分系统中，可以设置加罚分，即如果在规定的一定时间内犯同样的错误，那么犯第二次错误时的扣分会比第一次多。

这些罚分累积到一定值，实施主体就要采取介入乃至终止合同的措施。因此项目公司对罚分是保持重视的，将努力履约以避免被扣分，尤其是避免一而再、再而三地犯同样的错误。此项措施使得实施主体对项目公司的监管具体化，而且行之有效。

8.6.2 履约报告制度

实施主体要掌握项目的执行情况，必须掌握充分的信息，这包括要求项目公司提供履约报告，项目公司必须定期（每月或每季度）和不定期（遇到重大事件时）对实施主体和实施主体委托的全过程工程咨询单位提供履约报告。在报告中，项目公司应该详尽叙述项目建设或运营进展情况、协议履行情况、有关的组织和工作流程实施情况，尤其是要及时而详尽地汇报违约情况、错误处理结果和采取的改进措施。

实施主体可根据项目公司提供的履约报告和全过程工程咨询单位的检查情况，对项目的执行情况进行评估。如果项目公司的履约报告和全过程工程咨询单位的检查情况一致且项目按协议实施情况良好，实施主体将不采取特殊措施干涉项目公司的具体事务。但是如果政府通过分析和评估，认为项目执行情况失控或项目公司有故意隐瞒违约情况，以至影响了公共利益，实施主体就要采取有力措施予以纠正。

8.6.3 期中和期末评估制度

实施主体不可能在每个月都对项目的执行情况进行全面分析和评估，但是可以在项目的关键节点实施评估。

期中评估也可在项目实施的各个关键节点进行，各节点包括项目前期工作结束时间、主要单位工程交付、项目竣工、项目运营后的一定时间以及项目移交时。期末评估一般在项目起始点进行。实施主体还可以在上述节点根据履约协议对项目公司进行阶段性的工作评估，以评估结果作为实施进一步工作安排的依据。

8.6.4 特殊情况下政府介入机制

由于未来社区项目的特殊属性，实施主体时刻要把对项目的质量和安全的监管作为第一要务，当项目建设方的牟利性导致公共利益受到损害时或发生项目建设方无法克服的紧急状况时，实施主体应在必要时直接接管项目。

实施主体要在履约协议中就不同情况下将采取的措施予以明确说明，并列明可以对项目建设方提供的相应支持和补助。

在以下几种情况下，实施主体可会接管项目。

（1）项目建设方的原因。包括：项目建设方持续违约并难以改正；项目建设方因经营不善导致破产或濒临破产；投资者的其他违反特许权合同的行为。

如果由于项目建设方的违约对公共利益产生了威胁，而建设方在协议限定的期限内又没有改正错误，实施主体将有权介入并自行（或委托第三方）修正错误，其费用由建设方负责。

（2）政府的原因。包括：因政治或公共利益需要而征用或收回项目。

（3）不可抗力或突发事件的原因。包括：发生战争、暴乱、严重自然灾害及流行病等需要政府预防，或消除有关卫生、安全（人员或财产）、环境风险以履行法定义务情况。

值得注意的是，以上原因不是项目建设方的错误，所以实施主体在介入时一定要慎重。并且应尽可能就有关事项同项目建设方达成一致，并对建设方的有关损失进行合理补偿。

第9章 运营管理与评估考核咨询

9.1 未来社区与运营相关政策汇编

《浙江省未来社区建设试点工作方案》要求"按照系统设计、去房地产化要求，立足社区建设运营资金总体平衡，在交通和环境容量允许前提下，改革城市核心资源要素配置机制。"

《浙江省人民政府办公厅关于高质量加快推进未来社区试点建设工作的意见》要求"在建筑设计、建设运营方案确定后，可以'带方案'进行土地公开出让。""引导基金、保险资金、上市公司资金及其他社会资金参与未来社区试点项目管理运营，试点项目建设盈余资金按一定比例纳入社区运营基金。""支持成立或引进连锁机构进行社区相关服务标准化管理，优化运营机制，有关公共设施可通过产权移交、授权委托等方式，由政府部门和专业机构统一维护管理。"

《浙江省未来社区试点建设管理办法（试行）》要求"支持成立或引进连锁机构进行社区相关服务标准化管理，优化运营机制，有关公共设施可通过产权移交、授权委托等方式，由政府部门和专业机构统一维护管理。""提出建设期投资估算、资金筹措方案和成本回收方案，提出运营期财务收支方案。建设期和运营期均应实现资金平衡。""在基本物业'零收费'前提下，明晰运营期财务收支方案，分析预计收益，确保全周期资金平衡。""为落实九大场景约束性指标要求，采取'场景联合体'供应商模式，实施方案应体现运营单位与场景联合体供应商的合作内容，提出'场景联合体'有关成员单位筛选要求和名录，明确九大场景系统运营方式。""未来社区试点在完成竣工验收、交付使用并试运营3个月后，由县（市、区）政府或设区市政府派出的开发区（新区）管委会向省发展改革委提出试点建设工作评估考核申请。"

《浙江省未来社区试点建设全过程工程咨询服务指南（试行）》要求"运营管理与评估考核咨询。① 协助委托方开展运营主体选择，评估运营方案的符合性以及'平台＋管家'具体运营模式的合理性。运营方案应明确基础物业服务和增值物业服务的界限范围，公益性与经营性空间的规模与范围，以及管家体系架构、职责培训计划。② 协助委托方开展评估考核，负责试运营、省级未来社区试点验收、档案信息等管理咨询和项目后评价。工程建设专项验收由相应的用地主体负责，不纳入全过程工程咨询管理。"

9.2 建设运营单位案例调研

本节列出若干未来社区项目土地出让时对运营单位的资格条件案例。

9.2.1 嘉兴用里未来社区

（1）《财富》世界 500 强 2020 年排名前 100 名的企业。

（2）2020 年中国房地产业协会和中国房地产测评中心正式对外发布的"2020 年中国房地产开发企业商业地产运营 10 强"的企业。

（3）未来社区物业管理面积 20 万 m^2 以上的经验，有智慧化社区、商办服务经验。

（4）运营企业引入的九大场景运营商应优选行业头部企业。

（5）本项目运营期限为 10 年。

9.2.2 金华山嘴头未来社区

（1）《财富》世界 500 强 2020 年排名前 100 名的企业。

（2）2020 年中国房地产业协会和中国房地产测评中心正式对外发布的"2020 年中国房地产开发企业商业地产运营 10 强"的企业。

（3）运营企业引入的物业服务企业须有单个项目未来社区物业管理面积 20 万 m^2 以上的经验，有智慧化社区、商办服务经验。

（4）运营企业引入的九大场景运营商应优选行业头部企业，已建立良好的商誉，有完整的服务体系和完备服务的能力。

9.2.3 舟山定海城西未来社区

（1）为保证产业园区的运营品质，项目须引进专业的产业运营机构运营该产业园区，该运营机构须为易居企业集团克而瑞发布的"2019 年度产城发展运营商综合榜单 30 强"。

（2）须引进资金实力较强的金融服务企业设立金融服务中心，该公司或其控股母公司注册资本金不低于 100 亿元，且该公司或其控股母公司须具有不少于 3 个金融许可证。

（3）至少 1 家以工业设计为主营业务的市外机构在未来社区范围内设立工业设计中心，该机构须同时具备国家级工业设计中心资质及中国工业设计行业 AAA 级信用资质。

9.2.4 金华义乌下车门未来社区

为确保项目品质，地块受让人须引入企业直接负责商业管理运营，被引入的企业需同时符合以下两点要求：

（1）《财富》世界 500 强 2019 年排名前 200 的企业。

（2）2020 年中国房地产业协会和中国房地产测评中心正式对外发布的 2020 中国房地产开发企业商业地产综合实力前十强的企业。

9.3 运营主体选择

9.3.1 未来社区运营的特点和难点

未来社区设计为面向未来的创新性的社区形态，从涉及的面积、人口数量、工作层面和维度、经营管理的内容、涉及物业的种类、对接的业主单位和协同联系单位、项目发展的要求和创新性等众多方面，都是前所未有的。目前市面上也没有成熟的直接针对未来社区的运营团队，加之未来社区运营主体和普通地产商业运营也存在着本质的区别，这就要求我们在选择运营主体的时候，本着"落实系统设计、去房地产化、立足建设运营资金总体平衡，着力提升广大群众生活品质，建设具有鲜明的民生导向工程"的宗旨。

9.3.2 运营主体的角色和定位

未来社区的运营主体将是一个双层架构，在社区运营公司的外部层面，作为项目发展商是业主委员会，以及属地政府间保持沟通和协同的窗口，在运营公司属下层面，可以包括若干功能部门，来分别管理未来社区里的不同分工。和传统的小区相比未来社区物业管理的区别在于，在未来社区的运营中极大地提高了社区服务内容的比例，增加了商业空间运营的内容，同时在社区共享、社区治理等维度也部分纳入运营的日常要求中来。所以在功能要求上，就需要运营主体包含：未来社区物业管理＋商业运营＋社区服务＋社区文化运营＋社区智慧运营。是一个既有脑，又有手的组合体。

运营主体应坚持按照以人为本的理念构建的以服务居民为核心的社区治理模式。打造数字化平台实现"小政府、大社会"服务定位要求，结合未来社区九大场景构建邻里贡献积分机制，弘扬诚信守约、共享互助、公益环保社区精神，建立信用评价体系，构建服务换积分、积分换服务激励机制。运营主体的工作开展可以集中体现未来社区人本化、生态化、数字化的建设目标。充分的发挥运营主体优势的数字技术和管理经验，利用物联网、云计算、移动互联网等新一代信息技术的集成应用，为社区居民提供一个安全、舒适、便利的新型服务形态社区。

9.3.3 运营主体选择的维度

未来社区运营是一个新兴事物，市场中并没有可以直接参照的范本。从上述的运营特点难点，以及运营主体的角色定位来分析，运营主体需要具备以下的能力或经验：

（1）有大型住宅物业运营和管理经验；

（2）有大型商业项目运营和管理经验（建议1万 m^2 以上体量的商业物业）；

（3）有专项社区服务的经验，对于康养、教育、邻里等场景需要长期专业的运营经验才能形成真正的运营思路，从而提供符合社区需求的产品和服务，特别推荐运营商有相关业态的自营经验或品牌；

（4）具有强大的人才的培养、培训体系、本地的运营网络（对于未来社区这样复杂的运营，需要有规模化的运营支撑）；

（5）具有智慧化平台的运营和使用经验，包括智慧平台和日常运营的融合使用；智慧化的最终目的是提高运营的效率，所以必须要在实际中运营能被直接利用和使用的才有价值；

（6）具有文化运营的能力和经验，能根据社区在地化的文化，连续组织、创意、实施适合社区品牌和文化的活动，持续提高社区的社会资本和公众参与。

9.3.4 运营主体选择的机制

运营主体选择时，特别需要考察候选单位在非总部所在地的大型项目运营能力及经验，具体的评分机制建议结合运营主体选择维度来设定，权重比例可以在具体招标阶段再设定。

9.3.5 运营主体选择的评估机制

对运营主体的评估可以采用团队打分的方式，团队可以由项目业主方代表、全过程咨询单位代表、物业运营专家、社区治理专家、未来社区规划专家等组成。

9.4 运营方案的评估

9.4.1 运营方案的定义和组成

未来社区项目的运营要求的是整体运营，运营方案应包括运营策略、内容、流程、组织架构、预算、考核机制等内容。

9.4.2 运营方案的评估维度

（1）落地性：结合项目的实际工程条件、社区环境、资金平衡，审视项目的可执行性，对于可能的风险及时评估并提出相应的风控措施。

（2）主题性：未来社区在申报的框架下主要设置了硬件条件，对于运营需要更多地产生本社区的特色主题，以区别于其他的未来社区，这有助于本社区运营产生的社区归属感，提高社区运营的参与性。

（3）创新性：未来社区的建立只是一个开始，后期的推进需要有自身的创新性，可以是产业、内容、组织形式等方面。

（4）可持续性：未来社区的价值在于长远，而不是昙花一现，从团队、资金平衡、社会认同等角度都需要保证其可持续性。

9.4.3 运营方案的评估机制

和对运营主体的评估一样，对运营方案的评估也可以采用团队打分的方式，团队可以由项目业主方代表、全过程咨询单位代表、物业运营专家、社区治理专家、未来社区规划专家等组成，以上述评估维度并结合对运营主体单位的实地考察来综合打分。

9.5 对运营主体的要求

9.5.1 总体要求

1. 变更管理要求

运营主体如需对安置房、"九大场景"配套用房的建筑方案（含平面布局、空间形态、外形轮廓、外立面等）、建设标准（含装修标准）等变更，或"三化九场景"的供应商及运营商的变更，或经审批的运营方案的变更，均需报建设单位审批。

2. 销售要求

（1）运营主体在项目首次预售申请前，完成以下全部工作：① 完成未来社区整体运营方案（即"三化九场景"落实方案）编制工作；② 将未来社区运营方案报建设方审批；③ 安置房工程形象进度均达到预售条件；④ 办公、服务综合体开工建设；⑤ 完成安置房、人才住宅、人才公寓的精装修"交付样板房"，由建设单位组织验收合格并经公证机关留存。

（2）人才住房、人才公寓在取得预售许可证后以指定价格销售给符合未来社区人才引进相关规定的销售对象。

3. 租赁要求

（1）建设方出租范围：托育点、幼儿园、共享空间、双创办公、农贸市场、无人超市、社区礼堂、社区图书馆、社区卫生服务中心、居家养老中心、社区食堂、社区中心、社区议事会、社区客厅等，视具体未来社区项目情况确定。

（2）出租期限：自未来社区交付使用之日起，满约定期限为止。

（3）在通过未来社区省级验收命名的前提下，自未来社区竣工交付使用之日起10年内，运营主体免交建设方约定的出租范围内的租金。

如在运营期间未来社区物业费收取规定有变化的，相应租金可另行协商。

4. 履约保证金

运营协议签订后30日内，运营主体须向建设方缴纳履约保证金，现金或建设方认可的银行保函均可，银行保函须为不以诉讼或仲裁意见为前提的见索即付的履约保函。履约保证金相关约定如下：

（1）履约保证金或银行保函期限为整个建设期及运营期，履约保证金金额视未来社区项目具体情况确定。

（2）如通过由省未来社区建设工作验收，并经主管部门同意后命名公布，自命名公布后30日内退还履约保证金50%，剩余50%履约保证金在运营期10年中分别按照5%比例逐年退还完成。

9.5.2 回购工程

1. 回购范围和主体

（1）项目公司按《国有建设用地土地使用权出让合同》及协议所要求的标准建设项目用地内安置住宅及地下停车位、商业办公，政府未来社区开发建设中心（以下称"建设中心"）享有根据需要进行优先回购的权利。

（2）回购部分建设实施方案及施工图设计应先报送建设中心审核确认，再报市主管部门审批，由项目公司负责实施。

2. 交付要求

（1）安置住宅须满足建筑装修一体化标准，全装修交付。项目公司须在安置住宅全装修工程大面积施工前，完成以下全部工作：① 全装修标准经建设中心及实施主体单位审定；② 按照安置住宅装修施工图及预算完成"交付样板房"，且每个户型（套型）须有相应的"交付样板房"；③ "交付样板房"由有权单位和项目公司共同组织验收合格并经公证机关公证留存。

（2）办公建筑的公共区域为精装交付，其中公共区域包含公共大厅、电梯前室、楼梯间、公共通道、公共厕所等公共部位装修，仅室内办公空间装修除外。商业部分为毛坯交付。装修标准及装修方案需经建设中心及实施主体单位审定。

（3）项目公司负责办理所有回购部分的竣工验收。竣工验收存档6个月后，项目公司须配合建设中心及实施主体单位办理相关产权登记手续。

（4）项目公司在通过竣工验收备案后20个工作日内统计回购幢号、房号、套型、套数、建筑面积等所有回购内容并统一移交给建设中心及实施主体单位。运营主体在建设过程中须配合实施主体单位完成安置房的选房工作。运营主体应当在房屋通过联合验收之日起45个工作日内，与实施主体单位或其指定的回购户签订《商品房买卖合同》，将产权直接登记在实施主体单位或其指定的回购户名下。项目公司必须无条件做好回购商品房的交接、过户等相关手续，上述产权登记过程中涉及应缴的税费已包含在回购单价中，由项目公司统一支付。

（5）安置住宅允许项目公司进行户型优化。设计户型建筑面积可在3%范围内上下浮动，少于3%面积部分的房价由运营主体按照2倍的回购单价补偿给实施主体单位并按月利率1%支付利息（利息起算时间按实施主体单位付款时间计）。准确回购总价根据实际交付面积及相关协议的约定另行计算，回购房单价已含办理房屋产权证的办证费等所有与购房相关等费用。

（6）安置住宅及商业办公未能通过建设中心、项目公司和实施主体单位共同组织的交付验收时，由此产生的补救费用，以及造成的任何损害、损失、增加支出或承担额外责任等，均由项目公司承担。

3. 交付标准及回购费用

（1）安置住宅：全装修交付。

（2）建设中心回购安置住宅地下机动停车位价格依据测算确定。

（3）办公建筑、商业部分交付标准经建设中心审计价格依据测算确定。

（4）上述各项回购项目单价具体以市级层面审议明确为准。回购费用包含办理产权证的费用、契税等所有购房及办证的相关费用。

（5）安置房全装修预算须建设中心及实施主体单位审定，预算单价不低于前述标准。

4. 回购款支付

1）安置房回购款支付

签订协议后一定期限内，实施主体单位向项目公司支付回购总价的一定比例。回购项目领取该施工许可证，并全面开工（桩基进场且打第一根工程桩之日视为全面开工）后一定期限内，实施主体单位向项目公司支付至回购总价的一定比例。回购项目全部主体建筑工程地下室顶板混凝土浇筑完成后一定期限内，实施主体单位向项目公司支付至回购总价的一定比例。回购项目全部主体建筑工程封顶后一定期限内，实施主体单位向项目公司支付至回购总价的一定比例。回购项目工程四方验收合格后一定期限内，实施主体单位向项目公司支付至回购总价的一定比例。回购项目取得工程消防、人防、环保、规划等各项验收合格证（意见书）、取得建筑面积测绘资料并将项目竣工资料移交城建档案馆之日起一定期限内，实施主体单位向项目公司支付至回购总价的一定比例。工程配套确认完成，项目决算经财政、审计等部门审核确认后一定期限内，实施主体单位项目公司结算并支付至回购总价的一定比例。回购房所有权证办理完成（以最后一本完成时间为截止时间）之日起一定期限内，实施主体单位支付至回购结算总价的一定比例，剩余一定比例作为工程质量保证金。工程竣工验收完成后，满2年后一定期限内支付工程质量保证金的一定比例，满8年后一定期限内支付全部工程质量保证金（不计息）。

2）商业办公回购款支付

商业办公通过竣工验收备案后一次性回购。

9.5.3 无偿移交工程

1. 移交范围和内容

无偿移交工程应与建设项目同步设计、同步施工，竣工验收合格后一并移交相应对象（含相关手续办理）。

主要建设内容包括道路工程、地下综合管线（给水、雨水、污水、电力、燃气、通信）、照明、交通设施、附属设施（路灯、行道树、垃圾箱）等。道路严格按照规划红线建设，按城市支路设计建设，建设标准和内容应满足《城市道路工程设计规范》CJJ 37—2012等有关规定，施工图由项目公司设计。

2. 装修和交付要求

（1）幼儿园、社区中心及办公、服务场景综合体等由项目公司根据"三化九场景"等相关要求，结合未来社区运营方案进行装修设计，且装修方案须经建设中心及实施主体单位确认。

（2）消控室、开闭所、配电房、燃气调压站：交付标准符合行业主管部门设计及管理要求，符合土地出让相关文件规定。

3. 其他建设要求

移交工程未能通过建设中心、项目公司和实施主体单位共同组织的交付验收时，由此产生的补救费用，以及造成的任何损害、损失、增加支出或承担额外责任等，均由项目公司承担。

9.5.4 项目运营要求

1. 运营总体要求

（1）项目公司依法负责整体运营未来社区整个实施单元的物业、商业、三化九场景、数字化等在内的所有运营内容，且达到运营期限要求。

（2）项目公司负责编制的未来社区运营方案须满足未来社区试点项目所有规定与要求，且须报建设中心审核通过。

（3）运营期内运营范围的所有运营及管理等工作均由项目公司负责，未来社区的运营收入归项目公司所有，按政策需缴纳的税费等由项目公司承担。

（4）项目公司应根据未来社区所在地相关物业收费政策，结合项目实际情况，实现居民基本物业服务（社区保洁、社区保安及绿化养护等）零付费。

2. 九大场景落地要求

（1）项目公司需优化深化细化九大场景内容，在打造教育、创业及低碳等特色场景的基础上，充分分析邻里、健康、建筑、服务、交通及治理等场景需求，旨在确保九大场景方案能够因地制宜地落地实施。

① 未来教育场景

实践"幼有所育"社区幼托服务；制定"普惠共享"全龄化教育社区方案；建立"人人为师"共享课堂学习模式（表9-1）。

	未来教育场景	表9-1
序号	指标落位	
1	养育托管点	
2	幸福学堂	
3	幼儿园	
4	城市图书馆	
5	品牌线上图书馆	
6	社区图书馆、幸福学堂	

② 未来创业场景

构建"全域联合"的创业空间体系；打造"智慧化、精细化"的创业服务生态；构建"创业无忧"的人才安居机制（表9-2）。

未来创业场景　　　　　　　　　　　　　　　　表 9-2

序号	指标落位	
1	未来创客厅	创客智慧屋
2		共享创客空间
3		创客交流室
4		创客圆桌会
5		创客讲堂
6		创客学院
7	共享空间	
8	创业服务中心	
9	创客咖啡厅（含缘分空间）	
10	路演大厅	

③ 未来低碳场景

聚焦多能集成、节约高效、供需协同、互利共赢，构建"循环无废"未来低碳场景（表9-3）。

未来低碳场景　　　　　　　　　　　　　　　　表 9-3

序号	指标落位
1	微碳示范区
2	雨水花园
3	雨水回收
4	垃圾投放点
5	垃圾集中存放点
6	垃圾收集站
7	太阳能光伏发电＋储能
8	集中供冷供热
9	海绵城市

④ 未来邻里场景

凝练历史文化，生成邻里文化，融入邻里空间，展现区域特色，重温旧日温馨邻里互助场景，寻求归属感和家园共建模式（表9-4）。

未来邻里场景　　　　　　　　　　　　　　　　表 9-4

序号	指标落位
1	社区集市
2	老年活动室
3	邻里交流空间
4	文化活动共享街区

续表

序号	指标落位
5	邻里广场
6	文化展厅、传统技艺活态馆（如有）
7	社区礼堂
8	文化活动室
9	文化广场
10	生态农业乐园
11	康养文化公园
12	邻里记忆公园
13	善文化教育馆
14	乡土记忆公园
15	社区礼堂
16	儿童活动空间

⑤ 未来健康场景

构建"幸福居家"养老服务体系；打造"优质化联动式"社区医疗生态；助力"设施互动智能"运动健康生活；面向全人群和全生命周期；全民康养的未来健康场景（表9-5）。

未来健康场景　　　　　　　　　　　　　　　　　　　表9-5

序号	指标落位
1	社区卫生服务站
2	社区运动中心
3	居家养老服务中心
4	社区食堂
5	社区卫生服务中心
6	邻里体育场
7	居家养老服务用房
8	室外健身点

⑥ 未来建筑场景

社区生活圈组织：共享核心＋邻里中心＋生活主轴；社区风貌特色：传承文化＋古今辉映；社区人居环境：功能复合＋品质共享；社区建造技术：科技赋能＋全数字化；创新空间集约利用和功能集成，艺术与风貌交融（表9-6）。

未来建筑场景　　　　　　　　　　　　　　　　　　　表9-6

序号	指标落位
1	邻里交流空间
2	幼儿园

续表

序号	指标落位
3	综合体
4	社区中心
5	屋顶花园

⑦ 未来交通场景

"车"畅其道;"人"畅其行;"物"畅其流化。突出差异化,多样化,全过程的交通体系(表9-7)。

未来交通场景　　　　　　　　　　表9-7

序号	指标落位
1	地下车库
2	智能快递柜
3	出租车、网约车停靠点
4	慢行系统
5	物流前置仓

⑧ 未来服务场景

围绕社区居民24小时生活需求,打造"优质生活零距离"未来服务场景(表9-8)。

未来服务场景　　　　　　　　　　表9-8

序号	指标落位
1	物业用房
2	无人超市
3	安全服务中心
4	志愿者服务中心
5	农贸市场
6	街道服务中心

⑨ 未来治理场景

"党建引领,网格管理"社会治理体制,"多方协商,人人参与"的矛盾调节中心。设置党群服务中心"新城e家",集成优化社区管理服务平台,依托社区数字精益管理平台,构建党建引领的"政府导治,居民自治,平台数治"(表9-9)。

未来治理场景　　　　　　　　　　表9-9

序号	指标落位
1	一站式治理大厅
2	党建活动室
3	社区课堂社区议事会
4	综合体

3. 未来社区物业管理要求

（1）社区内的保洁、保安、绿化养护等的基本物业费按未来社区相关规定执行。

（2）物业范围

社区保洁：道路保洁、公共场所和设施保洁、绿化带保洁、残标清除、垃圾分类基础设施清洁维护、大件垃圾清运、楼道保洁、楼道扶手清洁等区域的日常保洁保养以及垃圾分类管理、废弃物清理和灭"四害"等所有社区所需环境卫生保洁。

社区安保：消防设施检查、消防隐患排查、治安巡防、违建信息上报、停车管理设施设备、停车秩序维护等。

绿化养护：社区内的树木、花、草等的日常养护和管理。

公共维护：社区的配电设施、公共照明（含楼道灯、景观灯等）、给水排水（含雨污水管）、电控门、室外构筑设施、停车系统、智慧平台、屋顶清理、修缮及其他公用设施的日常巡查、维修、更换、修缮等。

（3）物业服务必须符合国家、浙江省及未来社区项目所在地的未来社区物业管理办法及条例。物业服务的人员配置、服务标准必须不低于未来社区项目所在地中高档社区的平均未来社区物业管理水平及要求。

4. 商业管理要求

（1）项目公司移交的商业由土地竞得者统一自主经营，运营方案需要由建设中心确认后方可实施。

（2）项目公司移交的九大场景配套用房须在项目整体交付后3个月内全面营业、运营。

5. 运营验收

（1）未来社区交付并试运营满3个月后，建设中心可根据浙江省未来社区试点项目的要求组织对未来社区运营情况进行初步验收。如初步验收不合格由项目公司负责改正，直至初步验收合格。

① 初步验收合格后，由建设中心向浙江省发展和改革委员会提出试点建设工作考核评估工作。如通过由浙江省发展和改革委员会组织相关部门对未来社区的正式验收，满足未来社区试点项目要求的，建设中心自验收通过之日起30日内退还建设期履约保证金。

② 如未通过省级验收命名，则建设中心扣除剩余全部的建设期履约保证金。因未通过而由此产生的补救费用以及造成的任何损害、损失、增加支出或承担额外责任等，全部由项目公司承担。

（2）运营期内，根据浙江省未来社区试点项目的相关要求，建设中心每年均须对未来社区运营情况组织考核验收。

① 如每年均满足未来社区试点项目要求的，自验收通过之日起30日内无息退还规定比例履约保证金。

② 如项目公司未能在考核验收当年内通过未来社区运营验收，建设中心可向项目公

司没收当年规定比例退还的履约保证金,并有权终止本协议。终止协议后,项目公司须无条件在协议终止之日起90日内退出运营。

6. 过程管理

(1)建设中心另行制定运营考核办法,每年(浙江省发展和改革委员会组织相关部门对未来社区的正式验收当年除外)联合相关政府部门、第三方机构和业委会等对项目公司进行考核,考核内容包括但不仅限于住户满意度调查、场景运营考核等。

(2)项目公司通过由建设中心每年(浙江省发展和改革委员会组织相关部门对未来社区的正式验收当年除外)组织的运营考核,建设中心将在每年考核通过之日起30日退还当年履约保证金(不计息),当年履约保证金退还金额(不计息)=当年应退还金额-当年违约金。

9.5.5 风险提示

1. 配建工程风险

(1)配建工程费用超预期风险。本次配建工程采用费用包干形式,相关费用包括但不限于建安费用、立体绿化、外接电源、集中供能、装修费用,以及工程其他费用(含配建费)等,存在工程实际投入费用超出回购费用的风险。

(2)市场波动风险。项目实施过程中,存在原材料价格波动风险、人工费价格波动、房地产市场风险等。

(3)进度违约风险。存在因进度延误承担较大违约金的风险。

(4)政策风险。未来社区建设须符合《浙江省人民政府关于印发浙江省未来社区建设试点工作方案的通知》(浙政发〔2019〕8号)、《浙江省发展改革委关于开展浙江省未来社区建设第二批试点申报工作的通知》(浙发改基综函〔2019〕183号)、《浙江省人民政府办公厅关于高质量加快推进未来社区试点建设工作的意见》(浙政办发〔2019〕60号),以及通过运营验收前浙江省和项目所在地对未来社区试点项目所有要求。

2. 经营风险

(1)运营收入达不到预期的风险由运营主体承担。包括:未来社区的运营要符合智慧化运营需要,运营成本具有较大不确定性;运营本身存在市场风险,存在运营收入达不到预期的风险等;

(2)存在未能通过运营验收,协议被终止的风险由项目公司承担;

(3)房地产市场风险,人才住宅、人才公寓的销售达不到预期目标的风险由运营主体承担。

3. 其他风险

(1)由于资金问题造成项目无法进行的风险由项目公司承担;

(2)项目未进行地勘,由此引发的相关风险由项目公司承担;

(3)合作期间若浙江省和项目所在地对未来社区的相关政策发生变化,项目公司应根据要求及时调整建设与运营方案以满足政策要求。由此造成的风险由项目公司承担;

（4）不可抗力的风险由运营主体和建设专班双方共担；

（5）国家及省市的其他可能影响的政策风险由项目公司承担。

9.6　未来社区项目运营协议（示例）

针对未来社区项目运营的重难点，在运营协议中应该约定运营期限、运营范围、运营要求及可能存在的风险。下面以未来社区服务协议格式来说明。

××市××未来社区项目
运营协议

甲方：开发管理委员会
乙方：实施主体
丙方：项目公司／受让人

第一章　项目概况

1.1　项目概况

（包括项目名称、项目位置、项目主要指标。）

1.2　政策要求

未来社区项目的运营须符合《浙江省人民政府关于印发浙江省未来社区建设试点工作方案的通知》（浙政发〔2019〕8号）、《浙江省发展改革委关于开展浙江省未来社区建设试点申报工作的通知》（浙发改基综〔2019〕138号）、《浙江省发展改革委关于公布首批未来社区试点创建项目名单的通知》（浙发改基综〔2019〕363号）、《浙江省人民政府办公厅关于高质量加快推进未来社区试点建设工作的意见》（浙政办发〔2019〕60号）、《××未来社区建设项目实施方案》（以下称"实施方案"），以及浙江省、项目所在地对未来社区试点项目的要求。

××社区作为浙江省未来社区试点项目，需按照浙江省未来社区试点要求做好运营工作。××社区以创建创业型未来社区为目标，围绕社区全生活链服务需求，以人本化、生态化、数字化为价值导向，打造以未来邻里、教育、健康、创业、建筑、交通、低碳、服务和治理等九大场景创新为引领的新型城市功能单元，完成浙江省未来社区试点项目创建任务。

1.3　甲方特别授权乙方，由乙方代表甲方在该协议中行使相关权利，并承担相关义务。

第二章　运营期限与范围

2.1　运营期限

自××社区竣工验收并交付之日起10年内。乙方或乙方指定单位委托丙方负责××未来社区的各项运营服务。

2.2 运营范围及内容

丙方依法负责××社区的生活服务及商业的整体运营，范围包括但不限于：

（1）乙方或其指定单位委托丙方运营的配建工程、九大场景物业等（不包括幼儿园）。

（2）要求丙方自持物业部分运营内容（街区商业、双创办公、TOD商业等）。

（3）项目内的安置住宅、人才公寓、人才房、配建及九大场景、幼儿园的物业服务。

（4）项目内商品住宅物业服务（经业主大会或业主委员会依法聘任其他运营管理方进行管理的情况除外）。

第三章 运营要求

3.1 总体要求

（1）丙方在协议签订后负责编制的××社区运营方案（包括但不限于"三化九场景"落实方案）须满足《省发展改革委关于开展浙江省未来社区建设试点申报工作的通知》（浙发改基综〔2019〕138号）、本协议，以及浙江省、××市对未来社区试点项目的要求，报乙方及相关单位的审核同意。如运营方案内容变更的，需经乙方和区人民政府相关职能部门同意。

（2）丙方须按照本协议约定的运营范围进行空间管理，改善工作空间舒适度，降低空间运维成本，实现不动产价值提升。

（3）运营期内运营范围内的所有运营及管理等工作均由丙方负责，所需费用均由丙方承担，运营期间造成的纠纷等均由丙方负责解决。

（4）项目由丙方按照"自负盈亏、自求平衡"的原则，在××社区建设和运营期限内统筹平衡。

（5）丙方应配合并执行乙方、区人民政府，省政府及相关部门对××社区的运营、验收等进行的监督、监管和整改。

（6）丙方须配合乙方及其指定单位组织的未来社区创建相关考核。

（7）丙方在××社区运营实施阶段需配合全过程咨询单位开展全过程咨询监督管理、考核评估。

3.2 引入服务企业要求

丙方负责××未来社区的整体管理和运营，需符合《××未来社区项目履约监管协议》约定要求，并于（土地出让协议）协议签署后7日内向乙方提供运营企业的相关资料报乙方备案或成立运营公司。同时运营方案上报乙方及相关单位批准同意。运营企业的服务要求如下：

（1）未来社区商业运作需有利于提升社区的商业品质，需引入一定数量的有影响力的商业和服务品牌。如万达影院、银泰百货、世纪联华等具有同等影响力的商业和服务品牌，能够带动支撑整个区域的发展、繁华。

（2）引入医养机构需具有康复性养老机构、日间照料中心、养老社区服务点运营经验。

（3）引入一定数量的网红店铺，为消费者提供极具体验感的消费空间及更多元的选择。

（4）双创办公需引进3家中国100强企业（分支机构或办事处）。

（5）引入的商业和服务品牌、医养机构、网红店铺、双创办公需在运营单位接收运营3个月内向乙方申请备案，逾期未引进或备案不通过的，丙方应支付违约金3000万元（大写：叁仟万元整），违约金从丙方提交的履约保证金中扣除。

（6）移交运营后6个月内，商业满铺率达到80%以上，双创办公入住率达到60%以上。移交运营后10个月内，商业满铺率达到95%以上，双创办公入住率达到90%以上。如未在要求时间内达到相应满铺率和入住率，均视为丙方违约，则丙方须向乙方按人民币200万元整（大写：贰佰万元整）支付违约金，违约金从丙方提交的履约保证金中扣除。

3.3 物业服务收费

××未来社区的物业收费标准，按照浙江省未来社区的最新相关标准执行，具体丙方应根据××市相关物业收费政策，结合项目实际情况，经相关部门同意后确定××社区物业服务收费标准。

3.4 九大场景落实具体要求

各物业配套的设置，原则上按各区块分别设置，不得集中放置在安置、人才房区块，场景及配套的设置原则上按设计要求进行，如需适当的优化需经过实施方案编制单位和全咨单位的确认并获得乙方批准方可实施。

3.4.1 邻里场景：通过打造5号地块诚信文化公园，创建特色的文化氛围，并为市民提供多样的休闲体验；针对邻里开放空间，硬性规定优化设置"平台＋管家"管理单元；采取贡献换积分，积分换服务的模式，同时融入弘扬诚信文化积分体系。

3.4.2 建筑场景：

（1）CIM数字化建设平台应用：在该地块构建社区现状的数字化基底模型，利用GIS＋BIM的先进技术手段，绘制数字社区，并建立统一的社区数字化信息平台，在全生命周期的规划建设管理与未来场景的服务应用，并预留接口，拓展发展连片开发的周边区域。

（2）空间集约开发：以空间集约化模式，疏密有致的规划布局，实现公共服务设施与公交站点的无缝衔接；公共空间混合利用，地上地下立体开发，充分开展地下空间建设，提高使用效率；倡导共享开放，优化社区公共空间组织。

（3）建筑特色风貌：采用地面、平台与屋顶、垂直绿化相结合的方式，打造立体多层次复合绿化系统，泛邻里带上布置邻里综合体、文创街区建筑组团、TOD等，与周边建筑组团产生互动。

（4）装配式建筑与装修一体化：本次设计装配式全覆盖。本工程按照《装配式建筑评价标准》DB 33/T 1165—2019，住宅部分装配率不低于50%，公建部分装配率不低于60%。

（5）建筑公共空间与面积：建设1个综合型泛邻里带，由邻里综合体、文创街区、

TOD组成。分散配置街坊共享空间在建筑底层设置无人超市、共享健身房、邻里活动空间等，建立空间中人和文化、生活、场所的联系。从而点到面地激活居住、办公、商业等活动中的空间潜在价值。通过建筑底层架空开放等形式，创造开放共享空间。结合建筑群体布置，利用建筑底部地形架空层，以街坊为单位布置便民性服务设施。

3.4.3 教育场景：在各组团内设置多个3岁以下养育托管点，加强设施完备度；集中设置社区幸福学堂，便于社区居民聚集交流。

3.4.4 健康场景：5分钟步行圈内设置卫生服务中心；15分钟步行圈内结合综合邻里带建立社区卫生服务站；实施单元配置1345m^2的日间照料中心。

3.4.5 交通场景：街区的路口间距150~300m。道路分级明确，社区路网全支路可达；引入社区第三方停车运营平台，应用自动引导设（AGV）停车技术等智慧停车设施；设置多个快递智能分拣室和休憩空间；其中实施单元为每个管理单元配建1个物流分拣中心。

3.4.6 创业场景：结合邻里中心，TOD创业中心设置创业者服务中心，为片区创业者提供多样全面的就业服务。

3.4.7 低碳场景：采用光伏一体方式，地下室空间设置储能设施；社区内路灯统一采用光伏路灯；建设社区能源中心站，采用"热泵+蓄冷储热"技术；绿地的雨水管理措施，在硬质地面可以通过渗水铺装实现雨水渗透，或通过水渠和沟槽将雨水引流至街道附近的滞留设施中，净化的雨水可以就地消化于水景观中。

3.4.8 服务场景：采用环保、智能化等高科技手段，依托智慧平台构建"平台+管家"的物业服务模式；设立24小时便民社区商店；构建完善的社区消防、安保等预警体系及应急机制。

3.4.9 治理场景：建立未来社区居委会和社区，边界统一配置社区议事会、社区客厅等空间载体；鼓励服务性、公益性、互助性社区社会组织和志愿者协会参与社区积分制度；建立智慧平台，整合优化各项基层平台，建设一站式社区服务大厅，设置无差别受理窗口。

3.5 运营条件验收

（1）在××社区项目各单体完成竣工备案之后，由乙方、丙方及相关部门依照协议约定对××社区运营条件组织验收，交付运营单位接收并开始计算运营时间。

（2）运营期内，丙方须配合乙方、区政府或其指定单位的监督和指导，对提出的问题及时进行整改，如丙方不配合整改的，乙方收取违约金（20万元整）/次，违约金从丙方提交的履约保证金中扣除。

（3）如丙方未能在竣工验收并交付之日起1年内通过未来社区运营验收，乙方可向丙方收取违约金10000万元（大写：壹亿元整），违约金从丙方提交的履约保证金中扣除。

3.6 运营场所租金

（1）按本协议2.2运营的范围与内容，由丙方按照"自负盈亏、自求平衡"的原则，在××未来社区运营期限内统筹平衡。

（2）丙方不向乙方或乙方指定单位支付租金。

（3）在乙方或乙方指定单位不使用配建工程用房的情况下，乙方或乙方指定单位不需向丙方支付管理费或物业费或能耗费等。

第四章 风险提示

4.1 经营收入达不到预期的风险。一方面，××社区的运营要符合智慧化运营需要，运营成本具有较大的不确定性；另一方面，社区空间运营本身存在市场风险，存在运营收入达不到预期的风险。

4.2 存在未能通过运营验收，协议被终止的风险。

第五章 移交

5.1 丙方保证，运营期间委托丙方运营的配建工程的资产、设施设备均应保持良好的运营和技术状况。

5.2 运营期届满且双方未达成新一轮委托运营协议或运营期间出现提前终止运营的法定、约定事由的，运营期结束，丙方应将乙方或其指定单位委托丙方运营的配建工程移交给乙方或其指定单位，由乙方或其指定单位另行委托第三方运营。

5.3 运营期结束前6个月内，丙方须配合乙方或其指定单位开展××社区运营商选择、实地考察等过渡期准备事宜。

5.4 运营期结束后20日内，丙方须将满足性能测试要求的资产、知识产权和技术法律文件及全部图纸资料，连同资产移交清单及各项资料移交给乙方或其指定单位。

5.5 移交前如发现上述资产、设施设备等存在缺陷，或未能达到移交标准，丙方须及时修复，费用由丙方承担。

第六章 其他说明

6.1 除本协议约定的违约责任，其他违约责任依照当地未来社区项目《开发建设协议》《履约监管协议》关于违约责任的约定，各方对各项违约金数额不持任何异议。

6.2 合作期间若浙江省、××市对未来社区的相关政策发生变化，丙方应根据乙方要求及时调整运营方案以满足政策要求。

6.3 乙方、丙方等各主体因参与××社区运营根据国家法律法规等规定应承担的各项税费，根据国家法律法规等规定由纳税人各自承担。

6.4 本协议中"元"指中华人民共和国法定货币人民币元。

6.5 土地受让方、丙方互对对方的行为和职责承担连带责任。

6.6 用于运营的各项物业：配建物业、TOD商业、街区商业用房双创办公等均不得进行抵押、质押，运营转让等。

6.7 丙方保证在租赁期内未征得乙方书面同意和未经消防、公安、环保、文化、工商、卫生、防疫等有关部门审核批准，不得擅自改变该物业的使用性质及建筑结构，不得向外扩建，不得占用公共设施或场地，不得经营与营业执照不一致的活动，遵守相关法律法规等政策规定，不得从事任何非法活动。

6.8 丙方在不改变运营整体的前提下，可根据实际经营需要，对项目内部的业态布局、商业动线和经营格局等作合理调整,并进行内部装修,但须按规定报请乙方及有关部门批准后方可进行。

6.9 本协议未尽事宜,由甲方、乙方、丙方另行协商确定。

甲方:
(公章)
法定代表人签字:(或授权代表)
乙方:
(公章)
法定代表人签字:(或授权代表)
丙方:
(公章)
法定代表人签字:(或授权代表)

签约时间: 年 月 日
签约地点:

第 3 篇

前期专项咨询

　　未来社区项目具有"多主体""前期性""项目群"等特点,其"前期性"更多地体现在通过研究、比较等方式方法实现对项目质量、投资、进度等目标的预控。作为综合性咨询关联咨询服务的前期专项咨询,服务内容包括但不限于征迁方案咨询、申报方案编制、规划研究咨询、专项政策研究咨询、项目融资咨询、项目可行性研究、建设条件单项咨询等七方面内容。对全过程试点综合性咨询起到补充与支撑作用。

第 10 章　征迁安置方案咨询

征迁安置包含三项基本工作。第一项是"征"，又包含了土地征收和房屋征收两项。土地征收是指国家为了公共利益需要，依照法律规定的程序和权限将农民集体所有的土地转化为国有土地，并依法给予被征地的农村集体经济组织、被征地农民合理补偿和妥善安置的法律行为；房屋征收是指由房屋征收部门在摸底立项的基础上对居民居住房屋及土地使用权的有偿回收。第二项是"迁"，即拆迁，是指根据城市建设规划要求和政府批准的用地文件，依法拆除建设用地范围内的房屋和附属物，将该范围内的单位和居民重新安置，并对其所受损失予以补偿的法律行为。第三项是"安置"，此处为泛指，严格来说应当分为"补偿"和"安置"，是指拆除拟建项目所用土地上的建筑物和构筑物的同时，要对被拆房屋的所有人和使用人进行补偿和安置，有的还必须按照要求进行必要的就业安置，原则是对所有人进行补偿、对使用人进行安置。

未来社区从顶层设计的立意来看，符合由政府组织实施的保障性安居工程建设的需要，或由政府依照《城乡规划法》有关规定组织实施的对危房集中、基础设施落后等地段旧城区改建的需要，因此征收房屋具有合法性基础。

征迁安置方案咨询工作质量的高低，主要表现在是否合法合规、征地拆迁工作是否顺利进行、房屋补偿和安置价格的测算方法是否简明易行等。

10.1　征迁安置的原则

从以往工作经验来看，征迁安置是社会稳定风险极高的行为。而其中，矛盾最为突出的主要在集体土地征收方面。农村房子实行宅基地登记，很多农户在宅基地上世代生活和劳作，早已形成独特的情怀了，征地拆迁难度非常大。为做好征迁安置工作，设定基本的工作原则必不可少。县（区、市）人民政府确定的房屋征收部门组织实施本行政区域的房屋征收与补偿工作，因此征迁安置是政府行为，需要政府公信力作担保，其他部门、组织或个人无法代劳，建议坚持以下原则：

一是坚持依法实施征迁补偿的原则。按照相关法律、法规要求实施征迁工作，认真执行征迁补偿安置政策，严格按照征迁补偿安置程序和标准实施征迁。任何单位和个人不得采取暴力、威胁或者违反规定中断供水、供热、供气、供电和道路通行等非法方式迫使被征收人搬迁。禁止建设单位参与搬迁活动。

二是坚持公平公正合理原则。房屋拆迁涉及的群众人数和补偿资金都比较多，在安置时也存在着地基位置、房屋层次、坐向及面积等问题，每个环节都涉及群众的切身利益，是群众最为敏感的。要建立征地信息公开制度，做好征地信息公开工作，让被征迁人自愿配合征地行为。

三是坚持维护群众合法权益的原则。探索多元化补偿安置政策措施，保障征迁补偿安置资金及时足额到位，保证被征迁人原有生活水平不降低、长远生计有保障，落实失地农民养老保险政策。要建立征迁补偿款直补制度，将征迁补偿费直接发放给所有权人和个人，防止截留、挤占和挪用。

四是坚持统筹兼顾的原则。科学制定征迁补偿安置标准和实施措施，在保障被征迁人合法权益的同时，打击非法套取征迁补偿资金的行为，降低征迁成本。

五是坚持实事求是的原则。对现有征迁政策未涵盖的特殊问题，应当尊重历史，以解决问题为目标，采取"一事一议"的方式，组织召开征迁补偿工作联席会议研究解决。对涉及上一级的政策性问题，报上级部门研究决定。

原则必须坚持，但工作制度、工作方法可以灵活，全过程工程咨询单位应当积极献计献策，使征迁安置工作既保证行为合法，又注重人文关怀。灵活性体现在多方面，例如建立征迁补偿款预存制度，在征迁公告发布前科学合理地测算补偿费用，并按一定比例提前缴纳预存；建立征迁风险评估制度，对征迁补偿安置进行社会稳定风险评估；拓宽多种补偿安置方式，除已成熟的产权调换和货币补偿等直接补偿外，还可探索股权安置、就近就业、创业投资等间接补偿。

10.2　征地工作流程

对集体土地进行征用时，自然资源部门会将征地的用途、位置、补偿标准、安置途径等，以书面形式告知被征地当事人。征地工作程序大体分为三个步骤：一是征地报批前工作程序，二是征地报批材料组卷，三是征地批准后工作程序。以下详细叙述。

1. 征地报批前工作程序

1）征地告知

在征地依法报批前，市、县自然资源局要制作《征地告知书》，将拟征土地的用途和位置告知被征地的农村集体经济组织和农户。《征地告知书》由自然资源所负责在被征地土地所在地的村内张贴。在有条件的地方，市、县自然资源局应当将《征地告知书》在互联网上发布、在当地电视台播出。张贴、发布或者播出《征地告知书》的过程，应当进行摄像和录像，取出的照片和视频资料要妥善保存备查。《征地告知书》不得泄露国家秘密。

在告知后，要严防"三抢"行为，即被征地农村集体经济组织和农户在拟征土地上抢栽、抢种、抢建的地上附着物和青苗，征地时一律不予补偿。

2）现状调查及确认

在征地报批前，市、县自然资源局或者自然资源所负责调查核实拟征土地的权属、地类、面积以及地上附着物权属、种类、规格和数量等，据实填写《征地调查结果确认表》，并经被征地的农村集体经济组织、农户以及地上附着物所有人盖章和签字予以确认。

3）函告征地情况

市、县自然资源行政主管部门将被征地农村集体经济组织和农户确认的拟征地的权属、种类、面积等情况函告同级劳动保障部门。同级劳动保障部门及时确定被征地农民社保对象的条件、人数、养老保险费的筹资渠道、缴费比例，并函告同级自然资源行政主管部门。

4）征地听证告知

在征地报批前，市、县自然资源局应当制作《听证告知书》，将拟征土地的补偿标准、安置途径、当地劳动保障部门确定的被征地农民社保对象的条件、人数、养老保险费的筹资渠道、缴费比例等内容，告知被征地农村集体经济组织和农户，并告知被征地的农村集体经济组织和农户对补偿标准、安置途径和社保措施享有申请听证的权利。《听证告知书》由自然资源所负责在被征地土地所在地的村内张贴并告知被征地农民。

5）组织征地听证

在征地依法报批前，当地自然资源行政主管部门应告知被征地农村集体经济组织和农户，对拟征土地的补偿标准、安置途径有申请听证的权利。当事人申请听证的，应按照《国土资源听证规定》（国土资源部令第22号）规定的程序和有关要求组织听证。涉及社会保障有关事项的，邀请劳动保障部门参加。举行听证的，应当制作《听证笔录》和《听证纪要》，全面准确地反映当事人的意思。确有必要的，应当对征地补偿标准和安置途径进行必要的修改和完善。

很多当事人往往忽略这个听证权，但听证的是补偿标准和安置途径，这两个因素几乎直接关乎被征收人的切身利益，不可不重视。如确属被征地农村集体经济组织和农户自愿放弃听证的，应当填写《听证送达回执》。

2. 征地材料的组织、审核及上报

市县自然资源行政主管部门根据征地情况调查结果和市县人民政府拟定的征地补偿标准、安置方案，以及建设项目的相关材料，依法拟定农用地转用方案、补充耕地方案、征收土地方案和供地方案，编制建设用地呈报说明书（简称"一书四方案"），组卷成征地报批材料，按要求逐级上报有批准权限的人民政府审批。

需要注意的是，征地拆迁项目的审批至少是省级政府审批，征收基本农田或征收土地达到一定面积须经国务院审批。未来社区是民生工程，其根本宗旨是为人民谋福利，因此征地环节一定要公开透明，如果审批不到位就开始征地，则属于违法征地。

3. 征地批准后工作程序

1）发布征收土地公告

经依法批准征地项目后，市县人民政府和市县自然资源行政主管部门要及时发布征收土地公告。

根据《征用土地公告办法》（国土资源部令第 10 号）的规定，征收土地公告由市县人民政府在收到征用土地方案批准文件之日起 10 个工作日内进行，内容包括：

（1）征地批准机关、批准文号、批准时间和批准用途；

（2）被征用土地的所有权人、位置、地类和面积；

（3）征地补偿标准和农业人员安置途径；

（4）办理征地补偿登记的期限、地点。

征地公告很关键，一般会告知提起行政复议、行政诉讼的权利，以保障被征收人的权利。

2）办理补偿登记

根据《土地管理法实施条例》的规定，被征地农村集体经济组织、农村村民、地上附着物产权人或者其他权利人应当在公告规定的期限内，持土地权属证书到公告指定的人民政府土地行政主管部门办理征地补偿登记。

办理手续时普遍会遇到一些有争议的情况，例如嫁出去的女儿、刚生的娃娃、上门的女婿等能否享受补偿、安置政策，对此各地一定要建立完善的法务服务机制，出台一些地方政策预控此类风险。

3）拟定和公布征地补偿、安置方案

市、县自然资源行政主管部门根据批准的《征收土地方案》和补偿登记资料，在发布《征收土地公告》之日起 45 日内，以被征地农村集体经济组织为单位制定《征地补偿安置方案公告》，并在被征收土地的村内张贴。该公告当包括下列内容：

（1）本集体经济组织被征收土地的位置、地类、面积、地上附着物和青苗的种类、数量，需要安置的农业人口和数量；

（2）土地补偿费的标准、数额、支付对象和支付方式；

（3）安置补助费的标准、数额、支付对象和支付方式；

（4）地上附着物和青苗的补偿标准和支付方式；

（5）社保费用的筹集方法、缴费比例和办法；

（6）其他有关征地补偿、安置的具体措施。

4）举行听证

为确保被征地农民权利的维护，根据《征收土地公告办法》（国土资源部令第 10 号）的规定，被征地农村集体经济组织、农村村民或者其他权利人对征地补偿、安置方案有不同意见的或者要求举行听证会的，应当在征地补偿、安置方案公告之日起 10 个工作日内向有关市、县人民政府自然资源行政主管部门提出。

5）批准征地补偿、安置方案

市县自然资源行政主管部门进行征地补偿安置方案的公告后，公告期满当事人无异议或者根据有关要求对征地补偿安置方案进行完善后，将征求意见后的征地补偿安置方案，连同被征地农村集体经济组织、农村村民或者其他权利人的意见及采纳情况报市县人民政府批准，并报省级自然资源行政主管部门备案。

被征收人如果对征地补偿、安置方案有异议而不交出土地，一定要在公告期满60日内提起行政复议或者提出行政诉讼，否则政府可以在催告后申请法院进行强制征收。

6）实施征地、交付土地

征地补偿安置方案批准后，市县人民政府自然资源管理部门应及时依法组织落实征地补偿安置方案的事宜，将征地补偿安置方案确定的费用及时足额地支付给被征地的农民和村集体经济组织。

10.3　国有土地上房屋征收流程

《国有土地上房屋征收与补偿条例》（以下简称《条例》）于2011年1月21日公布，自公布之日起施行。该《条例》明确征收与补偿的对象为国有土地上房屋，为何《条例》不一并解决集体土地和房屋征收问题？因为国有土地上的房屋征收和集体土地征收是分别由《条例》和《土地管理法》调整的，通过行政法规对征收集体土地作出规定是超越立法权限的。此处叙述房屋征收流程。

1. 编制房屋征收计划

未来社区实施主体编制上报国有土地上房屋征收计划，内容包括：项目名称；项目地点；项目用途；征收非住宅建筑面积及户数；征收住宅建筑面积及户数；征收补偿资金；提供产权调换房屋面积（要区分住宅和非住宅）。

2. 获得房屋征收合法性依据

要证明房屋征收行为合法，主要有四个文件：一是建设项目符合国民经济和社会发展规划的审查意见；二是建设项目符合土地利用总体规划、城乡规划、专项规划的审查意见；三是根据房屋征收部门对房屋征收补偿相关费用的预算结果向财政部门发函，要求财政部门出具征收补偿专项资金足额到位的证明（附银行出具的专户存储证明）；四是属于保障性安居工程建设、旧城区改建项目的，还要有项目纳入国民经济和社会发展年度计划的证明文件。

3. 房屋征收部门审查资料

房屋征收部门对征收申请及材料进行审查，出具是否符合《国有土地上房屋征收补偿条例》第八条规定的审查意见，报同级人民政府审查并确定房屋征收范围。

4. 确定房屋征收范围

人民政府审查后确定房屋征收范围，并在房屋征收范围内发布确定房屋征收范围的公告，确定房屋征收范围四至，要求不得实施增加补偿费用的行为（包括新建、扩建、改建房屋，改变房屋用途；办理房屋所有权、国有土地使用权买卖、交换、赠与、租赁、抵押、析产；办理工商登记、事业单位登记、社会团体登记等）。

公告应抄送同级民政部门、自然资源行政主管部门、住房城乡建设部门、事业单位登记部门、市场监管部门、不动产登记中心等。房屋征收部门应当及时通知有关部门暂停办理相关手续，暂停期限不超过1年，通知内容大体与公告一致。

5. 房屋征收实施单位

房屋征收部门与房屋征收实施单位（一般是街道办、居委会）签订房屋征收委托协议。房屋征收实施单位根据委托事项参与房屋征收与补偿的有关活动。

6. 房屋和土地情况调查摸底

房屋征收部门或房屋征收实施单位对房屋征收范围内房屋的权属、区位、用途、建筑面积、租赁等情况进行摸底，并查阅房屋权属登记资料。国土管理部门对房屋征收范围内的土地权属、面积、用途等情况进行调查摸底，并会同城管等部门对房屋征收范围内未经登记的建筑进行调查、认定和处理，并出具处理意见。

房屋征收部门汇总房屋、土地调查摸底情况，将调查结果在房屋征收范围内公布。

7. 征收补偿费用预算和划拨

房屋征收部门委托房地产价格评估机构对被征收房屋和土地调查结果进行预评估，取得预评估结果报告，进而对房屋征收补偿费用编制预算。财政部门对房屋征收补偿相关费用预算进行审核后，将费用足额汇入银行专户存储。

8. 上报征收补偿方案

房屋征收部门拟定征收补偿方案，上报同级人民政府提请征收委员会对方案进行论证。

9. 征收补偿方案论证

县（区、市）人民政府房屋征收委员会听取各成员单位意见，对征收补偿方案进行论证和修改。

10. 公布征收补偿方案，征求公众意见

房屋征收部门将房屋征收委员会讨论和修改的房屋征收补偿方案，在房屋征收范围内公布，征求公众意见，并通过召开代表座谈会、入户了解等形式，就产权调换房屋的地点、建设标准、户型面积等问题广泛沟通交流，做好意见的收集和整理工作。需要说明的是，征求意见的期限不得少于30日。

11. 依法召开听证会

超过50%的被征收人认为征收补偿方案不符合《国有土地上房屋征收与补偿条例》和当地房屋征收管理规定的，县（区、市）人民政府应当组织被征收人和公众代表召开听证会；当事人、利害关系人主动申请听证，房屋征收部门认为确有必要的，应当提请县（区、市）政府组织听证。房屋征收部门应当根据听证会情况修改征收补偿方案。

12. 公布征求意见和补偿方案修改情况

征求意见期限届满后，房屋征收部门应当将征求意见情况和根据公众意见修改的情况及时进行汇总整理，上报同级人民政府及时公布。

13. 开展社会稳定风险评估

房屋征收是重大项目，应当由项目的主管部门组织社会稳定风险评估，出具社会稳定风险评估报告，评估的主要内容包括合法性、合理性、可行性、可控性、安全性、征收补偿费用保障，还需要就风险评估中发现的风险问题及化解措施、突发群体性事件应急处理预案落实好。评估结论可以包括实施的评估意见、暂缓实施的意见、不予实施的评估意见。

14. 决定房屋征收并公告

在具备房屋征收条件后，由县（区、市）政府做出房屋征收决定，并收回国有土地使用权。房屋征收决定应当在同级人民政府网站上发布，并明确：如对房屋征收决定不服的，可以自公告发布之日起 60 日内向上一级人民政府申请行政复议，也可以自公告发之日起 6 个月内向人民法院提起行政诉讼。房屋征收部门应当通过明白纸、召开动员会、咨询会、答疑会等形式做好征收补偿方案的宣传和讲解工作。房屋征收补偿方案作为征收决定公告的附件。

15. 选定评估机构

房屋征收决定公告发布当日，房屋征收部门应当同时公布房屋征收评估机构选定方案和协商选定房屋征收评估机构的通知，由被征收人在公告发布之日起 10 日内，从房屋征收部门审核确定的 2~5 家候选评估机构中书面选定房屋征收评估机构，协商选定房屋征收评估机构的书面意见，经被征收人过半数以上签字认可，视为共同协商选定，一个房屋权属证书记一票。被征收人自公告发布之日起 10 日内未能协商选定评估机构的，由房屋征收部门通过组织被征收人以投票的方式选定房屋征收评估机构。房屋征收部门应当通过固定投票点、流动票箱等方式要求被征收人选择征收评估机构，候选评估机构获得超过半数被征收人选票就作为项目的房屋征收评估机构。两个候选评估机构得票相同的，通过抽签或摇号方式选定评估机构。

房屋征收评估机构选定后，房屋征收部门应当在征收范围内公告，并向房屋征收评估机构出具委托书，与评估机构签署书面的房屋征收委托评估合同。评估时点是房屋征收决定公告之日。

16. 对被征收房屋价值进行评估

评估开始，注册评估师对被征收房屋进行实地查勘，调查被征收房屋状况，拍照、录像反映被征收房屋内外的状况，做好实地查勘记录，妥善所获得的材料。查勘记录由房屋征收部门、被征收人、注册房地产评估师签字或盖章确认。被征收人拒绝签字盖章的，由房屋征收部门、注册房地产评估师和无利害关系的第三人签字或盖章见证，并在记录和报告中说明。

评估机构应当依法评估被征收房屋及其附属物、装饰装修的补偿价值，出具分户评估结果，并将分户评估结果交房屋征收部门，在房屋征收范围内向被征收人公示 7 日。公示期间，评估师应当在公示现场进行解释说明。公示期满，评估机构向房屋征收部门提供委托评估范围内被征收房屋整体评估报告和分户评估报告，对被征收房屋的位置图、内部装修状况照片、外部装修照片、实际勘察记录应当作为分户评估报告的必备附件。

房屋征收部门应当向被征收人送达分户评估报告，保留送达回证。

17. 评估报告的复核与鉴定

房屋征收部门和被征收人对评估结果有异议的，在接到评估报告之日起 10 日内提出书面复核申请，评估机构在收到复核申请之日起 10 日内出具书面复核报告，当事人对复核结果有异议的可以在收到复核报告之日起 10 日内向市级评估专家委员会申请鉴定，专家委员会选派 3 人以上单数专家组成鉴定专家组，对符合结果进行鉴定，并在 10 日内出具书面鉴定意见。

18. 住房保障

征收个人住宅，房屋征收决定公告发布前，被征收人符合申请经济适用住房、限价商品住房、廉租房、公共租赁住房等住房保障条件，且房屋被征收后提出申请的，作出房屋征收决定的人民政府应当优先给予住房配售、配租，被征收人不再等待轮候。

19. 房屋征收补偿协议的签订及履行

房屋征收部门或征收实施单位与被征收人核算被征收房屋补偿费用后，在征收补偿方案确定的签约限内与被征收人就货币补偿或产权调换签署征收补偿协议，同时收回被征收人的房屋权属证书。

县（区、市）政府对被征收人给予补偿（包括但不限于房屋货币补偿、装修补偿、地上附着物补偿、搬迁费、临时安置费、停产停业损失、签约奖励、搬迁奖励等等），被征收人在协议约的搬迁期限内完成搬迁，向房屋征收部门或实施单位交付被征收房屋。未在房屋征收补偿方案规定期限内签约的，房屋征收部门或征收实施单位应当与未签订征收补偿协议的被征收人就补偿事宜进协商，并做好协商记录存档。

补偿协议订立后，被征收人不履行补偿协议约定的义务，房屋征收部门可以依法提起诉讼，由法院做出裁判，并根据裁判履行。被征收人拒绝履行的，房屋征收部门可以依法申请人民法院强制执行。

20. 拆除被征收房屋及其附属物

房屋征收部门委托具有相应资质等级的施工单位承担被征收房屋及其附属物的拆除工作，双方依法签署委托协议，施工单位按时拆除被征收房屋及其附属物，并落实安全生产措施和扬尘防治措施。委托协议等相关资料应当报送住建局备案。

房屋征收部门在被征收房屋拆除后 30 日内，按照规定办理房屋权属注销登记手续。

21. 公布分户补偿信息，建立补偿档案

被征收人全部签订征收补偿协议或者同级人民政府作出征收补偿决定之日起 20 个工作日内，房屋征收部门在房屋征收范围内向被征收人公布分户补偿情况，包括房屋货币补偿分户数据和房屋产权调换补偿分户数据。

房屋装修部门还用当依法建立房屋征收补偿档案，对征收活动全过程形成的所有纸质载体、电子载体及时归档。

22. 审计与决算

房屋征收项目完成后，房屋征收部门向审计机关提交房屋征收补偿费管理使用情况的文件资料，审计机关对征收补偿费管理和使用情况进行审计，公布审计结果，审计部门审计后 3 个月内，房屋征收防部门会同项目建设单位向财政部门申请项目结算。

10.4 征迁安置标准

10.4.1 征地补偿标准

1. 土地补偿标准

土地补偿费是国家建设征用土地时，为补偿被征地和原土地使用单位的经济损失而向其支付的款项。其实质是对农民在被征用的土地上的使用性质，长期投工和投资的补偿。

征用耕地的补偿费为该耕地征用前三年平均年产值的6～10倍。按照上述标准支付土地补偿费，尚不能使需要安置的农民保持原有生活水平的，经省、自治区、直辖市人民政府批准，可以增加安置补助费。但是土地补偿费和安置费的总和不得超过土地被征用前3年平均年产值的30倍。

在实际征地工作中出现区片间价差等特殊情况的，本着同地同价的原则，按照一定程序，可在征地区片综合地价基础上进行上浮作为调节补助，但要控制调整幅度，控制在20%以内。

此外还需缴纳商品菜地开发建设基金。菜地，是指城市郊区为供应城市居民吃菜，连续3年以上常年种菜或养殖鱼虾等的商品菜地和精品鱼塘。根据城市人口量级不同，每征用一亩菜地所缴纳的费用也有不同。

2. 安置补助标准

安置补助费是指用地单位对被征地单位安置因征地所造成的多余劳动力所需费用而支付的补助金额。

征用耕地的安置补助费标准，是按照需要安置的农业人口数计算。需要安置的农业人口数按照被征用的耕地数量除以征地前被征地单位平均每人占有耕地的数量计算。每一个需要安置的农业人口的安置补助费标准为该耕地征用前3年平均年产值的4～6倍，但每亩耕地的安置补助费，最高不得超过其年产值的15倍。具体计算公式如下：

安置补助费 = 被征用耕地前3年平均年产值 × 补偿倍数

特殊情况下，计算所得的补偿和安置费不能维持原有生活和生产水平时，经过省、自治区、直辖市人民政府批准，可以适当提高标准；但土地补偿和安置补助费之和，最高不得超过年产值的30倍。

3. 地上附着物和青苗的补偿标准

1) 青苗补偿标准

办理征用手续时，应明确移交土地的时间，使当地村组及早准备，以免造成过多的损失。损坏被征用土地上的青苗，应当给予合理的补偿。对刚刚播种的农作物，按季产值的1/3补偿工本费。对于成长期的农作物，最高按一季度产值补偿。对于粮食、油料和蔬菜青苗，能得到收获的，不予补偿。对于多年生的经济林木，要尽量移植，由用地单位付给移植费；如不能移植必须砍伐的，由用地单位按实际价值补偿。对于成材树木，由树木所有者自行砍伐，不予补偿。

2）房屋拆迁补偿标准

被征土地上的房屋等设施需要拆迁时，必须在申请征用土地的同时，一并编制计划，上报批准。在国家建设工程开工之前，当地政府帮助拆迁户安排好住房。拆迁房屋按"拆什么，补什么，拆多少补多少，不低于原来水平"的原则，对所拆迁的房屋，按其原有建筑的结构类型和建筑面积，给予合理补偿。补偿的标准按各地区现行价格分别制定。

3）其他附着物的补偿标准

征收土地需要迁移铁路、公路、高压电线、通信线、广播线等，要根据具体情况和有关部门进行协商。拆迁农田水利设施及其他配套建筑物、水井、人工鱼塘、养殖场、坟墓、厕所、猪圈等的补偿，参照有关标准和房屋拆迁补偿标准确定。

凡在协商征地方案后抢种的农作物、树木和抢建的设施，一律不予补偿。

4. 剩余劳动力安置标准

剩余劳动力的主要的安置办法是支持被征地单位从事农业开发、兴办企业或采用货币安置或自谋职业等。有以下几种方式：

（1）安排符合条件的人到建设用地单位或其他需要用人的单位就业。若由建设单位负责安置，则建设用地单位可免交征地安置补偿费，否则将相应的安置补助费转拨给接收单位。

（2）将安置补助费金额发给需要安置的人员，由他们自己自谋职业。但农村集体经济组织和村民委员会应与自谋职业的农民签订协议。

（3）被征地的集体经济组织负责安置，安置补偿费由该组织使用与管理。有条件的地方，由集体经济组织出资开垦新的土地，重新分给土地被征用的农户，经双方协调签订协议。

（4）大中型建设项目或连片征地的，在有条件的地区，根据统一规划，可以从征用土地中划出一定比例的土地使用权交给被征单位和农民，支持其开发经营、兴办企业，所需征地费用，由被征地单位负担。

5. 被征地农民失地养老保险费用标准

被征地农民失地养老保险费用实行单列，直接纳入征地补偿成本，参保标准按当地社保部门确定的标准执行。建立被征地农民生活保障长效机制，对失地农民养老保险参保人数及费用的测算、解缴、安排、使用和监督，严格按照相关规定执行。

10.4.2 国有土地上房屋征收补偿标准

《条例》规定，应当对被征收人给予的补偿包括：① 被征收房屋价值的补偿；② 因征收房屋造成的搬迁、临时安置的补偿；③ 因征收房屋造成的停产停业损失的补偿。最常规最成熟的补偿方式有两种：一是产权交换式补偿（产权置换），二是货币补偿。

1. 产权交换式补偿（产权置换）

1）房屋价值补偿标准

对被征收的国有土地上建筑物按不低于房屋征收决定公告之日被征收房屋类似的市场价格，并请有评估资质的评估机构进行评估确定。

2）搬迁费和临时安置费

搬迁费和临时安置费用通常称之为过渡费，用于补偿被拆迁房屋住户临时居住房或自找临时住处的不便，以临时居住条件划档，按被拆迁房屋住户的人口每月予以补贴。具体数额各市一般都已确定具体数额及计算方式，详见各地出具的标准。如果拆迁人提供周转房，则无需支付临时安置费。

3）停产停业损失的补偿

该费用针对非住宅类房屋运营性房屋进行补偿，因为属个案，补偿标准不能统一，一般是由征收当事人进行协商确定，协商不成的，可委托房地产价格评估机构评估确定。

4）补助和奖励

补助包括困难补助和公摊补助。困难补助是针对贫困人员进行的补助，依据当地政府出具的标准确定；公摊补助针对所有被拆迁人的房屋公摊进行的额外补助，也应出具公摊补助标准。

奖励是指各拆迁人鼓励被拆迁人及时拆迁而给付的额外补偿，用于鼓励被拆迁人积极协助房屋拆迁或主动放弃一些权利，具体标准因地各异。

5）房屋装修补偿及家电设备移机补偿

房屋装修补偿也是先由当事人协商，协商不成由评估机构评估确定，家电设备移机也是如此。

2. 货币补偿方式

1）房屋价值补偿

补偿标准同产权交换一样，不过增加了一项，是将公摊补助面积计算在内一同作价，按被征收范围内的市场平均价格计算。对被征收人原依法取得的国有土地使用权的补偿不另计，因为房屋价值按照市场价格进行评估，而市场价格中必然已包含土地价格。

2）临时安置费和搬迁费

此项与产权交换式的临时安置费和搬迁费标准相同。

3）其他补偿项目

对货币补偿的被拆迁人，只要符合条件，也享受各种困难补助、拆迁奖励、停产停业损失及房屋专修、家电移机补偿等。

10.5 征迁安置工作监管方案

要减少和化解征迁安置工作的社会稳定风险，防范以权谋私的廉政风险，制定切实有效的监管方案必不可少。所有参与征迁安置的单位和工作人员均应被列为监管对象。

监管的主要内容是对征收征迁安置工作履责行为,包括:
(1)征收征迁安置工作推进效率情况;
(2)主管单位和监管部门履责情况;
(3)落实和执行征收征迁安置政策情况;
(4)征收征迁安置阳光操作、公开公平公正情况;
(5)落实和执行建设主体关于征收征迁安置工作有关规定情况;
(6)信访举报问题的调查核实。

为整合督查力量,建议在建设主体本级政府的领导下,统一组织开展征收征迁安置监督检查工作,成立征收征迁安置工作考核督查组。本级纪委监察局牵头负责对征收征迁安置工作实施监督检查和绩效考评,并对违规违纪违法行为进行调查处理;组织部负责对征收征迁安置工作中干部实结考核工作;党委督查室、政府督查室负责监督检查主要领导的批示、重要指示在征收征迁安置工作中的落实情况,服务协调监督检查工作和情况通报;自然资源管理部门负责房屋征收各工作任务分解、工作监管和目标检查考核工作,建立监管和考核工作台账,进行情况汇总;发改部门负责未来社区建设项目的任务分解、工作监管和目标检查考核,建立监管和考核工作台账,进行情况汇总。

对征收征迁和安置房建设任务完成情况、政策规定执行情况等,要实行月检查、季通报制度,通报情况纳入目标责任考核体系,作为干部绩效考核的重要依据。各监管部门严格按照规定,通过逐项督办、进度跟踪、定期通报的形式,促进征收征迁安置工作的有效推进。对任务落实快、完成效果好的单位和个人,推荐给予奖励表彰。对工作推进不力致使征收征迁安置工作严重滞后,或不作为、乱作为等问题,进行追责问责。对群众举报或检查中发现的各种违纪违法行为,做到发现一起、查处一起。

10.6 征迁安置技术细则

10.6.1 征迁当事人

未来社区项目的征迁当事人分以下四类:
(1)未来社区建设主体,负责组织实施未来社区项目的征地拆迁安置和安置区建设等工作;
(2)未来社区实施主体,由建设主体指定并授权,具体负责实施征迁细则;
(3)被征迁人,是征地红线范围内被征地拆迁的单位和个人;
(4)国土部门,作为征地主管部门,负责业务指导和监督。

10.6.2 面积算法

在出台新的规范、规定之前,被征迁的房屋建筑面积计算规则按《房产测量规范》GB/T 17986、《浙江省关于贯彻执行〈房产测量规范〉若干规定》、《建筑工程建筑面积计算规范》GB/T 50353、《浙江省建筑工程建筑面积计算和竣工综合测量技术规程》DB 33 T 1152 执行。

10.6.3 补偿项目

实行货币补偿方式的，补偿项目为旧房补偿款、装修补偿款、构筑物和附着物补偿款、搬迁补助费、作价补偿金及其他项目补助费。

实行房屋产权调换方式的，补偿项目为旧房补偿款、装修补偿款、构筑物和附着物补偿款、搬迁补助费、临时安置补助费、其他项目补助费。

咨询单位应当协助制定以下各类补偿标准：

（1）土地补偿标准；

（2）土地上果树补偿标准；

（3）土地上果苗补偿标准；

（4）土地上水面滩涂养殖补偿标准（陆域）；

（5）其他地上附着物补偿标准；

（6）地上构筑物补偿标准；

（7）房屋重置价格；

（8）房屋成新程度评定标准；

（9）房屋耐用年限标准；

（10）装饰项目补偿标准；

（11）搬迁补助费标准；

（12）临时安置补助费标准。

征收国有土地上单位（不含工业企业）的房屋，按评估价给予货币补偿；征收村集体公产，权益归村集体所有；征收个人的房屋，权益归个人所有。

10.6.4 安置方式

有合法产权、无纠纷的被征迁人房屋征迁补偿采取房屋产权调换、货币安置、产权调换与货币相结合三种安置方式，被征迁人可自主选择其中一种安置方式。但由于未来社区核心指标之一就是回迁人数，所以被征迁人为个人的，原则上采取原拆原回的房屋产权调换方式，被征迁人为单位的原则上采取货币补偿方式。

1. 产权调换方式

选择产权调换的旧房补偿按房屋合法建筑面积重置价结合成新评估给予补偿。考虑到新建建筑物公摊面积较大，会导致被征迁人的实际使用面积缩水，所以当被征迁房屋为一层、二层的，按被征迁房屋主房建筑面积放大一定比例后予以安置（例如一层的放大30%，二层的放大10%），被征迁房屋为三层及以上的，按照1∶1等面积安置。

2. 货币安置方式

选择全部货币补偿方式的，房屋合法建筑面积按房屋重置价结合成新评估补偿外，再给予货币作价补偿金。货币作价补偿金按各地经济发展状况确定。

其他合法建筑面积部分，按照房屋重置价结合成新评估补偿，但不享受货币作价补偿金。如能按时签约交房的，另予以奖励。

3. 产权调换与货币补偿相结合方式

（1）被征迁人选择产权调换后剩余的合法建筑面积选择货币安置的，除按房屋重置价结合成新评估补偿外，建议由征迁人再给予一定的作价补偿金。

（2）单户被征迁房屋合法的建筑面积少于一定数量（例如20m²）的及选房后剩余面积小于一定数量（例如20m²）的，建议不予产权安置，货币补偿标准按房屋合法建筑面积的房屋重置价结合成新评估补偿外，再给予货币作价补偿金。

10.6.5 补偿认定

改造更新类未来社区申报时以20世纪70—90年代老旧小区为主体，彼时的房屋管理制度已较为健全，所以一般情况下被征迁人应持有合法的土地使用权证、房屋所有权证或有权机关批准的建房用地手续等有效证件，方给予认定补偿，但不能排除仍然存在无证建筑的现象。应考虑建造的时间、当时的立法状况、当时执法机关是否存在不作为等因素综合制定无证房屋的征收补偿方案，例如有的房屋建造的时候合法但无产权证明，是由于不可归咎于其自身的历史遗留问题造成的，且被拆迁人在房屋内已长期生活居住，就应当对其进行补偿。一般发生以下特殊情况时，应给予认定补偿。

（1）虽无产权源证件，但确系新中国成立前建造的旧房或能确认为实施产权管理制度前建造的房屋。

（2）《土地管理法》《城市规划法》实施前，建房审批手续虽不健全的，但经历次清房或两权发证处理并补办有关手续和补交了款项的房地产。

（3）历年经自然资源、建设等部门行政处罚到位（含提供相应票据等），一直作为住房使用且只有一处住房的房产。

为严肃法纪，体现公平，对严重违反城乡规划及土地管理法或明知已经发布征收公告或者即将被征收而恶意抢建的房屋，应当坚决不予补偿。但无论是否属于违章建筑，对被征收人的土地使用权都应给予公平、合理的补偿。畜舍、禽舍等临时简易搭盖建筑物，室外厕所、杂物间等附属用房，有合法用地手续的埕地，应给予补偿，但不予安置。

10.6.6 补偿金额算法

集体土地的征地补偿算法详见本章的"征地补偿标准"。房屋补偿的算法为：

1. 房屋被征收后被征收人能够获得货币补偿的金额

房屋征收货币补偿金额＝被征收房屋经由评估机构确定的市场价格＋房屋装饰装修商定或者评估的补偿金额＋搬迁费用＋临时安置费用＋营业性房屋的停产停业损失（非营业性房屋无此项）＋其他补偿＋补助和奖励

2. 采取房屋置换方式补偿的差价金额

房屋征收调换产权补偿差价金额＝房屋征收货币补偿金额－获得的调换产权的房屋评估价格

3. 搬迁费用

搬迁费用＝搬迁发生的实际费用或者双方约定的一定数额的搬迁补偿费

4. 临时安置费用

临时安置费用＝没有提供周转房情况下的临时安置费＋超出过渡期限的临时安置费

5. 停产停业损失的计算方法

根据房屋被征收前的效益、停产停业的期限等因素确定，主要方法有以下几种：

（1）根据被征收房屋的总体价值的一定比例计算，预先由双方协商约定；

（2）根据房屋的面积按照单位面积补偿一定金额来计算；

（3）根据营利性房屋的前几年的年平均经营收入和利润等指标，乘以停产停业的期限（年份）来计算；

（4）由评估机构对其进行评估确定；

（5）根据实际损失补偿计算，协商确定。

10.6.7 安置办法

1. 位置

未来社区回迁户安置位置在项目实施单元的安置房区域内。

2. 建设标准

未来社区安置用房建设标准不得低于实施单元内商品房的建设标准。

3. 选房

被征迁人按照签约的先后顺序依次选择安置房的楼房号，签约的顺序以先丈量、评估结算清楚后，按丈量、评估的先后顺序依次进行签约；同一时间丈量、评估的，抽签决定签约的先后顺序。先签约的先选择安置房，在选择安置房时，应选择最接近于被征迁人可安置面积的安置房进行产权调换；单户被征迁房屋合法的建筑面积少于一定数量（如20m²）的及安置后剩余面积小于一定数量（如20m²）的，原则上不予安置，按货币补偿方式进行补偿。

选择的安置房面积小于可安置面积的，小于可安置面积部分按货币补偿方式进行补偿。

4. 分户

原则上以户为单位（以户口簿为准），安置对象为土地房屋权属来源资料体现的产权人，但同一户口簿多子女的家庭，在被征迁前已成婚未分家或已达十八周岁的，由产权人提出分户书面申请，并经征迁人同意后，可以分户。分户应遵循以下五个原则：① 多子女的父母，分户后必须跟随其中子女之一，不予独立一户。② 独生子女的父母，随子女同户安置，不予另立分户。③ 夫妻之间不予分户。④ 未满十八周岁的子女一律不予独立分户，应随其父母户安置。⑤ 不属直系子女（如为抱养的，须有合法手续）不予改名分户。届时有分户的被征迁户必须提供户口簿，子女外嫁或户口外迁的必须提供公安机关出具的相关证明，方能确认分户事宜。

5. 特殊人群

没有居住房屋或未达到安置条件的五保户按有关规定予以照顾。

6. 权证办理

安置房的不动产登记证由征迁人统一办理，被征迁人应予协助办理。办理不动产登记证所应交纳的税费，均按国家和地方的有关规定执行。被拆迁房屋的权属证件在签订房屋征迁补偿安置协议时统一收回注销；办证费用按照国家规定的相关政策和收费标准执行。

7. 安置房价格

分安置价、优惠价、市场参考价三档。被征迁人所选安置房面积与可安置的面积相等部分，按安置价计价；个别因户型及结构原因，被征迁人所选安置房面积超过可安置的面积 $15m^2$ 以内的，按优惠价计价；安置房面积超过被征迁人可安置的面积 $15m^2$ 以上的，按市场参考价计价。旧房整幢选房（含分户后）总面积超过 $15m^2$ 的，仍按照市场参考价计价。

被征迁人选择申购工具间的面积计入安置面积。申购工具间的数量按旧房建筑占地面积确定，例如旧房建筑占地面积在 $120m^2$ 以上的可选择申购两间，在 $80m^2$ 以上不足 $120m^2$ 的可选择申购一间，等等。选择申购工具间的，结合安置房安排一并安置，原则上按"先签协议先选房，先结算清楚先安置"的方法执行，申购完为止。

8. 奖励金

为鼓励早签约、早征迁，使征迁安置工作快速有序推进，应制定奖励金制度，按以下情形实行奖励。

（1）凡在征迁人公布的丈量评估期限内按时配合完成丈量评估的；

（2）在征迁人公布的签约之日起 5 天内或提前签约，并在规定的时间内交房的；

（3）在征迁人公布的签约之日起 5 天后方签约，并在规定的时间内交房的，奖励金额逐级降低，超过约定期限签约或不按时交房的不享受奖励金。

因为未来社区核心指标之一是回迁人数，所以对选择回迁安置的被拆迁人奖励应设得较高，而对选择货币补偿方式的，则应适度调低。奖励金额应基于当地经济发展和房地产市场现状确定，计算方法为在签约时被认定的补偿面积乘以单方金额计，住宅用房和商业用房区别对待，建议商业用房的单方奖励金额比住宅用房高 30% 以上。

10.6.8 结算办法

选择产权置换的，在签订补偿安置协议书时按已审批的总平面图和建筑方案的面积计算，回迁结算时以房产实测面积为准。

选择货币补偿方式的，被征迁人在签订协议并在办理交房手续，理顺租赁关系后 30

日内,由征迁人一次性支付给被征迁人房屋拆迁补偿款。如征迁人未按约定的时间支付补偿款,则自逾期之日起至实际全额支付之日止,按未付金额的日万分之二支付违约金给被征迁人。

选择产权调换方式以及产权调换和货币补偿相结合的,被征迁房屋的补偿款与安置房价款对抵后,剩余款项在签约并办理交房手续后30日内由征迁人支付给被拆迁人;不足款项(差价款)在通知回迁交房时一次性结算给被拆迁人。

安置房经竣工验收合格后,回迁交房时间以正式通知的回迁时间为准。在通知公布后,征迁人不再向被征迁人支付临时安置补助费。

第 11 章 申报方案编制

浙江省未来社区项目的申报方案编制前,需要先熟读其专属的政策支持,尤其在空间政策方面,有如下规定:"改造更新类项目,在满足原有居民利益、符合建设标准的前提下,探索改变原有空间指标'一刀切'的简化管理,适当增加容积率,突破平面绿地限制,提升开发强度,通过增量面积租售,基本实现资金平衡,让居民'搬得进,住得起,过得好'。"就设计而言,此政策为突破原有的住宅设计中存在的一些公共空间瓶颈、绿化景观瓶颈、共享交通瓶颈等提供了很好的依据。

在未来社区申报方案的设计实践中,我们总结了如下经验:

第一,做好基本面。利用已有的场地资源画好红线,红线范围内需要科学地评估各项建设指标,同时为场景的打造创造条件,既要做出好设计又要算好资金平衡账。

第二,适配九场景。依托场地优势,充分进行九大场景和物理空间的适配性研究,集中精力落实好实施单元内的场景设计。

第三,打造亮特新。在不同地域的未来社区项目中,存在着不同的亮点、特色和创新点,需要不同的场景供应商提供支持,总的来说大致向场景内容、地域文化、建筑空间、使用人群四个方面去深入挖掘。

随着未来社区建设的逐步推进,理论和实践的逐步完善,申报方案的编制也将与时俱进,绽放出更亮丽的光彩。

11.1 未来社区申报要求简述

11.1.1 未来社区创建要求

作为打造浙江省"两个高水平"建设"新名片"的未来社区,在开发建设模式上与传统社区有比较大的差异。这种差异体现在从项目前期谋划、方案编制到土地出让和建设审批都突出了"集成并联、简化规范"的特征,既强调前端规划设计层面的统筹性,又注重后期实施建设中的一致性与落地性。在简化总体流程的基础上,提高了整体的建设效率与品质。

1. 坚持现代化属性、防止一般化倾向

未来社区强调的"未来"二字就是要在现有的生活方式、城市形象、建筑材料结构与设备、治理模式上有超前的理念和技术应用,引领未来生活方式的变革创新,所以要加强新教育、新医疗、新交通、新能源、新物流、新零售等方面的综合配套和服务支撑,重点聚焦数字化、突出新建造、融入新技术、推广新治理,构建面向现代化、面向未来的市民生活场景。

2. 坚持家园属性、防止房地产化倾向

注重延续历史文化记忆、加强历史文化遗存保护,建好邻里交往中心,建好公共文化空间,建好美好生活链圈,实现从造房子向造社区、造生活转变,打造有归属感、舒适感、未来感的美好家园。未来社区营造有别于传统房地产化的开发,用以人为本的理念为出发点,实行带社区营造方案的土地出让,整合多个房地产开发商、数字开发商等。

3. 坚持民生属性、防止"贵族化"倾向

集成民生服务、促进创业创新、推动共建共享,将人民拥不拥护、赞不赞成、满意不满意作为衡量工作得失的根本标准,真正让老百姓"搬得进、住得起、过得好"。在创建过程中坚持"房住不炒"定位,合理限价出售出租,促进房地产市场健康发展。

4. 坚持普惠属性、防止"盆景化"倾向

把未来社区建设理念和要求贯穿到城市旧改新建、有机更新的全过程,丰富创建类型,鼓励百花齐放,加快推动从个案"试点"到面上推广。不局限于只打造某个示范区,而是探索出若干条针对不同类型社区可推广的社区营造路径,在创建过程中注重对于传统社区模式转型的引领性和示范性。

11.1.2 未来社区创建类型

1. 整合提升类

针对整体建筑质量与环境品质较好,但离"美好家园"要求还有差距的存量社区,开展整合提升类创建。

2. 全拆重建类

针对 2000 年以前建成、普遍采用多孔板建材、存在较大安全隐患的住宅小区,开展全拆重建类创建。

3. 拆改结合类

针对存在质量安全隐患的老旧小区与建筑环境品质较好的住宅小区混杂的社区,开展拆改结合类创建。

4. 规划新建类

依托省重大发展平台,优先在人口集聚潜力大、公共交通便捷、地上地下空间复合开发禀赋好的城市发展核心区中,开展规划新建类创建。

5. 全域类

即整个区域都纳入未来社区的创建范围。例如杭州城西科创大走廊,规划范围囊括全域 390km^2。

11.1.3 未来社区的指标体系

在设计品质方面，坚持以人民美好生活向往为中心，突出人本化、生态化、数字化，设置九大场景创建评价指标体系，包含未来邻里、教育、健康、创业、服务、治理等六类软场景及未来建筑、低碳、交通等三类硬场景。

九大场景共分为 33 项指标，每项指标分约束性和引导性两类内容。全拆重建类、规划新建类，以及拆改结合类中新建部分需参照 33 项指标内容，充分响应约束性指标要求，因地制宜落实引导性指标要求；整合提升类和拆改结合类中保留部分，积极响应 33 项指标内容，全面满足数字化场景应用要求，因地制宜响应邻里、教育、健康、创业、治理、服务等功能与业态要求，灵活开展建筑、低碳、交通等硬件环境提升。全域类参考此指标体系执行。

在进度管控方面，经浙江省政府同意公布的未来社区创建项目，原则上整合提升类一年内基本完成创建工作；拆改结合类、规划新建类两年左右完成创建工作，当年底前开工建设；全拆重建类考虑拆迁安置进度等因素，可放宽至三年左右，当年底前完成政策处理。科学编排施工组织，推进邻里中心等公共配套集成空间优先建设，结合实际、阶梯式推动九大场景落地，有条件的要率先予以呈现。

11.2 未来社区项目申报流程

在试点探索阶段，未来社区项目并非想做就能做，而必须实行先申报再建设的方式，由县（市、区）人民政府作为建设主体自愿申报。为申报流程编制的方案即为申报方案，设计深度大致等同于传统项目的方案设计。

1. 地方申报

未来社区建设主体以委托、招标等方式确定符合相关条件的设计单位编制《浙江省未来社区建设试点申报方案》，经过设区市评审、比选，同意后统一由市发改委上报，报送材料由申报表、申报方案、资金平衡表等主要内容构成。

2. 比选审核

在申报主体提交相关申报材料后，先由浙江省发改委组织专家对各主体提交的材料进行集中初审，初审后形成初审意见发回，由各主体组织设计单位对方案进行优化。优化后的方案再次提交给浙江省未来社区专家委员会审核后，选取候选试点进行现场踏勘。在考察试点的各项规划条件和基础条件符合申报材料和未来社区的建设总体要求后，从候选试点中确定对外公示的名单。

3. 名单公布

未来社区试点创建项目公示名单确定，通过浙江省发改委官网公示 7 天，在收集各方意见并反馈之后，向公众公布最终的未来社区试点创建项目名单。

11.3 未来社区项目申报方案要点解析

11.3.1 创建基础条件与申报设计重点

1. 创建面积与范围

未来社区创建试点的规划范围与实施范围因综合城市路网、自然地形地貌和社区管理边界等因素确定,同时所划范围应尽量均匀、规整,避免异形,以满足"5-10-15生活圈"设施辐射的范围。原则上规划单元以50~100hm^{2}为参考,实施单元以20hm^{2}左右为参考,按照实际改造或建设需求合理确定。

2. 项目区位选址与TOD开发

开展TOD理念下的开发建设,在轨道交通规划建设基础较好的大中城市中,优先选择近期有轨道交通站点建设的社区,试点规划设计与轨道站点无缝衔接,构建以人为本的无障碍绿色慢行体系。对于有规划但尚无建设轨道站点建设的社区,规划设计中应充分考虑轨道站与社区配套设施的一体化建设,实现地上地下的综合统筹开发。

在缺乏轨道交通线网覆盖的小城市、县城中,应尽可能依托城乡公交总站、县域公交枢纽站等交通设施附近进行选址。有条件的可对原有交通设施进行改造提升或拆除重建,实现公共交通和邻里服务一体化开发,将商业休闲、配套设施、公共服务融入公交综合体中,实现公交TOD的社区复合开发模式。

3. 所选社区基础条件与设计重点

依据不同的未来社区类型,试点社区选择的基础条件,试点申报材料中的规划设计重点也有所差异。

1)整合提升类

选取时初步判断建筑质量与环境品质可通过轻手法的整治、加建等手段满足未来社区的基本要求,重点关注有无拓展腾挪的空间进行相关配套设施的植入。主要以数字化智慧化改造和"补短板"式"三化九场景"功能嵌入为主,整合社区现有运营资源,增补优质社区公共服务配套,重塑社区生活圈活力。试点创建规划设计的内容包括但不局限于社区配套设施协调、立面改造、环境提升、停车空间、基础设施管线提升、场景系统策划、数字化方案、资金测算等。灵活采取补建、购置、置换、租赁、改造等方式配套相关设施,全面响应约束性指标要求,保障场景设施的普惠共享性,满足向社区全体群众开放要求,确保实现10分钟社区生活圈功能;参照硬场景建设标准要求,酌情实施社区环境和硬件设施的改造提升。同时落实未来社区数字社会建设要求,实现场景"线上"智慧化功能全实现、服务应用实施单元全覆盖,并逐步向规划单元延伸覆盖;"查漏补缺"优化完善软场景设施配置。

2)全拆重建类

选取时重点关注是否存在危房及基础设施极度老旧、内涝、消防、通风等有较大安全隐患的问题。选择社区时综合考虑拆迁难度、资金平衡、居民意愿以及周边社区居民的信访问题。由于全拆重建类以 3 年为建设期限，先期可选择已计划拆迁或已部分启动拆迁的区域，节省政策研究时间，一期建设成熟后向周边社区推广。规划设计以建设具有浙江特色的高级改造形态为目标，系统性打造"三化九场景"体系，积极落实建设运营一体化，兼顾未来发展适度留白，实现"一次改到位"。试点申报方案规划设计的内容包括明确社区创建定位、目标和路径，展开总平面设计及空间布局，合理确定用地布局、建设总量、场景系统、数字化方案、资金方案等，地块容积率等开发强度指标应与控制性详细规划的调整相衔接，保证可落地性。

3）拆改结合类

选取时重点关注社区建设年代 2000 年前后皆存在、相互混杂、社区中存在部分有较大安全隐患的建筑环境统筹协调保留与拆建区域，拆建区域的规模应小于保留区域。在满足以上条件的社区内实施城镇老旧小区改造与片区联动城市有机更新相结合，系统性开展"三化九场景"功能与业态植入。试点申报方案规划设计的内容上，保留部分参考"整合提升类"方式，拆建部分参考"全拆重建类"方式。

4）规划新建类

重点选取浙江一级的重大发展平台内（如浙江省四大新区），轨道交通站点覆盖、现状留白多、建设空间大的区域。试点创建要求系统性打造"三化九场景"体系，立足投资建设运营一体化，全方位探索新文化、新技术、新业态、新模式创新与应用，逐步形成"引领型"的社区规划建设标准体系，打造未来生活方式变革的美好家园示范标杆。规划设计重点在包括全拆重建类的基础之上应更加关注社区地上地下空间、与城市其他区域的一体化设计，凸显规划新建类对于社区周边区域的统筹性和引领性。

5）全域类

全域类未来社区只在条件成熟的相对独立城市区域或主要平台（如杭州城西科创大走廊、温州龙湾区、丽水水东双创新城等）开展，要求全域响应未来社区建设理念、标准和模式，开展全域类创建。系统制定未来社区创建中长期规划和实施计划，滚动实施、整体推进包含整合提升、全拆重建、拆改结合、规划新建等多类别创建项目群建设。全域未来社区一方面需参照前四种类型做好单点上的创建工作，另一方面需统筹创建项目群的城市公共服务功能织补，突出共建共享，发挥协同效应，构建完善的九大场景功能空间"拓扑网络"和"城市大脑"系统。

11.3.2 社区特色条件

未来社区的创建试点方案在满足全省统一规定的"三化九场景"标准内容之外，鼓励每个社区有自己的特色亮点，千篇一律的形态和缺乏精神内核的社区是无法支撑其作为引领全省的未来社区的。因此在选择社区时要着重关注社区的特色条件，在试点创建方案中结合"三化九场"景予以挖掘和展示。

1. 文化特色

文化特色挖掘包括但不限于历史文物、文化古迹、古典建筑、工业遗存、文化艺术、风土民俗、工艺特产、风味佳肴等。在挖掘社区文化的基础上应注重提炼社区核心精神，从精神性、社会性、集合性、独特性和一致性五个方面寻找文化共识，融入试点方案的规划设计中。具体可以从邻里文化公园、邻里公约、建筑形态、公共空间、活动策划等方面予以体现。文化特色在九大场景中可重点与邻里、治理场景相结合。

2. 产业特色

产业特色是指社区及其周边乃至整个城市片区有鲜明的、有核心竞争力产业或产业集群。对于这样的社区应重点关注周边产业资源在社区中的结合与利用，包括小微创业空间、末端场景应用、特定产业人群的服务配套、产业服务配套等。同类型产业人群的聚集容易形成精神和使用场所上的共识，使未来社区试点的特征更加鲜明。产业特色在九大场景中可重点与创业、教育、服务场景相结合。

3. 环境特色

环境特色主要指社区及其周边在地形、气候、水文、开放空间上有突出特征。在试点创建时宜因地制宜，将周围环境与社区营造统一考虑，利用外部环境打造公共空间、运动空间、慢行空间，并与社区内组团小空间相联系。利用周边特征打造融于环境的建筑空间形态，形成高品质的城市天际线。绿道系统结合 TOD 设计，在轨道站点周边形成高低错落的建筑形态和疏密有致的建筑——公共空间体系。环境特色在九大场景中可重点与健康、低碳、交通、建筑场景相结合。

11.3.3 政策推进难度

在未来社区创建试点选择之前，还应充分考虑后期政策推进的难度。影响社区创建的要点包括但不限于政府年度计划、社区居民意愿、周边居民信访情况、试点社区是否已有提前实施的情况、控制性详细规划调整能否落实、土地指标是否能保证等。综合以上因素分析做出合理的判断，按所在社区实际状况申报，在规定的时间内建设完成符合未来社区标准的高品质生活社区。

11.4 申报方案解析

以下以"宁波鄞州姜山未来社区"项目为例，具体解析申报方案编制。

11.4.1 姜山未来社区概况

1. 解读宁波姜山镇

姜山镇位于鄞州南部，因镇南面有座孤山，其形状如生姜，故名为"姜山"。姜山是宁波中心城区的南门户和鄞南地区的重要节点。镇域面积87.8km^2，常住人口达16.2万人，是鄞州区人口总数最多、经济总量最大的乡镇，也是全国重点镇、省级中心镇、宁波市卫星城市试点镇。

姜山镇人文渊源，境内古迹遗存众多，拥有"中国进士第一村"走马塘村和距今

6500多年、河姆渡文化重要组成部分的董家跳遗址。这个被誉为"鄞南重镇"的千年古镇，在农耕时代堪称鄞县粮仓，发展到今日，已经被诸多工业区包围。从南大路行至姜山大桥，一湾碧水蜿蜒铺开，那是镇的母亲河姜山河。姜山河四通八达的水系曾把这个镇子浸润成充满灵性的江南水乡，赋予了它便利与富庶。

姜山也是工业重镇。近年来，依托省级工业园区鄞州工业园，已全面实施鄞南智造（数字）谷行动计划，推动"工业强镇"向"产城融合先锋"转变。姜山工业将有多家科技服务、智能制造企业首批落户。宁波鄞州姜山未来社区是南方设计的第二批3个申报且中标未来社区项目之一，也是南方设计具备代表性的未来社区系列项目之一。姜山未来社区设计以"姜山如画"为理念：创业如画、经世创境；邻里如画、邻墙里弄；健康如画、山水画廊。

2. 城市化进程中内部功能组成的变化与升级

宁波姜山由原来承担低容量的居住和商业功能集镇转变为城市涵盖产居商复合功能的城市一部分，完美融合未来社区中居住、创业功能、公共空间的功能组成。从前往后，可将其归纳为三大升级：

（1）能级提升。宁波南部融城和宁波2025中国制造战略，加快姜山承接宁波外溢人口的节奏，姜山未来社区的试点建设将为产业人才量身定制高品质的社区生活和创业空间，给宁波都市圈卫星城市树立一个职住平衡、宜业宜居宜游的未来样板。从而让姜山跨越成为宁波都市圈的未来人才磁力中心，让年轻人才真正融入社区，融入宁波这所开放包容的城市。

（2）邻里复兴。姜山镇区呈明显的东居西产格局，产城割裂明显。曾经繁华的水乡老镇如今衰败老化、市井消逝，甬文化底蕴深厚，千百年来形成宁波老底子独特的市井文化，经过创新活化后应该成为姜山未来社区的标签。试点创建将恢复曾经的邻里街坊、市井繁华景象，延续原有居民之间浓浓的邻里情，为未来社区探索一条原生文化下的产、城、人、文协同发展新路径。

（3）普适推广。创建将通过三张面向未来生活、工作和邻里的美好画卷来诠释三个能凸显姜山独特的未来社区创建题材，即产城融合、美丽田园和熟人文化，从而为全省大量的都市圈卫星城镇和中小城市提供可复兴、可持续的社区样板经验。

基于功能变化和创建意义，未来实施单元建成后与现状集镇有许多的变化。

1）从传统街巷居住形态向现代都市居住模式的改变

（1）城市化进程带来的高容量要求

试点概况：项目规划单元总面积124.33hm^2，实施单元总面积20.81hm^2。新建面积约56万m^2。总投资83.5亿元（其中政府总投33.23亿元，企业总投50.27亿元），资金总流入87亿元，政府企业均实现资金平衡。直接受益居民数5619人，人才落户数2272人，综合指标7891人，折合20公顷7583人。

（2）姜山老镇原有集镇布局

规划区内房屋多建造于20世纪80年代末，建筑密度大，结构老化，多数房屋年久失修，年老居民无法自主修复房屋或者更换住地，整个社区老龄化问题严重，水乡活力已经不复存在。老镇格局和航拍图见图11-1、图11-2。

图11-1　姜山镇区格局

图11-2　姜山镇航拍图

虽然老旧破败，但从俯视整体以及深入街巷里弄细致走访了解，发现核心区十分罕见得保留着自己特有的城市肌理，不论是河埠头边的晨洗暮淘，还是小桥流水上的嬉戏唠嗑，都无不保留着历史的气息。

① 滨水邻里。小的滨水空间点缀生活气息，时光从水边静静走过，但人们的记忆始终鲜活。

② 河埠头。小小河埠头像历史小舞台，演绎着江南古镇诉不完道不尽的浓浓的水乡记忆。

③ 水乡的桥。河道曲折，桥是连接家的纽带，小桥流水人家正是江南古镇的真实写照。

④ 白墙黑瓦。白墙黑瓦是建筑的色彩，朴素的色彩体现了建筑淡雅的端庄。

以多低层为主的住宅＋1～3 层的沿街商业构成大部分集镇的普遍形态。

（3）未来社区下的姜山布局

姜山未来社区申报方案是由高层居住组团＋创业配套组团＋底层商业组成的 block 形态，将由原来的单一商居模式到"产居商"复合化未来模式，总结关键词是低容、高容、街道式商业、街区式商业、行列式布局、组团式布局。图 11-3 为姜山未来社区的鸟瞰效果图，图 11-4 为新旧面貌的对比。

图 11-3　姜山未来社区鸟瞰效果图

图 11-4　姜山老镇新旧面貌对比图

姜山老镇原有的功能组成是沿街档次较低商业＋二层居住，未来社区模式下产居商模式是居住＋商业＋创业＋公共服务功能，图 11-5 是未来社区模式效果图。

图 11-5　姜山社区产居商模式效果图

街区提倡的首先是生活的便利性，通过在城市中心地段组团式开发得以实现，集合商业、居住、餐饮、文娱、交通等城市生活空间的有机组合，并在各部分之间建立一种相互依存、相互帮助的能动关系建筑群，以此来方便人居，降低生活成本，提高生活品质。图 11-6 是水网细路＋密集多低层建筑平面空间的集镇原有空间形态，图 11-7 是利用水系打造姜山滨水街区而形成的蓝绿交融立体绿廊交互模式。

图 11-6　临水而居而商的传统水乡

图 11-7　滨水街区效果图

2）调整申报规划单元中实施方案区域相对单一的功能

申报单元中实施单元的功能设定以安置组团为主，作为实施单元功能较单一，不利于资金平衡，所以需要优化以丰富功能，如图11-8所示。

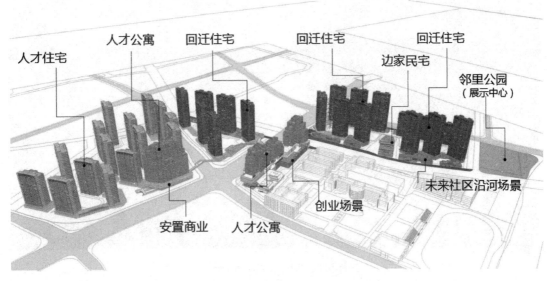

图11-8　单一功能向多功能转变

增加可售住宅和创业功能，优化实施单元内部与外部功能的互动，由此确定：

（1）北侧为安置用地的地块确定为安置用地；

（2）实施单元核心区，设置创业及配套中心联动其余地块；

（3）临近老旧片区的地块作为老旧片区安置示范区；

（4）周边配套成熟的地块，受南部商务区人才外溢以及西部产业融合配套轴辐射，设置人才住宅。

11.4.2　传统水乡居住环境演变机制

1. 重点研究传统水乡的特点及未来社区的落位

通过姜山原有水乡肌理研究，延续水乡特色空间，留存水乡传统记忆，由此产生一系列水乡传统与未来社区水乡的对比。

（1）水乡原始小桥河埠头——未来社区桥道系统河埠头改造；

（2）水乡原始绿网——未来社区河道公园与节点广场营造；

（3）水乡白墙黑瓦——未来社区的建筑（保留、提炼）。

然后升级水乡邻里服务。图11-9是过去与未来生活场景对比图。

2. 未来社区水乡邻里功能

保留传统技艺小店、基本生活型配套，引入文化文创健康等多层次服务设施，提炼水乡现代印象。完全复制传统不可取，比较好的方法是保留提炼元素，用现代手法营造新面貌。图11-10是从提炼到展现的三步过程。

图 11-9　过去与未来生活场景对比

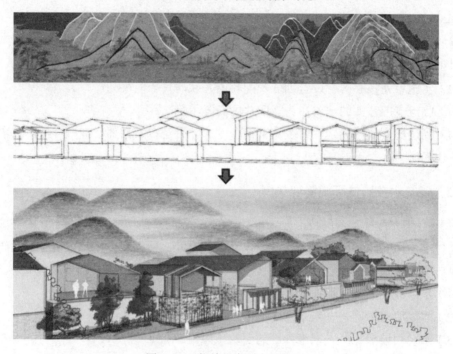

图 11-10　提炼元素到全新营造

3. 重构、转换、嵌入以实现市井 Block 街区

重点研究申报方案的规划结构，即在姜山如画、坊间未来的总体规划定位下，以小街区密路网的规划指导原则形成"一心两轴六组团"的规划结构。图 11-11 是"一心双轴六组团"示意。

图 11-11 "一心双轴六组团"示意图

1）未来社区核心区

通过连廊、平台等构筑物结合公共空间建筑打造丰富的立体开放空间，立体空间结构和功能复合为街区带来活力和多样性，多层次的公共空间不仅体现在功能的多样性，也反映在空间类型的丰富性。

2）未来社区双轴

双轴即水街"文化轴"和连廊串联"城市轴"。

（1）文化轴

文化轴是老镇的肌理的延续，针对沿河两侧不同节点布置绿化公园、复古老街建筑、写意新中式建筑、活动广场，打造具有丰富性、功能性、互动性的沿河空间。水街商业需要与河道有良好的互动，互相映衬，形成良好的整体氛围。水街建筑风格以写意新中式为主，同时保留边家民宅，结合部分老宅片墙及构件，重构旧时街坊邻里感。

① 里坊重塑：坊即坊市，及场景的植入，结合商业业态的布局，整体打造一条符合商业功能要求的延续老镇水街记忆的、体现现代化高密度新城复合型的商业坊市。

② 住宅立面：置入记忆符号，强调材料特色，并增加特色细部，以突出姜山未来社区特色。

（2）城市轴

公共立体连廊、立体绿化、风雨连廊的模式布置，三管齐下，在追求实用性的同时，可有效控制成本。在功能上将过街天桥及过河天桥形成城市公共交通系统，形成起到遮风避雨及归家引导作用的风雨连廊。

3）六组团

围合打造居住组团空间，融一幅传统与未来的邻里如画场景、市井与未来建筑的系统共生。利用建筑不同朝向，打造围合 block 组团，营造未来感文化水街，延续传统。图 11-12 是六组团效果图。

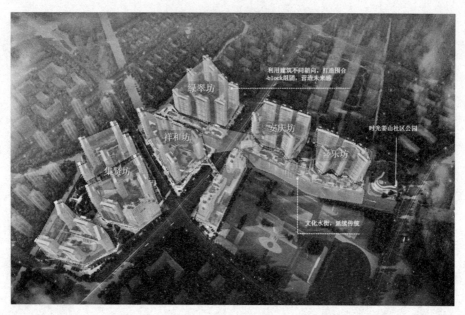

图 11-12　六组团效果图

（1）邻里如画，人本优先。姜山老镇居民情感如旧，深厚的历史文化是潜藏于社区一砖一瓦间的宝贵财富。宁波文化造就这一方水土，数十年来大家积攒下亦商亦友的情分，成为未来邻里场景鲜活的素材。而这些，不因为建筑的拆除而荡然无存。在某地块的原有水街原址上，经过系统性梳理，重新赋予它新的生命力。社区水街的规划重点有三点：

① 在于居民社区集会的有顶盖广场、风雨连廊和原有老业态的回迁恢复，这些有烟火气、有市井气息的空间和内容将成为未来社区生活场景中最亮的点。

② 强调社区邻里公共设施的可达性和覆盖率，提高圈社区公共服务能力和均等化配置，形成 3 分钟邻里交互圈、5 分钟即到生活圈、10 分钟公共服务圈。

③ 社区服务设施布局更多关注老年人、儿童等重点人群近距离步行要求，配置一批高标准的适老、适幼型公共活动空间和无障碍设施。

（2）创业如画，产业雨林。姜山为宁波工业重镇，创业场景必须成为其优势场景。某地块中，沿人民路规划设计一座山形建筑群落和立体绿化系统，以热带雨林为设计概念，营造出充沛繁茂、丰富多样、充满活力的产业生态空间，雨林结构的设计通过三个部分得以体现：

① 地表层。连接城市交通，汇聚人流，集合了交通枢纽、商业街区以及托幼教育等多种功能，融合人性化的尺度，可以很容易地从邻近的城市街区到达，形成了一个丰富多样的城市公共客厅，便于人们在此分享和交流。

② 伞盖层。为创业团队的迅速发展提供理想的沃土。提供丰富的空间，可用于联合办公、对话交流、研讨会及体育活动。和四围的塔楼良好连接，创造出一种充满动力、活

力四射、共存相生、欣欣向荣的创业工作环境。

③ 树冠层。分布于平台周围，提供相对私密的居住环境，配置满足年轻人才个性化需求的生活服务设施，真正做到工作、学习、生活、娱乐、休闲一站式创业群落。

（3）健康如画，生态循环。姜山镇田园城镇的宜居生态将成为健康场景的优势基底，整个社区规划单元，围绕全人群的全生命周期进行健康全场景的创建。

① 健康运动系统。通过空中连廊系统串联各地块，将社区居民引导到社区公园、健身设施，营造全民运动的良好气氛。

② 医疗诊疗系统。设置社区基础全科医院、健康国医馆和健康小屋覆盖整个社区，运用数字技术建立社区居民健康档案和云上医院，对接宁波三甲医院，让居民享受到名医在身边的未来健康服务。

③ 适老养老系统。聚焦老龄化需求，在安置回迁地块和社区公共服务设施的适老化应用上做出特色，对失能失智老人和孤寡老人提供可穿戴设备和监控设备进行重点监护。

④ 生态循环系统。将邻里、低碳、建筑三个场景叠加，在某地块的建筑架空层，运用气动垃圾管道技术进行垃圾智能化收集，同时融合邻里交往、儿童科普、健康运动等功能，形成多功能融合、多场景交互的未来社区生活。

11.4.3 解读姜山老街（东新老街）的市井邻里

东新老街沿着姜山母亲河而建，这条由东新街与东街组成的老街已有百年历史，也被称作"姜山老街"。以东新街为核心建起的东镇市是当时姜山"闹市区"，当年东新街上商铺林立，涉及运输、货栈、药材、日杂等各个行业。姜山的老街承载着老姜山人的回忆和乡愁，见证着姜山商贸的繁荣与发展。明代中期，村落密布，人口增多，农、桑、牧、渔及家庭副业发展，商贸日趋繁荣，姜山已成为鄞东南商贸重镇、集市中心。清朝光绪年间，以东新街、墙弄街为核心建起东镇市和西镇市，有大小商店近百家。东镇市每逢农历双日为市集，西镇市每逢农历单日为市集。20世纪30年代，姜山集镇已成为全县大集镇之一，主要以东新街、墙弄街为核心建起的东镇市和西镇市。1979年初，再次开放集市，后又相继开放粮、油、竹、木和小商品交易，并取消白肉、家禽、蛋、水产品的限制，集市贸易渐趋旺盛。此时集市多以街为市，以路为集。时代变迁，老街也许没有了从前的繁华与热闹，可老街上的人情味却随着时间发酵，愈久愈浓厚。图11-13是姜山老街（东新老街）复原图。

图11-13　姜山老街（东新老街）图

11.4.4 申报方案构思

姜山未来社区申报方案的整体构思是要做到五区合一，即景区、住区、商区、园区、学区合一模式；产业对接，要依托轨道交通及交通干道衔接南部商务区产业人才，同时作为老镇生活区东西两侧的功能过渡区域；水岸复兴，梳理、改造姜山河两岸水乡空间，重现繁华市井景象；绿廊串联，构建社区中央绿廊，活化老镇核心区与镇区主要生态空间的串联，导入活力健康业态。

1. 三大创新亮点

（1）经世创境。改变姜山产城分离的空间现状，打造高度产城融合的复合型未来社区，中有居，中有产。

（2）邻墙里弄。水乡小尺度建筑与未来建筑的同框呈现，在社区更新的进程中保留了最原始的水乡市井记忆。

（3）山水画廊。破解姜山镇区居住密度高、居住品质差的难题，在社区中央打造一条带状山水画廊公园，为社区内外的居民提供活动与休闲空间。

2. 规划结构

在"一心双轴六组团"的大框架下，进一步细化"两带二核三中心"。

（1）两带：千年水乡记忆带（邻里如画）、社区健康运动带（健康如画）。

（2）二核：TOD城市活力核、社区健康活力核。

（3）三中心：创业邻里中心、生活邻里中心、记忆传承中心。

3. 设计理念

（1）创业如画，经世创境：沿人民路为创业人群打造及生活、生产、休闲于一体的复合型创业空间。

（2）邻里如画，邻墙里弄：沿姜山河打造古今融合的滨河界面，前排保留过去的市井记忆，后排展现充满未来感的建筑空间。

（3）健康如画，山水画廊：构建一条穿越社区内部，连接两个城市主要开放空间的带状社区健康运动公园。

4. 方案特色

（1）留住市井文化记忆。原有人民路作为姜山老城镇各个村落之间交流互通的生活主轴，与水巷市集紧密地穿插在一起。人民路拓宽改造把人民路老街铺移植入地块内，实现人车分离，人民路拓宽作为交通干道，满足未来交通发展，做到既保留又发展。

（2）功能单元复合。街区细分，相互渗透；打造复合型人才公寓，即生产＋生活＋服务高度融合的创业空间；为特定产业人群提供独特的生活生产物理空间，满足多元化功能需求。功能单元复合体现了未来社区产业人群的生活方式。

（3）"姜山"的未来社区。用保留老宅的更新改造并置入新的服务业态来作为未来社区的未来邻里空间。

（4）生态绿廊。置入绿廊系统，贯穿社区，串联起各功能片区。通过绿廊，将未来社区多样配套功能有机地串联起来，往来互动更加便捷安全。

5. 实现市井 Block 街区特色

记忆留存，凝聚邻里人情，实现市井 Block 街区特色。

市井文化融合，实现邻里如画，人本为先。未来社区的人间烟火气需要历史沉淀的市井文化为基础，姜山老镇居民情感如旧，几十年来积攒下生活印记，成为未来邻里场景鲜活的素材。通过突出社区本底拥有的人文优势和街坊肌理，以市井味道和情感交互的公共空间系统，实现新居民和原住民之间的友好融合和社区认同。

文化水街的意义。通过打造一条文化水街，通过留住充满邻里情的姜山老店，融入文化礼堂、乐龄健康俱乐部等公共空间，用居民社区集会的有顶盖广场、口袋公园等活力节点串联起一条具有市井烟火味的老街。复原老街原生态的多样生活，重构最具认同感的邻里空间，留住老街旧记忆，注入邻里新活力。

姜山邻里公园，保留时光的记忆。通过公园景观结合雕塑、互动景观墙等载体，留下时光辗转间姜山的历史文化印记。街坊剧场、乐玩天地、丛林探索、都市农园、长者乐园等全龄化的场地功能集聚不同人群，承载社区邻里日、草垛音乐节、节庆游园等邻里活动，致力于打造姜山文化精神地标，强化居民归属感，成为姜山邻里如画的一道靓丽风景。

11.4.5 九大场景分布

姜山未来社区的场景空间配置需求如图 11-14 所示。

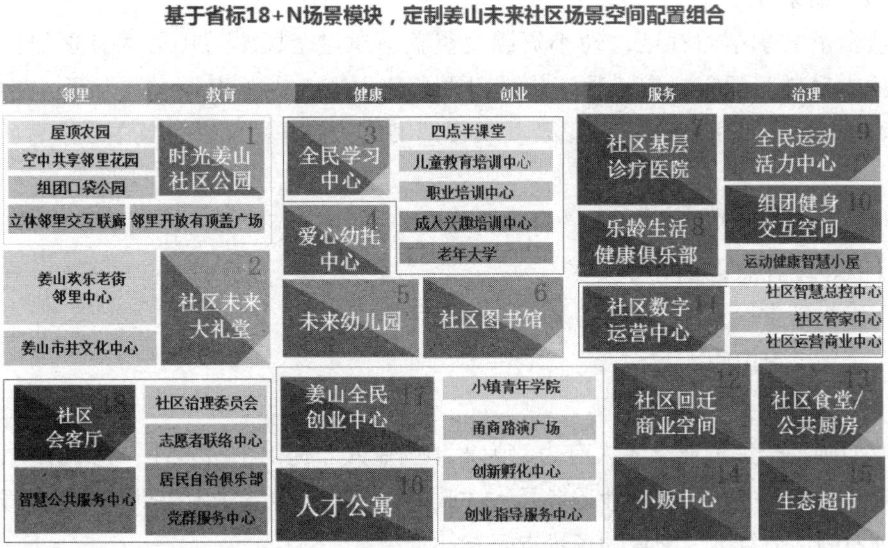

图 11-14 姜山未来社区场景空间需求

1. 邻里场景

邻里如画，描绘市井烟火，在人本导向下，坚持生活方式"现代化"与人际关系"熟人化"并重，突出市井味、人情味、烟火味，留存住社区姜山老街等原有文化肌理和历史

记忆,通过构建无处不在的交往空间,营造具有文化认同感、交互认同感、发展认同感的邻里场景。配置的场景空间有:

(1) 邻里开放有顶广场;

(2) 社区文化中心;

(3) 社区生态公园;

(4) 文化展示馆;

(5) 社区集会广场;

(6) 街道口袋公园;

(7) 组团共享空间。

2. 健康场景

健康如画,构建全龄全时健康系统,通过运动、医疗设施5~10分钟生活圈全覆盖,提升社区健康服务供给能力,远程整合优质资源,为社区居民提供健康管理、治疗看护、日间照料、活力健身、康养助老等服务,让运动就在家身边、数字医养链到家。配置的场景空间有:

(1) 乐龄馆;

(2) 社区基层诊疗医院;

(3) 运动健康中心兼路演广场;

(4) 健康小屋;

(5) 户外组团健身点。

3. 教育场景

营造全龄共享学习社区,幼小资源全覆盖,通过全民学习中心为社区居民提供分时共享的丰富学习课程,依托数字化学习平台建立达人资源库,人人为师;在线学习,拓展学习地图,建设社区图书馆以及共享智慧书屋,提升社区学习氛围。配置的场景空间有:

(1) 教育场景幼儿园;

(2) 共享幼托点;

(3) 幸福学堂;

(4) 全民学习中心。

4. 创业场景

创业如画,全民创业,人人有为,为青年创业人才提供丰富多样、充满活力的工作、学习和生活空间,以及配套创业服务及人才政策,为原生中老居民提供市井创业场所,形成全民创业的活力氛围。配置的场景空间有:

(1) 社区双创空间;

(2) 创业空间;

(3) 创客学院;

(4) 人才公寓。

5. 建筑场景

营造社区品质建筑空间，实施垂直开发和功能复合利用，推进装配式技术、装修一体化、立体绿化系统、CIM 数字管理平台等一系列建筑建造领域新技术的应用。同时，在人本化的设计理念下，保留原有姜山老街建筑风貌，植入开放的公共空间，文化与功能并行。配置的场景空间有：

（1）欢乐老街邻里中心；

（2）智轨 TOD；

（3）底层架空共享空间。

6. 交通场景

管理有序、智慧共享的社区绿色交通体系，通过完善道路布局、交通组织、管控手段、智慧技术应用等方式，构建 5 分钟取停车、10 分钟到达对外交通站点、30 分钟快递物流配送到户的"5-10-15 分钟生活圈"。配置的场景空间有：

（1）智慧配送中心；

（2）智轨站点。

7. 低碳场景

多元协同、分类分级，构建绿色低碳社区，应用光伏储能、集中供热供冷、超低能耗建筑、智能垃圾分类、中水回收利用等技术，通过综合能源管理平台，实现社区能源供应降本增效，无废"净零"。配置的场景空间有：

（1）地下能源中心；

（2）餐厨垃圾集中处理中心；

（3）气动垃圾收集点。

8. 服务场景

便利生活智慧社区服务，以基本物业服务居民零付费为准则，提升社区可持续运营能力，提供多元化的社区商业，构建社区安全应急预案以及智慧安防体系。配置的场景空间有：

（1）智慧安防管理平台；

（2）社区生活配套服务中心。

9. 治理场景

多元参与，智慧精细管理的社区治理模式，充分调动社区多元主体参与社区治理，以协商共议的模式，并依托社区数字化治理平台，提高社区治理精细化水平。配置的场景空间有：

（1）党群服务中心；

（2）居民自治俱乐部；

（3）志愿者联络中心；

（4）智慧公共服务中心。

11.4.6 场地特色

1. 未来入口：打造一个具有标志性的入口

通过设置大体量门洞与标志性精神堡垒，打造大气磅礴的公园主入口。同时构建亲水平台，营造亲近自然的环境氛围，力求给人以深刻的印象。

2. 时光姜山：打造一个具有文化记忆的时光舞台场地特色

通过现代的设计手法把姜山的文化形象地展现出来，既继承了场地的文化，又为社区居民提供了一处可集散表演的舞台空间。

3. 都市农园：创造一个全龄段可参与互动的场所场地特色

可互动、可延伸，合理分割农场，居民认领种植。结合运营，定期举办种植课堂、美食分享等活动。设置智慧互动浇灌装置，展现生态如画场景。

4. 乐玩天地：创造一个专属于儿童的小世界场地特色

6~12岁儿童互动区域，重点关注儿童的需求，在功能、互动、趣味等维度进行全面升级，激发和培养儿童对色彩的感知，对声音的感知，锻炼行动力、想象力、创造力等多种能力。

5. 街坊剧场：打造一个延续场地记忆的聚集空间场地特色

留住老街旧记忆，注入邻里新活力，延续姜山老街邻里文化，复原老街原生态的多样生活，营造出拥有浓厚情怀的邻里如画氛围，以街坊剧场为中心打造最具认同感的熟人社区形象。

6. 感知未来：感知及体验姜山未来社区的重要区域场地特色

展示中心作为一个公共的空间，在具备一定展示产品气质的同时，更重要的是它应该呈现给姜山未来社区居民们一个真实的、可持续的、能连接未来社区氛围、感受"三化九场景"带来的未来美好生活体验的概念集合体。

7. 立体延伸：由"平面"到"立体"的社区服务网络

引入"立体社区"概念，探索在立体方向混合使用社区空间的可能性，实现社区服务网络由"平面"到"立体"的拓展延伸。

摈弃传统单一土地使用性质的开发模式，采用多功能混合开发＋立体延伸的规划策略，在有限的社区空间内整合居住、娱乐、健康、交流等多种城市功能。对社区底层架空空间、空中架空层、屋顶空间进行多样化利用，分别植入儿童共享成长空间、老年友好交往空间、空中连廊、屋顶农场、屋顶共享运动空间，构建5分钟可达的"底层-空中-屋顶"三维立体的邻里共享空间体系。

8. 四维场景：构建"多快好省"的全生命周期

基于姜山未来社区人群特征进行未来生活方式的设计，构建"多快好省"的全生命周期四维场景系统。分别针对"多""快""好""省"四大目标进行空间、时间、体验及经济维度的场景设计，建设一个具有可达性、适宜性、高品质和高性价比的社区公共服务设施体系，满足人民日益增长的美好生活需要。

11.4.7　申报方案感悟

　　未来的姜山镇围绕城南枢纽、生态先锋、经济引擎、活力样板四大发展方向，最终实现"创智先锋，城南核芯"的都市节点型美丽城镇目标愿景。设计时围绕"传承历史——滨水市井老街的复兴；把握现在——产业人才空间的匹配；面向未来——立体社区公园的打造"三个重要元素，用现代营造手法解读姜山未来社区背后的历史人文故事。时代在变，环境在变，姜山这片具有传统水乡所孕育的文化内涵的土地，正以连接"过去、现在与未来"的新水乡面貌逐渐展开美丽画卷，必将随着时间的延续而深入改变到每个角落！

第 12 章　规划研究咨询

未来社区规划研究咨询是从未来社区的规划研究目的出发，提出规划研究的要求，对场景实施细则进行归纳整理。规划研究咨询的流程，一般从调查分析入手，需采用多种调查方式和方法，然后在调查收集分析的资料基础上，设法平衡各方需求，再进行一系列科学的规划分析，从而让规划研究有迹可循、有法可依，让未来社区九大场景在规划空间中合理实现。

12.1　未来社区规划研究目标

优先发展 TOD（公共交通为导向）的布局模式，实施人居环境与创业环境联动开发，达成功能复合、共享开放的目标，彰显城市活力、公平普惠、人文魅力、低碳高效的多重形象，实现国际一流的和谐宜居现代化社区。同时，赋予科技集成的绿色建筑、智能融合的智慧社会、蓝绿交织的城市森林、自然生态的海绵社区、"艺术与风貌交融"的文化场景，这些鲜活的场景构成将成为城市建设发展的精品名片。

12.2　未来社区规划研究要求

1. 聚焦空间、集约开发的创新

提出基于公共交通枢纽的空间开发强度梯级分布、"疏密有致"空间布局形态、地上地下综合利用、功能复合业态组织等。

2. 承载其他场景的空间功能

邻里、教育、健康、创业、交通、低碳、服务、治理等场景的功能、规模、服务距离等承载。

3. 文化传承与创新、风貌与艺术交融

立足风貌基底，挖掘特色文化的风貌特征，塑造在地化的人文环境，延续城市肌理，有机更新。

4. 建立绿色立体的社区环境生态圈

建设复合的立体绿化系统，营造社区"森林"，串联"建筑—公园—场所"，创造共同生态圈。

5. 落实建筑产品创新模式

技术应用集成化、绿色建筑、信息平台搭建、指标标准设定等内容。

12.3 未来社区空间场景实施细则

在控规层面重新设计TOD模式下的未来社区空间，引入新的街道网络，使其更为适宜步行、自行车与公交；迭代居住环境，与现代创业理念的融合；满足未来社区多种功能的复合空间；传承优秀传统文化，复原在地化历史街区，赋予文化认同的沉浸式感受；创新建设技术，提升建设效率及能源应用；智慧社区建设，优化决策，提高增效，智慧应用，赋能未来社区九大场景数字集成服务。

12.3.1 TOD模式下社区空间理念

1. 总体要求

开发模式上，使用土地进行有序的混合开发，实现多样式住宅混合，TOD模式下的住宅主要从较低密度到高密度多种组合住宅，价格多样化呈现，同时还应包括出租住房与自住住房。

布局模式上，采取TOD社区模式，以轨道交通及大运量的公交站点为核心，以400~800m为半径，即为5~10分钟步程，便于行走与自行车道的使用。TOD的社区道路采用方格网，辐射周边，道路环境对行人友善；方便的商业与公共设施，每一个TOD都应包含一个主要的商区若干个点状式散落商业中心，TOD还应为生活在那片区域的人们提供公共空间，如广场、绿地、公园、公共建筑等；形成同时满足居住、工作、购物娱乐、出行、休闲等需求的多功能TOD社区；渐进式推动城市发展的迭代升级。

布局导向上，实施八项基本原则：① 构建适宜步行的街道和人行尺度的街区；② 自行车网络优先；③ 提高道路网密度；④ 发展高质量的公共交通；⑤ 混合使用街区；⑥ 根据公共交通容量确定城市密度；⑦ 透过快捷通勤建立紧凑的城市区域；⑧ 通过调节停车和道路使用来增加机动性。

之所以未来社区特别强调TOD，就是因为TOD社区发展模式具有巨大的优势，能优化城市发展格局，织补缝合城市缺陷，升级城市资源优质配置，提升消费能级。

2. 实施途径

贯彻"四个统一"，即统一规划、统一政策、统一标准、统一贯通，从而促进协同发展。

实施四大建设方针：

围绕TOD的站点，构建"城市网格"新形态。以"小街区、密路网"为指引，组织社区内部交通网络；完善对外接驳系统，疏解城市主干道交通流量；优化自行车与步行系统，避免或缩短人行穿越马路的距离。

促进混合开发，优化土地极差强度。增强土地使用的混合性与弹性，创新社区的用地分类与指标控制体系，提高土地利用综合效益；社区开发强度依据TOD枢纽等级而定，引导自 TOD 站点向外围实现梯度递减，促进社区紧凑发展。

地上、地下立体开发，提高空间利用效率。基于"零距离"的便捷转换，实现竖向层立体综合开发、横向相关空间联通，公共服务设施与交通站点无缝衔接；立体开发统筹地上地下空间开发，推荐建设用地的多功能立体开发和复合利用。

倡导共享开发，优化社区公共空间组织。强调"开放型"氛围营造，不设置社区及组团围墙，组团之间空间互为渗透流动，实现"城市—社区—建筑"空间转换的自然过渡；统筹组织社区集中式弓箭、广场、绿地、建筑群围合空间及建筑内"开放与半开放"等多类公共空间，营造充满活力的空间体系。

12.3.2 人居环境与创业环境联动场景

1. 总体要求

通过提供高居住品质、迭代繁荣的创业空间、细分化的生活场景，以营造森林氧吧类的社区生态环境为基础，以人居环境与创业环境联动为核心，实施职住平衡发展、人与自然和谐发展，不仅实现土地集约、低碳高效，而且激发城市活力、民众安居乐业。

提供高质量化的精细双创孵化空间。适应创新创业升级需求营造，引导"共享办公＋共享服务＋人才公寓"三大功能结合，完善孵化器与加速器等创新载体建设；基于项目所在地的实际情况而特色开发建设社区双创空间。按各社区特点和特色发展，将以下三类空间有机结合：① 商务、创客中心、SOHO 等办公空间；② 公寓、人才公寓、专家楼等居住空间；③ 共享学堂、共享健身房、共享厨房等设施。

推广建筑弹性可变房屋空间模式。提供以人为本的更宜居的房屋空间，采用模块化的户型、单元设计，空间灵活多变，满足家庭与创业空间多样化个性需求；通过弹性组合改造，实现建筑全生命周期的使用，延长建筑寿命，打造百年建筑，营造节约型社区建筑。

生态目标全方位营建立体绿化系统。倡导竖向多层次的城市森林立体空间，采用地面、平台与屋顶、垂直绿化相结合的方式；整合串联社区内公共绿地、零星街头绿地、空中绿化和建立里面绿化，营造宜人的"森林社区"环境。

完善组织 5～10 分钟生活圈设施。落实邻里、健康、教育、创业、服务等场景的设施建设需求，按照社区人口构成情况和各年龄段人群出行特点，合理组织设施布局，满足就近使用。按 5～10 分钟步程布局与分布，建立连接便捷的完善步行系统。

营造全人群、全龄段的服务设施系统。关怀老弱幼残，完善专需设施，引入智慧养老、养护场所，完善无障碍与盲道设施，设立 0～3 岁幼儿托管场所；确保共享空间特色化的配置，以人为本，创建"特色组团的多样共享空间"，为人际交往提供喜欢停留的场所。构建智能融合的智慧社区，利用物联网、云端技术、5G 移动互联网等新技术，为人们提供更舒适、便利的网络生活平台。

2. 实施途径

推广模块化装配式的建筑营造，实现弹性可变的空间使用需求。模块化建筑营造，是以如同盒子的单元体结构，但不局限于六面的方体。利用新型节能环保材料装配的单元体，这种模块式建筑在单元体间形成了多样的空间，包括空中绿化阳台、露台，由于空间的规整利于内部灵活分隔，弹性可变，适应家庭全生命周期的使用，模块可多样化组合，形成形体丰富、形式独特的生态圈。

土地与规划层面的引领。强化规划，强化城市设计。在"多规合一"的基础上，强调区域联动的效应，优化不同用地合理比例配置，强化不同用地性质之间的联系。

产业业态与配置的提质。激发社区创新创业活力。响应城市区域产业结构的发展，确立社区产业群，合理配置相应的业态，强调吸引人才落户，配置双创空间，配置共享空间设施，产业配套功能多样性。

市政及公用设施水平的提升。更精准服务、更精细管理。设施配备的规划与建设富有前瞻性、具备弹性发展，避免无序扩容改造，建立数字化平台，形成更精准的服务体系。

12.3.3 功能复合建筑与场景

1. 总体要求

适应多元化、个性化的人群使用特点，满足未来社区其他场景的用途需求；倡导混合使用与全时段利用，探索居住、工作、商业、娱乐、休闲等功能在建筑中、在场所中的复合利用模式，创新社区建筑产品供给；创造空间利用高效、功能用途复合、充满活力的社区建筑与场所空间。人的生产与活动都被空间包围着，空间是一种实质存在的物质，就像石头、木材、花香。然而，空间是一种不定型的物质，它依赖于人的感官而存在。当空间被一定的体量关系所定义、围合、组织与塑造的时候，建筑就因此而生。而建筑空间的组合方式多样庞杂，不同的建筑空间有组合的规律，找对规律对于建筑空间的定义起到辅助性作用。

2. 实施途径

集中建设综合型的社区邻里中心。过去的社区邻里空间不仅散落，并且不成规模，在社区内占用不重要的空间，使得居民生活中对于邻里空间的使用非常贫乏。未来社区邻里中心将以"综合体"模式，集成社区5分钟生活圈所需的主要功能，是社区"一站式"公共中心形象展示地标；邻里中心一般包括社区商业、邮电、金融、公共服务、物业、养老、医疗、教育等完备的生活服务设施，因地制宜兼顾社区创业办公和人才公寓功能，同时结合社区公园或中心广场等公共开敞空间，形成社区活动中心。

分散配置便民性的街坊共享空间。按就近原则，结合建筑群体布置，把共享空间分散在各个居住街坊内；集成24小时便利店、日杂店、物流配送终端、无人售货亭、社区健身场所、共享单车终端等便民性服务设施。

推进建筑的功能混合与融合。集约化和立体化利用建筑空间，因地制宜地选择办公、商业、住宅、人才公寓、休闲娱乐等功能之间的组合；积极开辟建筑内空间共享，推广多功能建筑。采用模块化设计与建造方式，保持建筑使用的灵活性，提高建筑应对未来需求变化的响应。

民营"建筑—场所"共同生态圈。按照共同生态圈的理念,通过步行道、建筑架空层、连廊天街等慢行系统,将社区邻里中心、街坊共享空间、各类功能建筑及广场、公园、"块—带"状绿地等进行有机链接;打造安全舒适、可达性强、多样化的社区、"建筑—场所"系统,创造充满活力的社区活动空间。

12.3.4 艺术与风貌文化场景

1. 总体要求

引导艺术与文化风貌的交融,兼具江南文化内涵与时代特征。空间场景中的文化表现离不开形态特征,注重文化的形式表达和丰富的艺术体现。

通过构建人与空间的人文生态,赋予文化认同的沉浸式感受。与环境的融合、与人的情感体验融合达到一种共情的效果。

通过引导人与环境的和谐共处,赋予生机盎然景观环境体验。寻找生存世界的客观规律是与环境融合的方式之一。

实现在地化的人文场景重塑,形成社群集体归属感。必须考虑不同文化、宗教、习俗等对空间场景的影响。把握好这种尺度,空间才会有情感,形成某个特定群体的集体归属感。

2. 实施途径

立足风貌基底,明确社区风貌整体方向。依据社区项目地的气候特征、历史文化、自然环境、公共环境、建筑风格等风貌形成要素,划分城市风貌区,如城市核心风貌区、历史文化风貌区、滨水与自然风貌区、交通枢纽风貌区、一般城市风貌区、郊野生态风貌区等,指导社区风貌整体方向的确定。

挖掘风貌特质,再构多样风格与空间界面特质。融建筑于景,与山对话,与水交融,彰显浙江山水城市风貌(解构、立意、象征);营造新颖动感的空间组合与天际线,展现社区的艺术化气质(韵律、节奏、开合、疏密);打造多样生动可变的建筑形式,形成聚落群体,处理好整体与细节协调。

重视地域文脉,重塑在地化的人文风貌。融合城区历史与传统肌理,以城市乡愁记忆和历史文脉为基础,突出人文多样性、包容性和差异性,特色发展(文化肌理、空间肌理、建筑肌理);施展地域建筑特征的现代性表达,体现显性与隐性之间的文化信息解码,传承与创新之间的特色与多元化;有机更新地块内有保留价值的建筑,并保护修缮历史建筑(表皮特征、内外部空间、环境及材料利用)。

注重环境艺术,创建优雅生动公共的环境景观。强化空间陈设与景观艺术,传递未来感的时代感特征;塑造景观环境构成要素的本地化,凸显城市的文化环境。

建立管控导则,完善风貌设计指南与评价体系。浙江省典型地域性分析与导引;材料运用的质感与彩色运用引导;建立风貌控制与点评要素管理体系,包括建筑风格、景观、色彩、标识设计、灯光规划等。

12.3.5 技术应用系统集成设计场景

1. 总体要求

推进预制装配结构体系。基于 SI 体系的模块化构筑，以模块作为建筑基本构成，并以工业装配式的建造完成，模块间形成的空间利于空中绿化，形成了一个独特生态群。可有效地降低成本，同时模块化的构筑装置提供了灵活使用空间；新型装配式结构体系，建筑装修一体化，预制部品部件的标准化、模数化，并向建筑个系统集成转变，用物联网思维进一步强化装配式建筑带来的工期缩短、质量提升、节能减排降耗等诸多利益；外围护结构一体化系统，采用高性能围护结构，推广结构装饰保温一体化预制外挂墙体系统。

环境舒适性系统。声光环境智能化系统，通过智能系统的控制，能轻松以自己的喜好打造舒适氛围；风热环境智能化系统，采用节能设备打造室内热风舒适化循环系统，如毛细辐射系统、新风调湿系统等；空气净化解决方案，抗霾除尘系统净化室内空气，提供 24 小时全热交换新风；健康饮水系统，配置高过滤精度直饮水系统，保障健康。

再生资源利用系统。可再生能源利用系统，有效利用地源热和太阳能，实现光伏建筑一体化＋储能（储能电池、双向充电电动汽车）＋城市供电的有机结合，推进集中供热／供冷＋冰储冷和点储热；雨水中水收集利用系统，通过雨水、中水收集利用系统等应用，实现景观园林等公共用水对市政供水的零需求；垃圾处理资源化系统，践行绿色生活方式，推动生活垃圾源头减量和资源化利用，建设"无废社区"。

"海绵社区"建设技术。多样化海绵技术，提升海绵技术，把自然生态功能融合到园林景观中，通过微地形设计、竖向设计等措施控制地标径流，并减少或切碎园区硬化面积，道路、广场等采用透水铺装，充分利用自然下垫面滞渗作用，减缓地表径流雨水量，控制径流污染；智能化的海绵管控系统，在线监测雨量、管道流量、液位数据、水质（Do、COD、SS 等）、雨水收集利用量等一系列数据为海绵城市建设与管理提供现代化技术手段，实施运行效能最大化，通过人工智能技术实现提前预警，提前调整运行模式。

智慧化生活系统。智能家居集成系统，利用物联网，融合家居生活各个子环节，通过网络综合管理，实现为人为本的智能化家居全新体验；智慧能源管理系统，以物联网和 CIM 为核心智能化的管控系统，对机电设备能耗，工作状态实施监测和管理，提升建筑能源利用。

2. 实施途径

集成化技术。"集成化技术"实现建筑整体有机集成，对项目设计、生产、建造各流程间的斜街技术进行一体化考虑，对功能、结构、设备等系统集成化的组合，对各分部件和构造进行整体连接，依托 CIM 平台系统体系，实现数据共享信息互通，从而形成各流程和结构连接、设备技术的集成化、达到优化建造管理和提高建筑性能的目的。

标准化设计。建立基于模数化的标准化产品体系和设计规范，推行标准化设计。

机械化施工。建筑装饰一体化，通过部品工业化生产、现场装配式施工，最后形成多样化的建筑整体。

信息化管理。基于CIM平台及数字生态系统，将BIM技术落实到建筑全生命周期，模拟优化设计，实现建设过程精细高效管理。

12.3.6 全周期数字化社区营造

1. 总体要求

转变传统社区单一地产开发模式，探索构建由"N＋数字平台开发商"共同建设运营的新模式；建立1＋N框架的CIM平台及数字生态体系，立足数据汇聚及数字化生长，按照社区营建"规划设计、建设施工、运营管理"的全生命周期需求；同步打造与实体社区镜像的数字孪生社区。

2. 实施途径

规划阶段，优化决策。基于试点项目基底信息数据分析，可开展试点立项与选址的可行性评估、规划方案的必选与优化以及联动政府开展相关规划调整审批工作，为带方案土地出让提供支撑。

建设阶段，提高增效。协助政府职能部门，开展征地拆迁、回迁补偿等方案制定和工程建设管理审批等工作。工程建设中，可进行基于BIM的线上施工管理。

运营阶段，智慧应用。基于社区多源数据的沉淀，打造社区数字资产，创建社区居民"数智"生活，推动基于数字社区的产业创新，实现政务、民生、产业"三位一体"的精准化服务。

12.4 建筑规范适应性改革

12.4.1 基本导向

以集约节约利用土地，并摆脱兵营式和高度齐平布局的乏味城市格局，创造多样丰富的社区空间为出发点；探索以满足"人民越来越美好的生活"为目的，以市场配置作为未来社区空间配置的决定因素，以建筑技艺、功能优配、宜居宜创等为指引，审慎地尝试建筑规划和地方标准的适应性改革；提议采用一事一策，多元评估，适度放宽建筑规范与地方标准某些限制条件。

12.4.2 适应性改革的内容

土地出让制度层面的改革。结合国家将实施的新政住房按套内面积销售，探索"土地出让以销售面积计容"的转变，确保社区公共空间、共享空间、邻里空间等所需要的建筑面积规模，能有效实施。

规范适应性层面的改革。日照时间与日照间距：功能混合、使用动态的公寓，不受日照时间与间距要求限制；60m²（套内）以下的小户型和一般创业公寓允许放宽下浮20%，按房屋性能化指标要求判定。户型：60m²（套内）以下的小户型和一般创业公寓，如果设置面积达标的共享用房，许可功能用房面积不受规范限制。建筑限高：除航空控高和城市风景景区视线控制之外，可以突破控规的高度限制，整体可以放宽要求。建筑间距：在消防合规的前提下，许可建筑间距通过评估后放宽要求。

12.4.3 创新性改革的内容

促进地下空间开发建设。控制地下空间开发率，指标建议：地下建筑面积与地上建筑面积的比例≥25%。

引入"生态强度"指标。实施三维绿量精细管控，引入绿容率（三维绿量），作为衡量绿化整体生态效应的重要指标。

实施容积率奖励制度。以高品质为前提，针对建筑中开放与共享空间的贡献度，实施规定比例的容积率奖励政策。

12.5　未来社区规划研究咨询流程

在未来社区规划目标和实施细则的指导下，运用多种咨询方式进行项目数据的收集、整理、分析、研判以及对项目实施情况的评价。传统规划咨询遵循调查分析、多方案比较、听取专家意见与政府部门意见、提出方案、专家评估、政府审批、颁布实施、规划评估的程序和路径。以下主要进行有关"未来社区"规划咨询流程概述。规划咨询作为全过程工程咨询的一部分，常用方法：逻辑框架法、层次分析法、SWOT分析法、PEST分析法等。还有区位熵、偏离—份额分析法、波特钻石模型、德尔菲法、城市规模等级模型和利益相关者分析。

12.5.1　规划调查阶段咨询

规划咨询与决策过程建立在相关信息与资料基础上的，规划咨询的调查阶段就是收集与规划对象相关的信息。一般可分为环境（人文环境与自然环境）、经济、社会三个基础领域。规划咨询过程的不同阶段对于资料收集的要求是不同的。而未来社区在传统的规划资料收集的基础上还需时刻关注政策调整、民意调查、项目的交通模型建立等辅助未来社区的合理规划及建设。

规划咨询的调查方法是对研究对象的过去与现状的资料收集以及未来发展的预测。调查方法大致可分为四种，即文献方法、访谈法、实地调研、问卷法。

1. 文献方法

规划咨询的大量信息是以文献方法收集。与规划咨询相关的主要文献来源包括但不限于统计资料、普查资料、文件资料、档案资料、相关出版物以及网络信息。

2. 访谈法

访谈法是广泛采取的调查方法，用于了解利益相关者的态度、愿望和发展诉求，收集各方意见和建议。访谈方法有面谈、电话会议、网络会议等。一对一的访谈模式也可以以会议、座谈等形式进行集体访谈。

3. 实地调研

实地调研是规划咨询中不可或缺的一项。通过实地调研，可以明了项目的具体情况，弄清问题，为规划咨询提供第一手资料。土地情况的现场勘查，可以科学合理地规划产业空间布局。

4. 问卷方法

问卷方法可以了解相关政府部门、建设单位、社会团体、市民等规划利益的密切联系者切实的意愿、效果评价以及改善建议。也可通过对问卷的统计分析，收集到文献资料中无法获取的有价值信息。如居民对于交通设施或其他公共设施的需求。随着网络信息的发展，网络问卷调查为新时期规划咨询提供了一种更加快捷有效的方式。

12.5.2 规划平衡阶段咨询

所谓平衡，就是各种关系的处理。在文献方法收集的资料基础上，平衡各方需求。综合评估主要是处理好三方面的关系：一是供给与需求的关系，规划应尽可能地平衡各方需求与供给之间的矛盾与关系，例如建筑产品、数量以及质量之间的关系，开发时序上的相互适应、相互协调等；二是各职能各部门之间的关系，例如国民经济部门、建设项目的用地关系，建设主体需求与民意调查之间的关系；三是地区与地区之间的关系，在效益、公平、安全的原则上，在建设项目的空间布局、建设进度和程序上合理安排，使各地区之间相互协作，共同发展。

平衡表是进行综合平衡的一个重要工具。未来社区平衡表编制的基本思路是：在供给总量控制的前提下，各部门、各地区的需求与供给总量要基本保持一致。

综合平衡方法的工作步骤一般是：

（1）确定综合平衡的内容和指标体系。

（2）预测发展需求，包括企业发展、城市发展、市场发展等的发展预测，确定各不同项目以及建筑产品所需量。

（3）综合平衡。通过收集各项资料，进行综合平衡方案制定。

12.5.3 规划分析阶段咨询

规划分析分为定量分析与定性分析两个基本类型。定量分析主要是对事物的状态和过程进行分析，常用的方法包括但不限于区位熵、偏离—份额分析法、城市规模等级模型应用；定性分析是对状态和过程的因果机制进行解释，如波特钻石模型、利益相关者分析等方法的应用。规划分析阶段是基于调查研究的结果基础上进行的。规划分析中通常采用区域分析、空间分析、相关分析等定性与定量分析相互结合的方法，揭示了规划项目的各种特征，为规划政策以及规划方案的制定提供有价值的信息。

1. 区域分析

区域分析是对区域发展的自然条件和社会经济背景特征及其对区域社会经济发展的影响进行分析，探讨区域内部各自然和人文要素之间以及区域之间相互联系的规律的一种综合性方法。规划设计的原则是因地制宜，充分融入当地文化，使得未来社区的设计更符合当地事情，充分体现未来社区的"1个中心"思想——人民美好生活向往。

区域分析涉及地理学、经济学、社会学、政治学、历史学以及人文学等多种学科。以地理、经济以及人文为主，经济学的投入—产出分析法、地理的区位熵以及人文的文献方法等。

经济学的投入—产出分析法能更快地分析市场导向，以及分析出更多区域内各部门之间的联系。投入—产出分析法的基本思路对规划咨询中各方面关系的把握具有重要作用。

地理学理论与方法的应用使得区域分析中对区域发展问题的研究更加深入和全面。其在规划研究中的应用主要是对人流、物流、技术流、信息流、资金流等五种流态在区域内相互作用机制的分析，表现在包括交通网络、通信网络、邮递网络等方面的流向分析和主要包括原材料及半成品流量、资金融通量、产品扩散、技术转让、商品流通、信息传输和客货流量等方面的流量分析。

人文社会科学指同人类利益有关的学问，有别于在中世纪教会中占统治地位的神学。后来，其含义几经演变，包括哲学、语言学、艺术学等。人文社会科学对当地文化历史文脉有一个系统性的梳理，有利于指导规划设计主题的提炼。

通过以上分析，主要目的是明确区域发展特点与方向，评估潜力，为规划设计提供依据。

2. 空间分析

空间分析主要通过空间数据和空间模型的联合分析来挖掘空间目标的潜在信息，包括空间位置、分布、形态、距离、方位等。对发展资源的空间配置进行分析，包括空间分布和空间作用，是规划咨询的重要任务之一。物质要素的空间分布有点状分布（如学校、医院等）、线状分布（如交通路网、能源管网等）、面状分布（如不同区的人口分布等）。规划政策或规划方案涉及不同地域空间（如城市、乡村等）发展资源的空间分布，因此产生的影响也具有空间属性。比如一个新超级市场的建设会对附近其他超级市场产生影响，这些都反映了城市构成要素之间的空间作用，可以用城市空间引力模型进行分析。

3. 相关分析

根据定性分析，可以知道规划对象（如都市圈、城市等）中的各种要素之间存在着相关关系，如居住人口分布与公共设施分布之间的相关关系、土地开发强度与交通可达性之间的相关关系等。相关系数可以定量测定各个对象之间的相关程度，以验证定性分析的结论，常用的相关分析方法有区位熵、偏离—份额分析等。

12.5.4 规划方案模拟阶段咨询

规划就是对未来的发展进行合理的安排，模拟预测方法是在搜集了有关量化指标或对有关指标量化后，根据事物的特征及其运动规律加以模拟，建立预测模型，并对模型进行检验合格后，运用模型对区域事物进行预测分析的一种方法。随着计算机技术的发展，模拟预测方法在规划咨询中得到广泛应用，这不仅提高了规划指标的精度，而且为模拟对象的动态发展过程提供了可能。规划咨询中常用的模拟预测方法有系统分析法、层次分析法、专家系统法共三种基本方法。

系统分析法是从系统论的观点出发，应用科学方法和电子计算机等工具，对区域系统现状进行科学完整的认识分析，并在收集处理数据资料的基础上，建立若干替代方案和必要的模型，进行模拟运算和动态仿真，最后将结果整理评价后，提供给决策者作为决策依据，提高规划的可行性及实用价值。

专家系统法借助由专家归纳并具有相当权威性的专家知识，对市场经济条件下发生的不可预测事件和不确定因素以及它们导致的意外情况和可能后果，做出判断、推理和论证，以供规划决策参考。由于它能推知多种随机事件对某一目标影响的概率、灵敏度、后果及影响程度，而这些问题用常规的数学模型又无法解决，所以理应成为规划的有效方法，加之整个系统过程参与了专家对话和科学民主的决策，因此规划的可行性和实用价值亦大大提高。

层次分析法（Analytic Hierarchy Process，简称 AHP）是美国匹兹堡大学运筹学家 T.L.satty 教授于 20 世纪 70 年代初，在为美国国防部研究"应急计划"时，应用网络系统理论和多目标综合评价方法，提出的一种层次权重决策分析方法。该方法将决策问题的有关元素分解成目标、准则、方案等层次，在此基础上进行定性分析和定量分析的一种决策方法。这一方法的特点，是在对复杂决策问题的本质、影响因素及其内在关系等进行深入分析之后，构建一个层次结构模型，然后利用较少的定量信息，把决策的思维过程数学化，从而为求解多准则或无结构特性的复杂决策问题提供一种简便的综合决策分析方法。层次分析法的应用范围十分广泛，应用的领域包括：经济与计划；能源政策与资源分自己；政治问题及冲突；人力资源管理；教育发展；医疗卫生，环境工程；军事指挥与武器评价；企业管理与生产经营决策；项目评价；规划咨询；资源环境承载力评价等。

12.5.5 未来社区规划场景指标评价体系咨询

未来社区"139"顶层设计：

"1"：1 个中心——以"人民美好生活向往。"为中心，实现美好生活零距离。核心指标：直接受益居民数（主要指回迁安置人数）加上引进各类人才数。

"3"：3 大价值坐标：人本化，人与人和谐。提炼社区文化，组织社区交流活动，提供邻里配套服务，增强社区认同感与归属感；生态化，人与自然和谐。纵横生态网络、多层次的景观公园、环形的绿道体系、立体的绿化空间、生态节能的系统设置；数字化，人与科技和谐。建立社区数字化系统，实施社区生命周期的数字化技术支撑。

"9"：9大未来场景邻里、教育、健康、创业、建筑、交通、低碳、服务、治理指标评价体系。

浙江省未来社区试点创建评价指标体系在第4章中已有较为详尽的阐释，此处不再赘述。各市及地区未来社区试点创建评价指标体系，则详见各市及地区颁布的指标体系框架及评价标准。

第13章 专项政策研究咨询

根据《浙江省未来社区试点建设管理办法（试行）》，省发展改革委牵头负责全省未来社区试点建设的综合指导、协调和监督工作，其他各部门按照职责分工明确具体支持政策并做好相关指导、协调和监督工作。

未来社区建设的专项政策主要可以分为三类：

（1）省政府颁布的适用于浙江省的省级未来社区专项政策，主要包括《浙江省未来社区试点建设管理办法（试行）》《浙江省未来社区建设试点工作方案》《关于高质量加快推进未来社区试点建设的通知》等；

（2）市县地区的未来社区专项政策，主要包括拆迁安置政策、人才引进政策、创业政策、试点投融资政策、文物保护政策等；

（3）工程建设相关政策，主要包括土地"招拍挂"政策、立项赋码政策、建设过程相关政策、城市用地与规划政策等。

在专项政策研究方面，全过程工程咨询应根据试点建设项目实际需求，为落实九大场景系统，开展未来社区项目所在地针对性的政策实施细则、标准技术规程等方面的专项研究。

13.1 专项政策研究方法

13.1.1 组建专业团队

组建优秀的专业团队是专项政策咨询首要工作，研究人员需具备以下素质：

（1）深厚的理论知识功底；

（2）较强的分析研究能力；

（3）较宽的宏观观察视野；

（4）较高的政策设计水平；

（5）丰富的政策咨询经验。

13.1.2 完善咨询程序

政策的决策过程主要经历五个环节，即目标确立、政策设计、政策评估、可行性论证、政策选择。政策具有目的性、内容特定性、前瞻性等特征，其要求主要包括连续性、可行性、预测性、信息完备性。

根据政策的决策程序，拟定的政策咨询流程：准备性咨询、选择标准、列出备选方案、政策模型、利用标准来辅助选择、考虑受影响方、时间效果分析、决策矩阵的比较、专家团体和质量控制共九大程序。

13.1.3 把握基本要点

制定发布的政策性文件涉及诸多因素，受多方面的关注和检验。为使好的政策及时出台并取得预期效果，在政策研究咨询中要认真把握以下基本点：

（1）背景与依据，即对政策出台的政治、经济、社会背景，政策涉及的法律、法规依据，政策实施的国情民意等进行研究咨询；

（2）目的与功能，即对制定政策的目的性、针对性以及政策的作用等进行研究咨询；

（3）属性与效力，即对政策所具有的强制性、指导性、引导性以及约束力度进行研究咨询；

（4）内容与结构，即对政策的具体内容、条款、结构进行研究咨询；

（5）时机与期限，即对政策出台的时机选择和政策有效期进行研究咨询；

（6）投入与产出，即对政策制定与实施所付出的代价和收到的效果进行研究咨询；

（7）矛盾与协调，即对某些新政策出台与现行关联政策的协调、互适以及抵触矛盾情况进行研究咨询；

（8）受益与受损，即通过利益群体分析，对政策的客体（接受者）的受益与受损情况、范围、程度进行研究咨询；

（9）波及与影响，即对某些新政策出台可能涉及的方方面面，产生的正负影响程度及原因进行研究咨询；

（10）实施与检验，即对政策贯彻实施需要的条件、采取的措施和效果检验进行研究咨询。

13.1.4 积极寻求支持、认真总结经验

政策的制定离不开上级部门和相关部门的支持，政策咨询工作同样不能闭门造车，以完成政策稿件作为目标，而是要以终为始，积极努力为政策寻求各部门各单位的积极支持和密切配合，将落实好相关措施作为专项政策咨询工作的目标。

以结果为导向，对专项政策的实施认真开展总结和后评估工作。对于好做法、好经验，预计能发挥典型的示范、辐射、带动作用的，实现资源共享和经验共享，以便于进一步夯实未来社区体系。对于未达到预期效果的、失败的教训，也要找准方向和定位，有针对性地开展下一步建设工作。

13.2 省级未来社区专项政策

13.2.1 《浙江省未来社区试点建设管理办法（试行）》相关条文介绍

1. 未来社区试点建设工作一般按照下列程序进行：
（1）发布申报通知；
（2）编制申报方案；
（3）确定试点建设名单；
（4）编制实施方案；
（5）实施方案评审；
（6）土地"带方案"出让公示；
（7）签订建设协议；
（8）实施推进；
（9）试运营；
（10）评估考核与命名。

2. 未来社区申报方案编制注意事项

申报方案由实施主体负责编制。申报方案应明确规划单元、实施单元的规划范围，划定用地控制边界。原则上规划单元用地面积为 50～100 公顷，实施单元用地面积不低于 20 公顷。申报方案主要聚焦实施单元，但要提出规划单元统筹推进安排。申报方案编制深度应参照方案设计深度，兼顾城市设计要求，并符合下列条件：

（1）申报改造更新类试点的，应明确回迁安置居民数、计划引进人才数两项综合指标及测算依据；申报规划新建类试点的，应明确计划引进人才数此项综合指标及测算依据。

（2）对未来邻里、教育、健康、创业、建筑、交通、低碳、服务和治理九大场景开展初步策划，明确各场景的目标愿景、功能业态、设施配置标准、机制创新举措、组织方式等内容，并形成九大场景集成策划方案。

（3）申报方案中规划技术指标应符合地块详细规划要求或能够通过调整详细规划得到落实。

（4）提出建设期投资估算、资金筹措方案和成本回收方案，提出运营期财务收支方案。建设期和运营期均应实现资金平衡。

（5）申报改造更新类试点的，应提出符合实际的、具有可操作性的征拆安置初步方案和保障措施。

（6）根据不同的用地主体，提出相应的土地供应方案并明确计划建设工期。

（7）申报方案编制应在 3 个月内完成。

3. 未来社区实施方案编制注意事项

实施方案由实施主体负责编制。试点名单公布后，原则上规划新建类试点半年内完成实施方案编制和评审，改造更新类试点考虑拆迁安置进度等因素，1年内完成实施方案编制和评审。实施方案应在申报方案基础上予以深化，并达到以下要求：

（1）实施方案应以申报方案确定的内容为依据进行编制。

（2）实施方案中的建筑工程建设内容应达到初步设计深度，并明确涉及九大场景的技术方案、建筑面积指标和用地指标。

（3）提出建设期投资概算、资金筹措方案、成本回收方案，明确具体资金流向和实现路径；在基本物业"零收费"前提下，明晰运营期财务收支方案，分析预计收益，确保全周期资金平衡。

（4）为落实九大场景约束性指标要求，采取"场景联合体"供应商模式，实施方案应体现运营单位与场景联合体供应商的合作内容，提出"场景联合体"有关成员单位筛选要求和名录，明确九大场景系统运营方式。

（5）根据不同的用地主体，确定土地供应方案及建设工期安排。

实施方案编制期间，试点实施单元地块征迁收储、规划修改、资金平衡细化等工作应同步予以推进。

4. 实施方案重点评估内容

实施方案经试点所在设区市政府初审通过后，由县（市、区）政府或设区市政府派出的开发区（新区）管委会向省发展改革委提出评估申请，省发展改革委委托第三方会同地方规划等部门进行联合评估，重点评估下列内容：

（1）方案总体情况，包括试点性质与未来社区政策导向符合度，相关政策要求贯彻落实情况及方案总体前瞻性、科学性、可行性、特色性；

（2）综合指标情况，与申报方案提出的综合指标的衔接度；

（3）建设运营资金平衡情况，包括总体平衡情况、分项费用设置、计算方法合理性；

（4）"三化九场景"落实情况，包括约束性指标的落实性、数字化方案的完整性；

（5）特色亮点展示情况，包括方案特色的鲜明度、模式创新的示范性等；

（6）建设工期安排合理性。

实施方案确定的标准与要求是试点建设的核心依据，原则上不得变更。如确需变更的，试点所在县（市、区）政府或设区市政府派出的开发区（新区）管委会应按原程序向省发展改革委重新备案。

5. 未来社区建设须知

实施方案评估通过后，应依法供应土地。土地供应前应完成宗地征拆收储、规划调整以及实施方案确定等工作。鼓励采用土地"带方案"公开出让。试点名单公布前已获得国有建设用地使用权的，其上建设、运营均应符合评估通过的实施方案。

未来社区试点应于名单公布后一年内全面开工建设，未能按期全面开工建设的，降格为培育对象，给予一年整改期，整改期内全面开工建设后重新列入试点建设名单，仍未全面开工建设的，从试点建设名单中予以取消或除名。

县（市、区）政府或设区市政府派出的开发区（新区）管委会与项目建设单位、运营单位签订建设协议，协议内容应包括九大场景具体实现方案，并明确落实各项场景约束性指标要求的场景联合体供应商或相关责任主体。

未来社区试点可按照不同项目建设单位（用地主体）赋码形成若干个政府投资或企业投资的工程建设项目，鼓励各工程建设项目按有关政策积极向上争取专项要素支持。

未来社区试点建设工作中，工程建设、公共服务、产业准入等应当严格按照"最多跑一次"改革、现行工程建设项目管理、质量安全标准等要求依法合规有序进行。

未来社区试点建设活动中出现重大质量、安全、环保等责任事故的，直接从试点建设名单中予以取消或除名，并按有关法律法规规定予以处罚。

6. 未来社区验收与竣工

项目进度：未来社区原则上要求规划新建类2年左右完成试点建设，改造更新类放宽至3年左右。

项目质量：工程施工符合《建筑工程施工质量验收统一标准》GB 50300—2013"合格"标准。确保各分部、分项工程质量一次性达到国家、省市及地方的验收合格标准，整体工程一次性验收合格，并通过未来社区试点验收。

项目的监督：省发展改革委会同省级有关部门依托数字化平台对试点建设实行动态管理，进行实时监测，开展督导工作。鼓励各管理、设计、施工、运营及第三方机构积极参与并配合试点建设动态数据的搜集、汇总、分析工作，共享动态跟踪评价结果。

项目竣工验收：未来社区试点在完成竣工验收、交付使用并试运营3个月后，由县（市、区）政府或设区市政府派出的开发区（新区）管委会向省发展改革委提出试点建设工作评估考核申请。

省发展改革委会同省级有关部门组织评估考核，并将结果报省政府，省政府同意后正式命名公布。试点的评估考核不影响工程建设项目本身在符合法定要求下的正常竣工验收、交付使用等。

13.2.2 省级未来社区专项政策解读

浙江未来社区创建将始终秉承"以人为本""去房地产化"原则，既要落实"三化九场景"系统配置要求，又要确保原居民"搬得进、住得起、过得好"，让社区居民真正有获得感、幸福感、安全感。

开展未来社区创建工作需坚持四种属性，防止四种倾向：

（1）坚持现代化属性、防止一般化倾向。聚焦数字化、突出新建造、融入新技术、推广新治理，构建面向现代化、面向未来的市民生活场景；

（2）坚持家园属性、防止房地产化倾向。建好邻里交往中心、建好公共文化空间、建好美好生活链圈，实现从造房子向造社区造生活转变，打造有归属感、舒适感、未来感的美好家园；

（3）坚持民生属性、防止"贵族化"倾向。集成民生服务、促进创业创新、推动共建共享，将人民拥不拥护、赞不赞成、满意不满意作为衡量工作得失的根本标准；

（4）坚持普惠属性、防止"盆景化"倾向。把未来社区建设理念和要求贯穿到城市旧改新建、有机更新的全过程，丰富创建类型，鼓励百花齐放，加快推动从个案"试点"到面上推广。

未来社区创建将突出因地制宜、分类施策、科学有序推进。根据不同社区的实际情况，未来社区创建主要分为整合提升类、拆改结合类、拆除重建类、规划新建类和全域类等类型。其中，整合提升类、拆改结合类是未来社区创建的重点。

整合提升类主要针对整体建筑质量与环境品质较好，但离"美好家园"要求还有差距的存量社区，主要以数字化智慧化改造和"补短板"式"三化九场景"功能嵌入为主，整合社区现有运营资源，增补优质社区公共服务配套，重塑社区生活圈活力。

拆改结合类主要针对存在质量安全隐患的老旧小区与建筑环境品质较好的住宅小区混杂的社区，统筹协调保留与拆建区域，宜拆则拆、宜留则留，以保留为主，实现城镇老旧小区改造与片区联动城市更新相结合。

未来社区创建坚决不搞"一刀切"的大拆大建，对于2000年以前建成且普遍采用多孔板建材、存在较大安全隐患的住宅小区，综合考虑政策处理难度、居民意愿、改造需求、资金平衡等因素后，可以申报拆除重建类未来社区创建。

总之，未来社区是一项民生工程，也是一项系统工程，在推进过程中一直得到社会各界高度关注，需要各方建言献策、持续支持，共同为创建工作营造良好氛围，努力把未来社区打造成为品质生活的幸福社区、城市有机更新的生动实践、共同富裕的"美好家园"。

13.3　市县地区未来社区的专项政策

各市县地区的产业、经济等因素的不同，未来社区政策也不同。在专项政策研究过程中，需依据市县地区的实际情况、实际政策开展政策咨询研究。本节以某县级市的未来社区专项政策为例进行说明。

13.3.1　拆迁安置方案

征地拆迁安置是未来社区前期的重要工作，开展相关工作与当地实际情况密切相关，以下将重点介绍某县级市的《国有土地上房屋征收与补偿实施方案细则》（以下简称《细则》）中与未来社区相关内容，集体土地与国有土地征收流程如表13-1、表13-2所示。

1.《细则》起草目的

为了规范本市国有土地上房屋征收与补偿活动，维护公共利益，保障被征收房屋所有权人的合法权益。

2.《细则》起草依据

根据《国有土地上房屋征收与补偿条例》（国务院令第590号）、《浙江省国有土地上房屋征收与补偿条例》（浙江省人民代表大会常务委员会公告第14号）、《国有土地上房屋征收评估办法》（建房〔2011〕77号）等有关规定，结合本市实际，制定本细则。

集体土地上房屋拆迁安置与补偿表

公开工作流程（两个或两以上单一公开事项构成）——集体土地上房屋拆迁安置与补偿　　　　表13-1

公开流程图	流程说明	公开内容	相关材料要求	负责部门/人员
拆迁规范编	国土部门：公布拆迁补偿政策	法规政策		市国土部门
土地报批	国土部门：根据土地征收审报规定，编制建设项目用地报件，报有批准权限的人民政府审批	1. 建设项目用地预审意见； 2. 土地征收公告； 3. 征地补偿安置方案公告		市国土部门
拆迁事项告知	乡镇街道：告知建设项目的基本情况、拟征土地位置、规划用途、拟采取的补偿安置政策等，在村务公开栏和群众居住地公开张贴、拍照存证	1. 被征用土地的范围、位置、用途、补偿标准等； 2. 分户告知书； 3. 房屋测绘告知书； 4. 入户调查		镇（街道）
入户调查	勘测单位：调查项目房屋面积、附属物、装修情况	1. 房屋面积等调查情况公示； 2. 地上附属物调查情况公示； 3. 拟安置人员公示（含低限安置人员公示）		镇（街道）
征地补偿安置初步方案模拟	房屋征收单位：依据房屋调查情况初步拟定征地补偿安置方案	1. 拆迁范围； 2. 拆迁补偿的对象和条件； 3. 不予补偿的情形		房屋征收单位
补偿安置初步方案听证会组织	1. 房屋征收单位：在村务公开栏和群众居住地公开张贴拟定补偿安置初步方案； 2. 村集体经济组织、组织村民代表召开听证会； 3. 房屋征收单位：依据听证会议纪要修改完善补偿安置方案	1. 补偿安置方案公告； 2. 听证公告； 3. 听证申请； 4. 听证通知书； 5. 听证会议纪要； 6. 听证告知书送达回执； 7. 修改后的补偿安置方案	1. 听证通知书； 2. 身份有效证明	房屋征收单位

续表

公开流程图	流程说明	公开内容	相关材料要求	负责部门/人员
补偿安置初步方案制定	1. 房屋征收单位：向上级部门申报审批补偿安置方案； 2. 房屋征收单位：补偿安置方案公告	1. 补偿安置方案审批表； 2. 拆迁补偿安置方案公告		房屋征收单位
房屋评估	1. 房屋征收单位：选取评估机构进行选择； 2. 房屋评估机构：房屋评估结果公示	1. 公开选取评估机构公告； 2. 选择评估机构公正结果； 3. 房屋拆迁评估机构选取结果公告； 4. 评估结果公示（含房屋装修和附属物评估结果公示）； 5. 分户评估报告		房屋征收单位
补偿协议签订	1. 房屋征收单位：告知、确认、听证等程序完成后，签订补偿安置协议，乡镇、街道作为参与协议签订； 2. 房屋征收单位：支付补偿费用	1. 拆迁安置协议； 2. 支付凭证		房屋征收单位
安置落实	1. 房屋征地单位：制定抽签安置方案； 2. 房屋征地单位：落实安置房的位置和面积	1. 抽签原则； 2. 安置对象； 3. 安置房源； 4. 抽签步骤及方法		房屋征收单位
司法拆除	1. 房屋征地单位：下达补偿安置告知和决定书； 2. 房屋征地单位：下达房屋拆迁争议裁决书； 3. 房屋征地单位：告知与责令交出土地； 4. 若村民拒绝交出土地，房屋征地单位继续卖催交出土地； 5. 申请强制执行	1. 补偿安置告知和决定书； 2. 补偿安置的依据及裁决书； 3. 责令交出土地告知书； 4. 催告书； 5. 法院受理决定书； 6. 法院裁定决定书		房屋征收单位

国有土地上房屋拆迁安置与补偿表

公开工作流程（两个或两个以上单一公开事项构成）——国有土地上房屋征收与补偿　　表13-2

公开流程图	流程说明	公开内容	相关材料要求	负责部门/人员
征收启动要件审查	房屋征收部门：接收审查征收申请人的申报表			房屋征收部门
征收范围公布	市人民政府：认为符合公共利益，确需征收房屋的，根据规划用地和房屋征收实际状况组织确定房屋征收范围	1. 国民经济和发展规划；其中保障性安居工程、旧城区改建应纳入国民经济和社会发展年度计划； 2. 城乡规划和专项规划（附规划用地红线图） 3. 符合土地利用总体规划（附土地利用总体规划图） 房屋征收范围红线图		市人民政府
办理相关手续暂停	房屋征收部门：在5个工作日内，书面通知规划、建设、房地、房地产交易登记，工商等部门，暂停办理相关手续，暂停期限最长不得超过	1. 房屋征收范围内暂停办理的事项； 2. 暂停期限		房屋征收部门
组织调查登记及认定	1. 房屋征收部门：对房屋征收范围内房屋的权属、区位、用途、建筑面积等情况组织调查登记； 2. 市人民政府：对未经产权登记依法进行调查认定处理。对认定为违法建筑的，不予补偿。组织公房管理部门和所有权人对承租人是否符合公房改政策予以调查认定	1. 张贴通告或发放《入户通知调查书》等； 2. 通告或书面通知确应征收时间，入户调查工作人员情况以及应该准备的相关材料事项； 3. 公示调查结果，包括被征收房屋权属、坐落、用途、建筑面积等主要内容； 4. 公布认定结果； 5. 告知对调查结果有异议的处理方式	1. 房屋所有权证*； 2. 土地使用证*； 3. 身份证等有效凭证。 注：*：如两证合一，只需提供不动产证。	房屋征收部门

第13章 专项政策研究咨询

续表

公开流程图	流程说明	公开内容	相关材料要求	负责部门/人员
改建意愿征询（适用于旧城区改建）→房屋征收预评估民主决策	（一）改建意愿征询（适用于旧城区改建）房屋征收部门：组织征询被征收人的改建意愿，百分之九十以上被征收人同意改建的，方可进行旧城区改建；（二）房屋征收预评估民主决策1. 房屋征收部门：组织 2 家及以上评估机构进行评估，出具预评估报告；备案的评估机构对预评估范围内经行评估，备案的评估机构对预评估范围内需要，大代表、政协委员、被征收人、相关部门（发改、财政、住建、国土、征收部门、征收实施单位）进行论证，最终确定预评估价格	1. 征询改建意愿的公告；2. 改建意愿结果公告；3. 预评估报告；4. 预评估价格结论意见		房屋征收部门
征收补偿方案论证	1. 房屋征收部门：拟定征收补偿方案，报临海市人民政府；2. 市人民政府：组织有关部门对征收补偿方案进行论证并予以公布；3. 市（县）人民政府：组织由被征收人代表和公众代表参加的听证会（适用于旧城区改建需要征收房屋，半数以上被征收人提出征收补偿方案有异议）	1. 论证结论意见；2. 征收补偿方案征求意见；3. 征收补偿方案征求意见情况及修改情况；4. 听证情况（适用于旧城区改建）	身份证明等有效凭证	房屋征收部门
社会风险评估	市人民政府：作出房屋征收决定前，应当进行社会稳定风险评估，并根据评估结论制定相应的风险化解措施和应急处置预案	社会稳定风险评估结论		征收部门 维稳办
房屋征收决定作出	市（县）人民政府：七日内主动公开房屋征收决定	征收决定公告：包括房屋征收范围、征收补偿方案和行政复议、行政诉讼权利等事项		市人民政府
评估机构选定	房屋征收部门：发布选择报名通知，对被征收项目房地产价格评估机构进行审核后确定评估机构候选名单，由被征收人选择确定房屋评估机构并予以公告	1. 选择评估机构的通知；2. 评估机构确定公告		房屋征收部门

251

续表

公开流程图	流程说明	公开内容	相关材料要求	负责部门/人员
分户初步评估结果公示	1.房地产价格评估机构或者委托合同约定的初步评估结果; 2.房屋征收部门:向被征收人公示分户的初步评估结果	分户初步评估结果公告		房屋征收部门
补偿协议签订	房屋征收部门:与被征收人依照补偿条例和补偿方案的规定订立补偿协议。	补偿协议	1.房屋所有权证; 2.土地使用证; 3.身份证等有效凭证; 注:如两证合一,只需提供不动产	房屋征收部门
改建意愿征询(适用于旧城区改建) / 补偿协议生效公告 / 房屋征收预评估 / 民主决策 / 项目终止	(一)征收补偿协议生效公告: 1.房屋征收部门:与被征收人签订附生效条件的补偿协议。(用于旧城区改建时); 2.房屋征收部门:签约到期后,统计签约比例; 3.市人民政府:签约比例符合补偿协议规定比例的,对未签约被征收人,作出房屋征收补偿决定;签约比例不符合补偿协议规定比例的,补偿协议效力终止并发布征收决定终止公告。 (二)作出房屋征收补偿决定: 1.房屋征收部门:与被征收人在征收补偿方案确定的签约期限内达不成补偿协议,或者被征收房屋所有权人不明确的,向市府提出补偿决定方案; 2.市人民政府:确定补偿决定方案,并送达至被征收人,作出房屋征收补偿决定	1.征收补偿协议生效公告; 2.补偿决定方案及告知书、补偿决定公告	被征收人提出行政复议或者行政诉讼时,需提供: 1.行政复议申请书或行政诉讼书; 2.征收补偿决定	房屋征收部门
分户补偿结果公布	1.房屋征收部门:在征收范围内向被征收人公布分户补偿情况	分户补偿结果的公告		房屋征收部门

3. 公布征收范围

有下列情形之一，确需征收房屋的，房屋征收范围根据建设用地确定。

（1）国防和外交的需要；

（2）由政府组织实施的能源、交通、水利等基础设施建设的需要；

（3）由政府组织实施的科技、教育、文化、卫生、体育、环境与资源保护、防灾减灾、文物保护、社会福利、市政公用等公共事业的需要；

（4）由政府组织实施的保障性安居工程建设的需要。

符合国务院《国有土地上房屋征收与补偿条例》第八条（五）项规定因旧城区改建需要征收房屋的，房屋征收范围由市政府组织规划建设行政管理部门会同市房屋征收、发展改革、国土资源、财政等行政管理部门以及建设活动组织实施单位论证确认。

4. 暂停办理相关手续通知

房屋征收范围确定后，不得在房屋征收范围内实施新建、扩建、改建房屋及其附属物和改变房屋、土地用途等不当增加补偿费用的行为；违反规定实施的，不予补偿。

房屋征收范围确定后，暂停下列行为：

（1）建立新的公有房屋租赁关系、分列公有房屋租赁户名；

（2）房屋转让、析产、分割、赠与；

（3）新增、变更工商营业登记；

（4）其他不当增加补偿费用的行为。

5. 组织调查登记与认定

房屋征收补偿面积及用途的认定：

（1）以房屋所有权证记载的建筑面积为准；

（2）未登记的建筑，经调查认定为合法建筑的，以有资质的房产测绘单位的测量面积为准；

（3）房屋用途以所有权证登记的用途为准；

（4）房屋所有权证未明确用途的，由产权登记部门依照规定调查确认。

房屋征收范围内有直管住宅公房或者单位自管住宅公房的，由房屋征收部门或者征收实施单位负责调查登记。对承租人是否符合房改政策，直管住宅公房由房管部门认定，单位自管住宅公房由其单位主管部门认定。

未经产权登记的建筑，由市人民政府委托房屋征收部门组织规划建设、国土资源、行政执法等有关行政管理部门依法对征收范围内未经登记的建筑进行调查、认定和处理。对认定为合法建筑和未超过批准期限的临时建筑的，房屋征收部门应当给予补偿；对认定为违法建筑和超过批准期限的临时建筑的，不予补偿。调查、认定和处理结果应当在房屋征收范围内向被征收人公布。

6. 改建意愿征询

因旧城区改建房屋征收范围确定后，房屋征收部门或房屋征收实施单位应当组织征询被征收人的改建意愿；有 **90%** 以上的被征收人同意的，方可进行旧城区改建。

7. 论证征收补偿方案

征收补偿方案由市人民政府组织征收部门、发展改革、财政、国土资源、规划建设、行政执法、法制等有关部门及所在地镇人民政府（街道办事处）进行论证并在市政府门户网站和房屋征收范围内予以公布，征求被征收人意见。征求意见期限不得少于30日。

8. 社会稳定风险评估

房屋征收决定作出前，房屋征收部门应当会同市维稳等相关行政管理部门、街道办事处或镇人民政府，参照本市重大事项社会稳定风险评估的有关规定，进行社会稳定风险评估，并报人民政府审核。

9. 作出房屋征收决定

房屋征收决定由市人民政府作出。涉及被征收人100户以上的，应当经市人民政府常务会议讨论决定。市人民政府作出房屋征收决定后，应当在七日内予以公告，公告应当载明征收补偿方案和行政复议、行政诉讼权利等事项，并在房屋征收范围内张贴，通过政府门户网站、报纸等媒体发布。

10. 评估机构选定

房地产价格评估机构由被征收人协商选定；被征收人自房屋征收决定公告之日起10日内协商选定不成的，由房屋征收部门通过组织被征收人按照少数服从多数的原则投票决定，无法形成多数意见的，由房屋征收部门采取摇号、抽签等随机方式从报名的具有相应资格的房地产评估机构中确定，参加随机确定的房地产价格评估机构不得少于三家。

11. 公示分户初步评估结果

房地产价格评估机构应当按照房屋征收评估委托书或者委托合同的约定，向房屋征收部门（房屋征收实施单位）提供每户的初步评估结果。每户的初步评估结果应当包括评估对象的构成及其基本情况和评估价值。房屋征收部门（房屋征收实施单位）应当将每户的初步评估结果在征收范围内向被征收人公示。

12. 签订补充协议

因旧城区改建需要征收房屋的，房屋征收部门应当在征收决定作出后，组织被征收人根据征收补偿方案签订附生效条件的补偿协议。在签约期限内达到规定签约比例的，补偿协议生效；在签约期限内未达到规定签约比例的，征收决定终止执行。市人民政府规定签约比例为80%以上（含80%）。

13. 作出房屋征收补偿决定

房屋征收部门与被征收人在征收补偿方案确定的签约期限内达不成补偿协议，或者被征收房屋所有权人不明确的，由房屋征收部门提出补偿决定方案报市人民政府，补偿决定方案应当包括货币补偿和房屋产权调换两种补偿方式及相应补偿标准。被征收人在规定的期限内未选择定补偿方式的，由市政府依法按照征收补偿方案作出补偿决定，并在房屋征收范围内予以公告。

被征收人对市人民政府作出的房屋征收决定不服的，可以依法申请行政复议，也可以依法提起行政诉讼。

14. 购房补助

对选择货币补偿安置的被征收人,凡在一年内在本市范围内购置住房的,一手房凭《商品房购销合同》、首付款票据和房管部门出具的备案证明;二手房凭购房契证和房地产证,给予被征收房屋评估价格的3%补助。

13.3.2 人才引进政策

人才引进数量是未来社区建设指标的核心指标之一,由于人才引进与当地经济发展水平、产业结构、人才缺口密切相关,各地均出台了相应的政策。以下摘录某市的人才引进政策,通过研究其关注点、着力点和具体举措,可以为未来社区人才引进工作提供有益参考。

1. 引进对象和重点领域

围绕某市经济社会发展需求,面向海内外引进具备国际国内领先学术技术水平,或拥有自主知识产权、实施产业化发展的科研成果或项目,能够突破关键技术、发展高新产业的学科带头人、领军人才和高层次创业创新人才(团队)。重点引进汽车及零部件、通用航空、模具与塑料、医药医化、智能马桶、缝制设备、泵与电机等产业集群,产业数字化、电子信息制造业、智能装备制造业等战略性新兴产业的高精尖人才,以及教育、卫生、哲学社会科学、宣传文化等社会事业重点领域专业人才。

2. 申报类型及条件

1)创业人才(团队)需具备的条件

(1)具有硕士及以上学位或副高及以上职称(在海外取得学位的可放宽至学士学位);有创业经验,或曾在国内外知名企业工作2年以上,有较强的经营管理能力;年龄一般不超过60周岁。

(2)拥有拟创业项目的自主知识产权,带有成熟的创业项目与计划,产品拥有国际先进或国内领先的核心技术,原则上处于中试或产业化阶段,符合该市产业发展要求,有较好的市场前景并能进行产业化生产。

(3)创业人才为所领(创)办企业的负责人,本人投入企业的实收资本在100万元以上,且本人占股20%以上,创业团队(包括创业人才)占股40%以上,公司注册资本不低于500万元,其中外籍人才领(创)办的海外公司作为母公司在该市设立全资子公司,对创业人才及团队在子公司占股不做要求。1家企业只能申报1名创业人才。

(4)2019年1月1日之后在该市领(创)办企业(2019年1月1日之后已正式在该市投产的优秀创业项目,企业注册落户时间放宽至2018年1月1日);或有意愿在该市创业,且能在申报截止时间之前与企事业单位、落户地乡镇(街道)或主管部门(含管委会)签订意向协议书,并在正式签订扶持协议前完成工商注册登记等相关手续。

(5)申报人主要工作精力应为领(创)办的该市企业服务。

2)创新长期人才

产业经济等相关领域创新人才需具备以下条件:

（1）具有博士学位，或在国内外知名院校、科研院所、知名机构担任过相当于副教授职务，或曾在国内外知名企业、金融机构担任过中高级职务。年龄一般不超过55周岁，具有5年以上相关工作经历。引进前5年没有在该市工作经历。

（2）2019年1月1日之后到该市工作，或有意愿到该市工作，能在申报截止时间之前与用人单位签订意向工作协议。引进后需与用人单位签订3年以上的服务协议。

（3）人才所在的单位应在××市登记注册1年以上。

社会事业领域创新人才需具备以下条件：

（1）普通高校类人才应具有博士学位或正高级职称，近5年内主持国家级项目或作为主要参与者（排名前三）获得省部级教学科研成果奖一等奖以上，并主持省部级以上研究课题或获省部级以上奖励或称号。

（2）高职教育类人才应具有博士学位或副高级职称，近5年内主持国家级项目或作为主要参与者（排名前三）获得省部级教学科研成果奖三等奖以上，或主持省部级以上研究课题，或获省部级以上奖励。

（3）基础教育类人才应具有本科学历或高级职称，在教学、科研等方面有重要创新和突出业绩，近5年内获得过与本学科教学相关的省级及以上奖励或称号。

（4）卫生类人才应具有博士学位或正高级职称，在临床、科研等方面有技术创新和业绩突出，近5年内作为主要参与者（排名前三）获得与本专业相关的省部级及以上科研立项或奖励，或地市级以上重点学科带头人，或地市级以上重点实验室负责人。

（5）哲学社会科学、宣传文化类人才一般应具有硕士及以上学位，或在国内外知名院校、科研院所、知名机构担任过相当于副教授职务以上；近5年内获得过本专业领域省部级及以上奖励，其中文艺人才、文化经营管理人才不做学历要求。

（6）体育类人才应具有本科及以上学历；获得过奥运会奖牌，或世锦赛、亚运会、亚锦赛、全运会冠军的运动员；或具备高级教练以上职称，输送或执教（执教时间2年以上）的运动员获得过奥运会奖牌，或2人次世锦赛、亚运会、亚锦赛、全运会冠军的教练员。海外体育人才不做学历要求。

（7）从事相关工作5年以上，年龄一般不超过55周岁，引进前5年没有在××工作经历。

（8）2019年1月1日之后到××市工作，或有意愿到××市工作，在申报截止时间之前与用人单位签订意向工作协议。引进后需与用人单位签订3年以上的服务协议。

3）创新短期人才

申报人未全职在××市内工作，且符合创新长期人才其他资格条件（不含外聘顾问和上级政策性调派人员）。引进后需与用人单位签订3年以上服务协议、每年2个月以上在××市服务。

4）非华裔人才

非华裔人才申报时年龄不超过65周岁，且符合创新人才的其他资格条件。

5）青年人才项目

（1）具有海外博士学位，年龄不超过35周岁，在知名高校、科研机构、知名企业研发机构有正式教学或科研职位，或自主创业；取得博士学位后，具有3年以上海外工作经历。引进前5年没有在××市工作经历。

（2）取得同行专家认可的科研成果，且具有成为该领域学术或技术带头人的发展潜力，或产品拥有核心技术且处于中试或产业化阶段。

（3）引进后需与用人单位签订5年以上的服务协议。

3. 专项资金使用范围

专项资金用于人才培养、引进、奖励和管理等方面。主要包括：

（1）高层次人才培养经费：指高级人才、高层次专业技术人才、紧缺急需人才和其他高层次人才的培养、培训（含出国、境培训）、继续教育等相关经费。

（2）高层次人才引进及奖励经费：指引才单位及中介组织引进高层次人才、紧缺急需人才，引进国外智力等相关引进、奖励经费。

（3）高层次人才资金资助和补助经费：指高层次人才创业、创新项目等资助、薪酬补助经费。

（4）人才平台建设经费：指创新机构、重点学科、重点实验室、创新园区、众创空间、博士后工作站、名医名师工作室、高端引智机构等建设资助经费。

（5）人才交流合作经费：指企事业单位、产业联盟等发起的全国性技术研讨和创新交流活动等经费。

（6）科研成果转化奖励经费：指科技人员科技成果转化给予的奖励、资助经费。

（7）高层次人才生活保障费：指发放给高层次人才的生活津贴、房租补贴、安家补助、房票补贴费，人才疗休养、体检等经费。

（8）高校毕业生集聚经费：指发放给高校毕业生的就业补贴、创业补贴、租房补贴、房票补贴及引进高校毕业生补贴等经费。

（9）人才工作活动经费：指人才招聘会、创业创新大赛等活动经费。

（10）其他人才工作及人才队伍建设经费：指人才规划编制和贯彻落实，人才尽职调查、审计评估和核查，人才资源统计调查、建立人才资源开发分析系统，高层次人才库和人才信息网络建设，以及完成市委、市政府决定的与人才工作及人才队伍建设相关的其他工作经费。

13.3.3 创业就业政策

创业是未来社区建设的重要内容，而创业就业一般与当地的政策息息相关，本节从《杭州市关于支持大众创业促进就业》中摘录与未来社区有关的部分条款，供读者参考。

1. 积极推进创业带动就业

（1）放宽市场准入。深化商事制度改革，全面落实营业执照、组织机构代码证、税务登记证、社会保险登记证、统计登记证"五证合一"登记制度，实现"一表申请、一窗受理、一次告知、一份证照"。继续放宽企业住所（经营场所）登记条件，推行"一照多址""一址多照"等举措。清理规范行政审批事项,提高办事效率。

（2）实行减税降费。高校毕业生、登记失业人员等创办个体工商户、个人独资企业的,可依法享受税收减免政策。支持进城务工人员返乡创业,落实定向减税和普遍性降费政策。将企业吸纳就业税收优惠的人员范围由失业1年以上人员调整为失业半年以上人员。对符合条件的小型微利企业,落实年应纳税所得减半征收的企业所得税优惠政策。按规定减免企业登记类、证照类、管理类等行政事业性收费。积极落实国家自主创新示范区税收优惠政策。

（3）支持创业担保贷款发展。调整小额担保贷款为创业担保贷款。劳动者在市区创办企业、个体工商户（含经认定的网络创业,下同）或民办非企业等经营实体的,可申请不超过30万元贷款;科技成果转化、研发或文化创意类项目,最高贷款额度可提高至50万元。加大贷款贴息力度,对在校大学生、毕业5年（含,下同）以内高校毕业生（市区户籍不设毕业年限）、市区户籍的登记失业人员、就业困难人员（包括残疾人,下同）、城镇转业复退军人实行全额贴息,对其他人员实行50%贴息,贴息利率可在基础利率的基础上上浮3个百分点,期限不超过4年。

鼓励发展创业担保贷款业务。担保机构开展创业担保贷款业务的,可享受不超过贷款本金1%的担保费补助;承担贷款损失比例在50%（含,下同）以上的,可再享受贷款本金1%的手续费补助和2%的回收补助;为贷款30万元（含）以下的毕业5年以内高校毕业生提供信用担保,可免除反担保。贷款经办银行可按年末日均创业担保贷款余额的1%享受手续成本补助;当年贷款回收率达到95%以上的,可按其实际回收额的1.5%享受补助。贷款经办银行发放的小微企业［指市区300人（含）以下企业,下同］创业担保贷款回收率达到100%的,可按实际贷款回收额的0.5%享受补助。银行业金融机构通过互联网方式发放创业担保贷款,经创业担保贷款工作联席会议认定,可同等享受相关政策。

健全呆坏账核销办法。由担保机构提供担保的创业担保贷款,由创业担保贷款风险基金、担保机构、经办银行分别承担30%、50%、20%的贷款损失;其他由创业担保贷款风险基金按照贷款损失的80%给予经办银行补偿。经办银行开办小微企业创业担保贷款业务发生的呆坏账损失,由创业担保贷款风险基金按照贴息部分贷款本金净损失的10%给予补偿（市、区创业担保贷款风险基金各承担50%）。

（4）加大创业资金扶持力度。将一次性网络创业补助、自主创业一次性社会保险补贴合并为一次性创业社保补贴。在校大学生、毕业5年以内高校毕业生、登记失业半年以上人员在市区创办企业或个体工商户,依法连续缴纳社会保险费12个月以上的,可享受5000元的一次性创业社保补贴。市区就业困难人员在省内创办企业、个体工商户或民办非企业,并依法缴纳社会保险费满12个月的,可享受自主创业补助和社保补贴,其中城镇就业困难人员每人每月500元,农村就业困难人员每人每月300元。在市区依法缴纳社会保险费满10年的外来务工人员,创办企业、个体工商户或民办非企业的,每人每月可享受300元的自主创业社保补贴,期限不超过3年。在校大学生、毕业5年以内高校毕业生、登记失业半年以上人员、就业困难人员、城镇转业复退军人在市区创办企业或个体工商户带动 3 人就业，并依法连续为其缴纳社会保险费满 12 个月的，可享受每年 2000 元的带动就业补贴；在带动 3 人就业基础上，每增加 1 人可再享受每人每年 1000 元补贴；每年补贴总额不超过 2 万元，期限不超过 3 年。

在校大学生和毕业 5 年以内高校毕业生，在市区创办企业或个体工商户（不含经认定的网络创业）的，可申请 2—20 万元大学生创业项目无偿资助，资助金额由市、区财政各承担 50%。登记失业人员在享受失业保险金待遇期间创办企业、个体工商户或民办非企业的，可申请领取其未领取完的失业保险金作为创业扶持资金。

（5）拓宽创业投融资渠道。运用财税政策，支持风险投资、创业投资、天使投资等发展。发挥多层次资本市场作用，引导社会资本和金融资本支持创业活动。发展壮大创业投资引导基金，适时成立成长型大学生创业引导基金，促进大众创业。通过蒲公英天使引导基金入股的方式，与社会资本共同建立众创投资基金。探索开展股权众筹融资试点工作。

（6）加强创业教育培训。高校要将创业教育课程纳入学分管理，探索建立创业学分积累与转换制度，允许学生休学创业。创新培训模式，着力培育一批创业培训示范基地，建设一支高水平、专兼职的培训师资队伍，开发一批有针对性的创业培训项目，不断提高培训质量。深入实施杰出创业人才培育计划。继续办好大学生创业学院，推进服务向县（市）延伸。

（7）鼓励科研人员创业。高校、科研院所等事业单位专业技术人员离岗创业的，经原单位同意，可在 3 年内保留人事关系，与原单位其他在岗人员同等享有参加职称评聘、岗位等级晋升和社会保险等方面的权利。原单位应当根据专业技术人员创业的实际情况，与其签订或变更聘用合同，明确权利义务。进一步完善科研人员创业股权激励政策。

2. 加强就业创业服务

（1）强化公共就业创业服务。健全公共就业创业服务体系，明确服务标准，完善服务功能，不断提高服务均等化、标准化和专业化水平。完善城镇零就业家庭动态援助长效工作机制。强化公共就业创业服务经费保障，将县级以上公共就业创业服务机构和乡镇公共就业创业服务平台经费纳入同级财政预算。各级政府可通过购买服务的方式对社区（行政村）公共就业创业服务经费予以适当补助。深化国家级创业型城市建设，实施创业引领计划，鼓励创业服务机构开展多元化创业服务，探索发布创业指数。完善创业项目征集、评估、推介和管理制度。健全创业项目库、创业导师库、创业培训师资库。对获得市级以上创业大赛、技能竞赛奖项的项目和选手给予一定的资助和奖励。

将职业介绍补贴和扶持公共就业服务补助合并调整为就业创业服务补贴，健全政府向社会力量购买基本就业创业服务成果制度。创新职业指导服务供给模式，建立健全公共就业创业服务体系职业指导队伍和社会职业指导导师团，对提供职业指导服务的社会机构和个人按照其服务的内容和质量给予一定的就业创业服务补贴。

（2）加强人力资源市场建设。加快建立统一、规范、灵活的人力资源市场，推进人力资源市场诚信体系和标准化建设。完善国有企业招聘应届高校毕业生信息公开制度，健全公开发布机制。大力发展人力资源服务业，推动国家级人力资源产业园科学布局，开展人力资源服务业星级评定活动，加大政府购买优质人力资源服务力度。深化"互联网＋"人力资源服务，规范提升人事代理、人才评荐、职业指导、劳务派遣等人力资源服务，促进人力资源服务智慧化。

（3）加快公共就业服务信息化。加快大数据、云计算、移动互联网等现代信息技术在公共就业创业服务领域的应用推广，全面推进智慧就业工程。推动实现部门间系统数据互联共享，建立数据管理分析机制，加强对业务经办和资金使用的双重监管，为政策制定提供数据支持。加强信息系统应用，实现就业管理和就业服务全程信息化。

（4）强化就业失业调控。逐步将城镇新增就业、调查失业率作为宏观调控的重要指标，纳入国民经济和社会发展规划及年度计划。逐步把农村劳动力纳入就业失业统计范围。健全失业预警工作体系，加强研究分析和应急管理。加强企业用工和失业动态监测，鼓励通过政府购买服务的形式，按每家监测企业提供的服务量，给予每年不超过2000元标准的补贴。

完善就业失业登记办法，将《杭州市失业证》《杭州市就业援助证》《杭州市农村劳动力求职登记证》《新杭州人求职登记证》合并调整为《就业创业证》。在法定劳动年龄内、有劳动能力和就业要求、处于无业状态的市区常住人口，符合失业登记条件的，可按规定持有效的常住地户籍证明、常住地合法稳定住所证明或《浙江省居住证》《浙江省临时居住证》等资料到常住地公共就业创业服务机构进行失业登记。

3. 完善就业创业工作机制

（1）加强组织领导。各级政府要把就业创业工作摆上重要议程，纳入政绩考核，确保完成各项就业创业目标，维护就业局势稳定。因履职不力，造成恶劣社会影响的，对当地政府有关负责人实行问责。

（2）加强沟通协调。市创建充分就业城市领导小组各成员单位要各司其职、密切配合，落实政策举措、协调解决问题。人力社保部门要牵头做好就业创业工作；财政部门要强化资金保障，完善就业创业资金管理办法；发改、统计、人力社保等部门要加强就业失业动态监测研判；农办、商务、人力社保等部门要联合做好农村电子商务的有关工作；公安、工商、税务、教育、民政、残联等部门要将相关数据及时提供给人力社保部门，实现数据共享。其他部门要按职责做好就业创业相关工作。

（3）加强经费保障。本意见所需资金分别从失业保险基金、就业专项资金和人才战略专项资金中列支。各级政府和相关责任部门要严格按照财政专项资金管理办法，进一步加大对资金使用情况的监管力度，确保安全、规范和有效。

（4）加强宣传引导。支持举办创业创新大赛、技能竞赛、创新成果和创业项目展示推介宣传活动，广泛宣传促进就业创业的政策措施和先进典型，引导劳动者树立正确的就业观和创业观，鼓励全社会积极参与就业和创业，营造鼓励创新、支持创业、褒扬成功、宽容失败的良好舆论氛围。

13.4 工程建设相关政策

未来社区建设工程除了需要满足省级、市县地方专门制定的相关政策外，还需要严格按照一般项目的有关政策实施，本节重点介绍土地"招拍挂"政策，与规划有关的政策、装配式建筑有关政策、住宅全装修政策等。

13.4.1 土地"招拍挂"政策

1. 交易主体

出让方，是指将有关公共资源（资产）等物品或资产权利进行转让出租的国家机关、事业单位、社会团体、集体企业、国有独资或国有控股企业，以及使用财政性资金的有关单位。

意向受让方或意向承租方，是指在公共资源（资产）交易中登记并办理了必要手续，经确定在交易活动中具有受让、承租申请权的法人、自然人及其他组织。

买受人是出让、出租交易中经确认的受让人。

2. 交易程序

公共资源（资产）出让出租前应向有关部门办理报批手续。其中国有及控股企业向市国资局提出申请，行政事业单位向市财政局提出申请。行政事业单位的国有资产对外出让出租的，需经主管部门同意后，报市财政局审批。

出让方申请公共资源（资产）出让、出租交易时，应凭有关单位的审批资料，向市招标投标中心提出交易申请，并保证下列的申请材料具有完整所有权或处分权及所提供的出让、出租标的物相关资料的真实性。

（1）公共资源（资产）交易的申请书；

（2）出让方的资格证明或者其他有效证明；

（3）公共资源（资产）权属的证明文件；

（4）公共资源（资产）准予出租出让的有关文件和证明；

（5）公共资源（资产）出让出租应符合法律、法规规定的程序和有关部门的规划及实施要求；

（6）出让出租标的情况的说明，以及受让、承租方应具备的条件；

（7）法律、法规、有关政策规定的其他文件。

出让方向市招标投标中心提出交易申请并受理后，应与市招标投标中心办理交易委托，由其具体负责交易的方案制订、代理机构的选择、公告发布、开标评标、中标公示、款项交割等各项工作。交易方式统一由市招标投标中心与出让方按有关规定协商确定。

公共资源（资产）交易的招标、竞价、拍卖、挂牌方案，竞买须知出让规则及其他文件，由出让人、招标投标中心下设的交易机构或委托具有相应资质的代理机构编制。如仅以单一价格因素决标的,可以采取拍卖方式,拍卖机构由出让人、市招标投标中心以公开方式从两家或两家以上拍卖机构中选择。

公共资源(资产)交易的招标标底、竞价、拍卖的起始价和挂牌价由出让方根据资产评估价合理制订,也可由出让方会同市财政、国资和市招管办等部门共同拟定,以挂牌、拍卖、竞价等方式出让一般应设有保留价。

市招标投标中心应在规定的媒体、网站上发布各类公共资源(资产)交易的公告信息,信息发布时间应不少于7个工作日,挂牌时间不少于10个工作日,企业国有产权转让的公告信息不少于20个工作日。

公共资源(资产)投标时依照下列程序进行:

(1)投标人按照招标文件的要求编制投标文件,并在规定的时间内将投标文件密封后送达指定地点。

(2)开标时邀请所有的投标人参加,并当众拆封,宣读投标人名称、投标价格和其他合适的内容。

(3)评标由评标委员会负责,评标委员会由交易机构或招标人组建。在相关行政主管部门的监督下,招标人或其代理机构可在开标前24小时内到招标投标中心的评标专家库中随机抽取评标专家,特殊项目经市招管办批准,可到上一级部门的专家库中抽取评标专家,只用价格单一因素来决标时,可不组织专家。

(4)评标委员会完成评标后,应当出具书面评标报告,推荐中标候选人。

竞价包括明价竞标与暗价竞标,暗价竞标时一般按下列程序进行:

(1)主持人介绍标的物概况、竞价规则及应注意的有关事项;

(2)各竞标人填报竞价报价;

(3)主持人宣布此次竞价的低价,并宣读各竞价人报价;

(4)统计报价结果,由主持人宣布报价最高且达到或超过保留价者为本次竞价的竞得人。

明价竞标时一般按下列程序进行:

(1)主持人介绍标的物概况、竞价规则及应注意的有关事项;

(2)竞价时首先由竞价在主持人先叫价,竞买人应价进行。

(3)应加在竞价主持人明确三次,没有新的报价后,应价达到或超过保留价的,由竞价主持人确定宣布为本次竞价的竞得人。

拍卖会按《拍卖法》规定进行,挂牌活动按下列程序进行:

(1)在规定的挂牌起始日,在市招标投标中心内挂牌公布标的物的概况及应注意的有关事项、起始价、增价规则及增价幅度等;

(2)符合条件的竞买人报价;

(3)确认该报价后,更新挂牌价格;

(4)继续接受新的报价;

(5)在挂牌公告规定的挂牌截止时间确定竞得人。

挂牌期限届满，按下列规定确定是否成交：

（1）在挂牌期限内只有一个竞买人报价的，且报价高于保留价，并符合其他条件的，挂牌成交；

（2）在挂牌期限内有两个或两个以上的竞买人报价的，出价最高者为竞得人；报价相同的，先提交报价单者为竞得人，但报价低于保留价者除外；

（3）在挂牌期限内无应价者或者竞买人的报价均低于保留价或均不符合其他条件的，挂牌不成交。

挂牌期限截止时仍有两个或两个以上的竞买人要求报价的，应当组织现场集中竞价，出价最高者为竞得人。

中标结果应在市招标投标中心的网站上进行公示，公示一般不少于3个工作日。

交易结束后，由交易机构出具经市招标投标中心鉴定的交易确认书（或中标通知书）。

根据交易确认书，出让方与受让方签订产权交易和租赁经营合同，并将合同报市相关部门备案。

公共资源（资产）交易过程中，有下列情况之一的教育应当中止：

（1）交易期间第三方对交易标的提出异议尚未裁决的；

（2）因不可抗力或意外事故，致使教育活动不能进行的；

（3）企业国有产权整体出让时，企业职工和离退休人员为做妥善安置的；

（4）出现其他依法应当中止情形的。

有下列情形之一的，公共资源（资产）交易应当终止：

（1）人民法院、仲裁机构或有关的行政执法机关确认出让方对其委托出让的公共资源（资产）无处分权而发出终止出让书面通知的；

（2）出让出租标的实物灭失的；

（3）出现其他依法应当终止情形的。

公共资源（资产）交易过程中，有下列情形之一的，交易行为无效：

（1）违反国家法律、法规、规章及有关政策规定的；

（2）出让方或受让方不具备出让、受让资格的；

（3）转让双方恶意串通、故意压低底价的。

整个交易过程的资料按规定须送达相关单位归档保存，归档保管材料应包括：

（1）信息公告；

（2）竞标报告；

（3）成交确认书；

（4）合同等。

3. 交易资金与账户

公共资源（资产）交易收入属政府非税收入，执行"收支两条线"规定，统一纳入财政专户管理。

4. 交易监督与责任追究

对违反本规定擅自将公共资源（资产）出租出让的有关单位，由相关部门追缴所取得的全部收益，并追究责任人责任。

交易各方违反本实施规定时，市招管办有权责令当事人立即中止交易行为，并由各行政主管部门给予警告、终止交易、取消交易资格等处罚。

工作人员在交易活动中，有玩忽职守、滥用职权、徇私舞弊等行为，按有关规定追究责任。

13.4.2 与规划有关的政策

1. 城市用地分类和适建范围

用地分类和代号采用现行国家规范标准执行。各类建设用地的使用，应当遵循土地使用相容性的原则。各类城市建设用地适建范围应当符合《城市建设用地适建表》的规定。《城市建设用地适建表》中未列入的建设项目，由当地城乡规划主管部门根据对周围环境的影响和基础设施条件，具体核定适建范围。

2. 建筑间距

建筑与建筑之间分为平行关系、垂直关系。当既非平行也非垂直关系（按照被遮挡建筑方位确定建筑朝向）时，按照下列标准控制：

（1）当两栋建筑的夹角小于等于60°时，按照平行关系控制；

（2）当两栋建筑的夹角大于60°时，按照垂直关系控制，但山墙面面宽大于22m时，按平行关系控制间距。

各类建筑与被遮挡居住建筑平行布置时，日照间距应当符合下列规定：

（1）低层、多层、板式高层建筑与被遮挡居住建筑的日照间距应当满足下列要求：

① 主朝向为正南北向时，正向间距在新区不小于南侧建筑高度的1.15倍，旧区改建项目不小于南侧建筑高度的1.1倍。历史城区、划定的传统街区保护范围以及传统村落保护区范围内，考虑保护原有历史格局与肌理的需求，按照上述规定无法满足的，可适当降低，但不得低于原有日照间距水平。

② 当遮挡建筑方位偏东或者偏西时，不同方位间距折减系数按照表13-3换算。

不同方位间距折减换算表 表13-3

方位	0~15°	0~15°	30~45°	45~60°	>60°
折减值	1.0L	0.9L	0.8L	0.9L	0.95L

注：
1. 表中方位为正南向（0°）偏东、偏西的方位角；
2. L为正南向居住建筑的标准日照间距（m）；
3. 本表仅适用于无其他日照遮挡的平行布置板式居住建筑之间。

（2）点式高层建筑与被遮挡居住建筑的日照间距不小于该点式高层建筑高度的0.7倍，且南北向平行布置时的最小日照间距不得小于28m^2。

（3）低层建筑与其北侧居住建筑的最小日照间距不得小于 13m²，多层建筑与其北侧居住建筑的最小日照间距不得小于 18m²。村庄规划区内的村民建房不得小于 8m²，位于历史文化名镇、名村、传统村落（历史文化村落）、文物保护单位、历史建筑、风景名胜区保护范围内和特殊地形地貌区域根据实际情况可适当调整。

（4）高层、超高层建筑与被遮挡居住建筑南北向平行布置时的最小日照间距大于 80m² 时，在满足日照分析要求的条件下，可按 80m² 控制。

（5）被遮挡居住建筑下部为商店等无日照要求的用房，其日照间距按照下列标准控制：

① 遮挡建筑为低层建筑时，日照间距计算不得扣除底层无日照要求的高度。

② 遮挡建筑为多层建筑、高层建筑或者超高层建筑时，日照间距计算可先扣除被遮挡居住建筑下部为商业等无日照要求用房的建筑高度（按无日照要求用房的层高计算）。

③ 遮挡建筑与被遮挡建筑的场地标高高差大于等于 0.6m² 时，日照间距高度应计算场地高差。

（6）建筑之间的侧向间距应当符合下列规定：

① 低层与低层建筑之间、低层与多层建筑之间、多层建筑与多层建筑之间的侧向间距不得小于 6m²。（村庄规划区内的村民建房之间的侧向间距按照防火规范执行）。

② 高层建筑与各种层数建筑之间的侧向间距不得小于 13m²，当两建筑主朝向间距超过 20m² 时，可不受该侧向间距要求限制。

③ 低、多层居住建筑同北侧低、多层非居住建筑的间距不得小于 10m²；

④ 低、多层居住建筑同北侧高层、超高层非居住建筑的间距不得小于 13m²；

⑤ 高层居住建筑同北侧低、多层非居住建筑间距不得小于 13m²；高层居住建筑同北侧高层、超高层非居住建筑间距不得小于 18m²。

⑥ 居住建筑和非居住建筑之间的侧向间距，非居住建筑之间的建筑间距、侧向间距，均应当满足消防及其他规范的要求。

3. 建筑退让

沿建筑基地边界布置的各类建筑，其离边界距离应当符合下列规定：

（1）低层、多层建筑后退基地东、西边界不小于 3m²，后退基地南边界不小于 5m²；高层建筑后退东、西、南边界均不小于 7m²；超高层建筑后退各边界不小于 10m²。

（2）当基地北侧界外为规划居住、文教、卫生类日照分析对象用地时，建筑后退基地北边界的距离不小于日照间距的 1/2；当基地北侧界外为未建设的规划居住、文教、卫生类日照分析对象用地与基地相隔一条城市道路时，高层建筑后退基地北侧城市道路中心线的距离不小于日照间距的 1/2。

（3）当基地北侧界外为已建设的居住、文教、卫生类日照分析对象和非居住、文教、卫生类日照分析对象用地时，低层、多层建筑后退基地北边界不小于 5m²，高层建筑后退基地北边界不小于 7m²，超高层建筑后退基地北边界不小于 10m²。

（4）当基地界外为河道、绿化、高压走廊、历史街区等特殊建筑物时，建筑后退基地边界的距离由市城乡规划主管部门确定。涉及河道、水库、水塘等水域，其后退距离根据《浙江省河道管理条例》《浙江省水域保护办法》等相关规范及参照《临海市水域保护规划》的有关要求执行。

（5）建筑后退基地边界的距离应当符合本规定。因基地条件限制不能符合时，须与相邻地块产权人签订协议并经市城乡规划主管部门核准，在确保满足有关规范的条件下，可适当缩减建筑后退基地边界的距离。

（6）相邻地块建设项目地上建筑联体建造的，联建部分可不退让边界，但各地块应满足各自的技术经济指标和其他相关规范要求。

沿城市道路两侧新建、改建、扩建建筑，除经批准的详细规划另有规定外，其后退道路规划红线的距离不得小于表13-4所列值。

建筑物后退道路红线的最小距离表　　　　表13-4

道路红线宽度（m）	建筑物后退道路红线的最小距离（m）			
	高层建筑	多层建筑或裙房	高层建筑退交叉口（按切点连线算起）	大门及门卫设施
20以下	5	3	7	2
0~36（含20）	8	5	10	3
36~52（含36）	10	7	14	3
52以上（含52）	12	8	16	3

新建有大量人流、车流的影剧院、游乐场、体育馆、展览馆、大型商场、医院等大型公共建筑及对周边道路交通产生较大影响的其他建设工程，后退道路红线距离最小不小于15m，并应当留足地面停车泊位和回车场地。开展交通影响评价的建设工程，必须执行交通影响评价的结论。

在城市、镇规划区内公路两侧新建、改建、扩建的建筑物，须征求地方人民政府交通主管部门意见后。

在城市、镇规划区范围外，在公路两侧应当按照下列规定划定建筑控制区：

（1）高速公路隔离栅栏外两侧不小于30m。

（2）国道两侧边沟外缘外不小于20m。

（3）省道两侧边沟外缘外不小于15m。

（4）县道两侧边沟外缘外不小于10m。

（5）乡道两侧边沟外缘外不小于5m。

（6）互通立交和特大型桥梁不少于50m。

（7）公路弯道内侧及平交道口附近的建筑控制区须依照国家规定满足行车视距或者改作立体交叉的需要确定。

建筑物后退各类边线，以建筑物最突出的外墙边线为准。建筑物后退道路红线或者基地边界留出的空地用于绿化及敷设工程管线，不得建造建筑物。地上建筑后退道路红线和基地边界大于等于5m时，允许阳台（不包括封闭阳台）、雨篷、檐口、台阶等突出部分在后退距离1/6的范围内安排。

4. 地下空间

地下建（构）筑物的退界距离按照下列标准控制：地下建（构）筑物后退规划建设用地界线的距离，不得小于地下建筑物深度（自室外地面至地下建筑物底板的距离）的0.7倍，且不小于5m；

若按上述规定，后退规划建设用地界线距离要求确有困难的，应采取技术安全措施和有效的施工方法，经相应的技术论证，其距离可适当缩小，但其最小值应不小于3m，且围护桩和自用管线不得超过基地界线。

5. 建筑高度

建筑物的高度除应当符合国家有关日照、建筑间距、消防等方面规范外，还应当符合本章规定。

在有净空高度限制的飞机场、气象台、电台和其他无线电通信（含微波通信）设施周围新建、改建、扩建建筑物，其建筑总高度（算至最高点，包括天线、避雷针等构件）应当符合净空要求。

在历史文化名城、名镇、名村、传统村落（历史文化村落）文物保护单位、历史建筑、风景名胜区保护范围内新建、改建、扩建建筑物，其建筑总高度应当符合有关规定，并进行视线分析，提出控制高度和保护措施。

在计算建筑日照间距时，建筑高度按照下列规定计算：

（1）平屋面建筑：室外地坪至屋顶女儿墙顶的高度；

（2）坡屋面建筑：屋面坡度小于等于35°时，高度算至檐口；屋面坡度大于35°时，屋脊线平行于相关建筑的算至屋脊线，屋脊线垂直于相关建筑的算至山墙斜坡的中点；

（3）水箱、楼梯间、电梯间、设备房等突出屋面的附属用房，其高度在6m以下，且水平投影面积之和不超过屋面建筑面积1/5的，不计入建筑高度。玻璃栏杆和镂空率大于60%的栏杆可不计入建筑高度；

（4）有建筑限高要求的（如机场、气象台、微波通道、安全保密等），按照建筑物的最高点计算；

（5）建筑室外地面标高不一致时，自地块内各建筑主楼对应的室外地坪加权平均值计算建筑高度；

（6）特殊地形建筑空间，当计入地上建筑面积时，计算整栋建筑高度不得扣除该建筑空间的建筑高度；当不计入地上建筑面积时，计算整栋建筑高度可以扣除该建筑空间的建筑高度。

6. 建筑基地的绿地

建设项目的绿地率应当符合表13-5规定。

××市建设项目绿地率控制指标表　　　　　　　　　　　表13-5

项目类别	绿地率指标（不低于）
居住区	30%
商业	20%
仓储、交通枢纽	10%
三类工业用地	20%
商住、商办、写字楼	25%
学校、医院、休疗养院所、老年人居住建筑、机关团体、公共文化设施、部队等	35%
其他项目（不含工业项目、市政项目）	30%

注：1. 旧区改建项目可酌情降低3～5个百分点，旧区改造居住区绿地率按照《城市居住区规划设计标准》GB 50180—2018执行。因特殊情况或者位于特殊区域内不能按照上述标准进行配建的地块，可酌情降低标准，并在控制性详细规划中予以明确需要配建的绿地率指标下限。
2. 低层住宅经批准的底层院落内设置围挡的，其围挡院落（包括公众不可进入的下沉式庭院）内的绿地不计入该工程绿地率。除上述低层住宅外，其余住宅建设项目底层不得设置围挡（包括公众不可进入的下沉式庭院），绿地应向小区公众开放。
3. 建设用地面积5公顷以上的住宅小区，应设置集中绿地，并按照《城市居住区规划设计标准》GB 50180—2018相关规定执行。集中绿地内的景观水体、园路和园林铺装可计入绿地面积，但铺装及水系面积应小于30%。集中绿地内要求设置一定的休憩设施。

7. 建设工程停车泊位

新建、改建或者扩建建筑的停车泊位配建标准按照浙江省工程建设标准《城市建筑工程停车场（库）设置规则和配建标准》DB 33/1021执行。

公共租赁房和廉租房等保障性住房机动车按每户0.3辆配置。物流仓储等机动车参照工业配置停车泊位。工业项目中，职工宿舍的停车位配建标准按照每100m²不少于0.3个执行。

建筑面积10000m²及以上的大型超市、农贸市场、专业市场等的商业建筑要配置集中地面机动车停车泊位（不含二层及以上和屋面停车），其中农贸市场、专业市场、批发市场不应少于该地块商业机动车停车泊位总数的20%；大型超市不应少于该地块商业机动车停车泊位总数的10%。

实行人车分流的居住小区，按浙江省工程建设标准《城市建筑工程停车场（库）设置规则和配建标准》DB33/1021要求配建机动车停车泊位数外，应当在其规划建设用地范围内增加设置不少于每100户3个的地面访客机动车停车泊位，车位设置在小区出入口附近，便于管理。

中学、小学、幼儿园等教育设施用地，除按照浙江省工程建设标准《城市建筑工程停车场（库）设置规则和配建标准》DB 33/1021配建机动车停车泊位数外，应按照每100位学生3个以上车位应对上下学高峰时段接送车辆停放要求设置临时停车区。

配建停车场（库）应当就近设置，并宜采用地下或者多层车库。设置机械式机动车停车泊位，按机械式停车泊位总数的0.7倍计入该项目机动车停车泊位指标。住宅项目设置的机械车位不计入停车位配建指标。微型车位（折算前车位数）计入该项目机动车停车泊位指标数量不得超过应配建指标的 2%。

非机动车停车泊位的布置与设计，应当考虑将来转为机动车停车泊位的需要。居住建筑的非机动车停车位宜在地下车库内设置，电动自行车充电桩按电动汽车充电停车位配建比例参照执行。

住宅地下室设置商业、办公等非住宅配套车位时，商业、办公等非住宅配套车位同住宅配套车位应分区域设置，分区管理。

8. 其他规定

建筑沿城市主、次干道立面不得设置敞开式阳台，且原则上不得放置空调外机，确需放置时必须作遮掩处理。

新建高层住宅除顶上两层外，不得设置通高阳台、错层阳台和花架等装饰构件。

严禁搭建有碍观瞻的建（构）筑物。凡需在屋顶设屋顶水箱、空调冷却塔等附属设施或者构筑物的，在建筑施工图阶段必须明确位置及遮掩措施，并在立面和剖面图上明确表示。

住宅标准层及屋顶不得设置无实际使用功能的造型柱、片墙、连梁、构架等。

住宅户内不得设置通往公共屋面的门、楼梯。设置窗户时，窗台高度不得低于 0.9m。

商业、办公等非住宅类公共建筑（商业网点除外）应当符合公共建筑的相关标准，并满足下列要求（规划条件、土地出让合同另有约定的除外）：

（1）不得建设公寓式酒店、产权式酒店、公寓式办公、酒店式办公、单元式办公等用房。

（2）酒店（宾馆）不得分割销售。

（3）办公建筑应当采用公共走廊式或者大空间布局并设置公共卫生间，开水间或者饮水供应点、管道井应当集中设置。内部平面禁止采用住宅、公寓、别墅等居住建筑平面形式。

（4）办公建筑每个分割单元产权建筑面积不少于 $300m^2$，产权分割单元在建筑方案和建筑施工图中予以明确。

（5）办公建筑除食堂外，不得设置厨房和燃气管道。

物业管理用房应当按照该物业《建设工程规划许可证》载明的地上总建筑面积 7‰ 的比例配置，其中 3‰ 为物业管理办公用房、4‰ 为物业管理经营用房。物业管理区域内的物业均为非住宅时，物业管理用房的配置比例为该物业《建设工程规划许可证》载明的地上总建筑面积的 3‰，其中物业管理经营用房不少于 1.5‰。物业管理用房按照上述规定比例计算的配置建筑面积少于 $50m^2$ 时，按照建筑面积 $50m^2$ 配置。

一个物业管理区域内的物业管理用房宜集中安排一处，不应超过 2 处。

城镇新建住宅项目，应按套内建筑面积不低于项目住宅总建筑面积的 3‰ 且最低不少于 $50m^2$ 的标准配建居家养老服务用房（老年活动用房）。

下部为商业、办公等非住宅，上部为住宅的临街建筑物的出入口（包括疏散出入口）

不得向住宅区内开设。

建筑物之间因公共交通需要，需要预留架设穿越城市道路的空中人行廊道的，应符合下列规定：

（1）空中人行廊道的净宽度不大于6m，廊道下的净空高度不小于5.5m。

（2）廊道内不得设置商业设施。

低层住宅，四面围合长度超过3/4的半围合空间为天井，天井视同户内通高。

居住建筑相连的下沉式庭院（含斜坡式、台阶式、直立式等），以起点开始计算，其全部投影面积计入建筑密度。

采光井进深大于1.5m的，其全部投影面积计入建筑密度。

13.4.3 装配式建筑政策

装配式建筑是浙江省建筑工业化的重要举措，也是未来社区建设中需要考虑的重要内容，需充分了解装配式建筑相关政策。

（1）推动项目落实落地。完善绿色建筑规划，进一步强化建筑工业化等控制性指标的源头管理。全面执行《装配式建筑评价标准》DB33/T 1165—2019，提升装配化水平。加强考核督查，推动项目建设落实落地，确保全年新开工装配式建筑占新建建筑面积比例继续保持在30%以上。

（2）积极推进智能建造。以数字化引领智能建造与建筑工业化协同发展，全面推广BIM技术在装配式建筑全生命周期的一体化集成应用。加强智能建造及建筑工业化应用场景建设，强化智能建造上下游协同工作，形成涵盖设计、生产、施工、技术服务的产业链，打造产业融合新业态。

（3）加强系统集成设计。强化设计引领，推进多专业一体化集成设计，推广少规格、多组合设计方法，提高建筑整体性，发挥建筑工业化系统集成综合优势。统筹规划设计、部品构件生产运输、施工安装和运营维护管理，推进产业链上下游资源共享、系统集成和联动发展。

（4）强化技术标准支撑。完成《浙江加快推进钢结构装配式住宅发展的思路和对策研究》和《钢结构装配式住宅三板体系应用技术研究》两项课题研究，编制《桁架式多腔体钢板组合剪力墙结构技术标准》和《可拆底模钢筋桁架楼承板组合楼板应用技术规程》等规程和标准，落实住房和城乡建设部《钢结构住宅主要构件尺寸指南》，加大研究成果的推广应用，扩大标准化部品构件的应用，逐步降低生产成本。

（5）推进产业配套优化。推动生产线技术升级、制造模式创新，提高产业基地的智能制造水平。积极稳妥推进建筑工业化基地建设，优化生产力布局，整合资源，发挥现有生产线效率，防止产能过剩。加大先进节能环保技术、工艺和装备研究力度，推广工具式支模体系、高精度模板、可移动爬架应用，提高能效水平。

（6）强化质量安全管理。着力提高与新型建筑工业化相适应的精益化施工水平，优化施工工艺工法，实现绿色施工。加强预制部品构件的源头管理，推动装配式建筑项目率先采用绿色建材，逐步提高城镇新建建筑中绿色建材应用比例。提升智慧化监管水平，利用物联网、大数据等信息技术，建立全过程质量追溯制度，进一步强化装配式建筑质量安全管理。组织开展装配式建筑质量安全专项检查。

（7）大力发展钢结构建筑。出台钢结构装配式建筑发展指导意见，适时召开钢结构装配式住宅现场会。结合资质改革，培育重点钢结构骨干企业，提升钢结构企业创新研发、系统集成及工程总承包能力。继续推进钢结构装配式住宅试点工作，至2021年底，杭州、宁波、绍兴市新开工钢结构装配式住宅面积分别达40万m^2以上，引导非试点地区开展钢结构装配式住宅的项目建设。

（8）积极推广装配化装修。加快装配化装修技术和标准研究，编制《装配式内装评价标准》，大力推广管线分离、一体化装修技术。推广应用整体厨房、卫浴等集成化模块化建筑部品，逐步形成标准化、系列化的供应体系。加大装配化装修在商品住房中的应用力度，推动装配化装修和钢结构等装配式建筑的深度融合。

（9）大力培育产业工人。加强产教融合、校行企合作，支持地市成立建筑业现代化地方产业学院，形成"省产业学院、地市产业学院、企业培训中心"三级建筑产业工人培育组织体系，大力培养新型建筑工业化专业人才。指导开展第四届全省装配式建筑职业技能竞赛，新增钢结构装配式技能竞赛项目，培育新时代建筑产业工人。

（10）强化示范引领建设。充分发挥装配式建筑示范城市的引领带动作用，支持优秀项目申报国家级装配式建筑科技示范工程。继续开展第二批建筑工业化示范城市、产业基地的推荐认定工作，以示范建设推动新型建筑工业化健康有序发展。

13.4.4 住宅全装修政策

住宅装修是未来社区群众满意的重要衡量指标，目前浙江省大力推进住宅全装修工作，以《杭州市住宅全装修工程质量管理规定》为例说明。

第一章 总 则

第一条 为加强住宅全装修工程质量管理，保障购房者权益，根据《建设工程质量管理条例》《浙江省人民政府办公厅关于加快推进住宅全装修工作的指导意见》（浙政办〔2016〕141号）和建设工程质量验收规范，结合本市实际，制定本规定。

第二条 本规定所指全装修住宅是指在住宅交付使用前，户内所有功能空间和公共部位的固定面全部铺装或粉刷完毕，给水排水、通风与空调、照明供电以及智能化等系统基本安装到位，厨房、卫生间等基本设施配置完备，满足基本使用功能，可直接入住的住宅。

第三条 本规定不适用于装修部分未纳入施工许可管理的住宅工程。

第二章 基本规定

第四条 强化建设单位（开发企业下同）首要责任，对住宅全装修工程质量负总责。

设计、施工、监理单位应当严格按照法律、法规、工程建设标准进行全装修设计、施工、监理，对工程质量承担主体责任。

工程质量检测机构应当严格按照法律、法规以及有关技术标准、施工图设计文件开展工程质量检测，确保检测结果真实有效，并对检测结果承担检测责任。

第五条　住宅全装修工程实行施工总承包及工程监理制度，建设单位不得将装修工程进行肢解发包。

第六条　住宅全装修工程设计应由具有相应资质等级的设计单位承担，全装修住宅工程主体设计和装修设计宜同步进行，确保主体、装修、安装等工程施工过程有效衔接。

全装修设计文件应经施工图审查机构审查合格。全装修工程与主体结构工程不是同一单位设计的，全装修设计文件应经主体结构设计单位确认。涉及建筑节能、使用功能和结构安全的重大变更，应经原设计单位同意。

第七条　住宅全装修工程的主体结构和装修部分应办理施工许可证。

第三章　施工质量管理

第八条　全装修工程所用材料、构配件应符合设计文件要求和国家现行标准的规定，并有相应的质量合格证明。

第九条　施工单位应建立住宅全装修工程质量标准化管理体系，依照设计文件明确的构造、材料、构配件，对重点关键部位分层解构，明确标准工艺、工序。

第十条　全装修工程应按照明确的标准工艺、工序、构造、材料及构配件，实施标准化施工管理，不得降低质量标准。

第十一条　住宅全装修工程施工过程中，施工单位应建立健全施工质量的检验制度，严格工序管理，做好全装修施工过程中各项隐蔽工程的质量检查和记录，留有隐蔽工程影像记录，做好成品保护。

第四章　验收及交付

第十二条　住宅全装修工程应在竣工验收前进行分户检验。分户检验时，应以每套住宅作为一个检查单元，以观感质量、使用功能、安全性能、几何尺寸等内容为检查重点，形成分户检验记录。

第十三条　实行商品房预售制度的全装修住宅项目，鼓励建设单位在竣工验收前设立开放日，邀请购买人对装修质量提出合理性建议。具体操作方式由建设单位自行确定。

第十四条　全装修住宅工程交付使用时，建设单位应向购买人提供住宅质量保证书和住宅使用说明书。

住宅质量保证书应明确住宅全装修工程质量保修范围、保修期限、保修单位等内容，并附住宅分户检验合格标识。

住宅使用说明书应包括主要装修材料与构配件清单、主要设备明细表及使用说明书、电气（智能化）网络管线和给水排水管道排布图等内容。

第十五条　建设单位应组建工程质量投诉受理和处理部门，按照住宅质量保证书的约定，在保修期限内承担保修义务。

第十六条　鼓励建设单位开展住宅全装修质量保险。

第五章　监督管理

第十七条　各建设行政主管部门应加大日常巡查和监督力度，健全监管制度，加强住宅全装修工程质量监督管理。

第十八条　各建设行政主管部门发现建设各方责任主体在分户检验中弄虚作假、降低标准，将检验不合格工程按合格工程处理的行为，按照有关法律、法规的规定处理。

工程质量监督机构可采取委托第三方专业机构检验、现场监督等方式对分户检验进行抽查。

第十九条　各建设行政主管部门应建立健全的全装修住宅工程质量投诉受理和处理制度，加强与住保房管、市场监管、应急管理、公安等相关部门的沟通、联动、协同处理。

第二十条　因建设单位不履行或不认真履行质量保修责任，建设行政主管部门应对违法违规行为进行查处，并纳入信用记录，予以通报。

第六章　附　　则

第二十一条　本市行政区域内住宅全装修工程的质量管理适用本规定。

第二十二条　本市住宅全装修工程除执行本规定外，还应符合国家有关法律、法规、标准等规定。

各区、县（市）可结合本地区实际，依据国家有关规定和本规定，制定实施细则。

第二十三条　本规定自2020年7月1日起执行。

第14章 土地使用权转让方案咨询

14.1 土地的分类

14.1.1 基于土地所有权的土地分类

从土地所有权的角度去分析，我国对土地实行社会主义公有制管理，土地所有权分为国有土地所有权和集体土地所有权两大类。其中，国有土地所有权又包括国有建设用地所有权和国有农用地所有权，农民集体土地所有权包括农民集体建设用地所有权、宅基地所有权、农用地所有权等。

1. 国有土地的范围

（1）城市市区的土地；

（2）农村和城市郊区中已经依法征收、征购、没收为国有的土地；

（3）国家依法征用的土地；

（4）依法不属于集体所有的林地、草地、荒地、滩涂及其他土地；

（5）农村集体经济组织全部成员转为城镇居民的，原属于其成员的集体土地；

（6）因国家组织移民、自然灾害等原因，农民集体迁移后不再使用的原属于迁移农民集体所有的土地。

2. 农民集体土地的范围

农民和城市郊区的土地，除法律规定属于国家所有的以外，全部属于农民集体所有，宅基地和自留地、自留山，属于农民集体所有。

对于未来社区项目建设开发而言，只有国有建设用地才能直接开发建设，国有农用地及农民集体所有土地只有经过农用地转用、征收征用转化为国有建设用地后，方可用于开发建设。这也是土地一级开发所涉及的内容。

14.1.2 基于现状条件的土地分类

从土地的现状条件角度去分析，我们可以将土地分为生地、毛地和熟地这三种类型。

生地：指可能为房地产开发与经营活动所利用的农地或荒地等，虽完成了土地征用，转变成为国有用地，但因未经开发，缺少市政配套设施，不可直接作为建筑用地的土地。

毛地：区别于生地，是指在城市旧区范围内，尚未经过拆迁安置补偿等土地开发过程、不具备基本建设条件的土地。

熟地：指经过土地开发，完成市政基础配套设置建设，达到"三通一平"（通水、通电、通路、场地平整）、"五通一平"（通水、通电、通路、通讯、通排水、场地平整）或"七通一平"（通水、通电、通路、通信、通排水、通暖气、同燃气、场地平整）的施工条件，具备基本建设条件的土地。

14.2 土地一级开发

土地一级开发就是一个把生地或者毛地开发成熟地的过程。具体而言，土地一级开发是指政府通过下属的土地储备机构或者直接委托具有相应开发资质的房地产企业，按照土地利用总体规划、城市总体规划及控制性详细规划和年度土地储备开发计划，对确定的存量国有土地、拟征用和农转用的土地，统一组织进行征地、农转用、拆迁和市政道路等基础设施建设的行为。

在土地一级开发制度产生之前，土地整理工作主要由房地产开发企业以协议出让或者先划拨后补充协议的办法取得土地后，自行进行征地、拆迁和市政建设工作，之后再行开发建设房屋。

在这一过程中，土地一级开发和二级开发都是由同一家房地产开发商完成的，政府在这个过程中既不能控制土地的开发成本，也不能详细掌握土地开发后的增值情况，因此对土地开发与利用无从控制。而对于房地产开发企业来说，由于征地、拆迁、补偿以及市政建设都要由自己来承担，在实践中也面临极大的不确定性，经营成本和风险也都很高。不仅如此，在协议出让的模式中，不可避免地产生了大量的腐败及国有资产流失的现象。

因此，随着我国城市化的不断快速推进，土地整理模式亟待改变，土地一级开发制度及新的土地整理模式应运而生。

14.2.1 土地一级开发运作模式

现今我国相关政策规定及目前土地一级开发运作现状，将土地一级开发运作模式主要划分为政府机构主导型和市场运作型两大类。

1. 政府机构主导型

1）土地储备机构直接作为土地一级开发主体

即由政府下属的土地储备机构全权负责土地一级开发工作的资金筹措、办理规划、项目核准、拆迁安置及大市政配套设施建设等手续办理，并由其自行委托或通过招标方式选择土地一级开发企业负责土地开发实施的具体管理工作，土地储备机构支付土地一级开发企业一定管理费用。

2）政府领导下的市场化运作

即政府授权委托国资控股企业直接行使土地一级开发的实施和管理职能。此时，相当于国资控股企业不仅代表了土地储备机构直接行使土地储备职能，其自身也变成土地一级开发企业直接负责土地开发工作的具体实施，如我们所熟知的大部分城市的城建、城投公司就是这类国资控股企业的典型代表。

3）国有工业用地由原工厂所有者作为土地一级开发主体

对于部分具备条件的国有工业用地而言，可由原工厂所有者为主体进行资金筹措、办理规划、项目核准、拆迁安置及大市政配套设施建设等土地开发工作，达到"三通一平""五通一平"或"七通一平"后直接入市交易。

4）政府主导下的一、二级联动开发

即政府将土地一级开发与土地二级开发直接打包全盘出让给房地产开发企业，由房地产企业自行完成土地一级开发整理工作，并由该房地产企业在整理完成的土地上继续进行房地产二级开发业务。

在优质的土地开发资源日渐紧张的今天，对于优质土地资源的竞争变得越来越激烈，很多的大型房地产开发企业为在土地市场的竞争中抢占先机，往往更愿意将一级土地整理和土地二级开发相结合，在获得优质土地储备的同时，也赢取了整体收益最大化。具体而言，就是房地产企业通过土地一、二级联动开发运作模式，在获得一级开发阶段收益的同时，既保证了企业未来的可持续发展，也保证了可获取土地在未来升值给企业带来的二级开发的优厚收益。

但该模式也存在一定的风险。就政府层面而言，不利于政府控制市场地价，政府宏观调控土地市场的能力降低。就房地产开发企业而言，拆迁难度越来越大，开发实施的推动力量难以与行政力量做比较，开发周期更是无法估算。

2. 市场运作型

市场运作型是指，政府负责土地一级开发企业的招标投标工作，所有有资质的一级开发企业均可以参与投标工作，由中标的企业全权负责土地一级开发的融资、规划、拆迁安置及大市政配套设施建设等手续办理及土地整理实施工作，政府只承担监督职能。

虽然从理论上讲，通过公开招标投标的市场化运作的一级开发运营模式更加公平透明，一级开发企业的操盘经验与市场驱动能更好地促进行业的发展，但因资金投入量大、可操控性、公平竞争及政企职能划分等问题，也导致了一级开发市场化运营的高风险性。因此，在行业相应的规章制度并不健全的今天，虽然土地一级开发市场化运作前景甚为光明，但目前推广并不广泛。

对于现今以政府主导运营模式为主的土地一级开发市场而言，房地产二级开发商往往会较多地参与土地一级业务，在融资、土地规划、拆迁安置乃至土地平整等各个业务工作方面协助政府，以便更早地接触土地，更有效地与政府形成前期的良性互动，以期在"招拍挂"的土地市场竞争中抢占先机，取得政府的支持。

14.2.2 土地一级开发的工作特性

土地一级开发的工作内容主要包括规划设计、农用地转用、征地补偿、拆迁安置、大市政配套设施建设、土地平整等一系列的工作。由土地一级开发的工作内容决定了土地一级开发的业务工作具有如下几点特性：

1. 发展周期长

从授权到开发立项、土地整理及至最终的土地上市交易，土地一级开发业务链条长、涉及面广、发展周期久。

2. 资金需求大

土地一级开发属于资金密集型业务，资金的需求量极大，且占用时间长，流动性差，使用较为集中。

3. 影响因素多

土地储备及土地一级开发承担了调解土地市场的职能，也是政府对房地产行业进行调控的重要工具，因此受市场经济环境尤其是政府政策影响较大。且由于政策环境不完善，一级开发又严重依托于当地政府，在进行土地开发整理过程中，多涉及征地补偿、拆迁安置等易发生群体事件和经济纠纷的业务工作，因此影响土地一级开发推进的影响因素很多，直接影响到一级开发进展，易造成资金沉淀、延缓资金回笼，增加开发工作的不确定性。

14.3 城市建设用地分类及使用年限

14.3.1 城市建设用地分类

城市建设用地应分为9大类、36中类、47小类（表14-1）。

城市建设用地分类表　　　　　　　　　表14-1

类别代码			类别名称	内容
大类	中类	小类		
R			居住用地	住宅和相应服务设施的用地
	R1		一类居住用地	设施齐全、环境良好，以低层住宅为主的用地
		R11	住宅用地	住宅建筑用地及其附属道路、附属绿地、停车场等用地
		R12	服务设施用地	社区级服务设施用地，包括幼托、文化、体育、商业、卫生服务、养老助残、公用设施等用地，不包括中小学用地
	R2		二类居住用地	设施齐全、环境良好，以多、中、高层住宅为主的用地
		R21	住宅用地	住宅建筑用地（含保障性住宅用地）及其附属道路、附属绿地、停车场等用地
		R22	服务设施用地	社区级服务设施用地，包括幼托、文化、体育、商业、卫生服务、养老助残、公用设施等用地，不包括中小学用地
	R3		三类居住用地	设施较欠缺、环境较差，以需要加以改造的简陋住宅为主的用地，包括危房、棚户区、临时住宅等用地
		R31	住宅用地	住宅建筑用地及其附属道路、附属绿地、停车场等用地
		R32	服务设施用地	社区级服务设施用地，包括幼托、文化、体育、商业、卫生服务、养老助残、公用设施等用地，不包括中小学用地

续表

类别代码			类别名称	内容
大类	中类	小类		
A			公共管理与公共服务设施用地	行政、文化、教育、体育、卫生等机构和设施的用地，不包括居住用地中的服务设施用地
	A1		行政办公用地	党政机关、社会团体、事业单位等办公机构及其相关设施用地
	A2		文化设施用地	图书、展览等公共文化活动设施用地
		A21	图书博览用地	公共图书馆、博物馆、科技馆、纪念馆、美术馆和城市展览馆等设施用地
		A22	文化活动用地	综合文化活动中心、文化馆、青少年宫、妇女儿童活动中心、老年活动中心，以及公益性的剧院、音乐厅等设施用地
	A3		教育用地	高等院校、中等专业学校、中学、小学及其附属设施用地，包括为学校配建的独立地段的学生生活用地
		A31	高等院校用地	大学、学院、专科学校、研究生院、电视大学、党校、干部学校及其附属设施用地，包括军事院校用地
		A32	中等专业学校用地	中等专业学校、技工学校、职业学校等用地，不包括附属于普通中学内的职业高中用地
		A33	中小学用地	中学、小学用地
		A34	特殊教育用地	聋、哑、盲人学校及工读学校等用地
	A4		体育用地	体育场馆和体育训练基地等用地，不包括学校等机构专用的体育设施用地
		A41	体育场馆用地	室内外体育运动用地，包括体育场馆、游泳场馆、各类球场及其附属的业余体校等用地
		A42	体育训练用地	为体育运动专设的训练基地用地
	A5		医疗卫生用地	医疗、保健、卫生、防疫、康复和急救设施等用地
		A51	医院用地	综合医院、专科医院、护理院、社区卫生服务中心等用地
		A52	卫生防疫用地	卫生防疫站、专科防治所、检验中心和动物检疫站等用地
		A53	特殊医疗用地	对环境有特殊要求的传染病、精神病等专科医院用地
		A54	其他医疗卫生用地	急救中心、血库等用地
	A6		社会福利用地	为社会提供福利和慈善服务的设施及其附属设施用地
		A61	养老设施用地	为老年人提供居住、康复、保健等服务功能的设施用地，包括养老院、敬老院、护养院等
		A62	儿童福利设施用地	为孤残儿童提供居住、护养等慈善服务的设施用地，包括儿童福利院、孤儿院、未成年救助保护中心等
		A63	残疾人福利设施用地	为残疾人提供居住、康复、护养等慈善服务的设施用地，包括残疾人福利院、残疾人康复中心等
		A64	其他社会福利设施用地	除以上之外的社会福利用地，包括救助管理站等
	A7		文物古迹用地	具有保护价值的古遗址、古墓葬、古建筑、石窟寺、近代代表性建筑、革命纪念建筑等用地。不包括已作其他用途的文物古迹用地
	A8		科研用地	科研事业单位及其附属设施用地

续表

类别代码			类别名称	内容
大类	中类	小类		
A	A9		其他公共管理与公共服务设施用地	除以上之外的公共管理与公共服务设施用地，包括档案馆等用地
B			商业服务业设施用地	商业、商务、娱乐康体等设施用地，不包括居住用地中的服务设施用地
	B1		商业用地	商业及餐饮、旅馆等服务业用地
		B11	零售商业用地	以零售功能为主的商铺、商场、超市、市场等用地
		B12	批发市场用地	以批发功能为主的市场用地
		B13	餐饮用地	饭店、餐厅、酒吧等用地
		B14	旅馆用地	宾馆、旅馆、招待所、服务型公寓、度假村等用地
	B2		商务用地	金融保险、艺术传媒、研发设计、技术服务等综合性办公用地
		B21	金融保险用地	银行、证券期货交易所、保险公司等用地
		B22	艺术传媒用地	文艺团体、影视制作、广告传媒等用地
		B23	研发设计用地	以科技研发、设计咨询等为主的企业办公用地
		B24	其他商务用地	贸易等其他技术服务办公，以及展览馆、会展中心等用地
	B3		娱乐康体用地	娱乐、康体等设施用地
		B31	娱乐用地	剧院、音乐厅、电影院、歌舞厅、网吧以及绿地率小于65%的大型游乐等设施用地
		B32	康体用地	赛马场、高尔夫、溜冰场、跳伞场、摩托车场、射击场，以及水上运动的陆域部分等用地
	B4		公用设施营业网点用地	零售加油、加气、电信、邮政等公用设施营业网点用地
		B41	加油加气站用地	零售加油、加气站等用地
		B42	其他公用设施营业网点用地	独立地段的电信、邮政、供水、燃气、供电、供热等其他公用设施营业网点用地
	B9		其他服务设施用地	非公益性的业余学校、培训机构、医疗机构、养老机构、宠物医院、通用航空、汽车维修站等其他服务设施用地
M			工业用地	工矿企业的生产车间、库房及其附属设施用地，包括专用铁路、码头和附属道路、停车场等用地，不包括露天矿用地
	M1		一类工业用地	对居住和公共环境基本无干扰、污染和安全隐患的工业用地，包括以产业研发、中试为主兼具小规模生产的工业用地
	M2		二类工业用地	对居住和公共环境有一定干扰、污染和安全隐患的工业用地
	M3		三类工业用地	对居住和公共环境有严重干扰、污染和安全隐患的工业用地
W			物流仓储用地	物资储备、中转、配送等用地，包括附属道路、停车场以及货运公司车队的站场等用地
	W1		一类物流仓储用地	对居住和公共环境基本无干扰、污染和安全隐患的物流仓储用地
	W2		二类物流仓储用地	对居住和公共环境有一定干扰、污染和安全隐患的物流仓储用地
	W3		危险品物流仓储用地	易燃、易爆和剧毒等危险品的专用物流仓储用地

续表

类别代码			类别名称	内容
大类	中类	小类		
S			道路与交通设施用地	城市道路、交通设施等用地，不包括居住用地、工业用地等内部的道路、停车场等用地
	S1		城市道路用地	快速路、主干路、次干路和支路等用地，包括其交叉口用地
	S2		城市轨道交通用地	独立地段的城市轨道交通地面以上部分的线路、站点用地
	S3		交通枢纽用地	铁路客货运站、公路长途客运站、港口客运码头、公交枢纽及其附属设施用地
	S4		交通场站用地	交通服务设施用地，不包括交通指挥中心、交通队用地
		S41	公共交通场站用地	城市轨道交通车辆基地及附属设施，公共汽（电）车首末站、停车场（库）、保养场、出租汽车场站设施等用地，以及轮渡、缆车、索道等的地面部分及其附属设施用地
		S42	社会停车场用地	独立地段的供机动车和非机动车使用的公共停车场和停车库用地，包括电动汽车充电站，不包括其他各类用地配建的停车场和停车库用地
	S9		其他交通设施用地	除以上之外的交通设施用地，包括教练场等用地
U			公用设施用地	供应、环境、安全等设施用地
	U1		供应设施用地	供水、供电、供燃气和供热等设施用地
		U11	供水用地	城市取水设施、自来水厂、再生水厂、加压泵站、高位水池等设施用地
		U12	供电用地	变电站、开闭所、变配电所等设施用地，不包括电厂用地。高压走廊下规定的控制范围内的用地应按其地面实际用途归类
		U13	供燃气用地	分输站、门站、储气站、加气母站、液化石油气储配站、灌瓶站和地面输气管廊等设施用地，不包括制气厂用地
		U14	供热用地	集中供热锅炉房、热力站、换热站和地面输热管廊等设施用地
		U15	通信用地	邮政中心局、邮政支局、邮件处理中心、电信局、移动基站、微波站等设施用地
		U16	广播电视用地	广播电视的发射、传输和监测设施用地，包括无线电收信区、发信区以及广播电视发射台、转播台、差转台、监测站等设施用地
	U2		环境设施用地	雨水、污水、固体废物处理等环境保护设施及其附属设施用地
		U21	排水用地	雨水泵站、污水泵站、污水处理、污泥处理厂等设施及其附属的构筑物用地，不包括排水河渠用地
		U22	环卫用地	生活垃圾、医疗垃圾、危险废物处理（置），以及垃圾转运、公厕、车辆清洗、环卫车辆停放修理等设施用地
	U3		安全设施用地	消防、防洪等保卫城市安全的公用设施及其附属设施用地
		U31	消防用地	消防站、消防通信及指挥训练中心等设施用地
		U32	防洪用地	防洪堤、防洪枢纽、排洪沟渠等设施用地
		U33	人防用地	具有人防功能的各类地面空间及地下设施，不包括已作其他用途的人防用地

续表

类别代码			类别名称	内容
大类	中类	小类		
U	U4		殡葬设施用地	殡仪馆、火葬场、骨灰存放处和墓地等设施用地
	U5		其他公用设施用地	除以上之外的公用设施用地，包括施工、养护、维修等设施用地
G			绿地与广场用地	公园绿地、防护绿地、广场等公共开放空间用地
	G1		公园绿地	向公众开放，以游憩为主要功能，兼具生态、美化、防灾等作用的绿地
	G2		防护绿地	具有卫生、隔离和安全防护功能的绿地
	G3		广场用地	以游憩、纪念、集会和避险等功能为主的城市公共活动场地
X			待深入研究用地	需进一步研究其功能定位和开发控制要求的城市建设用地

14.3.2 城镇国有土地使用年限

根据我国《中华人民共和国城镇国有土地使用权出让和转让暂行条例》第十二条规定，土地使用权出让最高年限按下列用途确定：居住用地七十年；工业用地五十年；教育、科技、文化、卫生、体育用地五十年；商业、旅游、娱乐用地四十年；综合或者其他用地五十年。

14.4 土地入市

经过土地一级开发整理并完成土地一级开发竣工验收后，土地即初步具备了入市交易的现场条件并纳入土地储备库（直接上市交易的则不用）。下一步要进行的工作就是推动土地入市交易。土地入市交易的流程，具体内容如下。

14.4.1 纳入上市交易计划

政府实行有计划的土地供应制度，因此市政府的年度土地供应计划是土地上市的首要依据。根据《招标拍卖挂牌出让国有土地使用权规定》（国土资源部令第11号）第五条规定："市、县人民政府土地行政主管部门根据社会经济发展计划、产业政策、土地利用总体规划、土地利用年度计划、城市规划和土地市场状况，编制国有土地使用权出让计划，报同级人民政府批准后，及时向社会公布。"

14.4.2 确定土地出让底价

在土地上市交易前，需先行确定土地招标、拍卖、挂牌出让的底价。所谓底价，即招标标底，挂牌或拍卖的起叫价、起始价。在土地一级开发完成后，土地的地价是由毛底价和土地一级开发建设补偿费所构成，其中毛底价是作为政府的土地收益部分，由专业机构评估并报国土局审定，而土地一级开发建设补偿费则是上述说到的征地费、拆迁安置费、市政基础设施建设费、财务成本及管理费等费用。

14.4.3 制定土地出让方案及招拍挂文件

土地出让方案一般包括的内容有：拟出让地块的具体位置、四至、用途、面积、年限、土地使用条件、供地时间、供地方式等。通常由国土局会同发展改革委、规划、建设等部门根据规划、底价审核等工作联合编制。确定土地出让方案后，土地行政主管部门根据出让方案编制招标、拍卖、挂牌出让文件。以拍卖出让为例，其出让文件包括：拍卖出让公告、拍卖竞买须知、土地使用规划意见书及宗地图、竞买申请书样本、拍卖成交确认书样本、国有土地使用权出让合同样本等相关资料。

14.4.4 发布土地出让公告

在招标、拍卖、挂牌出让截止日前至少20天，应当由市县国土资源管理部门通过网络、报刊等媒体公开发布出让公告。

根据《招标拍卖挂牌出让国有土地使用权规定》，其出让公告包括：出让人名称和地址；出让宗地的基本情况（位置、现状、面积、使用年限、用途等）；受让人资格要求和申请资格管理办法；索取招标、拍卖、挂牌出让文件的时间、地点与方式；招标、拍卖、挂牌的时间、地点、投标挂牌期限、投标和竞价方式等；确定中标人、竞得人的标准和方法；投标或竞买的保证金数额；其他需要公告的事项。

14.4.5 实施竞买活动

国内外任何自然人、法人和其他组织（法律另有限制的除外）均可以交纳竞买保证金及提出竞买申请，进而参与到招标、拍卖、挂牌的竞买活动中去。

14.5 土地使用权转让方式

土地使用权的取得方式主要有出让、划拨、转让以及与土地使用权拥有者合作等形式。

14.5.1 土地使用权划拨

土地使用权划拨是指县级以上人民政府土地管理部门依法批准，在土地使用者交纳补偿、安置等费用后将该幅土地交付其使用，或将土地使用权开偿交付给土地使用者使用的行为。

划拨用地主要针对部分军事用地、社会保障性住房用地和特殊用地等，对于房地产开发企业而言，可以通过划拨方式取得的开发建设用地，主要是社会保障性住房项目用地，且一般情况下会搭配商品房建设用地一同出让，并由房地产开发企业统一进行开发建设，如配建的经济适用房、幼儿园等。

14.5.2 土地使用权转让与合作开发

土地使用权转让是指土地使用权拥有者将土地使用权再行转让出去的市场行为，即房地产开发企业从土地使用权所有者而非政府土地管理部门手中直接购买土地使用权。

土地合作开发是指一些拥有资金但却缺少土地的房地产开发企业，通过公司入股、并购或合伙等方式，与当前土地使用权所有者合作开发，从而获得房地产开发用地的市场行为。

14.5.3 土地使用权出让

土地使用权出让是指国家以土地所有者的身份将土地使用权在一定的出让年限和出让条件给土地使用者使用，并由土地使用者向国家支付土地使用权出让金的行为。国家按照所有权与使用权分离的原则，实行城镇国有土地使用权出让、转让制度，但地下资源、埋藏物及市政公用设施除外。

对于我国现行的房地产市场而言，土地出让是未来社区项目开发企业取得开发建设用地的主要方式。

我国现行的土地出让方式主要有协议出让、招标、拍卖、挂牌四种形式。一般而言，土地的性质不同，其出让方式的选择不同。且自 1990 年国务院发布《中华人民共和国城镇国有土地使用权出让和转让暂行条例》（以下简称《城镇国有土地使用权出让和转让暂行条例》）中规定土地使用权出让可以采取协议、招标、拍卖等方式，至 2002 年 5 月 9 日国土资源部发布《招标拍卖挂牌出让国有土地使用权规定》（国土资源部令第 11 号）首次出现挂牌出让国有土地使用权的出让方式以来，应土地出让市场公平、公开、公正的市场要求，除一些特殊要求土地出让外，招标、拍卖、挂牌土地出让方式基本取代了协议出让方式，成为现行土地出让的三种主要方式。

1. 协议出让

协议出让是指土地使用权的有意受让者直接向国有土地的代表提出有偿使用土地的愿望，由国有土地的代表与有意受让人进行谈判和切磋，协商出让土地使用有关事宜的一种出让方式。

在实践中，以协议方式出让土地使用权的方式因其没有引入竞争机制，不具有公开性，人为影响因素较多，容易产生土地条件相当但出让金差别较大的情况，极其容易滋生权钱交易与腐败。因此，国家对这种方式加以必要限制，2007 年 9 月颁布了《招标拍卖挂牌出让国有建设用地使用权规定》（国土资源部令第 11 号）就明确规定了工业（包括仓储用地，不包括采矿用地）、商业、旅游、娱乐和商品住宅等经营性用地以及同一地块拥有两个或两个以上意向用地者的，都应采用招标、拍卖、挂牌等公开竞价的方式出让，这也直接决定了用于房地产开发的土地通常不能通过协议出让的方式获取。

因此，土地协议出让方式主要适用于市政公益事业项目、非营利项目及政府为调整经济结构、实施产业政策而需要给予扶持、优惠的项目，且采取此方式出让土地使用权的出让金不得低于依据国家规定所确定的最低价。

2. 招标出让

招标出让是指市、县级人民政府土地行政主管部门发布招标公告，要求特定或者不特定的公民、法人或其他组织参加国有土地使用权投标，并根据招标投标结果确定土地使用者的行为。

招标出让一般由各级土地整理储备中心负责办理招标工作相关事宜，在经过发标、投标、开标、评标等一系列招标投标程序后最终确定中标人。具体程序此处不再赘述。

3. 拍卖出让

拍卖出让又称竞标，是指市、县级人民政府土地行政主管部门发布拍卖公告，由竞买人在指定的时间、地点进行公开竞价，根据出价结果确定土地使用者的行为。

拍卖出让是一种完全公开竞争的土地出让方式，采用确定拍卖底价、过程多次报价且最高价者中标为基本原则，不存在任何主观因素影响，是我国土地出让市场中最常见的土地出让方式之一。

4. 挂牌出让

挂牌出让是指出让人发布挂牌公告，按公告规定的期限将拟出让宗地的交易条件在指定的土地交易所挂牌公示，接受竞买者的报价申请并更新挂牌价格，根据挂牌期限截止时的出价结果确定土地使用者的行为。

根据相关规定，挂牌时间不应小于10日，挂牌截止日由挂牌主持人宣布最高报价及其报价者，若现场有继续竞价者，挂牌出让自动转为现场竞价，最终的挂牌中标者在满足挂牌条件的前提下，实行价高者中、先到先得的甄选原则。

14.6 未来社区土地出让浅析

14.6.1 未来社区土地出让注意要点

未来社区项目的土地出让，由于需要综合考虑项目整体的落地性，对土地的出让将提出更高的要求。

根据商品住宅项目限制用地规定，小城市（镇）宗地出让面积不得超过7公顷、中等城市不得超过14公顷、大城市不得超过20公顷。但未来社区项目根据规定要求实施单元占地面积不小于20公顷，因此中小城市和实施单元较大的大型城市，其土地将存在无法一次出让的情形。为保证未来社区的整体落地性及打造理念能够最好地呈现，其土地出让方式的选择将是实施推进的第一要点。

常规未来社区实施单元均由几块规划用地组成，如实施单元整体用地面积除道路、商业等之外的住宅部分仍超过其所在地区的限制规定，那么土地出让必将分块或分期出让。因此，针对此种出地方式，未来社区"带方案"出让的整体性与落地性必将受到影响，其主要问题有：

（1）如分块出让，其开发商数量无法控制，无法保证一家开发商拿到所有地块，后期协调管理难度将加大，并需经常进行落地对接，交叉部位多；

（2）如未来社区由多个开发商拿地实施，各开发商进场后均会根据自身的品牌特点进行深化，景观、立面、户型及装饰风格等较难保持协同，各地块的融合性无法保证；

（3）如项目分地块出让，其指标及相关规定均须按照各自控规和规划条件进行设计，某些指标将无法进行突破创新，有违未来社区整体规划的理念；

（4）如通过设置地块出让联动条款，也将存在被投诉的风险，再行处理将大大浪费推进时间。

因此，建议未来社区整个实施单元可按照几宗地整体打包出让，其整体出让的优势主要有：

（1）未来社区项目由一个开发商获地，协调管理统一；

（2）根据未来社区的建设要求，"三化九场景"的具体点位及面积均在实施单元内整体统筹考虑，如整体开发，落地性最佳，相关配套也应统一调配和集中，因此各地块应为统一整体，并可避免分块切割出现模糊不清的界面；

（3）项目内各地块地下室整体设计，互联互通，车位指标也可在地块间整体平衡；

（4）各地块如按整体方案统筹考虑，地块间退界可互有退让，并非完全按照道路中心线均分退界，可保证各宗地价值平衡；

（5）由于未来社区为"带方案"整体设计，其建筑风貌须统一协调，整体出让可避免不同开发商采用不同的建筑风格，以保证原有整体风貌；

（6）根据未来社区整体设计情况，各地块侧重功能均有所不同，有安置房地块，有无偿移交政府的邻里中心等公共建筑地块，以及人才公寓和商业住宅等地块，因此各地块商业价值各有不一，分地块出让难以平衡，整体出让可避免该问题；

（7）按未来社区打造规定，项目后期将为零物业费形式，社区投入使用期间的运维成本也需由各地块整体平衡等。

针对上述对未来社区土地出让方式的优劣分析，如已实施未来社区用地面积有超限制规定，建议实施主体提前进行地块出让谋划，可考虑整体出让突破创新，并上报上级主管部门审批，以尽早完成项目规划条件和出地准备，以保证未来社区的整体落地性。如为新申报未来社区试点项目，可提前对实施单元面积进行测算，以满足除道路、商业等之外的住宅用地部分不超过所在地区的用地限制。

14.6.2　未来社区土地出让的前置事项

未来社区项目土地出让条件在常规土地出让前置的基础上又有其特有的要求，其主要前置事项如下：

1. 出让地块征迁安置及必要的前期准备

所有宗地必须保证其地块的拆迁安置工作全部完成，以及基本的"三通一平"准备到位。征迁安置工作需要较长的准备时间，是获得可出让土地的第一步，由于涉及群体居民的切身利益，该项工作所需考虑的因素多，社会影响大，因此征迁安置工作的情况将直接决定土地出让的进展。其中，征迁安置工作需要重点落实的事项为：详细对安置居民的人员结构、安置需求、面积搭配及安置意愿等进行调研；编制详细拆迁安置方案，反复论证，确保满足居民搬迁意愿；编制安置方案，根据调研情况做好房屋户型及面积搭配以及在此过程中的各种流程、协议完善等。

2. 纳入年度土地出让计划

项目应根据项目开工要求，编排推进计划，确定项目土地出让具体时间，实施主体应提前与规自部门进行确认，以确保项目地块能够准时纳入国有土地使用权出让计划并完成向社会公布。

3. 定项目规划条件及红线图

未来社区项目土地出让与规划条件的出具息息相关，规划条件的出具需要明确项目土地出让是多宗地整体打包出让还是单宗地分块出让等，而土地出让文本资料的编制必须依据确定的规划条件，因此，规划条件书的确定为净地出让的首要前置条件。建议未来社区项目规划条件的沟通，应提早进行，可在实施方案调整建筑方案的阶段启动与规自局的沟通工作，以避免整体建筑设计方案的各项经济指标在后期大量调整，进而影响实施方案的落成，其中交通评估、日照分析、容积率、绿地率及密度等指标的核实为规自方面的审查重点。应提前收集规自部门在本地区的特有发文，建筑设计方案应尽量按照本地区规定调整，如无特殊突破依据及需求，建议设计方案不做突破，以保证未来社区项目在本地区的融合性和突破沟通的时间成本。

4. 编制、确定出让方案

出让方案应当包括拟出让地块的具体位置、四至、用途、面积、年限、土地使用条件、供地时间、供地方式、建设时间、起始价、竞买保证金、土地出让价款、履约保证金及其他需要约定的内容等。未来社区实施单元规定面积应大于20公顷，基本上为由多宗土地构成，且不同规模的城市有不同的出地限制要求，因此为更好地契合未来社区场景的落地和政策导向，土地出让方案应尽早启动编制，并进行充分沟通论证。出让方案编制确认完成后，应按规定报市、县（区）人民政府批准。

5. 确定建设、人防及民政等主管部门特别配建规定

在规自局出具正式规划条件书后，应提前确定该地区相关部门对国有土地出让是否有不同的配建要求，以作出有针对性的处理，并且这些内容常规由做地主体协助落实。在此阶段也可同步完成压覆矿产资源、现场照片、区位图及勘测定界图等事项的确定。

6. 地价预评估

地价预评估由市、县（区）国土资源管理部门或其所属事业单位组织进行，根据需要也可以委托具有土地估价资质的土地或不动产评估机构进行。未来社区项目体量大、要求高，回购部分及无偿移交内容较为复杂，为确保评估的准确性，建议评估单位应最少引入两家。地价预评估工作开展的首要条件为取得规自局出具的正式规划条件书，其余还需提供的资料有实施单元红线图（含道路）、建筑总平面图（含总地块及各分地块技术经济指

标)及资金平衡方案(含政府回购、无偿移交政府及开发商自持细分情况)等。待地价评估报告完成后会审确认土地出让底价。

7. 编制常规协议

该类协议的责任单位通常应为项目所在地的管委会或新区开发建设中心等,其协议的编制应参照项目所在地常规要求进行,并可结合规自局、管委会及实施主体等单位的具体要求,并针对性地编制,其未来社区项目主要存在的协议种类有履约监管协议、开发建设协议、招商运营协议、道路及公共绿地代建协议、公租房配建协议、养老服务用房配建协议、安置回购协议等。

第15章 未来社区投融资咨询

未来社区项目投资是以未来社区项目为对象,为获得预期效益而对土地和住宅产品、配套用房进行开发和经营,以及购置房地产等进行的投资。投资的预期效益因投资主体不同而有所不同,政府投资注重宏观的经济效益、社会效益和环境效益,企业投资注重于利润指标,终端购房客户则注重使用功能的发挥。追求的效益虽然有所不同,但各种效益是相互交叉、相互影响的。房地产类产品的投资是固定资产投资的重要组成部分,它需要动用大量的社会资源,包括资金、土地、物质材料、劳动力、技术、信息等资源,才能使投资效益得到实现。

未来社区项目融资是在项目开发、流通和消费过程中,通过货币流通和信用渠道所进行的筹资、还资及相关金融服务的一系列金融活动的总称,其基本任务是运用多种金融方式和金融工具筹集和融通资金,支持房地产开发、流通和消费,促进房地产再生产过程中的资金良性循环,保障房地产再生产过程的顺利进行。

15.1 资金来源概述

建设项目投资的资金来源一般有以下几类:

1. 自有资金

自有资金,顾名思义就是自己拥有的资金,这是企业为进行生产经营活动所经常持有、能完全自行支配而不需偿还的资金。未来社区项目建设的自有资金,主要来自股东的投资、企业的内部积累、公积金、公益金及其他专用资金、财政拨款等。另外,在项目建设过程中,由于结算时间上的客观原因而经常地、有规律地占用的应付款,如应付税金、应交利润、预提费用等定额负债,在财务上亦视同为企业自有流动资金参加周转。

2. 借贷资金

借贷资金即企业向其他单位或个人借入的资金,工程建设领域最常见的是向银行或其他金融机构的贷款。借贷资金属于债务性资金,需要偿还并计算利息。

如果建设单位完全靠自有资金周转未来社区建设项目,就很难扩大项目的规模及提高自有资金的投资效益,还会由于资金量不足而使项目承担停工停建的风险。银行是最主要的借贷资金来源,银行贷款除了能弥补建设单位自身资金不足之外,也提高了自有资金的回报率,因为一般来说投资的内部收益率肯定大于贷款利率,其差额对于自有资金而言就是额外的回报。

借贷款项又分为短期借款和长期借款，前者是指偿还期限在 1 年以内及大于 1 年的一个经营期内的各种借款，后者是指偿还期限在 1 年以上及大于 1 年的一个经营期以上的各种借款。我国的房地产开发项目中，一般银行的资金占 60% 以上，定金及预收款中大部分又是银行对购买者发放的个人住房贷款。因此，未来社区项目即使得到政府的政策倾斜，其开发资金对银行的依赖程度仍然很大。

3. 政策红利和财政支持

《浙江省人民政府办公厅关于高质量加快推进未来社区试点建设工作的意见》（浙政办发〔2019〕60 号）是对未来社区试点项目政策和财政支持的最重要文件，其中的多条意见，例如"科学合理确定地块容积率、建筑限高等规划技术指标""公共立体绿化合理计入绿地率""架空空间和公共开敞空间、空中花园阳台的绿化部分不计入容积率""改造更新类试点项目对应土地出让收益，剔除上缴国家部分，其余全部用于支持试点项目建设""省财政出资，联合其他主体共同组建未来社区建设投资基金""鼓励给予试点社区实施主体房屋预售、按揭贷款等政策支持"等等，都可以直接或间接地转化为项目投资资金。

4. 合作开发

通过合作开发也是防范资金短缺风险的方式，即一家或数家有经济实力的投资者共同开发，充分发挥合作伙伴的各自优势，并由合作伙伴分别承担或筹集各自需要的资金，以分散和转移资金压力。

5. 预售

预售款是在住宅产品交付使用前，开发单位预先向购房者收取的购房款，可视为没有利息的资金注入，是房地产开发领域普遍采用的筹资方式。

预售可以提前获取资金，从而为后续投资需要做好准备，一方面可降低开发商占用大量自有资金给运营带来的压力，另一方面可减少贷款产生的利息支出和财务费用。同时，由于收入具有较大的流动性，利用收入进行项目开发灵活性更强，而且又可将部分市场风险转移给买方承担，所以对开发商而言是一举多得的好方式。但是政府对预售的管控也很严，预售必须满足许多条件，例如必须付清地价款（包括市政基础设施建设费、拆迁安置补偿费和土地使用权出让金），取得土地使用证和施工许可证，已完成工程建设总投资额的一定比例，配套设施已完成至一定比例，等等。在未来社区项目中，商品房预售许可证的取得还会与安置房的建设进度相挂钩。

6. 股票与债券

通过股票和债券等发行与流通来获取资金的金融活动，统称为证券融资。在发达国家，证券融资是房地产融资的主要方法。由于发行股票需要较长的时间，而且政策的严格管控也是上市一个很难逾越的门槛，所以房地产股票是远水解不了近渴，此处的证券融资主要指房地产债券。

房地产债券是政府或金融机构或房地产企业为了筹措房地产开发资金而向社会发行的借款信用凭证。在这里，债券的发行者是债务人，债券的购买者是债权人，债券持有人有权按照约定的期限和利率获得利息,并到期收回本金,但无权参加房地产企业的管理,也不对其经营状况承担责任或享受权益。

债券发行主体可分为政府、金融机构和企业。由政府向社会发行的债券称为政府债券,它是建立在以政府权力为基础的国家信用之上的,属于国家债券;由银行或其他金融机构为开发房地产而发放的债券称为房地产金融债券;由房地产企业发行的债券称为房地产企业债券,企业债券由于其用途、本息支付方式、发行条件等不同而分为许多种类别。在我国,房地产企业债券的发行要经各级人民银行批准,纳入金融信贷计划。

7. 信托

房地产资金信托,是指委托人基于对信托投资公司的信任,将自己合法拥有的资金委托给信托投资公司,由信托投资公司按委托人的意愿以自己的名义,为受益人的利益或特定目的,将资金投向房地产业并对其进行管理和处分的行为。这也是我国正大量采用的房地产融资方式。

8. 基金

房地产基金即私募股权,一般指专注于房地产领域的私募股权基金,是一种面向私有房地产资金进行并购或开发的投资模式。由房地产专业机构管理的房地产投资信托基金,在汇集众多投资者的资金后进行房地产投资。

15.2 投资咨询

15.2.1 市场调研

1. 目的

未来社区项目有多种多样的目标要求,因此市场调研也应该是多种多样的,服务于项目开发建设,表现为项目定位调研、政策调研、回迁安置调研等。调研人员应明确为什么要进行市场调研、通过调研要解决哪些问题、调研结果怎么用等问题,如果开始抓的问题就不够准确,会使以后一系列工作变得浪费。所以进行市场调研应首先明确调研目的,目的确定以后,市场调研就有了方向,不至于出现太大的过失。

2. 程序

市场调研是一项研究工作,具有系统性,必须遵循一定的程序与步骤才能取得可靠的一手资料,达到期望的效果。调研大致可以分为三个阶段,即准备阶段、实施阶段、分析和总结阶段。

1)准备阶段

巧妇难为无米之炊,资料就是"米",要保质保量完成调研这个"炊",资料必须准备充足。准备阶段的工作主要解决调研的目的、范围、规模、手段等问题。

(1)提出问题,明确调研的目标

房地产市场调研的任务是为投融资决策提供信息,帮助发现并管控投资风险。工作人员要牢记调研是为成功的投资而服务的,任何偏离主题的调研都不是有效的调研。

(2)初步情况分析和假设

问题提出后,要对已有的资料和信息作出大致判断,提出多个假设并从中进行筛选,从而框定调研边界。

(3)初步调研

研究搜集到的资料,与专业人士共同进行市场分析,向决策者作出汇报并进行讨论,明晰市场现状,细化和调整需要解决的问题。

(4)制定调研工作方案

调研工作方案是指在某项调研之前,对组织领导、人员分配、工作进度、费用预算等做出的安排,这是即将正式付诸实施的行动计划,它是为了调研有序进行而针对调研本身设计的,一般包括:

① 调研目的;

② 调研方法;

③ 调研范围;

④ 调研对象的选择和样本的规模;

⑤ 调研起止时间;

⑥ 调研项;

⑦ 分析预测方法;

⑧ 调研进度计划;

⑨ 调研经费;

⑩ 调研人员。

2)实施阶段

实施阶段主要工作是严格按照调研方案的要求,听取被访者的意见,系统地、有组织地、多途径地收集各种资料和数据。资料和数据有直接(或称"第一手")和间接(或称"第二手")之分。直接资料需进行实地考察,以问卷、访谈等方式获取。若直接资料尚不能满足调研要求,就需要寻找间接资料,如各类政策文件、研究报告、参考文献等。虽然如今互联网技术发达,但间接资料只依靠浅显的网络搜索往往不够可靠,需辅以深度挖掘和大量的可信性验证过程,方能评估资料的准确性。

3)分析和总结阶段

对收集的所有资料进行筛选,保留有效资料,然后进行分类归档和编辑加工,把散点状的资料有机地结合起来,然后开展整理、比较和综合分析活动,从而得出可信的结论。

得出结论后,就能撰写项目调研报告了。调研报告是市场调研活动的最终成果,需要突出重点、结论清晰、论据可靠,以方便决策者做出合理的决策。

3. 内容

未来社区项目虽然受到浙江省各级政府的强力推动,但本质上仍必须贴近市场,能够适应市场营销环境,方能得到长期生存和发展。事实上推进未来社区建设,政府要发挥引导作用，但不能大包大揽，必须坚持企业为主体、市场化运作。

市场营销环境从微观环境看包括投资方内部因素、营销中介、顾客、竞争者和公众等因素，从宏观环境看是由一些综合的社会约束力量所组成，包括人口、经济、自然、科技、政治、法律和文化等因素。市场调研要围绕着市场环境展开，调研的主要内容包括政治法律环境、经济环境、社会文化、宗地、竞争对手、产品价格、客户群、营销渠道等，然后对本项目产品进行定位分析。

未来社区是新生事物，所以需要特别重视政策风险管理，做好政治法律环境调研，要认真研究从国家到地方各级政府颁布的各项方针、政策、法令等，尤其要认真研究以"未来社区"为主题的专项政策，因为做未来社区项目必须适应这些政治法律环境，遵从政策的引导。其中，又以金融政策、土地政策、财政支持政策最为重要。

4. 方法

市场调研要根据调研的目的、对象和内容，结合项目进展状况和需要解决的问题进行有针对性的调研。通常采用的方法有文案调研法、问卷调研法、实地调研法、实验调研法，而且需分阶段、分层次，由浅入深，循序渐进。

1）文案调研法

文案调研法是指对已经存在的各种资料档案，以查阅和归纳的方式进行市场调研。文案调研法又称文献调研。文案资料来源很多，主要有：① 国际组织和政府机构资料；② 行业资料；③ 公开出版物；④ 相关企业和行业网站；⑤ 有关企业的内部资料。

2）问卷调研法

这种方法是调研人员以面访询问、电话询问、邮件询问、网上填表、邮寄问卷、小组座谈等方式，了解调研对象的行为方式，以被访者的答复作为调研资料依据，从而收集信息。问卷调研法是市场调研常用方法，尤其在消费者行为调研中大量应用，其核心工作是设计问卷，实施问卷调研。

3）实地调研法

此法是调研人员通过跟踪、记录调研对象的行为取得第一手资料的方法。这种方法是调研人员直接到市场或某些场所（商品展销会、商品博览会、商场等）亲身感受或借助于某些摄录设备和仪器，跟踪、记录调研对象的活动、行为和事物的特点，获取所需信息资料。常用于商铺调研、消费行为调研、销售现场调研、设备调研等方面。

4）实验调研法

该法是指调研人员在调研过程中，通过改变某些影响调研对象的因素，观察调研对象行为的变化，从而获得消费行为和某些因素之间的内在因果关系。该法主要用于消费行为的调研，企业推出新产品、改变产品外形和包装、调整产品价格、改变广告方式时，都可以用这种方法。例如，调查广告效果时，可选定一些消费者作为对象，对他们进行广告宣传，然后根据接受的效果来改进广告词语、声像等。又如，研究广告对销售的影响时，可在其他因素不变的情况下研究广告投放量的变化所造成销售量的变动，并将它和未进行广告宣传的区域进行比较。

15.2.2 财务分析

1. 租售收入

租售收入是资金来源之一,主要包括建筑产品的销售收入、租金收入、运营收入。它对项目收入预算很重要,却不复杂,并且对市场调研的依赖性很强,既然市场调研分析已经对价格作出了定位,那么租售收入用价格乘以数量即可得到。

测算租售收入时应注意可出售面积比例的变化对销售收入的影响,空置期(项目竣工后暂时找不到租户的时间)和出租率对租金收入的影响,以及由于规划设计的原因导致不能售出面积比例的增大对销售收入的影响。

用公式表达则为:

销售收入＝销售数量 × 销售价格

出租收入＝出租产品数量 × 单位租金 × 出租率。

但是必须引起重视的是,在测算租售收入估算之前,还应在项目投资策略和策划方案的基础上,制订切实可行的出售、出租、自营等计划,并且该计划应遵守政府有关房地产租售和经营的规定。房地产项目租售计划包括拟租售的房地产类型、时间和相应的数量、租售价格、租售收入及收款方式。租售类型和相应的数量,应在未来社区项目可供租售的类型、数量的基础上确定,并要考虑租售期内房地产市场可能发生的变化对租售数量的影响;租售价格则应根据项目自身特点确定,一般应选择在位置、规模、功能和档次等方面可参照的交易实例,通过对其成交价格的分析与修正后得到,在考虑政治、经济、社会等宏观环境对项目租售价格影响的同时,还应对当地市场供求状况进行分析,考虑已建成的、正在建设的以及潜在的竞争项目对本项目租售价格的影响。

租售收入是很大比例来自预租售。预租售是房地产类产品极为重要的市场行为,给开发运营带来极大好处,一方面降低自有资金的压力,另一方面可减少利息支出和财务费用,此外由于收入具有较大的流动性,所以利用收入进行项目开发灵活性更强。根据《浙江省人民政府办公厅关于高质量加快推进未来社区试点建设工作的意见》(浙政办发〔2019〕60号),"鼓励给予试点社区实施主体房屋预售、按揭贷款等政策支持",未来社区试点项目更可以充分利用政策红利,将此类收入更好地用于项目建设。

2. 运营收入

可持续运营是未来社区项目非常强调的,运营收入即项目建成后作为商业和服务业等经营活动的载体,通过综合性运营方式得到的收入。如邻里中心、创业空间、托幼养老等收入来自服务,将这些服务的价格与提供服务的产品数量相乘即为运营收入。在测算运营收入时,应充分考虑周边已有的商业和服务业设施可能产生的同质化竞争对本项目的影响,以及未来商业、服务业商场可能发生的变化对本项目的影响。

3. 资金投入

既然是投资咨询,那么当然需要知道这个项目究竟应该投入多少资金和什么时候投入这些资金。投资测算的方法在"资金平衡咨询"一章中有详细的介绍,本章中仅作概略描述。

1）土地费用

为取得项目建设用地而发生的费用，根据取得土地方式的不同可以分为土地拆迁费、出让土地的地价款、转让土地的土地转让费、租用土地的土地租用费、股东投资入股土地的投资折价。

2）前期工程费

项目前期规划、前期咨询、地质勘测、设计以及"N（N通常为三、五或七）通一平"等阶段的费用支出。

3）基础设施费

建筑物2m以外和项目用地规划红线以内的各种管线和道路工程的建设费用，包括但不限于供水、供电、供气、排污、绿化、道路、路灯、环卫设施等的建设费用。

4）建安工程费

该费用指建造房屋建筑物所发生的建筑工程费用、设备采购费用和安装工程费用等。

5）配套设施费

居住区内为居民服务配套建设的各种非营利性公共配套设施的建设费用，如幼儿园、小学、社区卫生中心、未来社区展厅、公共停车场、社区警务所、物业管理用房等。

6）开发间接费用

因项目建设现场组织管理所发生的各项费用。

7）管理费用

项目开发建设的管理部门为组织和管理项目的开发经营活动而发生的各项费用。

8）财务费用

为筹集资金而发生的各项费用，包括借款和债券利息、金融机构手续费、代理费、外汇汇兑净损失及其他财务费用。

9）销售费用

销售建筑产品过程中发生的各项费用以及专设销售机构的各项费用。

10）其他费用

包括临时用地费和临时建设费、工程质量监督费等，考虑到未来社区项目采用全过程工程咨询模式，所以工程造价咨询费、工程监理费不另计，但如果建设单位根据自身能力强弱勾选了较少的全过程工程咨询服务项，则非全过程工程咨询服务范围涵盖的内容应在此处考虑充分。

11）开发期税费

与投资项目有关的各种税金以及地方政府或有关部门征收的各项费用。

12）预备费

包括基本预备费、涨价预备费，按照一定比例计提。

那么什么时候投入资金？编制资金投入计划是解决这个问题的较好方法。资金投入计划的主要编制依据是项目的建设进度计划、工程承包合同中的工程成本预算、施工组织设计中关于人材机料的投入时间、工程款付款方式来分项计算。资金投入计划一般以表格形式体现，将上述各项费用列表并根据工程进度计划计算出每月或每季度的总费用支出，即为资金投入计划表。

4. 资金缺口

当收入与投入在计算期中同时展现以后，就可以对比各期发生的收支情况计算资金缺口，从而合理拟定融资计划。当然资金投入中已计财务费用，而此处又要根据资金缺口来拟定融资计划，看起来"自我嵌套"，逻辑不通，但实际上这是先假设预估值再进行迭代计算的过程，最终的误差能控制在可以接受的范围内，所以这样的方法在实践中被广泛应用。

15.2.3 资金运用

资金运用即是对筹措而来的资金进行合理地使用。资金运用中要考虑项目实施进度和筹资方案，并据此设定计划，然后按计划实施投资。资金计划应按期编制，编制时应考虑各种投资款项的付款特点，要考虑预收款、应付款、定金以及按工程进度中间结算付款等方式对计划的影响。

1. 资金计划

对资金的运用计划应编制"资金来源与运用表"，用以反映建设项目开发、经营各期的资金盈余或短缺情况，再据此选择资金筹措方案，并制定相应的借款及偿还计划。具体表式见表15-1。

资金来源与运用表（单位：万元） 表15-1

序号		项目	合计	1	2	……	N
1		资金来源					
	1.1	销售收入					
	1.2	出租收入					
	1.3	自营收入					
	1.4	自有资金					
	1.5	长期借款					
	1.6	短期借款					
	1.7	回收固定资产余值					
	1.8	回收经营资金					
	1.9	净转售收入					
2		资金运用					
	2.1	开发建设投资					
	2.2	经营资金					
	2.3	运营费用					
	2.4	修理费用					

续表

序号	项目	合计	1	2	……	N
2.5	经营税金及附加					
2.6	土地增值税					
2.7	所得税					
2.8	应付利润					
2.9	借款本金偿还					
2.10	借款利息支付					
3	盈余资金					
4	累计盈余资金					

2. 资金筹措

对资金的筹措计划应编制"投资计划与资金筹措表"。具体表式见表15-2。

投资计划与资金筹措表（单位：万元） 表15-2

序号	项目	合计	1	2	……	N
1	项目总投资					
1.1	开发建设投资					
1.2	建设期利息					
1.3	经营资金					
2	资金筹措					
2.1	资本金					
2.1.1	用于建设投资					
2.1.2	用于支付建设期利息					
2.1.3	用于经营资金					
2.2	借贷资金					
2.2.1	用于建设投资					
2.2.2	用于经营资金					
2.3	预售收入					
2.4	预租收入					
2.5	其他收入					

注："其他收入"指除租售收入之外的收入，如表15-1中的自营收入、净转售收入，以及未来社区建设所特有的政策补贴、返还费用等均可列入。

3. 贷款偿还计划

一般说来，工程建设项目必然涉及借款，那么就要对如何偿还借款制订计划，借款偿还计划的最长年限可以等于借款资金使用的最长年限，这里最重要的是对项目各种还款资金作出正确估算。借款偿还计划中应对还款资金来源、计算依据、还款时间及还款方式作出说明。借款的还本付息要按借贷双方事先商定的还款条件，如借款期、宽限期、还款期、利率、还款方式确定，方式一般有两种，即等额本金法和等额本息法。等额本金法，是偿还期内每期偿还相等的本金，利息将随欠款的逐期减少而减少；等额本息法，是偿还期内每期偿还的本金和利息都在变化，但二者相加之和始终保持固定。

与借款偿还相关的表格就是"借款偿还表"，其表式见表 15-3。

借款偿还表（单位：万元） 表 15-3

序号	项目	合计	1	2	……	N
1	借款还本付息					
1.1	期初借款本息累计 本金 利息					
1.2	本期借款					
1.3	本期应计利息					
1.4	本期还本					
1.5	本期付息					
2	借款偿还资金来源					
2.1	利润					
2.2	折旧费					
2.3	摊销费					
2.4	其他还款资金					

15.2.4 资金使用管理

资金筹措后，需要对其进行妥善管理，以规避资金风险，提高资金运用效率。资金使用管理咨询要考虑资金使用的风险及优化资金周转等问题，并且针对在资金使用过程中所面临的不确定因素提出加强资金链管理的合理建议。随着工程建设的逐步开展，资金也随之而产生变化。结合资金在工程建设过程中的变化，应注意以下问题：

1. 资本金问题

资本金问题主要包括以下几个方面：

（1）由于资金的时间价值形成的利息；

（2）风险的影响，如政策风险、市场风险、资源风险、技术风险、工程风险、外部协作风险等；

（3）当发生通货膨胀和汇率浮动时，货币贬值，资金所有者会把通货膨胀率考虑进去，以保持货币资金的实际价值；

（4）银行借款的成本率。

2. 优化使用周转资金问题

优化使用周转资金的具体优化方法如下：

（1）分期分年度办理银行保函和保险费；

（2）将工程初期准备费用单列项目，增加初期收入，可以缓和资金矛盾；

（3）根据工程进度，有选择地租赁施工用机械设备；

（4）材料设备付款方面，通过与供货商谈判交涉，可以设法减少材料及工程设备的物化资金占用或缩短占用资金；

（5）合法地向分包商转移资金压力。

3. 及时回收资金，减缓资金周转压力，提高资金效益

15.3 融资咨询

15.3.1 意义与要求

1. 意义

在物理学中，利用一根杠杆和一个支点，就能用很小的力量抬起很重的物体，财务杠杆形象化地借用了物理学中的杠杆原理，表示通过合理的资本结构，用相对较小的自有资金投入获取相对较大的收益。举例来说，假设用自有资金1亿元投资一个利润率10%的项目，能得到1000万元的利润，那么以5%的利率再借入1亿元投入同一个项目，则能得到2000万元的未计息利润，再减去1亿元借款产生的利息500万元（1亿元乘以5%），最终得到1500万元利润。前后比较，自有资金没变，而利润却从1000万增加到了1500万元，这500万就是财务杠杆所撬起的额外收益。财务杠杆也叫作融资杠杆。

由于建筑工程投资数额大，所以融资建设是普遍现象，分担了投资者资金不足的压力。但即使投资方具备雄厚的资金实力也不愿意完全占用自有资金，而是选择融资建设。这样做有两点好处：一是获取高额的自有资金收益；二是分散风险。

资金问题历来都是建设项目能否顺利启动和平稳完结的核心问题，解决资金问题的能力也就成了投资者核心竞争力的重要组成部分。未来社区是住宅类建设项目，要在竞争激烈的房地产市场中获得成功，除了取决于其技术能力、管理经验以及政府给予的政策红利以外，还取决于其筹集资金的能力和使用资金的本领。如果缺乏筹集资金的实际能力，不能先把建设资金安排妥当，那么结果很可能是流动资金拮据、周转困难，也就是常说的"资金链断裂"，从而导致项目失败。

金融机构也有融出其拥有资金的愿望，因为如果不能及时融出，就会由于通货膨胀的影响而贬值，又如果这些资金是通过吸收储蓄存款而汇集的，则还要垫付资金的利息。只有设法及时地将资金融出，才能避免由于资金闲置而造成的损失。当然，金融机构在融出资金时，要遵行流动性、安全性和营利性原则。

大型住宅类项目融资有以下三个特点：

1）融资规模大

大型住宅类项目由于货值而产生大量的资金要求，必须依靠大量信贷资金，这在前文中已有说明。尤其需要再强调一下的是，即使自有资金量充足，全部利用自有资金来投资

也是不明智的,不符合投资者利益最大化的要求。

2)偿还期较长

大型住宅类项目开发周期长,资金周转慢、回收期长。从选择地块到房屋竣工验收,直至出售(或出租)需3~5年,既大又复杂的项目则会更长。而且所开发的产品只有销售到一定数量后才能收回成本乃至利润。因此,要偿还通过各种融资渠道获得的资金,往往需要经历较长时间。

3)房地产资产缺乏流动性

资产的流动性是指在必要的时候,所投资资产转换成现金的能力,或者指所投资资产作为抵押品时交给债权人保管的难易程度。房地产作为不动产,在传统的资产形态下,属于一种缺乏流动性的资产。

2. 基本要求

融资的目的是使综合效益最佳,其基本要求主要表现在确定合理规模、降低融资成本、统筹考虑投融资和优化资金结构这几方面。

1)确定合理的融资规模

无论通过什么渠道、采取什么方式筹措资金,首先应该确定合理的资金需求量。融资固然要广开渠道,但必须有一个合理的界限。融资过多,会增加融资成本,影响资金的使用效果;融资过少,又会影响开发的规模和进展速度。在确定合理的融资规模时,要考虑项目的规模、生产周期、销售趋势。同时,还要根据开发项目对资金使用的时间要求,将全年的开发资金需求量合理分解为每季度、每月的需求量,以合理安排融资、投放和回收,加速资金的周转速度。

2)降低融资成本

融资成本是融资时所支付的一定代价,主要包括筹措费用和资金使用费。随着我国房地产金融市场体系的构建和不断深化,融资的渠道越来越广泛,融资的方式也越来越多样化,但不同的融资渠道方式有不同的融资成本。例如,债券融资的利息计入生产成本在税前支付,而股票融资的股息和红利须在税后利润中支付,这样就使股票融资的资金成本大大高于债券融资的资金成本。融资时,既要严格遵循国家的有关方针、政策和财政税务制度,选择合理的融资渠道,又必须精心测算融资成本。

3)统筹考虑投融资

融资不是单独行为,它与投资是紧密结合的有机整体,不能把融资和投资两个环节割裂开来。所谓的统筹考虑,就是首先确定有利的投资方向和明确的资金用途,然后选择融资的渠道和方式,计算融资成本,力求融资成本低而投资效益高,达到综合效益优先。

4)优化资金结构

财务杠杆固然能带来超额利润,但风险也随之增加,当资金结构不合适导致财务杠杆从正效应转变为负效应时,从而拉低收益甚至转为亏损。融资是负债经营,负债多少要与资本金有一个恰当的比例,即资金结构。优化资金结构是与自身的偿债能力相适应的,以偿债能力来决定负债多少，负债过多过少都不妥。负债过多，则会产生较大的财务风险，甚至由于丧失偿债能力而面临项目失败；负债过少，则会丧失投资获利的机会。

15.3.2 融资方案内容

融资方案的主要工作是在资本成本目标约束下选择融资模式、确定融资结构。成功的融资方案应当在各融资来源之间实现合理的风险分配，并且通过融资规模的调整和时间上的衔接，实现资本成本最小化。

融资方案的内容应包括以下几个方面：

（1）欲筹集资金的币种、数额。

（2）融资流量，即与资金投入和资金偿还要求相适应的不同时间内筹集资金和偿还资金的数量。

（3）资金来源构成，即各种融资方式所筹集的资金占总融资额的比重。

（4）融资风险分析及风险管理措施。融资风险是指融资过程中可能造成损失的不确定性，风险管理措施指对这些不确定性的应对，有风险回避、风险降低、风险转移、风险自留等具体策略。

（5）融资成本预算，即在融资过程中所必须支付的手续费、工本费、管理费等费用的估算。

（6）融资方法，即对直接融资或委托融资做出选择。直接融资是未来社区项目公司直接向潜在投资人筹集开发经营资金，如直接预售房屋收取购房款、直接发行股票、债券筹资等；委托融资则是委托银行、证券公司、信托投资公司等金融机构代理企业融资，如委托发行股票、债券等，以及向金融机构申请房地产开发贷款。

（7）明确融资的权利责任关系，安排融资工作各阶段的先后顺序，以及各阶段的具体目标、任务、时间、地点和负责人等。

15.3.3 资金成本

资金成本在融资分析时必须考虑，是筹集和使用资金所要付出的代价，如银行借款、发行债券要向债权人付利息，吸收投资、发行股票要向投资者分配利润、股利。当然，资金成本并不是选择融资方式所要考虑的唯一因素，各种融资方式使用期的长短、取得的难易、偿还的条件、限制的条款等也是重要因素，但资金成本是融资时最主要的分析对象。资金成本由资金占用费和资金筹集费两部分组成，即：

资金成本＝资金占用费＋资金筹集费

资金占用费是指使用资金过程中发生的向资金提供者支付的代价，包括支付资金提供者的无风险报酬和风险报酬两部分，如借款利息、债券利息、优先股股息、普通股红利及权益收益等。资金筹集费是指资金筹集过程中所发生的各种费用，包括律师费、资信评估费、公证费、证券印刷费、发行手续费、担保费、承诺费、银团贷款管理费等。

资金占用费与占用资金的数量、时间直接相关，可看作变动费用，而资金筹集费通常在筹集资金时一次性发生，与使用资金的时间无关，可看作固定费用。

资金成本通常以资金成本率来表示。资金成本率是指能使筹得的资金同融资期间及使用期间发生的各种费用（包括向资金提供者支付的各种代价）等值时的收益率或折现率。不同来源资金的资金成本率的计算方法不尽相同，但理论上均可用下列公式表示：

$$\sum_{t=0}^{n}\frac{F_t-C_t}{(1+i)^t}=0$$

式中　F_t——各年实际筹措资金流入额；

　　　C_t——各年实际资金筹集费和对资金提供者的各种付款，包括借款、债券等本金的偿还；

　　　i——资金成本率；

　　　n——资金占用期限。

1. 资金成本的作用

1）资金成本是选择融资方式、拟定融资方案的重要依据

在融资数额较大的情况下，往往通过多种融资方式的组合来实现，如吸收投资、发行股票、内部积累、银行借款、发行债券、融资租赁等，但不同的融资方式其资金成本是不同的，不同的资金结构其加权平均资金成本也是不同的。所谓的加权平均资金成本，是将融资方案中各种融资的资金成本以该融资额占总融资额的比例为权数加权平均，得到该融资方案的加权平均资金成本。即

$$I=\sum_{t=1}^{n}i_t\times f_t$$

式中　I——加权平均资金成本；

　　　i_t——第 t 种融资的资金成本；

　　　f_t——第 t 种融资的融资金额占融资方案总融资金额的比例，有 $\Sigma f_t=1$；

　　　n——各种融资类型的数目。

通常认为，负债资金的成本较低，权益资金的成本较高，但负债资金的财务风险较大，过多的负债资金不仅使权益资金的成本上升，而且使负债资金本身的成本也上升，从而导致加权平均资金成本上升。因而在融资方案的决策中，不仅要考虑个别资金成本，还要考虑融资的组合。

2）资金成本是评价投资项目可行性的主要经济标准

只有投资报酬率大于资金成本的投资项目才是可行的，否则将不能支付利息或者是投资者不能获得期望的最低投资报酬率。因此，对于是否投资，资金成本率将拥有"一票否决"的权力。

2. 资金成本计算方法

从总的分类来看，资金成本分为权益资金成本和债务资金成本，然后向下一级细分，权益资金成本可分为优先股资金成本和普通股资金成本，而债务资金成本则可分为借款资金成本、债券资金成本、融资租赁资金成本。以下分别叙述。

1）优先股资金成本

优先股的成本包括支付给优先股股东的股息及发行费用。优先股通常有固定的股息，用税后净利润支付，这一点与贷款、债券利息等的支付不同。此外，股票一般是不还本的，故可将它视为永续年金。设优先股的发行价格为 P，发行费用为 F，每年的优先股股利为 D_p，则优先股资金成本的计算公式为：

$$K_p = \frac{D_p}{P-F}$$

2）普通股资金成本

普通股资金成本可以按照股东要求的投资收益率确定。在咨询阶段，有三种方法进行估算，分别是资本资产定价模型法、税前债务成本加风险溢价法和股利增长模型法。

资本资产定价模型法：$K_s = R_f + \beta \cdot (R_m - R_f)$，即资金成本＝社会无风险投资收益率＋项目的投资风险系数×（市场投资组合预期收益率－社会无风险投资收益率）。我国的国债利率相对固定，所以一般把国债利率作为无风险投资收益率。

税前债务成本加风险溢价法：$K_s = K_b + RP_c$，即资金成本＝税前债务资金成本＋投资者比债权人承担更大风险所要求的风险溢价。风险溢价凭经验估计，一般认为在3%～5%，当市场利率达到历史性高点时，风险溢价较低，反之则较高，通常可采用4%的平均风险溢价。

股利增长模型法：$K_s = \frac{D_1}{P_0} + G$，即资金成本＝预期年股利额/普通股市价＋股利期望增长率，是依照股票投资的收益率不断提高的思路来计算普通股资金成本的方法。

3）借款资金成本

向以银行为代表的各类金融机构借款筹措资金时，应分析借款利率水平、利率计算方式（固定利率或者浮动利率）、计息（单利、复利）和付息方式，偿还期和宽限期，以及计算借款资金成本，并进行不同方案比选。

计算方法采用试算法，先用现金流量表示出借款期内各时点的现金收支，然后预估 i、计算、迭代、计算等数轮循环后，使期初净值等于0，此时的 i 即为借款资金成本。举例来说，假设期初向银行借款100万元，年固定利率6%，按年付息，期限3年，到期后一次还清借款，资金筹集费为贷款额的5%，那么现金流量如表15-4所示。

现金流量表　　　　　　　　　　　　　　　表15-4

		期初	第1年末	第2年末	第3年末
现金流入		100			
现金流出	本金				100
	利息		6	6	6
	资金筹集费	5			

计算得出 $i=7.94\%$ 时期初净值为0，则该笔借款的资金成本就是7.94%。

4）债券资金成本

债券的发行价格不一定完全等同于票面价格。发行价格可以是溢价发行，即发行价高于债券票面金额；可以是折价发行，即发行价低于债券票面金额；也可以是等价发行，即按债券票面金额的价格发行。之所以会出现三种方式，是因为调整发行价格可以平衡票面利率与购买债券收益之间的差距。债券资金成本的计算与借款资金成本的计算类似，不再赘述。

5）融资租赁资金成本

融资租赁是指出资方根据使用方的请求，与第三方（供货商）订立供货合同，根据此合同，出资方向供货商购买使用方选定的设备，同时出资方与使用方订立一项租赁合同，将设备出租给使用方，并向使用方收取一定的租金。采取融资租赁方式所支付的租赁费一般包括类似于借贷融资的资金占用费和对本金的分期偿还额，计算方法亦与借款资金成本的计算方法类似，不再赘述。

上述资金成本未考虑税的影响，而事实上借贷、债券等的筹资费用和利息支出均在缴纳所得税前支付，相较于股权投资，可以取得所得税抵减的好处。

15.3.4 选择融资方案

合理地选择资金来源及数量，能达到增加收益和弱化风险的目的，使在某种资金结构下财务杠杆的有利效应和不利效应取得合理平衡。投资建设项目，无法以某一固定的资本成本来筹措无限的资金，所以虽然增加低资金成本的资金比重会使加权平均后的综合资金成本降低，但当该种来源筹集的资金超过一定限度时，可能会使全部资金的综合资金成本反而上升。上升部分叫作资金边际成本。这是正常的市场现象，参照人工成本来举例，假设目前平均人工成本为每人10元，那么如果增加10个人，人工的边际成本可能是每人15元，如果增加100人，人工的边际成本是每人20元。出现这种现象是由于比较难找到愿意从事该项工作的工人所导致的。同样的观念用于筹集资本，企业想筹措更多的资金时每1元的成本也会上升。由于有边际资本成本的存在，最佳融资结构可以采用比较资金成本法进行判断，要求在适度的财务风险条件下，使预期的加权平均资金成本率最低，同时收益及项目价值最大。

运用比较资金成本法的步骤包括：① 确定融资目标；② 提出几个可行的融资方案；③ 确定各方案的资金结构；④ 计算各方案的加权资金成本；⑤ 通过比较，选择加权平均资金成本最低的结构为最优资金结构。

前文所述的融资其实是初始融资，在各种公式和步骤的指引下能作出科学的资金结构决策，但融资不仅限于初始融资，还包括追加融资，此时的资金结构决策会略为烦琐。因为追加融资使原有的资金结构需要进行调整，在不断变化中寻求新的最佳资金结构，以重新实现资金结构的最优化。按照最佳资金结构的要求，在适度财务风险的前提下，选择追加融资方案可以是直接测算各方案的边际资金成本率，从中比较选择最佳组合，也可以是分别将各备选追加融资方案与原有的最佳资金结构汇总，测算比较各个追加融资方案下汇总资金结构的加权资金成本率，从中比较选择最佳融资方案。

当然，选择融资方案时经济性是重要的考虑因素，但绝不是唯一的考虑因素，一般至少要对安全性、经济性和可行性进行综合比较分析。所谓综合，即按投资方各自的投资风格对安全性、经济性和可行性赋予不同的权重，然后分别考察各个融资方案，对各要素逐一评分，综合选择出安全性、经济性和可行性三项指标均令人满意的方案。也可以不评分只评级，各要素都从优到劣分成 A、B、C、D 四级，选择 AAA 级标准的融资方案为最佳融资决策方案。

第16章 建设条件单项咨询

根据未来社区试点建设项目开展全过程咨询服务的实际需求,本书列举了选址规划、可行性研究、环境影响评价、交通影响评价、节能评估、日照分析、社会风险评估、水土保持、考古勘探与文物保护、压覆矿产资源评估等 10 项常见单项咨询服务,全国不同省市地方有不同的需求,需要开展的单项咨询服务不限于此。

16.1 建设项目规划选址论证

16.1.1 建设项目规划选址论证的概念

建设项目的选址事关城乡规划的实施,是城乡规划管理的核心手段,重大建设项目更是对城市和区域发展产生深远影响。而科学合理的规划选址则是保证项目建设顺利进行,并取得良好的经济效益、社会效益和环境效益的重要条件。

建设项目规划选址论证应依据城乡规划有关法律法规、标准规范的要求,分析建设项目与城市长远发展、城市总体规划、专项规划的关系,论证项目选址是否符合风景名胜、历史文化和环境保护、公共安全和防灾减灾,坚持生态优先,保护耕地和永久基本农田,节约集约用地等要求。

建设项目涉及新增建设用地的,工程咨询方应开展用地论证,编制建设项目用地预审申请报告,并协助投资方申请办理建设项目用地预审与选址意见书。建设项目用地预审申请报告内容包括:拟建项目的基本情况、拟选址占地情况、拟用地是否符合土地利用总体规划、拟用地面积是否符合土地使用标准、拟用地是否符合供地政策等。

建设项目规划选址论证工作总体要求:既要综合考察项目拟建地区的资源环境、经济社会、城乡建设、土地利用、基础设施等建设条件及同类项目的建设情况,尽量做到使建设项目选址与区域经济社会发展阶段与水平、资源环境与基础设施条件相适应;又要考虑项目自身基本情况及选址要求,综合考量其建设过程及建成后可能对城市社会经济发展、功能布局、景观环境、城市交通、公共安全等方面产生的影响,以实现经济、社会、环境综合效益的最优化。

建设项目规划选址和用地预审论证报告,应以国土空间规划(包括现行土地利用总体规划、城乡规划)为依据,强化底线约束,坚持生态优先,保护耕地,节约集约用地,统筹考虑各类国土空间要素协同,注重建设项目的科学性、协同性和可实施性,并遵循以下原则：① 依法依规，严守底线；② 突出重点，注重实效；③ 因地制宜，分类指导；④ 多方参与，科学决策。

16.1.2 建设项目规划选址论证的咨询流程

1. 选址论证报告编制技术流程

建设项目规划选址论证报告编制首先要求掌握相关资料，包括现状基础资料及相关规划资料；同时通过场地实地调研，分析项目的自身建设要求和外部条件，核实选址方案是否符合相关城乡规划。在此基础上，就场地工程条件、用地条件、配套设施条件以及项目建设对景观环境、交通、公共安全、社会效应等方面可能会造成的影响进行选址合理性分析；并就此进行选址方案比选、论证，最终提出项目选址的合理方案、建设条件及其他建设性意见；如项目建设确需修改城乡规划的，须提出具体修改与完善建议和意见，并且必须先修改城乡规划，之后再重新进行论证报告编制。

在论证报告编制过程中，项目条件分析、规划符合性分析、选址合理性分析、选址方案的比较及结论四大内容应作为编制报告的重点。建设项目规划选址论证核心目的，是明确建设项目选址是否可行、合理；可行的前提条件是选址方案与相关规划相符合，选址方案场地条件与外部配套条件能够满足工程建设要求；而合理与否需要通过选址方案的比较予以明确。

论证报告编制完成后应进行专家论证评审，评审通过后须进行公示。依法经过论证、审查、公示并通过的选址论证报告，可以作为各级城乡规划主管部门作出行政许可的依据。对于因项目建设确需修改城乡规划的，各级城乡规划主管部门应及时依法开展修改相关城乡规划工作。

2. 选址合理性分析：标准与要求

1）工程建设适宜性分析

重点分析场地工程地质、水文地质条件及地震、洪水、地质灾害等情况是否适宜项目建设。具体分析包括地震设防烈度、岩土类型、地基承载力、地下水埋深、地下水腐蚀性、洪水淹没程度等内容以及是否压覆重要矿产资源。参照《城乡用地评定标准》，将建设项目工程地质适宜性条件划分为"不适宜""适宜性差""较适宜""适宜"四类。

2）设施配套分析

重点分析场地交通、供水、排水、供电、供热、供气等外部条件，以及生活服务设施配套情况能否满足项目要求建设项目所需的设施配套规模与布局要求，并应当符合城乡规划有关规定以及相关技术标准；对于不符合的重大建设工程，应先依法修改城乡规划再审核项目选址。

3）景观环境影响分析

重点分析建设项目对自然生态环境、景观和周边日照采光环境可能造成的影响，以及项目建成后，为保障该项目的权益，对周边后续建设项目的项目性质、开发强度等内容控制要求。

4）社会影响分析

重点分析项目建设过程中及建成后对社会公共利益、人民群众及直接关系人利益的影响，并就可能产生的社会问题提出防范和化解措施。涉及民生、社会发展的重大建设项目以及有可能在较大范围内对人民群众生产、生活造成影响的建设项目应另行委托咨询专题进行社会影响分析。

5）交通影响分析

重点分析项目建设期间及建成后，对城市或区域交通可能造成的影响程度。具体分析包括对建设项目产生的交通量进行初步预测；分析影响范围内建设项目的交通需求对各相关交通系统设施的影响；提出为减少交通影响项目自身改进措施以及可接受的外部交通设施改进建议。

原则上，建设项目产生的出行对周边路网带来的影响应在可接受的范围之内，造成的交通影响不应降低周边地区的交通服务水平。大型城市交通设施，或建设规模超过规定标准4倍的非交通设施性质建设项目，以及城乡规划主管部门或公安交通管理部门认为对城市交通有严重影响的其他建设项目必须在项目选址阶段进行交通影响分析。

6）历史文化影响分析

重点分析项目建设对历史文化名城（名镇、名村）、历史文化街区及文物保护单位、历史建筑、历史地段保护造成的影响。

原则上，选址应符合历史文化保护规划要求，项目建设不得影响历史文化名城、历史文化保护区的传统风貌与格局，不得破坏历史地段的完整。建设项目选址应当尽可能避开不可移动文物，因特殊情况不能避开的，对文物保护单位应当尽可能实施原址保护。

7）项目安全性分析

重点分析项目对城乡公共安全的影响，分析项目建设期间和建成后若遇紧急情况，是否会对环境安全产生不可逆转的危害。主要分析内容：建设项目对城乡公共服务、城市防灾、土地安全、生态安全、人身安全等公共安全可能存在的威胁；建设项目对机场净空、微波通道、军事设施保护及国家安全等特殊要求的影响；建设项目一旦发生事故对生态环境安全造成的危害程度。

8）建设用地需求分析

重点分析建设项目所需要的用地规模，确定拟选址地块的面积能否满足项目各项工程建设要求。同时，各类建设项目所需用地规模必须符合国家及各省规定的建设项目用地定额指标。

16.1.3 建设项目规划选址论证的要点

未来社区项目具有规模大、系统性强、投资大、专业化程度高等特点；同时，未来社区项目涉及面广、牵扯因素多，与整个区域系统具有复杂的关系，对实现区域系统平衡具有很大的作用。从以往的工程实践不难看出，建设项目选址不合理是造成城市空间结构失衡、交通拥挤以及区域环境污染和生态破坏的一个重要原因。所以，对于未来社区项目的选址，相关主管部门应组织进行深入的、多因素的、多层面的分析论证，根据建设项目选址的一般要求和选址区域的特殊条件，分析建设项目选址的经济和社会合理性、与区域系统的相容性以及与城市规划的相容性，最后提出建设项目选址的意见和选址建设的合理建议。

科学地讲，未来社区项目选址合理性分析不是一个简单的问题，只有综合环境效益、经济效益和社会效益等多方面加以分析论证，才能得出趋于正确合理的结论。同样，未来社区项目选址与城市规划的相容性分析也非常复杂，必须综合各方面因素进行分析论证，包括：未来社区项目选址对原有城市空间结构是否产生重大影响；未来社区项目选址对城市综合交通系统是否产生大的冲击；未来社区项目选址对城市景观和环境的影响；未来社区项目选址对城市建设和城市用地功能的影响。

根据关于未来社区项目选址若干政府指导文件的相关规定和对学术界相关的研究成果，结合对大型建设项目选址分析论证的经验和教训，除符合建设项目选址的一般要求外（包括用地基本要求、地理位置的要求、对交通运输的要求、对周围环境的要求等），未来社区项目选址符合城市规划的论证还应包括以下内容：未来社区项目选址是否符合城市规划关于城市发展战略、用地性质和建设等方面的要求；未来社区项目选址与周边用地的相容性分析，包括规划建设用地、交通用地、居住用地、农用地、水源保护地及其他特殊用地等；未来社区项目选址与城市电力、通信、交通、市政、防灾的衔接和协调性分析；未来社区项目选址与城市生活居住及公共服务设施的衔接和协调性分析；未来社区项目选址与城市环境保护、风景名胜区规划、文物古迹保护规划的协调性分析等。

16.2 建设项目可行性研究

16.2.1 建设项目可行性研究的概念与作用

建设项目可行性研究是指在投资决策前，对项目有关的社会、经济和技术等各方情况进行深入细致的调查研究，对各种可能拟定的建设方案和技术方案进行认真的技术分析与比较，对项目建成后的经济效益进行科学的预测和评价，并在此基础上综合研究、论证建设项目的技术先进性、适用性、可靠性、经济合理性、有利性及建设可能性、可行性，由此确定该项目是否投资以及如何投资，并为编制和审批设计任务书提供可靠依据的工作。建设项目可行性研究为项目决策部门对项目投资的最终决策提供科学依据，也是开展下一步工作的基础。

建设项目可行性研究的主要任务是按照国民经济长期规划和地区规划、行业规划的要求，对拟建项目进行投资方案规划、工程技术论证、社会与经济效果预测和组织机构分析，经过多方面的计算、分析、论证评价，为项目决策提供可靠的依据和建议。因此，项目可行性研究是保证建设项目以最少的投资耗费取得最佳经济效果的科学手段，也是实现建设项目在技术上先进、经济上合理和建设上可行的科学方法。

可行性研究的基本咨询工作步骤大致可以概括为：签订委托协议；组建工作小组；制定工作计划；市场调查与预测；方案编制与优化；项目评价；编写可行性研究报告；与委托单位交换意见。项目可行性研究一般包括：项目兴建的理由与目标；市场分析与预测；资源条件评价；建设规模与产品方案；场（厂）址选择；技术方案、设备方案和工程方案；原材料燃料供应；总图运输和公用与辅助工程；环境影响评价；劳动安全卫生与消防；组织机构与人力资源配置；项目实施进度；投资估算；融资方案；财务评价；国民经济评价；社会评价；风险分析；研究结论与建议。

可行性研究在前期工作中是决定整个项目综合效益的关键所在，其作用主要体现在以下几个方面：

（1）工程项目的可行性研究是确定项目是否进行投资的依据。社会主义市场经济投资体制的改革，把原由政府财政统一分配投资的体制变成了由国家、地方、企业和个人组成的多元投资格局，打破了由一个业主建设单位无偿使用的局面。因此，投资业主和国家审批机关主要根据可行性研究提供的评价结果，确定对此项目是否进行投资及如何进行投资。

（2）批准的可行性研究是项目建设单位筹措资金特别是向银行申请贷款或向国家申请补助资金的重要依据，也是其他投资者合资的理由根据。凡是应向银行贷款或申请国家补助资金的项目，必须向有关部门报送项目的可行性研究。银行或国家有关部门对可行性研究进行审查，并认定项目确实可行后，才同意贷款或进行资金补助。批准的可行性研究是项目建设单位向国土开发及土地管理部门申请建设用地的依据。可行性研究对拟建项目如何合理利用土地、如何达到环保标准提出了办法和措施，国土开发部门和土地管理部门可据此审查用地计划，办理土地使用手续。这些信息还可作为环保部门对项目进行环评，具体研究治理措施，签发项目建设许可文件的主要依据。

（3）可行性研究是编制项目初步设计的依据。初步设计是根据可行性研究对所要建设的项目规划出实际性的建设蓝图，即较详尽地规划出此项目的规模、产品方案、总体布置、工艺流程、设备选型、劳动定员、"三废"治理、建设工期、投资概算、技术经济指标等内容，并为下一步实施项目设计提出具体操作方案。初步设计不得违背可行性研究已经论证的原则。

（4）可行性研究是国家各级计划综合部门对固定资产投资实行调控管理及编制发展计划的重要依据。建设项目尤其是大中型项目考虑的因素多，涉及的范围广，投入的资金数额大，可能给全局和当地的近、远期经济生活带来深远的影响，因此，这些项目的可行性研究内容更加详细，可作为计划综合部门实际对固定资产投资调控管理和编制国民经济及社会发展计划的重要依据。

（5）可行性研究是项目建设单位拟定采用新技术、新设备计划及供需采购计划的依据。项目法人和项目主管部门可依据批准的可行性研究同国内或国外有关组织和生产业主签订项目所需的原材料、能源资源、运输、工程设施、工程发包、水电供应以及资金筹措等协议合同。项目建设单位还可依据可行性研究拟定的引进新技术和采购新设备的计划。

（6）可行性研究是编制设计任务书的重要依据，也是进行初步设计和工程建设管理工作的重要环节。可行性研究不仅对拟议中的项目进行系统分析和全面论证，判断项目是否可行，还要进行反复比较，寻求最佳建设方案，避免项目方案的多变造成人力、物力、财力的巨大浪费和时间的延误。这就需要严格项目建议书和可行性研究报告的审批制度，确保可行性研究报告的质量和深度。如果设计初期不能提出高质量的、切合实际的设计任务书，不能将建设意图用标准的技术术语表达出来，也就无法有效地控制设计全过程，最终将导致设计项目管理与施工出现问题。可行性研究中总的目标如果控制不好，设计过程朝令夕改，将会使设计者无所适从，顾此失彼，造成产品先天不足。因此，初步设计概算必须在可行性研究报告估算控制范围之内，初步设计未获批准，不得进入施工图设计阶段，重大设计变更必须报原批准机关审批。

（7）工程项目的建造成本很大程度上直接取决于可行性研究及设计。设计项目管理若能早一点介入工程建设中去替业主把关，在设计前期就对项目提出一些功能要求，设计中变更工作量就会减少，设计周期就会缩短。但是，如果设计任务书不完整，可行性研究报告深度不够，将会使设计者无从下手，其结果是设计图纸匆忙将就、草率交图，给施工和项目建设管理带来困难。

16.2.2 建设项目可行性研究的咨询流程

（1）确定项目概念、明确进行项目前期可行性研究的工作目标。即在每个阶段应具体引出或提出某一项目的名称。如在机会研究阶段必须根据潜在市场分析能提出满足需求的某一具体项目的名称，或在可行性研究阶段对拟投资某项目建议进行论证并对其可行性进行研究，又或在项目评估阶段对已有的可行性研究结果提出进行再评价等。这里恰当地提出一个合适的项目名称是问题的关键。

（2）界定项目的管理范围，进行范围管理。在可行性研究各环节所进行的项目管理，其范围一般应包括：① 开展此项研究的原因或背景说明；② 目标——分析或论证所提出的概念和主要的可交付成果，即项目建议书、（初步或详细）可行性研究报告和项目评估报告等载体形式；③ 对其中所涉及的每一具体内容范围做的定义，这是将来项目实施的重要基础。如在机会研究阶段，要形成的项目建议书能作为项目前期管理的基础性文件，主要研究的范围是从总体和宏观上对拟建项目考察其市场需求、建设的必要性、建设条件的可行性和获利的可能性，并做出对项目进行投资的建议和初步的设想，它是固定资产投资决策前对拟建项目做的轮廓设想（方案），可作为国家（地区或企业或投资者）选择投资项目的初步决策依据和开展进一步可行性分析的基础。而在初步或详细可行性研究阶段，编制可行性研究报告的目的和编制范围，从研究范围看一般可概括为四大部分：一是产品的市场调查和预测分析，这是可行性研究对机会分析中所建议项目进行论证的先决条件和前提，它决定了项目投资建设的必要性，是项目能否成立的最重要依据。二是物质技术方案和建设条件，从资源投入、厂址、技术、设备和生产组织等问题入手，这是可行性分析的技术基础，它决定了建设项目在技术上的可行性。三是对经济效果的分析和评价，说明项目在经济上的合理性和有益性，它是决定项目应否投资的关键，因此也是项目可行性研究的核心部分。此外，才是对涉及项目是否具有良好的社会和环境效益的分析评价。这些内容涉及的研究范围在初步和详细可行性研究两阶段都是一样的，只是研究深度的要求不同而已。可行性研究一般就是从以上四大方面来界定建设项目可行与否的范围，并通过进行优化分析来为项目投资决策最终提供科学依据的。

（3）可行性研究项目的时间管理。在此，主要是对前期研究不同阶段要完成的目标，按照实现成果的目标要求定义其活动的内容，进行时间排序和作出进度安排，并最后估算出活动历时。如为形成项目建议，拟定出项目的概念，初期首先要进行的就是有关投资机会的分析，其主要任务就是为解决机会缺口提出建设项目的投资方向和设想建议，为此常需进行一般机会分析和特定项目的机会分析。一般机会分析是分析项目机会选择的最初阶段，是项目投资者或经营者通过占有大量信息，并经分析比较，从错综纷繁的事务中鉴别发展机会，最终形成确切的项目发展方向或投资领域的过程（或称项目意向）。

按照可行性研究项目化管理的工作要求，结合前述范围管理的具体内容，可对一个完整项目的前期开展可行性研究工作的过程进行结构分解。最终，依据总项目、子项或主体工作任务、主要与次要工作任务及小工作任务或工作元素的项目分解工作步骤，以把复杂工作分解成多项具体任务，且分解后的任务具有可管理、可定量检查、可独立分配任务、任务间能显示联系、最底层的工作也有可比较性等的分解效果和目标。

（4）可行性研究项目的成本和费用管理。通常可行性研究项目的成本一般都可包含在该项目进行研究的全部费用中，在进行完项目后扣除成本的部分即是受托机构或从事研究人员的收益。而在实际进行研究的过程中则通常是由承担研究的机构或单位在与委托方签约的情况下通过先行垫付或预支部分费用来完成全部工作，并在最后提交被认可的报告后结算余款的。

（5）可行性研究项目的质量管理。为保证可行性研究成果的水平和效果，依据客观、真实、可靠和有前提原则的预测等要求，按照以委托方所关心的内容为核心，兼顾可行性研究应涉及的各方面内容的具体要求，通过制定必要的可行性研究内容标准，按不同阶段给出明确达到这些标准的时间与内容要求，在可行性研究的全过程里实施由全体从事该项目研究人员参加的、各参研人员责任不同的控制保证体制来达到提炼和完善地写出有最终高标准质量要求的可行性研究和评估报告。

（6）可行性研究项目的团队组织与人力资源管理。对一个具有一定投资规模的项目要系统地开展可行性研究的工作过程，不是某一具体的个人就能单独完成的项目管理任务。其成果的获得必然是以项目的团队组织形式取得的，并成功实施了有效人力资源管理的项目化管理成果。在该团队中，既有牵头协调承担核心管理责任的总负责人，也有按照专业和管理层次要求的不同参与研究的各方面专家。此外，对于大一些的承担该项目前期研究的机构，通常都是以矩阵制的项目组形式组成一个个的研究机构。

（7）其他管理内容和要求的说明。至于对可行性研究进行项目管理过程中时有涉及的项目风险与沟通管理以及对该研究项目的活动验收和评价等更具体的项目管理问题，相关的说明分析原理相同。

16.2.3　建设项目可行性研究的要点

1. 强化可行性研究报告质量

首先，未来社区作为创新实践理念，其可行性研究报告应具有先进性、前瞻性，包括重视在地性分析，充分调研项目所在区位、城市的各方面特点属性，为未来社区项目方案形成和功能实现提供依据，重视未来社区项目各个场景功能实现的可行性分析等。同时，可行性研究报告应当全面、清晰、有序、完整，对项目的必要性、可能性、可行性以及经济效益合理性的论证一定要明确，要进行客观、科学的分析与计算，预测未来社区项目合理建设规模，进行准确的评述与方案比选等工作。未来社区项目建设的必要性与可能性是建设项目的基础，而未来社区实施方案是建设条件。其次，环保和投资估算等必须可行，论证投资估算要合理，资金筹措渠道必须明确，符合有关规定与要求。再次，财务和国民经济等分析、评价方法要符合未来社区项目的相关标准，特别是基础数据要翔实无误。最后，风险分析要可靠，以应对项目存在的潜在风险并提出相应的对策。

2. 要严格遵守相关国家及行业标准

首先，国家、省级相关部门应制定、补充以及完善编制未来社区项目可行性研究报告的相关规章制度，要制定出符合我国未来社区发展实际情况，又与国际接轨的规章制度，以使可行性研究有法可依、有章可循，使之具有可操作性。其次，要认真地贯彻执行国家、省级制定的未来社区相关规定。要严格按照未来社区项目可行性研究的审批和建设程序开展工作。严把建设项目前期质量关，通过前馈控制，严格执行相关程序，切实地做好可行性研究。

3. 重视项目建设的周边经济环境分析

未来社区建设项目可以分为整合提升类、拆改结合类、拆除重建类、规划新建类、全域类等，可能涉及土地、矿产资源、水电供应、智慧化集成、生活休闲配套、"三废"综合利用、交通组织、能源利用、社区治理模式、教育配套、绿色建筑等多个方面，这些与周边经济环境相关的问题，在项目的可行性论证中，都要研究解决，避免"孤岛社区"的出现。

16.3　环境影响评价

16.3.1　环境影响评价的概念

环境是指影响人类生存和发展的各种天然的和经过人工改造的自然因素的总体，包括大气、水、海洋、土地、矿藏、森林、草原、野生生物、自然遗迹、人文遗迹、自然保护区、风景名胜区、城市和乡村等。环境有自然环境和社会环境之分。自然环境是社会环境的基础，社会环境又是自然环境的发展。

环境影响评价简称环评，英文缩写 EIA（Environment Impact Assessment），是指对规划和建设项目实施后可能造成的环境影响进行分析、预测和评估，提出预防或者减轻不良环境影响的对策和措施，进行跟踪监测的方法与制度。通俗说就是分析项目建成投产后可能对环境产生的影响，并提出污染防治对策和措施。

16.3.2 环境影响评价的咨询流程

环境影响评价工作一般分为三个阶段，即前期准备、调研和工作方案阶段，分析论证和预测评价阶段，环境影响评价文件编制阶段。

1. 前期准备、调研和工作方案

环境影响评价第一阶段，主要完成以下工作内容：接受环境影响评价委托后，首先是研究国家和地方有关环境保护的法律法规、政策、标准及相关规划等文件，确定环境影响评价文件类型。在研究相关技术文件和其他有关文件的基础上，进行初步的工程分析，同时开展初步的环境状况调查及公众意见调查。结合初步工程分析结果和环境现状资料，可以识别建设项目的环境影响因素，筛选主要的环境影响评价因子，明确评价重点和环境保护目标，确定环境影响评价的范围、评价工作等级和评价标准，最后制订工作方案。

2. 分析论证和预测评价阶段

环境影响评价第二阶段，主要工作是做进一步的工程分析，进行充分的环境现状调查、监测并开展环境质量现状评价，之后根据污染源和环境现状资料进行建设项目的环境影响预测，评价建设项目的环境影响，并开展公众意见调查。若建设项目需要进行多个厂址的比选，则需要对各个厂址分别进行预测和评价，并从环境保护角度推荐最佳厂址方案；如果对原选厂址得出了否定的结论，则需要对新选厂址重新进行环境影响评价。

3. 环境影响评价文件编制阶段

环境影响评价第三阶段，其主要工作是汇总、分析第二阶段工作所得的各种资料、数据，根据建设项目的环境影响、法律法规和标准等的要求以及公众的意愿，提出减少环境污染和生态影响的环境管理措施和工程措施。从环境保护的角度确定项目建设的可行性，给出评价结论和提出进一步减缓环境影响的建议，并最终完成环境影响报告书或报告表的编制。

16.3.3 环境影响评价的要点

未来社区建成投入使用后，其占地小区就成为居民区。因此，评价之中必须考虑和预测即将建成的小区的环境影响。有的小区开发项目占地面积较大，内部道路纵横，居住组团分为几个或十几个，内部环境质量应重点保护，在评价报告中需要拟建小区内部环境标准。

1. 建设期水环境影响分析

未来社区项目在建设期水环境影响主要来自施工废水和施工人员生活污水。

1）施工废水影响分析

施工废水主要包括建设期混凝土废水、泄漏的工程用水、混凝土保养废水，施工开挖过程和基础施工中产生的泥浆水、地下涌水或渗水，以及施工过程筑路材料、挖方、填方、遇暴雨冲刷产生的废水、路面养护废水等。由于这部分施工废水随季节有一定变化，水量较难估算，但这部分废水含大量泥沙，浑浊度高，若不处理任意排放，会造成周围水体污染。根据有关建筑工程文明施工管理规定，施工现场应当设置排水设施，保持排水畅通。施工过程中产生的污水、废浆和淤泥应当按照规定处置达标后排放，不得向自然水域排放。建设工程施工现场出入口应当设置车辆冲洗设施和排水、废浆沉淀设施。施工单位须在施工场地内设置沉淀池，混凝土废水、泥浆水、地下涌水或渗水收集经沉淀处理后，上清液作为场地洒水、车辆冲洗等使用，不排放，避免施工废水对周边水体产生的不利影响。

2）生活污水影响分析

未来社区建设项目在工程施工期有来自施工人员的生活污水，施工人员的生活污水若任其随地横流，污水将通过地表径流向周边低洼处浸流进入附近水体，将会严重影响周围水环境。所以在未来社区建设项目施工现场有必要安装排水管网，做到及时排放生活污水。

2. 建设期大气环境影响分析

对未来社区建设期而言，施工产生的扬尘主要集中在土建施工阶段，按起尘的原因可分为风力起尘和动力起尘。其中风力起尘主要是由于露天堆放的建材（如黄沙、水泥等）及裸露的施工区表层浮尘因天气干燥及大风，产生风力扬尘；而动力起尘，主要是建材的装卸过程中，由于外力而产生的尘粒再悬浮而造成，其中施工及装卸车辆造成扬尘最为严重。

需要采取有效的措施防止扬尘的产生，例如：文明施工，采取滞尘防护措施，施工现场应当设置围挡；建设工程应当使用预拌混凝土和预拌砂浆，需要使用散装水泥的，应当采取密闭防尘措施；建（构）筑物内建筑垃圾的清运应当采用相应容器或者管道运输，禁止凌空抛掷物料和建筑垃圾，减小其产生的扬尘污染等。

3. 建设期噪声环境影响分析

未来社区项目施工建设时场界噪声超标，项目的建设将对周边各敏感点声环境造成不同程度的影响。施工单位应严格执行《中华人民共和国噪声污染防治法》和《建筑施工场界环境噪声排放标准》GB 12523，尽可能采取有效的减噪措施，噪声较大的机械尽可能远离敏感点设置，并选取低噪声设备，合理安排施工时间，尽量减轻由于施工给周围环境带来的影响。

4. 建设期固体废物环境影响分析

建设期固体废物包括建筑垃圾、废弃土石方以及施工人员生活垃圾。对建设期间施工人员的生活垃圾，以及施工过程中丢弃的包装袋、废建材等建筑垃圾，建设单位应妥善安排收集，尽量回收再利用，剩余部分与生活垃圾由环卫部门统一处理。对于能利用的挖方应及时回填；对于不能利用的建筑垃圾若处置不当，会因扬尘、雨水冲淋等原因，引起对环境空气和水环境造成二次污染，对周围环境产生相当严重的不利影响。因此，从环境保护的角度看，对建筑废弃物的妥善处置十分重要。

5. 建设期生态环境影响分析

建设期间，堆土方应控制在企业用地范围之内；堆置过程中做好堆置坡度、高度的控制及位置的选择；临时堆置场应采取临时防护措施、排水措施，建议在堆场周围采用砖砌墙进行分隔和阻挡，场地四周临时开挖简易排水沟，临时排水设施应与永久性排水设施相结合，并及时维修和清理，保持其完好状态，使水流畅通不产生冲刷和淤塞，以防止降雨冲蚀，造成水土流失。

16.4 交通影响评价

16.4.1 交通影响评价的概念

交通影响分析是保证大型项目开发建设对象周边交通服务水平重要措施，是避免土地超强开发的规划控制措施。交通影响评价分为规划交通影响评价和建设项目交通影响评价。

（1）交通影响分析的主要内容至少包括：分析范围确定；现状交通分析；交通量预测；交通影响评价；改进措施；结论与建议。

（2）分析范围确定：分析范围应包括拟建项目对道路交通产生显著影响的区域。一般情况下，应选择拟建项目所在的由城市主干道围合的区域。对于需在立项阶段进行初步交通影响分析的项目和对交通影响较大的项目，分析范围应适当扩大。

一般来说，交通影响评价的侧重点应放在制定切合实际的改善措施以使建设项目对外部交通所产生的影响尽可能地减小，明确界定开发商对此影响所应承担义务两个方面。为使城市建设与交通协调发展，一方面应考虑新建或改建项目在路网交通流量自然增长的情况下对交通设施的影响；另一方面，又应具体分析这种影响在未来路网交通流量中所占的比例，使项目控制在合理的规模内，做到既能使交通设施承受这种影响，又不妨碍城市的发展和经济的增长。

16.4.2 交通影响评价的咨询流程

1. 确定启动阈值

需要根据项目启动阈值，确定评价年限、评价范围、评价日期和评价时段，对评价范围内主要交叉口和主要路段交通运行情况、公交线路分布情况、现状公交站点、现状轨道交通站点及路线分布情况、静态交通情况、现状慢行交通及现状交通组织情况等进行调查。

2. 明确规划条件

需要明确规划条件，根据项目及周边项目更新建设情况，确定交通影响评价年限内的新增交通需求及背景交通需求，并对交通影响程度进行评价分析。明确的相关规划条件，主要包括慢行、路网、公交、用地及轨道等。

3. 总结相关结论并提出建议

根据上述步骤得出交通影响评价结论，结论内容应该包括建设项目对城市道路的影响程度，对于建设项目中内部交通、出口及入口的位置和需要配套建设停车泊位的评价结果等。还应在交通影响评价中对建设项目提出建议，包括改善总图布局、可以接受的交通设施、需要分步实施的计划方案和相应的周边道路交通组织与管理要求等。

16.4.3 交通影响评价的要点

未来社区交通影响评价并指定交通改善方案应包括如下方面：

1. 机动车、非机动车停车场出入口分析

1）机动车停车库出入口位置

建筑工程配置的机动车停车场（库）出入口，应设在基地内部道路上，不宜直接与城市道路连接。

2）机动车停车库出入口数量

建筑工程配置的机动车停车场（库）的出入口车道及数量，应符合下列规定：

（1）停车泊位数小于或等于100辆时，应设置不少于1个双车道或2个单车道的出入口；

（2）停车泊位数大于100辆且小于或等于300辆时，应设置不少于1个双车道和1个单车道的出入口；

（3）停车泊位数大于300辆且小于或等于500辆时，应设置不少于2个双车道的出入口；

（4）停车泊位数超过500辆后，宜按每增减400辆增设1个双车道出入口加以累计；超过1300辆后，宜按每增减500辆增设1个双车道出入口加以累计。

3）非机动车停车库出入口数量

建筑工程配置的非机动车停车场（库）的出入口车道及数量，应符合下列规定：

当配建自行车停车场（库）车位数小于或等于300辆时，可设置1个出入口；当车位数大于300辆、小于或等于1200辆时，出入口不应少于2个；当车位数大于1200辆时，出入口不宜少于3个。

2. 交通总量预测与荷载能力分析

将项目交通量和非项目交通量叠加，得出交通总量，通过对比路段、交叉口等交通基础设施的流量、负荷度等技术指标，评价交通系统能否满足增长的交通需求。

3. 项目出入口与交通组织

项目进出城市道路的出入口的设置应使进出车辆安全、有效，尽量避免影响非项目交通,出入口的大小要满足服务车辆的大小和运行的要求。以此为标准评价现状出入口设计是否满足要求,并提出必要的合理化建议。

4. 停车设施供需平衡分析

项目要提供适当的停车位,满足项目产生的交通需要,并符合地区交通政策。

5. 交通安全

分析区域内有无事故多发地点,找出原因,并在规划设计上提出改进意见。项目的内部交通组织和外部出入口的设置要尽量减少与行人的冲突,从停车场和公共汽车站到建筑出入口的行人路线也要考虑安全问题。

16.5 节约能源分析

16.5.1 节能的概念

世界能源委员会1979年提出定义:采取技术上可行、经济上合理、环境和社会可接受的一切措施,来提高能源资源的利用效率。

节能就是应用技术上现实可靠、经济上可行合理、环境和社会都可以接受的方法,有效地利用能源,提高用能设备或工艺的能量利用效率。

随着社会的不断进步与科学技术的不断发展,人们越来越关心我们赖以生存的地球,世界上大多数国家也充分认识到了环境对我们人类发展的重要性。各国都在采取积极有效的措施改善环境,减少污染。这其中最为重要也是最为紧迫的问题就是能源问题,要从根本上解决能源问题,除了寻找新的能源,节能是关键的也是目前最直接有效的重要措施,在最近几年,通过努力,人们在节能技术的研究和产品开发上都取得了巨大的成果。

节能是指加强用能管理,采用技术上可行、经济上合理以及环境和社会可以承受的措施,减少从能源生产到消费各个环节中的损失和浪费,更加有效、合理地利用能源。其中,技术上可行是指在现有技术基础上可以实现;经济上合理就是要有一个合适的投入产出比;环境可以接受是指节能、还要减少对环境的污染,其指标要达到环保要求;社会可以接受是指不影响正常的生产与生活水平的提高;有效就是要降低能源的损失与浪费。

16.5.2 节能的咨询流程

(1)未来社区项目申报单位向能评机构提出合理的用能评估申请,并向节能评估机构提供可行性研究报告、项目节能方案及其他相关材料。

(2)能评机构根据相关政策组织专家对项目用能情况进行评估,编写能评报告书或能评报告表,并出具评估意见。评估意见应包括项目是否符合有关节能法规政策、用能总量及用能品种是否合理、能耗水平情况、节能设计规范性、单项节能工程情况等内容。

(3) 未来社区项目单位持节能评估报告到节能主管部门报审，填写《固定资产投资项目节能审查申请表》。节能评估审查实行分级管理，按照哪一级审批（核准、备案）、哪一级审查的原则实施。国家、省有关部门审批（核准、备案）的项目，按国家、省相关规定进行审查；市级审批（核准、备案）的项目，由市节能主管部门审查；区级审批（核准、备案）的项目，由区节能主管部门审查。固定资产投资项目单位，呈报申请书时，须提交下列材料：一是企业法人营业执照副本复印件；二是项目可行性研究报告或项目申请报告；三是固定资产投资项目节能评估报告；四是相关节能设计标准和规范；五是国家法律、法规和相关部门规定的其他材料。

(4) 节能主管部门组织专家组召开评审会对评估报告进行研讨论证，形成专家意见作为能评审查的重要依据。节能行政主管部门主要依据以下条件对项目节能评估文件进行审查：一是节能评估依据的法律、法规、标准、规范、政策等准确适用；二是节能评估文件的内容深度符合要求；三是项目用能分析客观准确，评估方法科学，评估结论正确；四是节能评估文件提出的措施建议合理可行。

(5) 节能主管部门出具审核意见。节能行政主管部门在收到固定资产投资项目节能评估报告书后5个工作日内、收节能评报告表3个工作日内形成节能审查意见，在收到节能登记表后的2个工作日内予以登记备案。特殊情况，不超过10个工作日。

16.5.3 节约能源的要点

1. 大力发展资源节约型材料

发展资源节约型建筑材料，首先要通过建筑企业对现有产品实行节省资源的措施，如降低单位产品原材料的消耗，提高产品的成品率；其次要充分利用回首资源，不仅可以减少环境污染和资源浪费，更重要的是实现经济、环境的可持续发展。

2. 大力发展能源节约型材料

发展能源节约型建筑材料，要发展节能型新型材料，如低辐射镀膜玻璃、太阳能发电材料、高性能保温隔热材料等。

3. 鼓励发展装配式建造理念

鼓励采用设计、部品构件生产、土建施工、设备安装和建筑装修一体化的工程总承包招标投标模式，现场作业采用装配式建造，较少浇筑作业，提高施工和运营效率。

4. 推动推动智能建造与新型建筑工业化协同发展

采用数字智能、节能环保、绿色装配式建筑等一大批技术落地应用发展，直接带动未来社区关联产业发展，也将推动城市治理理念和运营方式。

5. 打造未来低碳场景

打造多能协同低碳能源体系，构建社区综合能源系统，创新能源互联网、微电网技术利用，推广近零能耗建筑，建设"光伏建筑一体化＋储能"的供电系统、"热泵＋蓄冷储热"的集中供热（冷）系统，优化社区智慧电网、气网、水网和热网布局，实现零碳能源利用比例倍增。构建分类分级资源循环利用系统，打造海绵社区和节水社区，推进雨水和中水资源化利用。完善社区垃圾分类体系，提升垃圾收运系统功能，促进垃圾分类和资源回收体系"两网融合"、建筑垃圾资源化利用，打造花园式无废社区。创新互利共赢模式，引进一体化开发、投资、建设和运营的综合能源服务商，搭建综合能源智慧服务平台，实现投资者、用户和开发商互利共赢，有效降低能源使用成本。

16.6 日照分析

16.6.1 日照分析的概念

日照分析是指具有相关资质的专业技术部门利用计算机，采用分析软件，在指定日期进行模拟计算某一层建筑、高层建筑群对其北侧某一规划或保留地块的建筑、建筑部分层次的日照影响情况或日照时数情况。日照分析适用于拟建高层建筑。多层建筑不做日照分析，根据技术管理规定要求按日照间距控制。根据国家有关规范，应满足受遮挡居住建筑的居室在大寒日的有效日照不低于 2 小时。居室是指卧室、起居室（也称厅）。敬老院、老人公寓等特定的为老年人服务的设施，其居住空间不应低于冬至日 3 小时的日照标准。中小学教学楼的教学用房不低于冬至日 2 小时。医院病房楼的病房部分应满足冬至日不低于 2 小时的日照标准。满足以上日照要求时，即为日照不受影响。

16.6.2 日照分析的咨询流程

1. 规划策划阶段

本阶段为规划意向或规划策划，或为规划强排，尚无具体明晰的单体方案，多以线形或面域的形式体现日照时长，对应的日照时长标注在某高场地上。

2. 修建性详细规划、建筑单体方案阶段

本阶段规划基本定案，单体平面、建筑体量基本确定，需要分析拟规划及周边现状居住类建筑的日照情况，并作为下一步调整设计的依据和规划申报材料的重要组成部分。对建筑的每一个南向生活起居功能的外窗进行满窗口日照分析，对应日照时长及时段以彩色表格的形式列表注明。

3. 遮挡源分析

选择日照不满足的点、线位置，分析是遮挡建筑的高度原因还是间距原因导致的光线遮挡，为方案调整精准地找到方向，让规划方案调整事半功倍。

16.6.3 日照分析的要点

通过对未来社区建筑日照分析，可直观地得出建筑之间的相互影响情况。对计算结果进行分析，可以使地块中规划建筑的位置、建筑尺寸及层数更加合理，为居住区的规划审批工作提供依据，提高规划的管理水平。结合工作，对未来社区建筑日照分析要注意以下问题：

1. 拟建建筑建设对周边建筑日照标准的影响

在未来社区建设地块进行开发建设时，拟建建筑所在地块周边多为现状住宅小区和其他公共建筑并存现象，由于已建住宅楼的局部日照时数低于国家标准，结合方案进行分析有两种情况：

（1）通过对地块原有建筑进行部分拆除后，周边建筑日照时数大于国家标准或日照时数有所提高仍不满足国家标准；

（2）项目所在地块原为规划空地，现进行建设开发，周边现状建筑局部日照时数小于国家标准，建后日照时数因规划的影响日照时数降低。

在第一种情况时，对部分建筑拆除后，日照影响范围内的个别建筑日照时数会满足国家标准或提高日照时数的情况，这时就不能因为新建建筑的影响，使已经满足日照标准或日照时数得到提高的建筑日照时数再回到之前未对部分现状建筑进行拆除时的日照时数。

出现第二种情况时，按规定要求对新建建筑不能降低现状建筑的日照时数和日照标准。新建项目周边为低密度联排住宅时，此类住宅多为庭院式，而且层数为二层及以上。对这类的住宅进行独立的日照分析时有的建筑首层接近当地的日照标准，有的已经不能满足当地的日照标准。如果在其主体范围内有新建建筑特别是高层建筑时，这些住宅的首层日照时数就会受新建建筑的影响而达不到当地的日照标准。

2. 拟建建筑对相邻规划空地日照分析的处理方法

在进行未来社区项目建设时经常碰到相邻规划空地的情况，针对相邻地块的日照影响进行分析时，通常的做法是只要日照标准未超过相邻地块建筑退让线就认为日照满足要求，这样做的结果是相邻地块进行建设时在临近建筑退让线的建筑形式就有很多局限，因为临近建筑退让线位置的日照可用时数已经被用尽，所以在受影响地块拟建的建筑就不能有突出的结构形式对建筑自身造成遮挡。

在对规划项目临近空地进行日照分析时，可采用将镜像后的方案布置在规划空地进行综合分析。通过日照分析，得出计算结果，并将拟建方案或者相邻地块中的镜像方案中不能满足日照标准的进行整体或者局部调整，从而得到使拟建方案满足日照标准的最终方案，用这种方法可以对本方案进行日照时数的控制，也可以对相邻地块进行统筹规划，避免以后不必要的纠纷产生，有利于地块整体规划效果。

16.7 社会稳定性风险评估

16.7.1 稳定性风险评估的概念

社会稳定风险评估，是指与人民群众利益密切相关的重大决策、重要政策、重大改革措施、重大工程建设项目、与社会公共秩序相关的重大活动等重大事项在制定出台、组织实施或审批审核前，对可能影响社会稳定的因素开展系统的调查，科学的预测、分析和评估，制定风险应对策略和预案。为有效规避、预防、控制重大事项实施过程中可能产生的社会稳定风险，更好地确保重大事项顺利实施。

粗放阶段的社会稳定风险评估，指仅评估项目或政策等待评事项，是否具有可能引发群体事件的风险。

规范阶段的社会稳定风险评估，指在政策、项目、活动的制定或实施之前，通过全面科学地分析可能影响社会稳定的因素，预测其损害程度，预估责任主体的承受能力，进而综合评定风险等级。

精细阶段的社会稳定风险评估，指系统应用风险评估的科学方法，全面评估待评事项可能引发的社会稳定风险，客观预估责任主体和管理部门对社会稳定风险的内部控制和外部合作能力，科学预测相关利益群体的容忍度和社会负面影响，提前预设风险防范和矛盾化解的措施，进而确定该待评事项的当前风险等级，并形成循环。

16.7.2 稳定性风险评估的咨询流程

1. 制定评估方案

由评估主体对已确定的评估事项制定评估方案，明确具体要求和工作目标。

2. 组织调查论证

评估主体根据实际情况，将拟决策事项通过公告公示、走访群众、问卷调查、座谈会、听证会等多种形式，广泛征求意见，科学论证，预测、分析可能出现的不稳定因素。

3. 确定风险等级

对重大事项社会稳定风险划分为 A、B、C 三个等级。人民群众反映强烈，可能引发重大群体性事件的，评估为 A 级；人民群众反应较大，可能引发一般群体性事件的，评估为 B 级；部分人民群众意见有分歧的，可能引发个体矛盾纠纷的，评估为 C 级。评估为 A 级和 B 级的，评估主体要制定化解风险的工作预案。

4. 形成评估报告

在充分论证评估的基础上，评估主体就评估的事项、风险的分析、评估的结论、应对的措施编制社会稳定风险评估报告。

5. 集体研究审定

重大事项实施前必须经集体研究审定。评估主体将评估报告、化解风险工作预案提交至集体经会议审批，由会议集体研究视情况作出实施、暂缓实施或不实施的决定。对已批准实施的重大事项，评估主体要密切监控运行情况，及时调控风险、化解矛盾，确保重大事项顺利实施。

16.7.3 稳定性风险评估的要点

未来社区项目社会稳定性分析旨在分析预测项目可能产生的正面影响和负面影响：

1. 环境引发的风险

1) 施工期噪声影响

施工期间的噪声主要包括为机械噪声、施工作业噪声和施工车辆噪声。由于未来社区项目周边有村落，建设施工期自建筑材料运输车辆的发动机噪声、轮胎噪声和喇叭鸣笛噪声等均会对项目周边村民的生活产生一定程度的影响，尤其是夜间施工。

2）施工扬尘的影响

工程施工期间，运输的泥土通常堆放在施工现场，直至施工结束，长达数月。堆土裸露，以致车辆过往，满天尘土，使大气中悬浮颗粒物含量骤增，严重影响市容和景观，施工扬尘将使附近的建筑物、植物等蒙上厚厚的尘土，使邻近建筑普遍蒙上一层尘土，给区域环境的整洁带来许多麻烦。阴雨天气，由于雨水的冲刷以及车辆的碾压，使施工现场变得泥泞不堪，行人步履艰难。

项目施工过程中会对地形、植被、土壤结构等产生影响，弃土弃渣处理不当也会造成水土流失的现象。水土流失分为建设施工期和生产运行期两个时段，结合本工程具体情况，由于开挖、回填等原因，破坏了原有的地貌和植被，扰动土壤表土结构，降低土体抗蚀能力。开挖形成的大量废土弃于场地内，这些松散土极易随雨水流失。

2. 资金筹措引发的风险

目前国内存在重大项目因建设资金落实不到位，个别项目拖延支付工程款，使工程处于停工或半停工状态的情况。资金筹措引发的风险概率较低，影响程度较大，根据单因素风险等级判断方法，评估组认为资金筹措风险属于一般风险因素。

3. 交通影响引发的风险

1）施工期的交通影响

未来社区项目工程体量较大，施工期长，施工期将会对区域交通产生较严重的影响。

2）运营期的交通影响

未来社区项目规模较大，运营期必将吸引大量人口进入本区域，同时带动该区域商业发展，区域人流将随之增大，在节假日出行高峰期，对区域的道路将产生较大的交通压力。

4. 管理不当引发的风险

1）施工车辆管理不当

因施工影响道路的交通畅通，或施工车辆通行、建筑材料运输不文明、不科学，影响当地群众的生产生活引发矛盾。

2）施工人员管理不当

项目施工期间需大量外来施工人员，而外来施工人员生活习惯可能与当地群众不相同，且施工人员整体素质高低也大不相同，如果因此与当地群众沟通不畅，产生矛盾，可能影响本项目进展，进而引发风险。

3）施工不当

如果项目实施不当，容易引发地面沉降等现象会对周边建筑及道路等产生影响，引发不稳定因素。若地质勘查工作不到位，特别对地下建筑勘察不全面，将会影响工程方案的确定，不仅对实际施工缺乏指导作用，项目完工后也会存在安全隐患。

16.8 水土保持

16.8.1 水土保持的概念

水土保持是防治水土流失，保护、改良和合理利用水土资源，建立良好生态环境的工作。运用农、林、牧、水利等综合措施，如修筑梯田，实行等高耕作、带状种植，进行封山育林、植树种草，以及修筑谷坊、塘坝和开挖环山沟等，借以涵养水源，减少地表径流，增加地面覆盖，防止土壤侵蚀，促进农、林、牧、副业的全面发展。对于发展山丘区和风沙区的生产和建设，减免下游河床淤积、削减洪峰、保障水利设施的正常运行和保证交通运输、工矿建设、城镇安全，具有重大意义。

水土保持的作用对象不只是土地资源，还包括水资源。保持的内涵不只是保护，而且包括改良与合理利用。不能把水土保持理解为土壤保持、土壤保护，更不能将其等同于侵蚀土壤控制。水土保持是自然资源保育的主体。

水土保持是一项面广量大、复杂的系统工作，要全面测试分析评估其效益，确实不易。一般将水保效益分为经济、社会、生态三部分，对水少沙多的北方河流还增加一项拦泥效益。不同水保措施，不同地形地质条件下的单项效益，以便为水保评价提供依据；从土壤流失至进入干流之间各河段的水沙变化及其对周边的经济、社会、生态和人文的影响，以便了解输移过程，可能产生的负效益或不利影响，如对大小水库、坑塘、涝池的运用寿命，对河岸的冲刷破坏，对农作物沙压减产等。

开发建设项目水土保持验收包括水土保持方案编制、技术评估及行政验收三个环节。

开发建设不可避免地在一定范围内扰动地表，毁坏和压埋地表植被，产生呈松散裸露状态的固体废弃物，极易造成水土流失。水土流失则会降低土地产生能力，恶化环境，甚至会威胁到周围人们的生命安全。因此，在进行建设项目时，就必须完成水土保持方案的编制工作，并把开发建设项目和水土保持同时进行。

水土保持方案分为水土保持方案报告书和水土保持方案报告表。凡征占地面积在 $1hm^2$ 以上或者挖填土石方总量在 $10000m^3$ 以上的开发建设项目，应当编报水土保持方案报告书；其他开发建设项目应当编报水土保持方案报告表。

技术评估是水土保持设施验收的重要组成部分，是行政验收前进行的技术预验收。它是受建设单位的委托，代表水行政主管部门，对项目建设中水土保持设施的数量、质量、进度及水土保持效果等进行全面评估，直接为行政验收提供技术支撑，具有一定的行政延伸职能。

16.8.2 水土保持的咨询流程

在编制水土保持方案时，要依照国家关于《开发建设项目水土保持方案编报审批管理规定》《开发建设项目水土保持方案技术规范》等有关法律条例和技术规范来严格编写，并结合项目本身的情况,在对实际地类进行详细考察分析的基础上进行水土保持综合评价,有侧重地优化配置水土流失防治措施;根据水土流失治理措施面积规模与措施设计,进行水土流失治理工程投资概算和预期效益分析评估;再提出水土保持方案实施的保证措施。

开发建设项目水土保持设施验收技术评估的作用,一方面是行政验收的技术支持与确认,直接服务于行政验收,肩负着行政职责外延的责任;另一方面受建设单位委托,完成对建设单位在工程项目建设过程中实施的水土保持设施的数量、质量、进度及水土流失防治效果等方面进行确认和评定,承担咨询评估服务的角色。开发建设项目水土保持设施验收技术评估的主要工作内容包括:检查水土保持设施是否符合设计要求;施工质量、投资使用和管护责任落实情况;评价防治水土流失效果;对存在问题提出处理意见及建议等。

(1)评估准备工作。评估工作开展初期,应先熟悉水土保持方案及其批复、专项设计资料,了解设计的水土流失防治责任范围、水土流失防治措施体系及其设计标准、水土流失防治措施工程量和投资、水土流失防治目标等情况。

(2)水土流失防治责任范围评估。水土流失防治责任范围评估,主要包括对批复的水土流失防治责任范围、实际发生的水土流失防治责任范围进行界定,在此基础上对水土流失防治责任范围变化情况及其原因列表、分区详细说明,并就竣工验收后建设单位水土流失防治责任范围以及临时借地的水土流失防治责任范围分别进行说明。

(3)初次进场工作。初次进场需要对实际水土流失防治责任范围内的水土保持设施建设情况、水土流失防治效果是否满足主体工程和水土保持要求等进行全面评价。在此基础上,提出《竣工验收前需要解决和落实的主要措施及意见》,并组织建设单位及相关参建单位召开验收启动会。启动会上,技术评估单位应首先就水土保持设施验收工作的规定、程序及要求,其次就现场存在的问题、需要补充完善的措施及意见、建设单位计划验收时间、现场工作进度和质量要求、各相关单位需要完成的报告及工作等予以说明,安排好技术评估工作相衔接的各项工作。待工程实际水土流失防治责任范围内补充完成相关水土流失防治措施后,评估单位应及时复查补充措施的质量和水土流失防治效果。

(4)水土流失防治措施及其布局评价。评估工作需了解水土保持方案设计的水土流失防治措施及其布局,在实际过程中调整变化情况(尤其是设计变更)。包括调整具体部位,调整后的措施是否满足主体工程和水土保持要求,调整后的水土流失防治措施布局是否合理等几个方面。关于核实工程建设期间是否存在水土保持设计变更,如弃渣场、取料场等位置、占地范围调整情况,会引起部分水土保持措施尤其是工程防护、排水设施的调整,需要了解变更后的水土保持措施是否满足主体工程和水土保持要求,是否做过专项设计、向水行政主管部门备案等工作。

(5)水土保持措施工程量和投资情况评价。水土保持措施工程量和投资评价,从方案设计和实际完成两方面对比分析评价,并就工程量和投资变化情况和原因列表详细说明(主要从设计变更、措施局部调整、设计标准调整等方面进行分析评价),结合水土流失防治分区和项目水土保持工程划分的单位工程进行统计。

（6）水土保持措施质量评价。水土保持措施质量评价主要从施工监理（主体工程监理和水土保持专项监理）的工程质量验评资料和评估单位现场核查两方面入手。施工监理对工程的质量验评，从项目划分、中间材料试验、主要工序验收等各个环节，根据各行业不同要求，与《水土保持工程质量评定规程》所要求的项目划分及质量验评存在差异。现场核查主要包括工程措施、植物措施和临时工程等三部分水土保持措施实施情况和水土流失防治效果。

（7）水土保持效果评价。水土流失防治效果评价包括扰动土地整治率、水土流失总治理度、土壤流失控制比、拦渣率、林草植被恢复率、林草覆盖率等6项指标以及临时占地的土地生产力恢复情况，以及公众满意度调查。

（8）向水行政主管部门征求意见工作。评估工作开展前，评估单位应向项目涉及的各级水行政主管部门汇报，了解水行政主管部门对工程开展的水土保持监督检查工作情况、工程建设期间的水土流失问题、水土保持工作开展情况以及对技术评估工作的意见等。

工程现场满足水土保持要求、评估工作基本结束后，评估单位需要向水行政主管部门汇报技术评估工作并征求意见，并协助水行政主管部门完成竣工验收前的监督检查工作。省级水行政主管部门验收项目，需向省、市、县三级水行政主管部门汇报技术评估工作并征求意见。技术评估单位向验收主持单位汇报完毕并征得其同意后，告知建设单位向验收主持单位行文申请行政验收，技术评估工作基本完成，进入行政验收程序。

16.8.3 水土保持的要点

未来社区应以人为本，从自然布局、单体空间组合、房屋构造、自然能源的利用、绿化系统以及生活服务配套的设计都必须以改善及提高人的生态环境、生命质量为出发点和目标。在城镇化过程中的居住生态环境应注重绿化布局的层次、风格与建筑物要相互辉映；注重不同植物各方面的相互补充融合，例如，除普通草本植物外，注重观赏花木、阔叶乔木、食用果树、药用植物和芳香植物等的种植；同时注重发挥绿化在整个小区生态中其他更深层次的作用，如隔热、防风、防尘、防噪声、消除毒害物质、灭细菌病毒等，甚至从视觉感官和心理上消除精神疲劳等作用。而在房屋的建造上，则要考虑自然生态和社会生态的需要，注重节省能源，注重居住者对自然空间和人际交往的需求。另外，居住区的水环境也占着重要地位，在住宅内要有室内给水排水系统，以供给合格的用水和及时通畅的排水。住宅社区内要有室外给水排水系统、雨水系统。例如亲水型住宅，在社区内有景观水体以及水景等娱乐或观赏性水面。大面积的绿地及区内道路也需要用水来养护与浇洒。这些系统和设施是保证住宅社区有一个优美、清洁、舒适环境的重要物质条件。

工程建设中采用一系列水土保持工程措施，包括：① 主体工程中具有水保功能的工程措施：绿地、表土剥离和排水工程；② 生物措施：施工道路两旁栽植行道树进行绿化，绿化硬化区撒播草种；③临时措施：为防止施工时项目区的外部影响，采用临时挡板隔离；针对裸露土质坡面及松散的临时堆渣，采用塑料彩条布覆盖；针对施工道路进行洒水降尘和碎石防护处理；在施工道路两侧修筑临时排水沟以便及时排走汇积来水；修建沉砂池，污水先经沉砂池沉淀，进行初步处理后再排入市政管网。

常态化开展水土保持监测工作，掌握未来社区建设全过程的水土状况。施工期监测的目的是通过监测及时分析处理数据，掌握施工中的水土流失状况，反映工程施工水土流失的实际情况。自然恢复期的水土保持监测是利用对水土流失防治措施效果的监测，来了解水土流失的控制状态，做出相应的决策，改良水土保持措施；并且还可以验证水土保持方案实施后的水土保持效果，进而检验水土保持效益分析的准确度。

针对现有的未来社区整体提升类项目，采用海绵化改造措施，即以海绵城市理念为基础，在老城、旧城区等已建成区域，利用海绵设施改造硬化地表，实现提高城市抗雨洪灾害能力、有效利用雨水资源的目标。

16.9 考古勘探、发掘与文物保护

16.9.1 考古勘探、发掘与文物保护的概念

考古勘探是考古调查的重要手段之一。主要是通过钻探、物探等手段来了解、确认和研究文化遗存，并为考古发掘和文化遗产保护提供基础材料与依据。

考古发掘是指为了科学研究，经文物行政部门批准，根据发掘计划，对埋藏文物的地方、对古文化遗址、古墓葬进行调查、勘探和发现、挖掘文物的活动或工作。

建设工程文物保护，是指在建设工程范围内，进行文物考古调查、勘探、发掘以及对不可移动文物实施原址保护、迁移异地保护等活动。

随着现代化建设进程的不断加快，我国各种类型的工程建设以惊人的速度发展。这些工程建设项目为人民生活水平的提高提供了保障，同时造成的负面影响也在逐渐扩大，文物保护与工程建设的矛盾十分突出。文物资源具有稀缺性、脆弱性和不可再生性，一旦破坏就无法复原。在工程建设中保护、管理和利用好文物，对于维系中华民族血脉、弘扬优秀文化传统、推动人类文明进步和维护全球文化多样性具有重要作用。

16.9.2 考古勘探、发掘与文物保护的咨询流程

1. 文物影响评估

文物影响评估是由文物考古单位依据已掌握的资料，对建设项目涉及和影响区域内文物与建设工程的相互影响做出的分析评估，提出预防或者减轻不良影响的对策和措施，并在规划和建设过程、事后进行跟踪监测。《文物影响评估报告》的内容应包括：建设项目涉及和影响区域内已有文物普查资料成果，已公布为各级文物保护单位保护范围和建设控制地带的相关资料，对项目选址及设计方案的初步建议。

在工程建设的项目建议书阶段，由文物考古机构收集建设项目涉及和影响区域内文物分布情况，提出初步文物保护意见，报省级文物行政部门确认后向设计单位提交《文物影响评估报告》。其中，涉及省级以上文物保护单位的应报国家文物局。

2. 考古调查

考古调查是对建设项目涉及和影响区域进行专门的实地勘察，全面了解文物分布以及受影响情况。《文物调查工作报告》应由文字、图纸、照片等部分组成，必要时应附以表格说明。文字应包括调查时间、工作过程、主要收获、初步认识、文物保护建议等；图纸应包括建设项目地理位置图、文物点与建设项目的关系图、文物分布图等；照片应包括调查工作场景、重要文物点的现状、采集的文物标本等。

在工程建设的可行性研究阶段，由省级文物行政部门组织文物考古机构对建设项目涉及和影响区域进行专项考古调查，编制《文物调查工作报告》，报省级文物行政部门认可后提交设计单位或建设单位。

3. 考古勘探

考古勘探主要依据《文物调查工作报告》对建设项目涉及和影响区域内的已知文物点和有可能埋藏文物的地点进行考古钻探，查明地下文物分布状况。《考古勘探工作报告》由文字、图纸和照片等部分组成。文字内容应包括时间、地点、范围、面积、堆积深度、勘探结果、保护意见等；图纸包括文物点分布图、勘探平面图等；照片包括工作场景、遗迹、遗物等。

在工程建设的初步设计阶段，由省级文物行政部门组织具有考古勘探资质的单位，根据《文物调查工作报告》对建设项目涉及和影响区域有可能埋藏文物的地点进行勘探，向建设单位提交《考古勘探工作报告》，提交前应报省级文物行政部门备案。

4. 考古发掘

考古发掘是指确因工程建设需要，对无法避让的文物埋藏点进行的抢救性发掘，主要依据《考古勘探工作报告》和经批准的《考古发掘工作计划》进行，考古发掘工作开展前应制定文物保护预案。

考古发掘应严格按照《考古发掘管理办法》和《田野考古工作规程》进行，要充分运用现代科技手段开展多学科研究，尽可能提取更多的信息。要重视标本的采集、检测和鉴定工作。遇有重要发现，应及时报文物行政部门，并会同建设单位共同商定保护措施。

在工程实施前，由省级文物行政部门委托具有考古发掘资质的单位，依据《考古勘探工作报告》，编制考古发掘计划，经省级文物行政部门初步审查后报送国家文物局。考古发掘单位依据发掘计划与建设单位签订工作合同，填报考古发掘申请书，经批准后实施。如发掘计划发生变更，应及时上报。

5. 验收与评估

田野考古工作结束后，省级文物行政部门根据工程需要组织项目验收，并对工程建设项目进行评估。考古发掘单位应向建设单位提交《考古发掘工作报告》，并按规定填报考古发掘工作汇报表。

《考古发掘工作报告》应全面反映发掘工作的过程和主要收获。由文字、图纸和照片等部分组成：文字内容包括工程概况、发掘时间、地点、经过、重要发现、保护措施及建议等；图纸包括工程位置图、考古发掘地点与工程的位置关系图、考古发掘总平面图等；照片包括发掘地点地貌、发掘现场、重要遗迹遗物等。跨省区项目的《考古发掘工作报告》应抄报国家文物局。

考古发掘工作的验收应根据工程需要进行。考古发掘单位应书面提请省级文物行政部门组织专家会同建设单位进行考古工地验收。验收工作结束后应及时形成书面验收意见并反馈给被验收单位。验收内容应包括考古发掘证照、资质资格，考古发掘资料，《田野考古工作规程》执行情况，发掘计划执行情况、经费使用情况以及文物和人员安全情况等。

待考古工地验收工作结束后，省级文物行政部门应组织专家根据考古发掘结果，评估建设工程对文物的影响，研提对工程建设项目的意见。涉及全国重点文物保护单位和省级文物保护单位的，应报国家文物局。

6. 资料与文物移交

考古发掘报告编写完成后，考古发掘单位需将发掘资料和出土文物移交给省级以上文物行政部门指定的文物收藏单位。

所有考古发掘资料严禁长期由个人保管，应在田野发掘工作结束后按期移交本单位资料保管部门专门保管，在进行考古发掘资料整理工作时，可依据工作计划借阅相关资料。出土文物及标本应严格按照规定移交库房保管。

16.9.3　考古勘探、发掘与文物保护的要点

（1）进行大型基本建设工程，建设单位应当事先报请省、自治区、直辖市人民政府文物行政部门组织从事考古发掘的单位在工程范围内有可能埋藏文物的地方进行考古调查、勘探。确因建设工期紧迫或者有自然破坏危险，对古文化遗址、古墓葬急需进行抢救发掘的，由省、自治区、直辖市人民政府文物行政部门组织发掘，并同时补办审批手续。

（2）文物考古勘探可以同有关建设工程的前期地质勘查相结合。建设工程范围内已进行过文物考古调查、勘探的，不再重复进行。

（3）《历史文化名城名镇名村保护条例》（国务院令第524号）第二十八条，在历史文化街区、名镇、名村核心保护范围内，不得进行新建、扩建活动。但是新建、扩建必要的基础设施和公共服务设施除外。在历史文化街区、名镇、名村核心保护范围内，新建、扩建必要的基础设施和公共服务设施的，城市、县人民政府城乡规划主管部门核发建设工程规划许可证、乡村建设规划许可证前，应当征求同级文物主管部门的意见。

（4）施工过程中发现文物或有考古、地质研究价值的物品时，一般是发现土质、土层颜色改变，也就是有回填土时，就要考虑当地可能有文物，应暂停施工，封闭现场，防止文物被损坏或流散。同时应尽快通知业主和当地有关文物管理部门，对文物进行

保护。

（5）建设工程文物保护措施一般有以下几种：① 线路绕避保护技术，尽可能使文物与工程建设互不干涉，是本质安全型文物建筑保护技术。② 原址保护技术，可以最大限度地保证文物建筑的原状性，但对于建设工程来讲，采用原址保护技术，对工程施工的影响也是最大的。③ 移位保护技术，从文物保护的角度考虑，一般需要将文物的原状基础分离，只是保护了文物基础以上的建筑结构，实际上已经影响到了文物的完整性，但总体来讲，还是尽可能地保证了文物的原状。④ 近距离移位保护技术，需要现场具备移位通道和移位新址，整体搬迁技术，对建筑物的整体性要求较高，同时受远距离运输的路径、通道障碍物、运输车辆等限制，对建筑物的体积和总重也有一定的限制。⑤ 保护性拆除重建技术，从文物保护的角度考虑，对文物价值的影响是最大的，一般不得采用。

16.10　压覆矿产资源评估

16.10.1　压覆矿产资源评估的概念

压覆矿产资源是指因建设项目实施后导致矿产资源不能开发利用，但是建设项目与矿区范围重叠而不影响矿产资源正常开采的，不做压覆处理。

重要矿产资源指国家规划矿区、对国民经济具有重要价值的矿区和《矿产资源开采登记管理办法》附录中的 34 个矿种的矿产资源储量规模在中型以上的矿产资源。除以上情形以外的矿产资源为非重要矿产资源。

根据我国《矿产资源法》以及《国土资源部关于进一步做好建设项目压覆重要矿产资源审批管理工作的通知》（国土资发〔2010〕137 号文）的有关规定，在建设项目选址前，建设单位应向省级国土资源行政主管部门查询拟建项目所在地区的矿产资源规划、矿产资源分布和矿业权设置情况。对不压覆重要矿产资源的建设项目，由省级国土资源行政主管部门出具未压覆重要矿产资源的证明；对确需压覆重要矿产资源的建设项目，建设单位应根据确定的建设项目压覆重要矿产资源的范围，委托具有相应地质勘查资质的单位开展建设项目压覆重要矿产资源评估工作。

压覆矿产资源评估就是通过野外地质调查、地质填图、调查访问、收集有关地质资料，基本查明建设用地范围内是否压覆矿产资源，对有矿权设置的按照国家规定进行矿权分割及压覆矿产资源储量登记，并对其经济意义和潜在价值作出评估，为业主征地选址及政府部门决策提供依据。

在压覆矿产资源评估中，建设用地范围是评估基础和主要依据；保护范围是确定压覆范围的关键，与项目重要等级有关。评估范围又与评估区影响和压覆的矿产种类有关，一般根据各地区的实际情况来确定；压覆范围则根据实际压覆情况或影响确定的，需利用实际压覆矿区的矿种和基本参数计算得出。

16.10.2 压覆矿产资源评估的原则与要点

1. 评估原则

（1）压覆矿产资源系指在当前技术经济条件下，因建设项目或规划项目实施后，导致已查明的矿产资源不能开发利用。对于建设项目用地范围虽与矿区范围重叠但不影响矿产资源正常勘查开采的，则不做压覆处理。

（2）《矿产资源开采登记管理办法》附录中 34 个矿种的资源/储量规模达小型以下及附录以外的其他矿产资源，为非重要矿产资源。

（3）评估区内分布广泛且未进行地质勘察的矿产地或无探矿权、采矿权设置的一般性矿产资源，如砂岩、泥岩、石灰岩可不视为压覆矿产资源。

（4）对地下开采矿产资源，以建设项目建筑物保护边界为准，向下按垂直剖面法圈定出压覆矿产资源的范围。在该范围线以内的、有采矿权设置的矿产，作为压覆矿产资源进行评价；对于已取得探矿权并已进行了探矿工作且提交了矿产资源估算成果报告的矿产资源，作为压覆矿产予以估算；对虽已取得探矿权，但探矿工作尚未实施或正在实施中但目前尚未取得可靠的矿层厚度、矿石质量等指标的矿产资源，不对其压覆资源量作评估计算。

（5）对于露天开采矿山，主要考虑放炮震动对输电线路的不利影响，以输电线路两侧，外推 15m 作为围护带，然后以围护带范围按放炮震动最大水平影响距离再向两侧外推出安全范围，在该范围以内分布的露天矿山确定为压覆矿山，该范围以外视为未压覆矿山。其次，考虑露天矿山开采可能引起岩土体整体滑动，建设项目及围护带位于开采引起的滑动范围以内的露天矿山确定为压覆矿山，处在该范围以外则视为未压覆矿山。

（6）压覆资源的最低估算标高主要依据已取得的探矿权证或采矿权计算矿层储量的最低标高为准，以下不再估算压覆矿产资源量。

2. 工作要点

1）评估范围的确定

评估范围的确定是为了查明建设项目用地范围及周边矿产资源分布情况，保护建设项目的安全，做到在开展建设项目压覆矿产资源评估时不少评、漏评，原则上建议建筑物（构筑物）保护等级为特级的按照用地边界外推 1000m 开展压覆矿产资源核查，保护等级为Ⅰ级的按照用地边界外推 500m 开展压覆矿产资源核查，保护等级为Ⅱ级（含Ⅱ级）以下的按照用地边界外推 300m 开展压覆矿产资源核查。

2）建设项目保护等级和围护带宽度的选择

根据《建筑物、水体、铁路及主要井巷煤柱留设与压煤开采规范》，按建设项目的用途、重要性以及受开采影响引起的不同后果，将矿区范围内的地面建设项目保护等级划分为五级，即：特级、Ⅰ级、Ⅱ级、Ⅲ级、Ⅳ级。建设项目受护范围应当包括受护对象及其围护带，围护带宽度必须根据受护对象的保护等级确定。

3）矿产资源开采方式

根据矿产资源赋存状态和埋藏条件，一般矿产资源矿山开采方式有地下开采、露天开采和抽采三种方式。所以在开展建设项目压覆矿产资源评估时按照矿山开采方式分类进行评估。

4）压覆范围的确定

根据建设项目的保护等级，结合矿产资源赋存条件和矿山开采方式来确定评估方法和压覆范围，其确定依据为《煤矿采空区岩土工程勘察规范》GB 51044—2014 和《建筑物、水体、铁路及主要井巷煤柱留设与压煤开采规范》。

第 4 篇

工程建设专项咨询

　　《浙江省未来社区试点建设全过程工程咨询服务指南（试行）》所指的"1＋N＋X"方式组织中，"X"为工程建设专项咨询，是土地供应后未来社区试点建设可能涉及的、以单个赋码项目为主体的各类咨询服务事项。包括但不限于项目报审咨询、工程勘察咨询、工程设计咨询、招标（采购）咨询、工程造价咨询、工程监理与施工项目管理。

　　未来社区项目在建设程序与实施阶段方面有决策阶段、招标采购阶段、勘察设计阶段、竣工验收和移交阶段、运营维护阶段等，全过程工程咨询单位在开展具体工作时，要根据未来项目的实际特点有针对性地进行策划并组织实施。

第17章　工程项目管理

建设工程项目管理是运用系统的理论和方法，对建设工程项目进行的计划、组织、指挥、协调和控制等专业化活动，简称项目管理。它包括但不仅限于项目前期管理、项目勘察设计管理、招标采购管理、项目进度管理、投资管理、信息管理、项目竣工验收及移交管理、项目运营管理等内容。

17.1　未来社区项目前期报审咨询

未来社区项目前期报审咨询是指根据赋码项目需要，按照国家、省市地方有关规定开展项目建议书、可行性研究报告、项目申请报告、资金申请报告等咨询服务。

17.1.1　未来社区项目前期工作特点分析

（1）未来社区项目需要编制试点申报方案和实施方案，在实施方案编制期间，试点实施单元地块征迁收储、规划修改、资金平衡细化等前期工作需同步进行。

（2）实施方案评估通过后，需依法供应土地。土地供应前应完成宗地征拆收储、规划调整以及实施方案确定等前期工作。

（3）未来社区项目鼓励采用土地"带方案"公开出让，试点名单公布前已获得国有建设用地使用权的，其上建设、运营均要符合评估通过的实施方案。

（4）未来社区项目前期工作时间紧、任务重。因为未来社区试点要在名单公布后一年内全面开工建设，未能按期全面开工建设的，降格为培育对象，给予一年整改期，整改期内全面开工建设后重新列入试点建设名单，仍未全面开工建设的，将从试点建设名单中予以取消或除名。

（5）未来社区项目设计周期较短，报批报建工作进度与设计进展相辅相成，需要制定周密的报建工作计划，并与设计进度总控计划相互支持，必要情况下需穿插推进。

（6）需要充分熟悉相关省、市报建流程规定以及省、市、区级相关行政审批部门关于行政审批改革最新规定，重新梳理报批报建工作内在的逻辑关系，据此指导项目报批报建工作。

（7）报批报建工作专业要求高，报建人员需要对当地政策法规、规划、消防、人防、环保等均应具备相应的专业知识，方能保证报建过程中能与各级主管部门直接协调、沟通。

（8）报批报建工作审查审批时间不确定性大，关联单位较多，同时报建成果又与项目进展紧密关联，故报建人员跟踪意识及责任心、主观能动性均要求较高。

（9）报批报建过程中，各类报建成果文件需要设计院、专项咨询服务单位提供，各类手续文件、报告需要使用单位或建设单位配合出具，对报建人员的组织协调能力及考虑问题的前瞻性提出较高的要求。

（10）项目报批报建流程较长，贯穿于项目的整个建设周期，牵扯的部门多、人员广，成果文件关联性强，对成果文件的归档备份要求高。

（11）项目报批报建工作事关基本建设程序是否合法合规，对项目建设推进进度的重要性不言而喻。

17.1.2 项目前期工作流程

本工程先后取得的主要批复有：比选确定申报地块、试点批复和公布、实施方案批复、土地出让/划拨、县（市、区）人民政府与建设主体签订创建协议、建设用地规划许可证、国有土地使用证、建筑工程施工许可证等，具体推进流程如图17-1所示。

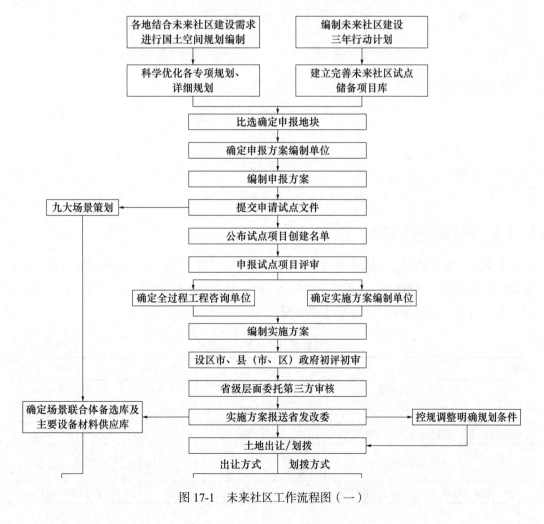

图17-1 未来社区工作流程图（一）

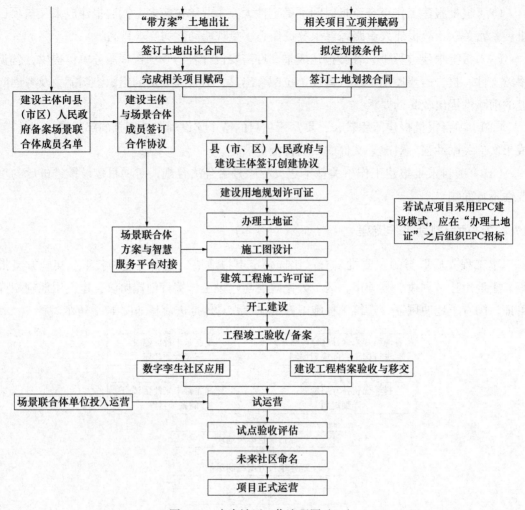

图 17-1 未来社区工作流程图（二）

17.1.3 项目报审具体工作

未来项目报审工作分为六个阶段进行，具体包括项目立项阶段、土地权证阶段、规划及设计阶段、施工准备阶段、房屋预售阶段、竣工验收及运营阶段。报批报建工作内容详情见表 17-1，每项审批具体办事要求本书略。

未来社区项目审批事项目录表　　　　表 17-1

序号	事项名称	实施机构	办理时限	办理阶段
1	试点项目创建批复	省发展改革委	3个月	项目立项阶段
2	实施方案编制和评审	实施主体	6个月	项目立项阶段
3	改造更新类试点实施方案编制和评审	实施主体	12个月	项目立项阶段
4	实施方案评估	省发展改革委委托第三方，会同地方规划等部门	20个工作日	项目立项阶段
5	划拨土地决定书或土地"招拍挂"	规划国土部门	15个工作日	土地权证阶段

续表

序号	事项名称	实施机构	办理时限	办理阶段
6	签订土地使用权出让合同	规划国土部门	10个工作日	土地权证阶段
7	土地使用权初始登记	规划国土部门	90个工作日（含公告期）	土地权证阶段
8	用地红线放点	规划国土部门	5个工作日	土地权证阶段
9	用地地界测量放点	规划国土部门	15个工作日	土地权证阶段
10	规划设计方案审查	规划局	20个工作日	规划及设计阶段
11	建设工程规划许可证核发	规划局	5个工作日	规划及设计阶段
12	建筑方案设计审查	发展改革委、规划局	10个工作日	规划及设计阶段
13	人防设计审查	人防办	25个工作日	规划及设计阶段
14	防雷设计审查	气象局	20个工作日	规划及设计阶段
15	施工图审查	施工图设计审查中心（初审和复审）	20个工作日	施工准备阶段
16	开发经营许可证	开发局	15个工作日	施工准备阶段
17	质量监督备案	工程质量监督机构	2个工作日	施工准备阶段
18	安全监督备案	工程质量监督机构	2个工作日	施工准备阶段
19	建设工程施工许可证	住房和建设局	20个工作日	施工准备阶段
20	外立面方案规划审批审查	规划局	10个工作日	施工阶段
21	环境工程施工图审查	环保局	10个工作日	施工阶段
22	房屋预售面积测量及备案	房地产交易中心测绘处	7个工作日	房屋预售阶段
23	预售证办理	房产管理部门	7个工作日	房屋预售阶段
24	规划管理验收	规划局	10个工作日	竣工验收及运营阶段
25	建设工程竣工验收	住房和建设局	10个工作日	竣工验收及运营阶段
26	城建档案验收	城建档案馆	5个工作日	竣工验收及运营阶段
27	房屋产权办理	国土资源和房屋管理局	5个工作日	竣工验收及运营阶段
28	未来社区项目试运营	场景联合体单位	3个月	竣工验收及运营阶段
29	未来社区项目试点验收评估	省发展改革委	5个工作日	竣工验收及运营阶段
30	未来社区命名	省发展改革委	2个工作日	竣工验收及运营阶段

17.2 工程勘察咨询

未来社区项目工程勘察咨询是指根据赋码项目需要，开展工程勘察管理或工程勘察活动。

项目工程勘察咨询是在决策阶段形成的咨询成果，如在《项目试点申报方案》《未来社区实施方案》《项目资金估算》等基础上，对拟建未来社区项目进行深化研究、综合分析、论证；在技术和经济上对拟建项目进行全面的安排；对建设项目的实施进行规划；编制项目勘察设计文件并提供相关咨询服务。

全过程工程咨询服务单位组织开展勘察设计咨询服务应遵循如下规定：

（1）全过程工程咨询服务单位具有与工程规模及业主委托内容相适应的勘察设计资质，应自行完成自有资质证书许可范围内的勘察设计任务。

（2）全过程工程咨询服务单位不具备相应的勘察设计资质，应按照合同约定或经发包人同意，择优委托具有相应资质的单位承担勘察设计任务。

（3）组织成立勘察设计咨询项目管理部门，明确管理负责人，界定管理职责与分工，制定项目勘察设计阶段管理制度，确定项目勘察设计管理目标和流程，配备相应资源。

17.2.1 工程勘察咨询内容

（1）根据项目工程进度管理的总体要求以及勘察设计管理目标与流程，通过目标分解，制定详细的项目勘察设计咨询工作计划，经总咨询师批准后组织落实。

（2）组织勘察团队或确定勘察单位；

（3）核查工程勘察工作方案等文件；

（4）监督和管理工程勘察工作；

（5）审查工程勘察成果，协调处理勘察成果的修改；

（6）签发补勘通知书；

（7）验收工程勘察报告，负责组织详细勘察阶段工程勘察报告的报审工作；

（8）组织勘察单位与发包人、设计单位、施工单位、全过程咨询单位的工作对接和工程勘察文件的解释说明，以及各阶段工程勘察的验收工作。

（9）工程项目完成后，检查勘察单位技术档案管理情况，监督原始资料及时归档保存。

（10）负责项目勘察设计阶段成果的报建报批等工作。

17.2.2 勘察咨询管理措施

勘察咨询管理措施有优选勘察单位、审查勘察工作方案、组织专家评审、信息管理、履约评价等。具体措施如下：

1. 优选勘察单位

优选勘察单位要从勘察单位营业执照、资质类别和等级、主要技术人员的执业资格、专职技术骨干比例、实际的建设业绩、技术装备等方面进行考察，对其适用业务范围与拟建项目工程类型、规模、地点、特性及要求的勘察任务是否相符进行调查，特别是对其近期完成的与拟建工程类型、规模、特点相似或相近的工程勘察、设计任务进行查访，了解其服务意识和工作质量，从而依法优选勘察单位。

2. 认真细致审查勘察工作方案

工程勘察单位在实施勘察工作之前，应结合各勘察阶段的工作内容和深度要求，按照有关规范、规程的规定，结合工程的特点编制勘察工作方案（勘察纲要）。此外，根据不同的勘察阶段及工作性质，尚应提出不同的审查要点，例如对初步勘察阶段，要按工程勘察等级确认勘探点、线、网布置的合理性；控制性勘探孔的位置、数量、孔位和取样数量是否满足规范要求等。

3. 前期基础性条件的确认

勘察单位进场之后必须进行详细现场调查，现场走访相关单位，了解现场实际情况，其中包括对前期提供的地下管线相关资料的核查确认，清除相互矛盾。必要时需挖探，探明管线位置及高程，同时必须联系工程范围内的各地下管线单位，进行管线会签，避免开工后由于地下管线原因，发生设计变更。对工程沿线涉及的所有产权单位进行细致摸底，形成书面调查文件，并对调查结果承担相应责任。

4. 勘察现场的管理

勘察现场应重点检查控制：

（1）现场作业人员应进行专业培训，严格按"勘察工作方案"及有关"操作规程"的要求开展现场工作并留下印证记录；

（2）原始资料取得的方法、手段及使用的仪器设备应当正确、合理，勘察仪器、设备、试验室应有明确的管理程序，现场钻探、取样、机具应通过计量认证；

（3）原始记录表格应按要求认真填写清楚，并经有关人员检查、签字。

5. 后期服务保证

勘察文件交付后，勘察管理者应根据工程建设的进展情况，督促勘察单位做好施工阶段的勘察配合及验收工作，对施工过程中出现的地质问题要进行跟踪服务，做好监测、回访，特别是及时参加基坑事故隐患排查、验槽、基础工程验收和工程竣工验收及与地基基础有关的工程事故处理工作。

17.3 工程设计咨询

未来社区项目工程设计咨询是指根据赋码项目需要，按照《建设工程设计文件编制深度的规定》要求，可开展工程项目方案设计、初步设计的管理工作以及施工图设计或管理其中一类工作等。

工程设计咨询是根据建设工程的目标要求，对项目设计进行前期阶段、设计阶段、施工阶段的监督及指导，并对各阶段设计技术成果和文件进行复核及审查，纠正偏差和错误，提出优化建议，并出具相应的咨询意见或咨询报告。

未来社区项目设计咨询是应用系统工程理论与手段，为完成预定的建设项目设计目标，将设计任务和资源进行合理计划、组织、指挥、协调和控制，保证建设项目设计的质量、工期、安全、经济等目标有效地实现。

17.3.1 工程设计咨询的内容

全过程工程咨询服务单位应督促工程设计专业团队或专业设计单位按照相关法律、法

规的规定,现行工程设计相关规范、规程、技术标准的要求,以及合同的有关约定开展项目设计工作。工程设计咨询服务内容包括:

（1）设计任务书编制咨询;

（2）方案设计咨询、优化及审查;

（3）初步设计咨询、优化及审查;

（4）施工图设计咨询、优化及审查。

17.3.2 工程设计咨询服务应注意的事项

1. 方案设计阶段的咨询服务应注意事项

（1）以满足投资人的需求为重点,对建筑整体方案提出建议,组织进行评选和优选;

（2）应组织专家对设计方案进行分析、优化,在功能、投资等方面提出意见和建议。

2. 初步设计阶段的咨询服务应注意事项

（1）监督设计深度满足《建筑工程设计文件编制深度规定》的要求;

（2）将建设规模、建设功能、建设标准、工程投资控制在批复后的可行性研究报告的范围内。

3. 施工图设计阶段的咨询服务应注意事项

（1）组织施工图设计文件的审查工作。

（2）在施工图设计前完成工程勘察文件的审查工作。

（3）监督施工图设计文件的盖章、签署符合设计规范要求。

17.3.3 设计咨询管理措施

未来社区项目设计涉及的专业众多,如建筑、结构、机电、幕墙、景观、标识、信息化、消防、场地内外交通等。为使设计能满足各专业协同和引领后道工序的需要,必须对设计实行有效的管理。具体措施包括:

（1）明确管理依据。管理依据应当向各参建单位公示,并且除非国家法律法规有所调整,否则应保持前后一致。管理依据一般有项目批准文件、城乡规划、工程建设强制性标准、国家规定的建设工程设计深度要求等,全过程工程咨询单位在发包人的合同授权范围内开展工作。

（2）制定设计咨询管理工作大纲。明确设计管理的工作目标、管理模式、管理方法等,进而开展全过程的设计进度、质量管理。由于设计对投资起着决定性作用,所以还应当与投资管理部门紧密合作,加强横向协调,共同完成投资控制任务。

（3）完善设计咨询管理制度建设。明确项目设计与技术管理部门和负责人,界定管理职责与分工,制定管理制度和控制流程,同时配备相应资源。然后根据工作大纲进行目标分解,编制设计计划,经批准后组织落实。

（4）开展日常设计咨询管理工作。跟进各专业专项设计进度、设计质量与投资控制,并定时及以周报和月度报告形式汇报设计进度。根据项目实施过程中不同阶段目标的实现情况，对设计工作进行动态调整，并对其过程和效果进行分层次、分类别的评价。

17.4 招标采购管理

未来社区项目招标采购管理是指根据赋码项目需要，按照国家、省市地方现行有关规定组织建立招标（采购）管理制度，确定招标采购流程和实施方式，规定管理与控制的程序和方法，协助项目建设单位开展招标（采购）工作。

招标采购方事先提出招标采购的条件和要求，邀请众多企业参加投标，然后由招标采购方按照规定的程序和标准一次性的从中择优选择交易对象，并与提出最有利条件的投标方签订协议的过程，整个过程要求公开、公正和择优。

招标采购管理是通过科学策划，精心组织和严格管理招标采购工作，择优选择勘察、设计、施工和材料、设备供货单位，从而实现项目总体的质量、进度、投资等目标。

通过实施招标采购策划、程序控制和组织协调等管理措施，依法、规范、高效、周密的开展招标采购，按照项目建设总控计划、招标采购总控计划的时间优选技术服务单位、施工总承包和专业承包单位、材料设备供货单位，防范合同风险。

17.4.1 工作内容

招标采购的主要工作贯穿项目策划、项目前期、项目实施阶段，主要工作内容如下：

（1）项目策划阶段，参与编制项目建设总控计划；在总控计划控制下，协调报建总控制计划、设计总控制计划、施工总控制计划，编制招标采购总控计划；

（2）组织进行市场调研，根据调研情况编制项目及子项目合同规划，初步规划合同结构、合同范围、招标采购方式等；

（3）启动子项目（工程）招标，专项市场调研，拟订招标方案，编制招标文件，组织招标方案、招标文件呈批；

（4）办理招标文件备案及发布招标公告；

（5）组织及协调（如有）投标人踏勘现场；

（6）组织招标文件补遗、答疑；

（7）组织开标、评标、定标；

（8）组织清标和投标文件澄清（如有），拟定合同初稿并办理呈批；

（9）组织签订合同、分发、归档；

（10）负责合同条件解释，协助监理处理合同争议；

（11）组织合同履约评价；

（12）工程咨询合同约定有的其他事项。

17.4.2 招标采购工作计划与流程

根据未来社区项目建设目标和项目策划，编制咨询项目的采购与招标总控计划以指导未来社区项目，编制子项目（工程）采购与招标详细计划，控制项目整体采购与招标进度。采购与招标总控计划的编制需要与施工（供货）总控计划、设计总控计划、报建总控计划进行多轮符合性调整才能定稿。一是要满足提供服务成果、进场施工、排产供货的要求，符合相关合同约定；二是要满足法规规定的最基本的采购与招标周期；三是还须为采购与招标前置条件的完备留有合理时间。

招标人完成招标文件审批后，招标代理按照法定招标流程和招标文件规定发布招标公告、补遗答疑、截标开标、评标定标、招标完成情况备案、中标结果公示及发出中标通知书等，未来社区项目招标采购详细流程和分工可参照表17-2。

某未来社区项目招标采购工作流程安排一览表　　　　　　　　表17-2

序号	阶段	工作内容	工作要点	开始时间	完成时间	周期（天）	责任单位（人）
1	启动	接受采购需求，启动招标	需求来源： （1）招标采购总计划； （2）相关单位（部门）提需；需求比对； （3）是否为总计划安排的时序； （4）是否明确进场时间； （5）其他需求				
2	准备	编制详细工作计划	编制详细工作计划				
3	准备	收集采购基础资料	（1）采购类型：技术服务、施工、货物； （2）采购方式：公开招标、其他； （3）设计文件：满足或提供时间； （4）技术要求：满足或提供时间； （5）批件批复：满足或提供时间				
4	准备	确定采购范围	（1）工程范围； （2）专业范围； （3）服务范围； （4）标段设置； （5）合同界面				
5	准备	确定投标人资格条件	（1）勘察：综合、专业、劳务； （2）设计：综合、行业、专业、专项资质； （3）全过程工程咨询：甲级资信证书（建筑专业资信或综合资信）、监理综合、监理甲级、工程造价咨询甲级等； （4）造价：甲级、乙级； （5）施工：EPC总承包、专业承包、劳务、一体化、其他； （6）制造：特种设备制造许可类型； （7）安装：特种设备安装、维修资质； （8）是否需门槛业绩； （9）其他				
6	准备	确定投标人资信条件	（1）业绩类：企业业绩、项目负责人业绩、项目组主要人员业绩； （2）获奖类：国家、行业、地方；				

续表

序号	阶段	工作内容	工作要点	开始时间	完成时间	周期（天）	责任单位（人）
6	准备	确定投标人资信条件	（3）信用类； （4）财务类； （5）其他类； 资信条件一般不作为投标资格				
7		潜在投标人市场调研	（1）潜在投标人信息库及其资信条件； （2）工程所在地市场情况及信誉； （3）周边或代表性项目考察； （4）拟派项目负责人能力情况； （5）对本项目建议				
8	文件编制	编制招标方案	（1）确定招标方案主要内容或选择标准模板；选用招标文件范本或参考版本； （2）标准招标方案按格式填写，不得擅自修改；如修改标准招标文件内容的应单独列明； （3）编制过程与招标人充分沟通				
9		招标方案审批	（1）招标方案内部审核和复核； （2）呈报招标人审批				
10		同步编制技术标招标文件	（1）各部门分别完善相关内容； （2）招标管理部门整合汇总				
11		招标文件审批	（1）招标文件内部审核和复核； （2）呈报招标人审批；				
12		技术标招标文件交底	（1）招标类别和范围； （2）评定标方法； （3）合同义务及风险因素； （4）招标工作时间安排； （5）计量计价原则及要求； （6）移交编制清单及控制价的基础资料				
13		编制工程量清单	（1）进度检查，应预留审查修改时间； （2）复核错漏项、项目特征、费用组成； （3）组织招标人会审，合成招标文件前完成； （4）其他				
14		招标控制价审批	（1）进度检查，应预留审查修改时间； （2）复核单价及组成、材料设备询价、取费、与（分项）概算对比、类似项目指标对比等； （3）组织招标人会审				
15		招标文件合成	（1）生成技术标招标文件； （2）生成商务标招标文件； （3）生成招标控制价文件				
16	招标投标	招标公告、备案、发售招标文件	窗口办理或网上办理				

续表

序号	阶段	工作内容	工作要点	开始时间	完成时间	周期（天）	责任单位（人）
17	招标投标	收集质疑	（1）收集质疑，编辑文档； （2）复核确认，质疑不得遗漏				
18		编制答疑、补遗文件	（1）补遗：主动修补招标文件缺陷，如修改资格条件、评定标方法、实质性合同条款的，需重新发布公告； （2）答疑：质疑问题分类。 （3）答疑收集汇总				
19		发布答疑、补遗文件	（1）发布方式同招标公告和招标文件发布方式； （2）如有公示控制价的一并公示				
20		截标开标	（1）接收投标人在投标截止前送达的投标文件； （2）开标				
21		评标	定会议室、抽专家：①预定评标会议室；②省库抽取评标专家，复核专家回避情况； 评标：①准备资料：招标文件、补遗、答疑、招标控制价公示表、计算书、投标书、投标单位联系单、委托书、身份证；②复核专家身份，进一步复核回避情况，宣读评标纪律和廉政要求；③下达评标任务；④结束评标任务，检查评标报告				
22		招投标情况报告	（1）招标投标情况报告编制及内审； （2）招标人审批； （3）行政主管部门备案				
23		中标公示	招标投标情况报告备案后，随即公示，公示期3天，公示完打印中标通知书				
24		澄清	（1）各相关部门分别完成投标文件复核，提出澄清事项，招标合约部汇总成澄清纪要； （2）招标人审批； （3）组织澄清会议； （4）澄清纪要签章作为合同附件				
25	合同洽商	中标通知书	交易服务网打印中标通知书，加盖招标人公章，发出中标通知书				
26		合同呈批	按招标文件、投标文件编制合同				
27		签订合同	（1）中标人提交履约保函； （2）完成合同签订				

17.4.3 招标采购管理的相应措施

1. 建立严密高效的招标管理团队

基于招标代理工作需求，围绕未来社区项目招标代理工作设立负责招标代理工作的部门（招标代理组），在项目部统一部署下实行部门负责人负责制，配置有丰富招标代理经验的招标代理人员和相关技术人员，各岗位人员数量需满足招标代理工作需求。工程咨询人建立涉及招标采购管理的各项管理制度或实施细则，建立与其他职能部门联动、协调、信息互通机制，保障招标采购目标和项目总体建设目标。

2. 坚持招标管理工作原则

坚持廉洁奉公、公平公正、公开决策、充分竞争、择优选择、保密、一致性以及可追溯的原则。

3. 编制招标采购管理细则，指导招标管理工作

招标采购管理细则用于规划和指导开展各阶段、各子项招标采购工作，分析项目招标采购工作特点，拟定发包阶段、发包范围策划方法，按照项目总体部署协调规划招标采购总控计划，梳理各子项招标采购要件和条件，制订工程界面划分方法、各类子项评定标标准设定方法，制订招标采购工作流程以及拟定相关管理制度。

4. 强化招标文件质量

子项工程编制招标文件前应先行对招标方案进行策划，即对招标文件的主要内容进行研判和记录，招标方案策划应协调业务需求部门、合同管理人员、造价人员共同进行，按照职责分工落实方案主内容，招标方案须经项目负责人和招标人审定。招标文件按照经审定的招标方案编制，如需修正的应履行原招标方案审批程序。

5. 规范招标采购程序控制

招标公告发布后进入实质性招标投标阶段，招标采购工程师应围绕子项工程招标计划控制各招标环节工作进度，组织补遗答疑、评定标工作，签订合同前应组织对中标候选人的投标文件进行复核、清标，提出澄清问题并组织中标候选人澄清，各项招标程序务必依法依规。

17.4.4 电子招标投标

1. 应用情况

电子招标投标活动是指以数据电文形式，依托电子化招标投标系统完成的全部或者部分招标投标交易、公共服务和行政监督活动。经电子签章的数据电文形式的招标投标活动与纸质形式的招标投标活动具有同等法律效力。

2. 浙江省电子招标投标交易平台

浙江省公共资源交易中心电子招标投标交易平台（以下简称交易平台）http://new.zmctc.com 开展招标投标活动的市场主体，包括招标人、投标人和招标代理机构应在交易平台进行注册、登记单位信息。投标人和招标代理机构应加入全省统一的企业信息库，并对外公示企业信息。

3. 电子招标和投标

招标人或者其委托的招标代理机构应当在其使用的电子招标投标交易平台注册登记，然后进行项目注册。项目注册时，勘察、设计等前期服务类项目需上传项目建议书批文或工程可行性研究报告批文；施工、监理、材料、设备等项目需上传初步设计批文。省招标

办另有要求的按其要求上传。项目注册时，估算价或概算价应根据相应批文进行填写，保证准确性。

招标文件采用通用模板的，先预约场地，再制作招标文件；招标文件采用专用模板的，需先制作招标文件提交省招标办备案，审核通过后再进行场地预约。

招标人登录交易平台，选择"发标 - 招标文件"菜单，点击"制作招标文件"进入在线制作，完成相应内容后，将招标文件转换为"PDF"格式文件，对转换后的文件进行电子签章，完成招标文件制作。选择招标文件公示时间，点击公示按钮进行网上公示（网上公示招标文件可在开评标物业预订前进行）。

社会公众或潜在投标人可以登录交易平台网站，在"招标文件公示"栏目，点击相应项目，在附件栏点击"招标文件正文"，可以浏览、下载公示中的招标文件。招标文件公示期间，社会公众或潜在投标人可以在线录入对招标文件的意见并匿名提交。招标人可登录交易平台，进入"发标—招标文件"菜单，选择相应项目，点击"操作"按钮，在"招标文件意见反馈"栏中查看意见，并作相应处理。邀请招标、资格预审、招标代理公开招标等，招标文件不需要公示。

4. 电子开标、评标和中标

电子开标应当按照招标文件确定的时间，在电子招标投标交易平台上公开进行，所有投标人均应当准时在线参加开标。开标时，电子招标投标交易平台自动提取所有投标文件，提示招标人和投标人按招标文件规定方式按时在线解密。电子评标应当在有效监控和保密的环境下在线进行。

省综合性评标专家库随机抽取产生的评标专家，招标人指派的评标专家代表、自行组建的评标委员会成员，招标人应当于评标前在交易平台登记录入相关人员信息，提交省招标办审核通过后，相应人员可刷身份证或按指纹进入指定位置评标。电子标要求使用电子签名。未制作电子签名的专家，应出示身份证在评标区管理室当场制作，完成后即可以在电子评标中重复使用。

评标专家按照招标文件规定的评标标准和方法进行评标。为方便专家评审，电子评标系统为专家提供一些辅助性的帮助，评标委员会应对相关内容进行必要的复核。评标结束前，评标委员会应对照评标办法，检查是否完成所有评审内容，评标结果检查无误后完成评委签章，确认完成后，组长点击"评标结束"生成评标报告，评标报告将自动推送给招标人。

依法必须进行招标的项目中标候选人和中标结果应当在电子招标投标交易平台进行公示和公布。招标人确定中标人后，应当通过电子招标投标交易平台以数据电文形式打印中标通知书，并向未中标人发出中标结果通知书。

5. 监督管理

电子招标投标活动及相关主体应当自觉接受行政监督部门、监察机关依法实施的监督、监察。行政监督部门、监察机关依法设置并公布有关法律法规规章、行政监督的依据、职责权限、监督环节、程序和时限、信息交换要求和联系方式等相关内容。

电子招标投标交易平台应当依法设置电子招标投标工作人员的职责权限，如实记录招标投标过程、数据信息来源等。电子招标投标公共服务平台应当记录和公布相关交换数据信息的来源、时间并进行电子归档备份。任何单位和个人不得伪造、篡改或者损毁电子招标投标活动信息。

投标人或者其他利害关系人认为电子招标投标活动不符合有关规定的，通过相关行政监督平台进行投诉。行政监督部门和监察机关在依法监督检查招标投标活动或者处理投诉时，通过其平台发出的行政监督或者行政监察指令，招标投标活动当事人和电子招标投标交易平台、公共服务平台的运营机构应当执行，并如实提供相关信息，协助调查处理。

17.5 项目投资控制

未来社区项目工程造价咨询是指根据赋码项目需要，开展编制或审核项目投资估算、项目设计概算、施工图预算，以及项目发承包、施工、竣工等阶段的相关造价咨询服务。

造价咨询是投资控制的有机组成部分，虽然《服务指南》中要求做的是造价咨询，造价咨询是在工程建设实施阶段的工作，但由于造价咨询的根本目的是服务于投资控制这个更为宏观的目标，所以本书建议从大处着眼，打通项目建设的各个阶段，以全过程的视角研究投资控制这个大课题。项目投资控制是指要在批准的预算条件下确保项目保质按期完成，也就是在项目投资形成过程中，对项目所消耗的人力资源、物质资源和费用开支，进行指导、监督、调节和限制，及时纠正将发生和已发生的偏差，把各项费用控制在计划投资的范围之内，保证投资项目目标的实现。

投资控制的关键，是要保证项目投资目标尽可能好地实现。投资估算一旦批准，即为工程项目投资的最高限额，不得随意突破，并作为项目建设过程中投资控制的总目标。在保证质量、进度的前提下节约投资，确保项目投资目标控制于估算范围之内。

17.5.1 投资控制主要工作内容

投资控制主要工作内容包括：项目投资目标的分析论证和分解；审核工程项目的概算、预算、标的和决算；项目实施过程中对投资计划值与实际值相比较；对设计、施工、工艺、设备等工作的主要经济技术做比较，挖掘可以节约投资的潜力；审核招标投标文件及合同文件中关于投资控制的条款；审核各类工程进度款单和各项工程索赔金额等内容。

17.5.2 各阶段投资控制的措施

依据项目投资控制目标，制订投资管理制度、措施和工作程序，做好决策、设计、招标、施工、结算等各阶段的投资控制。

1. 决策阶段投资控制

1）做好项目前期工作

未来社区项目前期工作是一种专业化的工作，由省级部门、市、县（市、区）发展改革部门、试点建设主体及第三方等共同成立一个前期工作小组，对未来社区项目建设标准、规模、申报需求等进行研究和论证，在专家技术支持下从技术和经济角度不断优化设计方案，形成项目建设的指导意见，并作为编制可行性研究报告的依据，指导初步设计和施工图设计，提高收益水平，降低并控制风险。

2）科学编制投资估算

投资估算要做到科学、合理、经济，不高估，不漏算；保证投资估算和设计方案的一致性和匹配性；建立投资控制台账，将可研估算与批复的项目建议书匡算对比，从源头保证投资控制目标得以实现。

2. 设计阶段投资控制

在未来社区项目设计阶段，推行并落实限额设计，采取动态投资控制方法。

（1）推行并落实限额设计。

以批复的工程投资为依据，推行并落实限额设计。明确设计合同的限额设计责任制和限额设计奖惩方法，有效地激励设计单位进行限额设计，进行投资分解和工程量控制是实行限额设计的有效途径和主要方法。

为了避免设计合同中限额设计条款在项目实施中难以具体落实，最终流于形式的现象发生，在设计合同中，设立设计费付费约束条件，即通过分段付款对设计单位进行限额设计的管控。

（2）根据已有的方案设计成果，进一步优化功能布局，合理利用空间，减少浪费。

（3）与使用单位提前沟通，明确使用需求，避免重大性颠覆变更及拆改的发生。

（4）加强设计管理，优化设计，避免过度设计带来工程费用的增加。设计方案需经过深入讨论，听取各方意见（尤其是使用单位意见）后，最终定稿须经各方签字确认；一经确认，不得随意变更。

（5）加强设计图纸审查，确保工程量计量及清单描述的准确性，以减少后期由于清单描述与设计图纸做法不一致而引起的变更、签证费用。

（6）设计单位完成初步设计概算后，及时组织力量对概算进行全面审查，组织专家评审会议，根据项目特点参考同类工程经济指标提出修改意见，并反馈设计单位。由设计、建设双方共同核实取得一致并确认项目内容完整无意见后，由设计单位进行修改，再随同初步设计一并报送主管部门审批，最终确定项目总体概算投资。

3. 招标投标阶段投资控制

1）编制工程招标文件

在招标文件中约定招标范围、工作界面、量、价的风险范围、主要材料/设备、甲供材料/设备的供应方式及计价方式、暂估价、暂列金及包干价的结算方式。合理确定材料/设备价格、在招标文件中明确品牌、规格和技术要求。

工程量清单编制、控制价编制应与招标文件的相关条款一致。

招标文件评标办法。制定商务标评标办法主要应考虑三个方面的问题：① 评标办法应有效防范投标单位相互串通、高价围标；② 有效防范投标单位低于成本价、恶意竞标；

③有效抑制投标单位的不平衡报价策略。

2）合同类型确定

工程建设项目施工合同类型的选择依据其计价方式的不同分为总价合同、固定综合单价合同。

根据未来社区项目具体情况，选定合适的合同类型，并对合同中涉及工程价款支付条款、调整价格条款、变更条款、竣工结算条款、索赔条款等内容应详细审查，防范、转移或化解合同风险。对施工中预计会发生、易引起争议的事项在合同中予以约束，避免索赔事件的发生。

3）工程量清单及控制价的编制与审核

招标工作量清单编制时设计阶段造价工作的深化，其编制质量的好坏直接关系到投标报价的合理性、有效性和完整性，进而间接影响到整个项目的投资控制管理工作。

招标工程量清单的编制必须科学合理、内容明确且客观公正，要以批准的扩初方案，投资概算和投资标准为基础来进行编制。编制招标工程量清单时一般应注意以下几点：编制依据要明确；工程量计算力求准确；清单项目特征描述一定要准确和全面；对现场施工条件和自然条件也要有准确的表述。

4）做好招标过程中的回标分析

在招标活动中认真做好商务回标分析，能够及早发现投标报价中的问题，是确保合理低价中标的重要环节。

对所有投标文件做商务回标分析，核查投标文件是否实质性响应招标文件，以及投标报价的合理性和完整性。将已开标的投标总报价从低到高按顺序排列，随后根据评标办法设定的甄别异常报价的办法，最终确定进入回标分析的投标单位。

在评标中，审查投标单位报价应该对总报价和单项报价进行综合评审。另外也要做到单价和相应工程数量的综合评审，工程数量大的单价要重点分析。还要做到单价与工作内容、施工方案、技术工艺的综合评审，从而择优选择合适的承包单位。

加强清标工作，在不改变实质性内容前提下，对投标文件中不符合招标文件要求内容、投标文件中比较含糊容易引起争议的内容等提出，在询标环节让投标单位进行澄清，规避风险。

4. 项目实施阶段投资控制

1）工程款支付管理

制定工程计量支付流程规定，严格按照合同约定及流程规定审核支付工程款，做到不超付、不冒算。

2）严格控制工程变更

工程一旦发生变更，将影响工程的正常施工运行，会对工期，特别是对总投资产生巨大的影响。应加强对工程变更的管理，尽量减少和避免工程变更，严格控制工程总投资。

3）严格现场签证的管理

现场签证工程量应事前确认，由建设单位代表、监理工程师及承包人代表三方共同在现场核实工程量，必要时还可请设计、勘察人员、造价咨询共同参与签证工程量确认，并留下全面充分的影像资料。涉及重大的签证事项，通知审计专业局现场见证。由设计变更引起的现场签证，必须与设计变更合并作为同一工程变更事项进行申报审批。

现场签证要尽可能以签认工程量的形式进行，工程量确实无法计量的情况下可采用机械台班、计日工等方式进行签证，不得以直接签认金额的方式进行签证。现场签证单的工程量描述应全面、准确，满足计价要求。

对于非施工单位原因造成的工期延误，如政策调整、自然灾害等不可抗力的原因造成且在合同中约定由建设单位承担的风险，应以工期签证的形式对工期延误情况进行签认。由工程变更造成的工期延误直接在工程变更审批时一并申报、审核，无须另行进行工期签证。

4）合理确定材料的价格

材料、设备投资一般占建安造价的60%～70%，所以要根据施工合同的约定严格控制，认真把关，引入竞争机制。属于公开招标的材料、设备合理设定限额价按公开招标程序进行预订；属询价的材料、设备，要组成询价小组对照批准概算，参照材料信息网，通过内部评议、集体讨论，从质量、价格、服务、付款、工期等方面来排序名次，最后确定中标单位。并做好新增单价的审核等工作。

5）索赔管理

索赔必须以合同为依据，注意索赔事件发生后，对索赔证据进行审核。加强索赔的前瞻性，项目管理在实施过程中对可能引起的索赔要有所预测，及时采取补救措施，避免过多索赔事件的发生造成工程成本的上升。做好预案，控制不可预见风险产生的索赔。

5. 竣工结算审计阶段投资控制

竣工结算阶段是项目实施的最后阶段，竣工结算的办理应符合合同约定要求，只有按合同要求完成全部工程并验收合格才能办理竣工结算。

编制工程结算管理办法，做好工程分段结算计划，加强结算审核管理。

6. 项目后评估阶段投资控制

工程竣工移交后，协助建设单位完成项目总结评价报告。工程结算审计部门审定后，协助建设单位完成合同结算情况报表，协助财务部门完成决算报表。工程保修期满后，协助建设单位完成工程保修阶段情况说明和工程项目后评估报告。

17.6 进度管理

项目进度管理，是指采用科学的方法确定进度目标，编制进度计划和资源供应计划，进行进度控制，在与质量、费用目标协调的基础上，实现工期目标。项目进度管理的主要目标是要在规定的时间内，制定出合理、经济的进度计划，然后在该计划的执行过程中，检查实际进度是否与计划进度相一致，保证项目按时完成。

工程建设进度必须符合未来社区项目相关进度要求，在总体进度控制目标分析的基础上，进行进度里程碑节点的分解，包括全阶段勘察设计招标完成，施工图设计完成，主体工程施工开始，主体工程施工完成，工程完建竣工验收和交付使用。

17.6.1 进度管理工作内容

（1）确定进度管理总体目标及节点目标，编制项目进度计划及控制措施，细化设计进度计划、招标投标进度计划、前期工作进度计划、现场施工进度计划等，分析影响进度的主要因素，对进度计划的实施进行检查和调整。

（2）定期收集数据，预测施工进度的发展趋势，实行进度控制。进度控制的周期应根据计划的内容和管理目的来确定。

（3）定期组织召开进度协调或调度会，参会人员以各参建单位公司级领导和项目负责人为主，核查上阶段进度进展、计划完成情况、存在问题、后续采取措施、下一步计划等。

（4）随时掌握各建设过程持续时间的变化情况以及设计变更等引起的前期手续的变化或施工内容的增减，现场施工内部条件与外部条件的变化等，及时分析研究，采取相应措施。

（5）加强进度过程检查和纠偏，落实进度动态控制，基于本工程进度控制工作的重要性，监理部在完成总包的总体工程进度计划审核的基础上，及时审查总包的计划实施质量，审查进度执行情况，及时落实进度纠偏措施，确保工程进度满足总工期要求。

（6）计划节点工序完成后，应及时组织验收，处理工程索赔，工程进度资料整理、归类、编目和建档等。

17.6.2 进度管理措施

以统筹管理、系统工程、工程风险分析、项目盈余评估等科学理论为基础，进行进度的目标分析，制定先进完善、切实可行的进度控制措施，并通过对计划的阶段目标和终极目标审核、分析，建立起有效的进度控制体系，通过各项具体进度控制措施的落实，切实保障进度控制工作质量。

工程进度控制目标的实现离不开具体的保障措施，只有抓好各项保障措施落实，方能真正实现对工程进度进行有效控制，在本工程建设过程中，采取以下进度控制措施。

1. 组织措施

组织是目标控制的前提和保障，采取组织措施就是为保证组织系统的顺利运行，高效地实现组织功能。通过采取组织调整、组织激励、组织沟通等措施，以激发组织的活力，调动和发挥组织成员的积极性、创造性、为实施目标控制提供有利的前提和良好的保障，采取的组织措施具体有以下几点：

（1）建立进度控制目标体系，明确建设工程现场进度控制人员及其职责分工，落实专人专岗及专项管理制度、管理流程，围绕工程进度控制的重点、难点、落实进度控制责任制，明确相关人员的职责，落实具体控制任务和管理职责分工，从组织分工上理顺工程进度管理程序。

（2）建立工程进度报告制度、进度计划审核制度、计划实施检查分析制度，建立进度协调会议制度，建立图纸审查、工程变更和设计变更管理制度等一系列进度管理相关制度。

2. 技术措施

技术措施是目标控制的必要措施，进度控制在很大程度上要通过技术措施的质量和技术措施落实情况来实现。在工程施工中，按建设单位的工期要求，督促检查各参建单位按批准的进度计划施工，确保工程按期竣工，具体采取的措施如下：

为保证工程顺利交付使用，施工单位应在工程开工前，提交总进度计划，明确关键节点完成时间；工程施工过程中，按月提交施工进度计划，并及时对比，根据现场施工实际情况调整工程进度，以保证工程顺利竣工。计划控制要点如下：

① 熟悉招标文件和合同文件中有关进度的条款。

② 审核、分析各投标单位的进度计划。

③ 审核设计、施工总进度计划，审核项目各阶段、年、季、月度的进度计划，并在项目施工过程中控制其执行，必要时，及时调整工程建设总进度。

按总进度计划，年、季度、月进度计划进行工程建设进度审查，签复明确的审查意见，审查过程记录资料完整。通过审查的进度计划符合合同中工期的约定，阶段性进度计划满足总进度控制目标的要求，主要工程项目齐全，建设顺序、人员、材料、机械等安排合理。

对进度计划的实施情况的定期检查每周一次，建立专项管理台账，做好相关记录和比对、分析；当实际进度严重滞后于计划且影响合同工期时，通过签发全过程工程咨询通知要求施工单位采取调整措施加快施工进度，向建设单位报告工期延误的风险。

对参建单位报审的进度计划调整方案及措施签复审查意见，审查过程记录资料完整。进度计划的调整造成合同工期目标、阶段性工期目标或资金使用等较大变化时，及时提出处理意见并报建设单位。

④ 在项目实施过程中，用计算机进行进度计划值与实际值的比较，每月、季、年提交各种进度控制报告。对出现实际进度滞后于计划进度的，应分析发生原因；对实际进度滞后于计划进度5%以上的，应及时向委托人提出预警并根据发生原因提出具体的解决措施。

3. 经济合同措施

（1）工程建设过程中，由于设计、施工、设备供应商等参建单位的原因，造成进度滞后，针对具体原因要求参建单位增加资源投入或重新分配资源。

（2）根据合同中关于进度控制的相应奖惩条款，对相关参建单位实施经济奖惩，督促其提高工程进度意识。

（3）及时办理工程预付款及工程进度款支付手续，确保不因建设资金迟付影响工程进展。

（4）针对关键工序，协助建设单位有针对性地在合同中设立工期奖罚节点，促进承包商的进度意识。

（5）客观公正处理工期奖罚，对工期提前的落实奖励，对工期延误的严格执行处罚。

4. 信息管理措施

（1）采用现代信息技术手段辅助日常进度管理工作，日常工程管理要务实现信息化管理，所有管理文件资料应纸质文档和电子文档并存。利用企业建立的信息化系统，及时、完善、流畅地采集、处理、存储、交换和传输项目工程管理活动的相关信息。

（2）每月对比本工程项目的完成情况和计划，确定整个项目的完成程度，并结合工期、生产成果、劳动效率、消耗等指标，评价项目进度状况，分析其中存在的问题。总监理工程师应在监理月报中向建设单位报告工程进度和所采取进度控制措施的执行情况，并提出合理预防由建设单位原因导致的工程延期及其相关费用索赔的建议。

（3）日常的纸质全过程工程咨询管理文件资料，如进度管理方面的管理/监理日记、例会纪要、管理/监理通知、管理/监理月报的收集、整理、编制、审查与传递及时、规范、完整，归档的纸质管理/监理文件资料的收集、整理、分类、汇总、组卷、储存符合相关规定。

（4）建立工程进度报告制度及进度信息沟通网络。落实项目管理周报、月报及年报中针对性总结汇报进度控制情况，项目负责人在分析进度的基础上，提出进度控制中存在的问题及纠偏建议，确保进度控制系统畅通。建立进度计划审核制度和进度计划实施中的检查分析制度，落实专人加强过程中针对各级计划执行情况的检查分析，针对存在的问题，下达纠偏指令，经总监理工程师审定后报送建设单位。建立进度协调会议制度，包括协调会议举行的时间、地点，协调会议的参加人员等，以解决工程施工过程中施工单位与施工单位之间、施工单位与勘察设计单位之间、施工单位与供货单位之间等候相互协调配合问题。建立图纸审查、工程变更和设计变更管理制度，确保设计变更及工程变更的质量及出具效率，避免因变更带来的返工或停工待图等不利进度的现象发生。

17.7 质量管理

项目质量控制（project quality control）是指对于项目质量实施情况的监督和管理，先确定质量目标，通过规划、控制、维护和优化来确保目标实现的一系列活动，是管理职能在质量方面上的体现。

17.7.1 质量管理内容

1. 前期策划阶段质量管理

项目前期策划阶段的质量控制是决定项目质量的最关键阶段，直接影响到项目在后期实施及运营阶段的工程质量和工作质量。在此阶段，全过程咨询服务单位通过地块分析、宏观市场分析、竞争市场分析、项目定位分析、财务分析和商圈分析，对工程投资项目的技术可行性与经济合理性进行综合评价。在此阶段对工程项目质量目标进行再明确，对质量管理进行全局规划和总体控制。

2. 招标阶段的质量管理

招标阶段涵盖的内容和跨越的时间较长，全过程咨询单位确定以后，首先通过市场调研、收集资料的方式，编制招标采购计划，然后拟定招标文件。此外还需要合理控制甲供材料的比例。最后，在招标投标阶段需要明确分包事项，尤其是未来社区项目拟选择EPC总承包模式，对于合法分包和禁止分包的内容要予以明确，防止违法分包和层层转包。

3. 设计阶段的质量管理

收集技术资料和类似工程案例，充分论证项目功能。初步设计过程中要明确专项方案设计以及专业深化设计内容，如消防专项、节能专项、人防专项、绿色建筑专项、景观专项、BIM专项、海绵城市专项等。在施工图设计阶段，全过程咨询单位按照质量保质体系，对施工图成果文件进行审查，主要从符合性、强制标准的执行情况、专业接口间的匹配性等方面进行审查，参照设计任务书对设计质量进行管理。

4. 实施阶段质量管理

实施阶段是将质量目标和质量计划付诸实施的过程，通过施工及相应的质量控制，将设计意图转变成工程实体。这一阶段是宝成工程项目质量的关键环节。其质量管理内容主要有项目质量策划、审查施工组织设计和质量计划、实施PDCA循环控制、加强五大要素过程管理等。

5. 竣工验收阶段的质量管理

施工质量验收是施工质量管理的重要环节，是从输出把关方面进行质量管理。其内容包括施工过程的质量验收和施工项目竣工质量验收。施工过程的工程质量验收是施工过程中、在施工单位自行质量检查评定的基础上，参与建设活动的有关单位共同对检验批、分项、分部、单位工程的质量进行抽样复验，根据相关标准，以书面形式对工程质量达到合格与否做出确认。施工项目竣工质量验收是工程质量管理的最后一个环节，是对施工过程质量管理成果的全面检验。

6. 移交运营阶段的质量管理

在移交运营阶段，全过程咨询单位应当督促承包单位按照计划移交，并对人员培训情况、移交方案编制情况等进行全面的检查，督促承包单位对移交过程中暴露出来的质量问题及时整改，确保移交运营平稳过渡，督促承包单位履行质量保修责任。

17.7.2 质量管理的措施

1. 勘察阶段质量管理措施

（1）是否编写勘察纲要，明确勘探点的位置、孔深、孔距、孔数；

（2）是否根据建设单位提供的控制点较为准确地对勘探点进行坐标放线；

（3）勘察报告的深度是否满足国家法律法规相关要求。

2. 方案设计阶段质量管理措施

（1）围绕未来社区项目建成后的运营，以九大场景需求功能和使用布局作为设计管理的重点，编制设计要求和任务书；

（2）方案设计的第一原则是优先符合内部使用功能，其次才考虑建筑的外部效果和形态；

（3）经济分析是设计方案评价的重要指标之一；

（4）国家对设计方案有明确的规范，本项的成果必须满足此深度要求；

（5）设计单位要针对审批中的意见对方案进行优化和调整。

3．施工图设计阶段质量管理管控措施

（1）深度必须满足国家要求。

（2）应满足行政审批要求和技术审查要求。

（3）应满足项目实施过程中临时或永久使用的材料设备的规格、参数等指标要求。

（4）施工图质量控制的流程如表 17-3 所示。

施工图设计质量控制流程表　　　　　表 17-3

序号	工作内容	执行单位	成果	责任人
1	施工图设计	设计单位	施工图（第 1 版）	设计管理负责人
2	施工图审图	审图单位	审图整改意见	设计管理负责人
3	施工图再次送审	审图单位	施工图审图通过证书	设计管理负责人
4	施工图审核	全过程咨询服务单位	审核意见	设计管理负责人
5	施工图报审	政府管理机构/配套单位	审查整改意见	设计管理负责人
6	整理各方意见	全过程咨询服务单位	施工图整改意见汇总表	设计管理负责人
7	施工图整改	设计单位	正式施工图	设计管理负责人
8	施工图验收	全过程咨询服务单位	施工图验收报告	设计管理负责人

4．实施阶段质量管理措施

1）事前控制

在实施阶段，全过程咨询服务人员应该对承包单位编制的各类操作性实施性文件，如控制计划、施工组织设计、施工方案等进行审核，对工程实际现场情况进行了解，做好施工现场道路、地形地貌、场地情况、水源电源接驳点、水准点、坐标点的交接。

2）事中控制

（1）采用巡视、平行检验、见证、旁站等方式，对施工工序、施工工艺、施工材料加工等施工过程进行监管，保持质量记录；

（2）对设备材料的采购进行抽样检查；

（3）对所需的施工设备、工具、模板、脚手架的质量、安全指标和运用情况进行预检和（或）试验，必须满足安全作业和质量要求。

（4）对工程的施工准备工作和实施方案进行审查。

（5）组织定期巡检。

3）事后控制

严把质量管控验收关，是全过程咨询服务单位必须履行的义务和职责所在，对分项工程、隐蔽工程、子分部、分部工程进行严格的工程质量把关验收，对承包单位的工程质量进行阶段性总结评价，定期或不定期组织召开质量评比评估会，督促各项规章制度的落实，将工程质量管控在实施阶段得到充分落实。对在检查验收过程中出现的各类问题，要求做到及时整改，及时复查。

17.8 风险管理

工程项目风险管理是指通过风险识别、风险分析和风险评价，去认识工程项目的风险，并以此为基础合理地使用各种风险应对措施、管理方法、技术和手段对项目的风险实行有效地控制，妥善处理风险事件造成的不利后果，以最小的成本保证项目总体目标实现的管理工作。

17.8.1 风险管理内容

（1）从全面性和系统性的角度对项目实施的风险进行全过程的预判、辨识和管理，主要的风险有政策法规风险、环境的风险、设计的风险、分包的风险、采购的风险、施工的风险、工期的风险、投资的风险、调试运行的风险。

（2）在项目策划过程中，采用初始清单法、专家调查法、风险调查法、情景分析法、流程图法、经济数据法等一些方法，对建筑工程的风险进行预判与识别。项目预判与识别的主要依据有工程项目的建设背景及项目规划、工程常见的风险种类、项目的外部环境（地理环境、自然环境、人文环境、政治环境）、项目的历史资料以及使用单位及发包人的情况。

（3）在项目实施过程中，对承包人的组织管理、设计、分包、采购、施工进行识别，并进行动态识别和分析。

（4）风险评价，在风险识别的基础上，通过定量、定性的技术和方法，量化测评项目工程带来的影响或损失的可能程度。风险评价的方法主要有风险因素分析法、定性风险评价法。

（5）提出风险应对方案，应对措施和策略有风险规避、风险缓解、风险转移、风险自留及这些策略的组合。

17.8.2 未来社区项目的风险分析

风险分析的工作内容包括风险辨识、风险评估和风险应对等三部分组成。

1. 未来社区项目的风险识别

未来社区项目的风险因素错综复杂，产生的原因也千差万别，一般情况因素如表17-4所示。

风险因素分析一览表　　　　　　　　　　　　　　　表 17-4

序号	风险因素	主要内容	备注
1	环境因素	政治因素（政策，制度），社会因素（群众，团体，文化，生活），环境因素（气候，地质，地下危险物，地下文物，不可抗力）	如法规变更，标准更新等
2	市场因素	汇率和利率变化，通货膨胀，各种因素引发的价格变动	主要是原材料价格变化
3	技术因素	技术可靠性，技术成熟度，质量标准，材料设备性能，技术故障等	关键是新材料，新技术，新工艺的质量标准确定
4	资源因素	人力资源，材料设备供应，机械工具，动力资源（电气煤油气水等）	主要是管理人员和施工劳动力的保证
5	资金因素	资金短缺，投资变故，融资风险，投资增加，资金支付	资金的保证，并且科学合理支付
6	配套条件	供水，供电，供气，通信，网络，交通，场地条件，地下障碍物，地下文物古迹等	这些是施工过程必要的条件
7	安全因素	人身安全事故，建筑物结构安全，施工隐患，功能不能满足等	需要化解和回避
8	人为因素	管理理念，组织协调，工作方法，外部干扰	一般容易忽视
9	组织因素	管理组织不科学，工作流程不合理，责任分配不明确等	
10	其他因素	决策滞后，设计文件滞后，合同违约，工程量变化，工程变更，工期延迟，工作条件等	这些是建筑工程的通病

2. 项目风险分析评估的方法和手段

（1）定性分析：对已经识别的风险根据影响和可能性的大小通过评估，按轻重缓急进行排序，为风险应对提供依据。一般需要注意风险信息的质量和时效性。一般采用专家评估和概率分析方法。

（2）定量分析：量度风险的概率和后果，估计对项目目标造成的影响，进行数值分析，并依此确定可以实现的成本、进度和范围目标。一般采取面谈、敏感性分析、决策树分析，模拟分析等。

3. 项目风险因素预测

1）设计方面主要风险

（1）设计人员投入不足，导致设计进度滞后，影响招标、施工进度的风险；

（2）设计人员素质不高，设计成果质量达不到规定深度要求，造成变更甚至拆改浪费风险；

（3）工艺设计滞后，工艺设备采购滞后，造成主体设计甚至现场施工完成部位发生变更、拆改的风险；

（4）设计需求发生变化，造成设计变更或工程拆改的风险；

（5）技术标准更新造成原设计标准发生变化的风险。

2）招标采购方面的风险

招标采购方面的风险主要包括招标进度管理方面的风险、承包商选择的风险、招标清单编制方面的风险、合同条款拟定方面的风险等。

3）进度方面的风险

未来社区项目建设是一项系统性非常强的工程，很多时候，制约进度的关键工序一般需要多个参建单位的紧密协作才能完成，并非取决于某一个环节、某一家单位，在项目建设过程，导致进度控制失控的风险因素很多。在管理过程中，全过程咨询管理部应有预见性地对潜在的风险进行分析，针对风险产生的不同原因，采取有效的跟踪措施。

4）合同方面的风险

合同风险是指合同中的不确定性因素，可能导致合同一方在履约过程中遭受预期利益受损的情况。合同风险事件可能发生，也可能不发生，如果风险成为现实，则主要由承担者负责风险控制，并承担相应损失、责任。工程施工类合同风险主要在工程质量、工期、安全、造价等方面。

5）货物采购类风险

货物采购类合同的风险主要在采购货物的供货质量、供货进度、保修、现场服务等方面。

6）质量风险

设计没有细化明确或设计矛盾，导致的工程实施而出现的质量；施工过程中的质量事故，如没有按照设计图施工，或施工达不到质量标准要求。新设备、新材料、新工艺等缺少质量验收标准。往往带来质量隐患。

7）施工安全风险

未来社区项目建筑物层数较高，高空作业安全风险是必然存在的。工程的施工，必然会有大型机械设备进场使用，那么也需要这些机械设备不出事故。

需要通过加强管理，避免人身伤害事故在建筑工程中的发生，如施工用电等是最容易出现安全事故的因素。通过方案控制和过程控制，避免建筑物结构产生安全隐患和发生安全事故。

8）其他风险

包括人力资源、天气条件、地下文物、外部环境，特别是政府各职能部门的支持等。

17.8.3 针对未来社区项目的风险应对措施

1. 加强决策控制，提高决策效率

就未来社区项目而言，主要的决策项目有：项目功能决策，组织形式决策，方案决策，进度、投资、质量这些工程三要素的目标和目标之间的关系决策，招标投标决策，合同决策，工程款支付决策，材料设备质量档次决策，工程变更决策等。

2. 加强组织管理

建立合理有效的工作管理组织，制定明确有效的工作制度，明确所有参建人员的工作职责和工作范围，明确工作流程，明确权利和义务。建立协调机制，及时消除工作障碍。建立奖罚准则，明确责任制。营造和谐文明的工作环境。促进组织的有效运作。

3. 加强合同的风险管理

工程合同既是项目管理的法律文件，也是项目全面风险管理的主要依据，项目的管理者必须具有强烈的风险意识，学会从风险分析与风险管理的角度研究合同的每一个条款，对项目可能遇到的风险因素有全面深刻的了解。否则，风险将给项目带来巨大的损失。

4. 加强设计管理

根据风险特征曲线，随着工程实施的进展，一般决策失误引发的风险发生可能性逐步降低，而风险一旦发生产生的损失则增加。因此，要重视设计阶段的风险管理。实际上，工程发生的风险往往都是在设计阶段没有做好工作，如设计文件的不完善，造成工期延误。还有，建筑设计的构造和布局追求新颖独特，往往增加施工难度，导致工程质量和工期风险增加，并且成本控制也增加困难。

5. 重视信息管理

许多风险，都是由于信息不畅通，或者信息错误造成的，信息管理，已经成为现代项目管理的有效手段。需要设立专职信息管理人员，进行信息收集和分析，搭建信息传输路径及时进行信息发布，建立信息共享网络。

特别需要对于异常信息，往往是风险产生的预兆，需要特别关注，如进度偏离，质量异常，安全隐患，变更指令，突发事件等。对于展馆类项目而言，功能变化，是非常重要的原始信息，需要及时贯彻。

充分重视市场信息等外界信息的收集，也是非常重要的一个环节。

6. 加强协调工作

通过有效协调，可以减小风险发生的概率，专业之间的配合，就可以有效减少设计文件的缺陷；工程各承包商之间的交流，可以减少误解，加快资源调配。管理者和被管理者之间多沟通，可以提高工作效率。

7. 加强资源投入的管理工作

需要通过合同管理，沟通协调，管理手段，整合以上各类资源的最大化，促进工程顺利实施。

8. 非计量风险应对措施

非计量风险指政治、经济及不可抗力风险。政治风险包括：战争、动乱、政变、法律制度的变化等。经济风险包括：外汇风险、通货膨胀、保护主义及税收歧视等。经济风险一般不可避免，主要是反映出市场对材料设备价格的变化，需要根据不同对象进行定性与定量结合的分析研究。不可抗力引起的风险主要包括：超过合同规定等级的地震、台风、风暴、雨、雪及严寒地冻和特殊的未预测到的地质条件，地下危险物品等。

9. 可计量风险应对措施

可计量风险属于技术性风险，是常规性的不可避免的风险，包括已经探测的地质条件、材料设备供应、工程变更、技术规范、设计与施工等造成的风险。

可计量经济风险的防范措施一般采用：集思广益法；通过专业人员对估算、预算、变更、决算的计算和审核，进行成本风险控制；通过保险机制减轻风险损失，实现风险转移；通过分包合同向分包商转移风险，实现风险转移，并合理控制风险成本；通过管理人员加强过程管理，控制质量风险和进度风险；通过合同管理，通过奖罚措施，控制质量和进度风险。

17.9 竣工验收、移交管理和项目运营维护咨询

建设项目的施工达到竣工条件进行验收，是项目施工周期的最后一个程序，也是建设成果转入使用的标志。竣工验收是全面考察建设项目的施工质量、明确合同责任、建设项目转入使用的必备程序。

未来社区项目建设体量大、涉及专业多，必须经过一段时间的运营测试方能体现九大场景是否切实落地，因此未来社区项目的验收、移交远比传统房地产项目丰富。

关于未来社区项目验收、移交、运营等的具体内容详见本书第 20~23 章。

第 18 章　工程监理

　　工程监理，是指具有相应资质的监理单位受工程项目建设单位的委托，依据国家有关工程建设的法律、法规，经建设主管部门批准的工程项目建设文件、建设工程委托监理合同及其他建设工程合同，对工程建设实施的专业化监督管理，实行建设工程监理制，目的在于确保工程建设质量、提高投资效益和社会效益。

　　建设工程监理的内容包括"四控、两管、一协调"，即质量控制、工期控制、投资控制、安全控制；进行信息管理、合同管理；协调有关单位之间的工作关系。

　　针对未来社区项目的建设监理工作，要做到以下方面：

　　（1）实现有组织的管理：一是参加建设各方主体的工作职责和相互之间工作关系非常明确；二是监理管理机构内部形成职责明确、层次分明、工作无盲点、工作有时效的管理框架。通过组织管理，做到处处有执行（谁做）、事事有责任（谁负责）、环环有监督（谁监督管理）。

　　（2）实现全过程有计划管理：任何工作，都不能盲目去做，都要有计划，并且计划要经过审批，目的就是避免反复，影响工期。包括监理管理总规划，各部门规划细则，实施方案，实施流程等。

　　（3）实现全面管理：内容上，就是管理工作落实到每个部门、每个基层、每个人，通过工作交底，不同范围的沟通会议，形成上下各层次工作目标一致、分工明确。从时间角度，监理管理的所有工作者全部实现平行管理，减少一切中间误差。

　　（4）建立信息处理中心：及时收集信息和及时反馈信息，并负责整个项目重大信息汇集、传输和发布。

　　（5）提前启动：各项工作均提前启动，如设计、招标、施工准备、节点验收等，各项关键工作需要留置后续工作的机动时间，即需要预留必要的总时差和各项工作的自由时差，在工作计划时考虑余地。如设备招标至少提前 6 个月，以便有足够时间进行工厂预制。

　　（6）协调和交流：加强同业主和参建各方的协调和交流，这些协调和交流，既发生在高级管理层，也发生在各个层次。特别是基层，更需要通过沟通，使管理工作体现在过程中，保证工作一次性完成。

　　（7）贯彻业主参与理念：通过业主对工作的决策参与，在过程中把业主的要求和思想及时贯彻落实到具体工作上。通过汇报制度，即总结、通过（年、月、周）报、专项工作汇报等，及时让业主了解情况，及时让业主参与里程碑事件的决策要求中，就是让业主对工作满意，这也是提高管理成效的重要条件，也是现代管理的理念。

（8）风险预控：未来社区项目由于投资较大，要求高，存在许多可能出现的风险，诸如工期风险、投资风险、质量风险、安全风险等。风险管理的工作思路就是在实施之前，通过找出风险因素，分析风险的程度和发生的可能性，进行预先应对，控制风险的发生，控制风险对工程实施的影响。

18.1　未来社区项目质量控制

工程质量控制是指为保证和提高工程质量，运用一整套质量管理体系、手段和方法所进行的系统管理活动。

18.1.1　质量控制原则和手段

（1）质量控制原则：从4M1E（Man，Machine，Material，Method，Environment）着手，在事前、事中和事后三个阶段采用组织、技术、经济和合同措施加以控制。坚持"严格控制、公正合理、热情服务"的宗旨，遵循"超前监理、预防为主，跟踪监控、动态管理，加强验收、严格把关"的方法，处理协调好质量、进度，投资三个互相制约的目标要求，实现工程质量目标。

（2）质量控制手段。① 见证：由监理人员现场监督某工序全过程完成情况的活动。② 旁站：在关键部位或关键工序施工过程中，由监理人员在现场进行的监督活动。③ 巡视：监理人员对正在施工的部位或工序在现场进行的定期或不定期的监督活动。④ 平行检验：项目监理机构利用一定的检查或检测手段，在承包单位自检的基础上，按照一定比例独立进行检查或检测的活动。

18.1.2　质量控制措施

1. 组织措施

（1）鉴于未来社区项目整体建设规模都较大，为便于管理、职责分明，以利于实施对工程建设目标的有效控制，监理组织机构宜采用直线制设置，明确各监理人员岗位职责并制定奖罚制度。

（2）编制质量控制监理工作流程并严格执行。

（3）要求承包单位建立、健全和逐步完善质量保证体系，明确各专业岗位的质量责任制及质量惩罚手段，监督施工过程承包单位管理人员的到位情况。进入施工阶段应审查主要管理人员到位情况，按规定应持证上岗人员的证件审查，质保体系是否健全。

（4）督促、检查承包单位施工准备工作，主要内容包括有：技术交底是否进行，主要施工机械、设备配置、劳动组织是否完成，开工所必需的材料、构件、工程设备是否到位，施工管理、施工安全和质量保证措施的落实情况。

（5）总监定期组织现场质量协调会、现场质量协调会并形成会议纪要。

2. 技术措施

（1）施工准备阶段。要加强施工组织设计、专项方案审批；抓好图纸内审和会审工作；严格控制工程使用的原材料、半成品及设备的质量，必须提供出厂合格证及材料检验报告；材料试验单位和资质审查凭证应提交监理部审查认可。

（2）施工阶段。复核以下签证：施工测量放线、桩位定位、土方开挖、混凝土浇捣、防水施工、管线预埋等。对施工工艺过程进行全面控制；做好隐蔽工程检查与验收；行使好质量监督权；做好质量、技术签证；设立样板制度；制定旁站监理方案，落实旁站监理工作。

（3）工程验收阶段：重视阶段和分项分部工程的验收，中间验收未通过，不得进入下道工序。高度重视工程质量事故。若发生质量问题，监理工程师首先暂停相关部位的施工并要求承包单位写出书面事故调查报告，并初步分析出原因，然后会同有关单位和人员对质量事故进行进一步调查、分析，再责令施工单位拟定整改方案，会审后监督其实施复查直至问题落实。

（3）经济措施：建立质量考核惩罚制度；行使质量否决权，为工程进度款的支付签署质量认证意见。

（4）合同管理措施：在工程合同或附加协议中明确项目质量的要求，确定质量的标准、检查和评价方法、奖惩办法和标准。要求施工单位在投标时就明确质量保证体系、质量保证的措施和方法，审查这些措施和方法的适用性、科学性、安全性，作为选择承包商的依据。根据《工程承包合同》中承包单位应尽的义务和责任条款监督承包单位按设计图纸、施工规范以及既定目标精心施工。

18.2 未来社区项目进度控制

工程项目的进度控制，是指对工程项目各建设阶段的工作内容、工作程序、持续时间和逻辑关系编制计划。并在该计划付诸实施的过程中，经常检查实际进度是否按计划要求进行。对出现的偏差要分析原因，要采取补救措施，或者调整、修改原计划，直至工程竣工，交付使用。

18.2.1 进度控制手段

（1）进度控制原则：在工程项目的实施过程中，随时掌握工程进展，将进度计划与实际值进行比较分析，提出意见，确保施工总工期的实现。

（2）进度分解。根据项目总工期要求，首先确定每个施工标段的工期控制目标，其次确定标段中各单位工程的工期控制目标，最后确定主要分部的控制时间。可设立以下几个关键时间节点：桩基施工节点、基坑围护节点、土方开挖节点、地下室施工节点、主体施工节点、内装饰施工节点、幕墙施工节点、水电暖通弱电安装节点、安防系统安装节点、室外工程施工节点、安装联动调试节点、竣工预验收节点、整改、竣工验收节点。节点时间确定后倒排计划，并进行审核和控制。

（3）进度控制工作重点：动态控制工程进度，及时对比计划和实际进度分析偏差原因及当前进度对上级进度目标进度的影响；提出进度调整的措施和方案。

18.2.2　进度控制措施

开工前按合同要求的工期，审查施工单位的总进度计划（注意有否遗漏）：

（1）总进度计划是否满足合同工期的要求。

（2）审核总承包、分包单位分别编制的各单项进度计划之间是否相协调。

（3）工艺安排是否合理，能确保工程的质量，尤其确保必需的技术间歇期。如养护期或采取可靠的措施以确保混凝土质量如提高混凝土强度等级。

（4）要充分考虑各种不利因素，做出预案，并留有余地，如：因水文地质变化引起桩基工程受阻，以及因桩机损坏影响工期；因地质情况及邻近周边情况影响深基坑的开挖；因气候情况：高温、高寒、暴雨、台风、洪水等不利施工的影响；停电、停水各种干扰的影响；材料、构配件市场、劳力市场的可能影响；各专业的配合问题等。

（5）应有月计划，重要部位应有周（旬）计划。

（6）找出影响工期的控制线，及控制线中的主要节点，确定节点工期，作为检查、调节、奖惩的依据，以有效地控制工期。

（7）按总工期计划、月计划、周（旬）计划要求，相应地编制材料订货及供应计划，特别是管理人员及特殊工种的进场计划、设备及施工机械的进场计划。

（8）应有具体的保证措施（组织措施、技术措施、经济措施、合同措施）。

施工过程中：

（1）按进度计划，绘制进度曲线，进行动态控制。

（2）对节点工期进行检查，与计划曲线进行对比分析，及时进行调整。对于严重滞后的应找出原因，提出针对性措施。

（3）对于非施工单位引起的工期滞后的各种原因及造成的后果，应客观、认真地记录、取证，以便为索赔提供依据。

竣工后：

（1）整理所有误工、停工、设计变更、延期的签证，分类列表、汇总，对照计划工期与合同工期进行分析，并通报各方。

（2）整理各项签证，为索赔及反索赔提供依据，为最后决算提供依据。

18.3　未来社区项目投资控制

工程投资控制是指在工程建设过程中，为实现项目实际投资不超过计划投资而开展的管理活动。主要工作内容包括编制投资估算、审核设计概预算、编制并控制资金使用计划、控制工程付款以及监理合同中委托的有关投资控制工作。

18.3.1 投资目标控制和分解

（1）投资控制目标：不超过业主批准的工程概算。工程计量、签证、结算不超过计划量。

（2）施工阶段投资目标的分解。投资目标按标段分解至单位工程，再由单位工程分解至分部分项工程分列控制额度。

18.3.2 投资控制措施

（1）组织措施：项目监理实行总监理工程师负责制，项目部各部门定编、定员、定岗位、定职责，投资控制的目标由各相关管理人员分头控制、总监理工程师统筹协调。

（2）项目工程款支付管理措施：

① 根据项目投资计划和进度总控制计划并考虑预拟定各类合同的付款计划，协助建设单位编制完成项目投资用款总计划。

② 根据项目投资用款总计划，结合投资管理中的动态控制，对项目趋势进行分析，协助建设单位编制项目投资用款年度计划、项目投资用款月度计划。

（3）工程变更洽商的投资控制措施：变更洽商是施工阶段费用增加的主要途径，必须重视设计变更洽商的管理，严格设计变更洽商的审批程序，并重点加强变更洽商的预防工作，将变更洽商控制在合理的范围内。

① 设计变更洽商的预防。在工程组织总包、分包招标时，应对设计图纸进行严格审查并可要求投标单位对图纸进行复核，否则，一般设计图纸中存在的"错、漏、碰、缺"等问题在施工时只可能提出技术变更洽商等途径解决，从而增加费用（但招标人主动提出的设计功能、标准、面积提高的设计变更及设计错误除外）。在项目实施过程中采用合同（招标投标）条件来控制工程洽商，有利于使承包商与建设单位共同致力于避免损失，减少承包商与建设单位的冲突。

② 设计变更洽商费用的控制。首先要严格设计变更洽商的审批程序。其次要严格控制增大项目投资的设计变更洽商的发生。对于设计变更洽商的费用审核应根据合同要求和现场情况进行审核，并严格审查变更洽商签认手续的时效性、真实性、完整性及工程量计量的准确性、套用子目及取费的合理性。

（4）重视图纸会审和设计交底：在图纸会审和设计交底前，组织各专业工程师充分熟悉图纸，发现图纸中存在的问题特别是各专业存在的矛盾之处，利用图纸会审的机会加以解决，减少施工过程中的变更和由变更引起的索赔。同时通过设计交底还能充分了解设计中的技术要求，明确施工过程中需要重点控制和协调之处，制定预控措施，减少因施工不当造成费用的增加。

（5）索赔的投资控制措施：控制索赔费用，关键在于索赔预防，并注意做好日常记录，为可能发生的索赔提供证据。

① 索赔预防。通过工程投资风险分析，找出项目投资最易突破的部分和最易发生费

用索赔的因素及部位，制定具体防范对策，考虑进行风险转移。在协助建设单位编制招标文件和施工承包合同时应有索赔防范意识，将承包方可能提出索赔的问题尽可能地在合同文件予以界定，避免或减少由于招标文件、施工承包合同的不完善之处引起的索赔，导致工程费用的支出。严格审查承包商的施工组织设计，对于主要施工技术方案进行全面的技术经济分析，防止在技术方案中扩大项目投资的漏洞的存在和发生。

② 索赔费用处理。首先，要严格索赔审批程序。其次，当索赔发生后，要迅速妥当处理，根据过程中收集的工程索赔和反索赔的相关资料，迅速对索赔事项展开调查，分析索赔原因，审核索赔金额，并在征询建设单位意见后与承包商据实妥善协商解决。

18.4 未来社区项目安全文明管理

安全文明施工是工程建设永恒不变的主题。工程建设安全文明施工水平反映了工程管理的水平。安全文明施工管理是工程管理中最重要的工作内容之一，它贯穿于工程项目的整个始末。

18.4.1 建立、健全安全文明施工管理体系

（1）要想进行系统的管理，必须首先建立一个安全文明管理的机构，建立建设单位、全过程工程咨询单位、施工单位三级管理网络，由建设单位公司分管领导、全过程咨询项目负责人、施工单位项目经理共同组成，这个机构是整个工程项目的最高安全管理机构，负责项目施工方案的审核，单位之间安全文明施工问题的协调，并参加每月进行一次的整个工程的全面安全文明施工检查，并在月施工协调会上通报检查情况，对存在的问题限期进行整改，对在限期内未整改完成的项目要进行处罚，并要求再整改，未完成再罚，直至完成。

（2）安全文明施工管理小组

项目安全管理最高机构下设安全管理小组，由全过程工程咨询单位牵头，建设单位工程管理部门负责人或部门工程管理人员、施工单位专职安全员参加，负责工程现场日常安全管理工作，每周进行一次全面的安全检查，并在周施工协调会上通报检查情况，对存在的问题限期进行整改，对在限期内未整改完成的项目要进行处罚，并要求再整改，未完成再罚，直至完成。

18.4.2 确定安全文明施工管理工作的目标

安全文明施工管理工作的目标和安全管理机构一样，都应该在开工前的工程协调会上确定。对于未来社区建设项目安全文明工作目标应定为：① 重伤以上事故发生率为零；② 全员安全教育率100%；③ 安全隐患整改完成率100%等。

18.4.3 现场安全、文明施工管理的要求

（1）施工组织设计中必须明确文明施工的规划、组织体系、职责。施工总平面布置要

考虑文明施工的需要，统一规划，经审核批准后执行。

（2）明确划分文明施工责任区，责任落实无死角，并有明显标记，便于检查、监督。

（3）材料、设备等堆放合理，各种物资标识清楚，排放有序，并要求符合安全防火标准（含甲乙双方的材料、设备）。

（4）施工现场道路通畅，路面平整，施工区域形成围栏或围墙。照明配置得当，保卫人员上岗执勤。

（5）现场施工用电及施工用水管道系统要布置合理、安全，场地排水与消防设施完备，满足施工需要。

（6）施工用机械、设备完好、清洁，安全操作规程齐全，操作人员持证上岗，并熟悉机械性能和工作条件。

（7）施工现场的安全管理、安全装备、安全工器具等要逐步实现标准化，符合有关规定要求。

（8）施工临建设施完整，布置得当，环境清洁。办公室、工具间等场所内部整洁，布置整齐。有关职责、制度、规定上墙。

18.4.4 安全、文明施工管理的措施

为保证安全管理目标实现，要采取一定的措施，其中教育和检查是安全文明施工管理的主要措施。

（1）教育：要严格进行"三级教育"。要求各参建单位对进场工人进行严格的"三级教育"，提高劳动者发现、认识危险及预防伤害的能力，并养成遵章守规的习惯。特别是当前大量使用进城务工人员，他们不具备必要的安全生产意识和防护能力，所以一定要加强对新进场工人特别是进城务工人员的"三级教育"并严格管理，从保证、监督两方面来减少事故隐患的发生。

（2）安全文明施工的检查

安全检查是发现不安全行为和不安全状态的重要途径，是消除事故隐患、落实整改措施、防止事故伤害、改善劳动条件的重要方法。

安全文明施工检查的内容主要是查思想、查管理、查制度、查现场、查隐患、查事故处理。

18.4.5 安全文明施工管理中应注意的几个问题

（1）注重事前管理。要杜绝平时无人管，出了安全事故人人管的乱象。

（2）贯彻预防为主的方针。安全生产的方针是"安全第一，预防为主"。在施工生产活动中进行安全管理，针对生产特点，对生产因素采取管理措施，有效地控制不安全因素，把可能发生的事故消灭在萌芽状态，以保证施工生产活动中人的安全与健康。贯彻"预防为主"，要端正对施工生产中不安全因素的认识，端正消除不安全因素的态度，选准消除不安全因素的时机。在安排与布置生产内容时，针对施工生产中可能出现的危险因

素，采取措施，明确责任，尽快、坚决地消除事故隐患。

（3）坚持动态管理。安全管理不是少数人和安全机构的事，而是一切与施工有关的人共同的事。安全管理涉及工程管理的各个方面，涉及从开工到施工交付使用的全部过程，涉及全部生产时间和一切变化着的生产因素。因此，生产活动中必须坚持全员、全过程、全方位、全天候的动态安全管理。

（4）形式多样注重效果，全面宣讲安全的重要性。在教育途径上要多管齐下。既要通过安全培训、安全日进行常规性的安全教育，又要充分发挥安全会议、黑板报、宣传栏等多种途径的作用，强化宣传效果；在安全教育的形式和内容上要丰富多彩，推陈出新，是安全教育具有知识性、趣味性，寓教于乐，广大职工在参与活动中受到教育和熏陶，在潜移默化中强化安全意识。要通过多种形式的宣传教育逐步形成"人人讲安全，事事讲安全"的氛围，使广大职工逐步实现从"要我安全"到"我要安全"的思想跨越，进一步升华到"我会安全"的境界。预防为主，先期治理，确保防范措施到位。

（5）安全文明施工管理要以人为本。在现代管理哲学中，人是管理之本。管理的主体是人，管理的动力和最终目的还是人。在安全生产系统中，人的素质是占主导地位的，人的行为贯穿施工过程中的每一个环节。因此，在安全文明施工管理过程中，企业必须尊重人，关心人，以人为本，采取必要的措施，保障个人的利益，使大家找到归属感，形成安全管理。

（6）要求施工单位加强管理，提倡文明施工、清洁生产；施工中产生的废料、废渣应按指定地点堆放，不得随意丢弃；施工结束后，要对临时用地和运输便道进行清洁和必要的恢复，以减缓施工作业对环境的不利影响。

18.5 合同管理、工程信息档案管理

18.5.1 合同管理的内容

1. 合同管理的主要内容

（1）协助业主确定本工程项目的合同结构；

（2）协助业主起草与本工程项目有关的各类合同（包括施工、材料和设备定货合同），并参与各类合同谈判；

（3）进行上述各类合同的跟踪管理，包括合同各方执行合同情况的检查；

（4）协助业主处理与本工程项目有关的索赔事宜及合同纠纷事宜；

（5）向业主递交有关合同管理的报表和报告。

2. 合同各阶段管理内容

合同分阶段管理是工程项目合同管理机构和管理人员为实现预期的监理控制，对工程合同订立时的管理、合同履行中的管理及合同发生纠纷时的几个阶段管理，其每个阶段具体工作内容有：

（1）合同订立前的管理。应协助业主做好市场考察、资信调查工作，定位功能需求，明确采购技术指标，了解合理的价格。避免政府采购过程中，常见的因为低价中标，最后却牺牲了必要功能的情况发生；

（2）合同订立阶段，应重点控制合同的支付条件，违约方面的约定，避免履约过程中因款项支付不到位或超付，缺少措施制约施工单位的情况，为后期的合同管理打好基础；

（3）合同履行中的管理。合同依法订立后，监理应认真做好履行过程中的管理工作，公正签证，核定工程量，按照合同条款签发支付证书，提前预控，尽可能避免变更；

（4）合同发生变更的管理。必须发生变更时，监理应保留原始证据，做好索赔及反索赔工作。

18.5.2 合同管理的措施

1. 工程项目施工阶段合同管理

（1）建立合同管理机构，明确合同管理工程师职责及工作内容。

（2）明确项目内部的预付款、工程款支付程序、设计变更程序、工程变更程序、索赔及反索赔程序。

（3）审查重要建筑材料和主要设备定货，并核实其性能满足规范及设计要求。

（4）核定和会签设计变更和工地洽商变更方面文件。

（5）组织工程质量事故的分析和处理。

（6）认定工程质量和进度，依照合同进行计量，并签署付款凭证。

（7）审查工程价款和工程竣工结算。

（8）对出现影响进度质量的违约行为，根据合同约定进行奖惩。

2. 合同变更的处理

工程合同变更的要求可以由业主、监理工程师、承建方提出，但必须经过业主的批准签字后才能生效。工程变更的指令必须是书面的，如因某种特殊原因，监理工程师可口头下达变更令，但必须在48小时内予以书面确认。

因图纸不完善所造成的设计变更，或分项工程变更所引起的投资增减在2万元以下，建议由项目总监会同项目监理部处理，并由项目总监征求业主意见后发出变更指示；对设计漏项，变更技术方案和技术标准，以及因地质条件引起的基础、结构设计的变更等，项目总监均应上报业主共同处理。

合同变更的估价由项目总监按合同条款的有关规定会同项目监理部进行，并报业主认可，由项目总监书面通知承建商；为了进度付款方便，项目总监经业主同意批准，可根据合同条款规定定出临时单价或合价。

3. 合同延期的处理

由于增加额外工作与附加工作，异常恶劣的气候条件，或不是承包商责任范围内的特殊情况，影响工程关键线路，承包商可按合同有关规定要求工程延期。监理部应做好工地实际情况调查和记录，保留原始记录，对工期变更申请提出审核意见，报业主审定。

4. 合同索赔的处理。为控制工程的投资，监理工程师应积极协助业主防止承建商提出索赔，找出正当的理由和证据对承建商的索赔报告进行反击，使业主不受或少受损失；同时及时发现承建商违反合同的情况，积极收集证据资料，协助业主做好对承建商的索赔工作，尽最大可能减少工程投资的损失。

5. 合同违约的处理。

违约合同处理过程中，监理工程师须分清违约责任方及违约责任，明确违约责任，按协议条款的约定支付违约金，赔偿因其违约给对方造成的损失。违约金及赔偿损失的计算应注意：提出因违约发生的费用，应写明费用的种类；要根据合同条款写明违约金的数额或计算方法和支付时间；赔偿损失，应写明损失的范围和计算方法。

如现场监理工程师发现承包商有符合合同条款中承建商违约的有关事实，应及时向项目总监提交详细报告和有关事宜的处理意见，经项目总监核实后报业主批准处理。除非双方协议将合同终止，或因一方违约使合同无法履行，否则在违约处理完毕后，监理工程师应督促及协助双方继续履行合同。若一方违约使合同不能履行，另一方欲中止或解除全部合同，应按合同约定提前通知违约方。项目总监应按合同条款规定，对业主及承包商进行适当的协商工作，依据合同尽力维护业主的利益。

18.5.3　工程信息资料管理

未来社区项目受社会关注度高，在日后的建设过程中也将涉及各层次的参观检查，工程信息是最直接、最完整反映工程建设全过程的载体，是监理工作重点之一。具体管理措施有：

（1）推行计算机管理加快信息处理：监理的方法是控制，控制的基础是信息，信息资料管理是监理工作的基础，只有及时准确掌握工程进度、质量、投资等方面的信息才能采取有效措施，保证工程达到目标。从工程信息的收集、整理、传递到工程项目监理文件资料的编制建档等，均应建立完善的信息系统，并采用计算机管理。

（2）实行专人负责和保管制：监理资料工作明确由项目总监理工程师负总责，监理组全体人员分工负责，并指定专任资料员负责实际管理工作。

（3）实行信息管理工作交底制：项目总监理工程师在第一次监理会议上即对施工单位进行监理制度的交底，明确施工单位对各种信息资料的报验程序，各种报表的报送日期、内容填写要求，制订分项工程报验计划，各种材料、设备报验计划，工程款用款计划等按计划执行。

（4）实行标准化配置和归档制度：项目部在施工阶段收集和运行的所有文件资料都应存入相应类别的文件夹，每个文件夹再根据不同类别分别装入资料柜或上墙。针对工程资料管理，按照《建设工程文件归档规范》GB/T 50328、工作标准和最新的监理管理表格，明确具体的施工阶段建设监理资料管理规定，指导资料信息的管理工作以及各种报表的填报，各项资料的收集整理要求，将在工程监理过程中严格执行，实现规范化、标准化。

（5）实行信息沟通内部会议制度：每周由项目监理部总监理工程师主持召开监理人员会议，各监理人员汇报工程监理情况，交流信息，总结上周工作，安排部署下周工作。

（6）实行监理日记与监理月报制度：总监理工程师和各专业监理工程师及监理员应每日填报"监理日记"，记录施工现场该日监理工作的情况。资料员根据监理日记及有关监理报表进行整理，作为编制"监理月报"的依据。

（7）实行文件传阅登记制度：当业主、设计、承包单位有文送达或有重要通知送出时，相应文件实行分级传阅制度，传阅后签字，使信息获得接收。此外收发文登记和资料传递一个进出口制度，并制定统一格式，协助和督促承包单位实行日、周和月报制度。

18.6 未来社区项目的组织协调

项目监理的组织协调工作主要是指项目建设活动的协调施工活动中各有关要素间的协调及各要素在时间空间上的协调。可分三部分：第一是监理组织系统内部的协调；第二是监理组织系统与业主、承包单位、设计单位等其他系统的协调；第三是业主、设计单位、设计单位、上级主管部门（质检站）等有关系统间的协调。

18.6.1 组织协调的方法

（1）会议协调法。如工地例会、项目监理协调例会、专业性项目监理会议等。

（2）交谈协调法。它能保持信息畅通，各方更易敞开心扉交流，这是处理问题更直接、更灵活、更有效的方法。

（3）书面协调法。如书面报告、报表、指令和通知等，为提供详细信息和情况通报的报告、信函和备忘录等，会议记录、交谈内容或口头指令的书面确认。

（4）访问协调法。访问协调法有走访和邀访两种形式：走访主要用于项目监理部到各相关单位了解意见；邀访为邀请业主或相关单位代表到施工现场对工程进行指导性巡视，了解现场工作。

18.6.2 组织协调的措施

1. 做好监理机构内部的组织协调

监理组织内部的协调工作，主要是协调项目监理部内部人际关系，明确划分各自的工作职责，设计比较完备的监理工作流程，明确规定监理部正式沟通的方式、渠道和时间，使大家按程序、按规则办事。

2. 与建设单位的协调

建设单位与施工单位的关系贯穿于工程建设的全过程，工作往来频繁，对一些具体问题产生意见分歧是常有的事。双方除了共同履行好合同责任外，还应加强协作，施工单位要向监理单位、建设单位及时地提供项目管理规划、生产计划、技术措施、统计资料、工程事故报告等。建设单位除了抓资金的落实外，应按时向施工单位提供地质资料、设计图纸等有关资料，积极配合施工单位解决问题，排除障碍。监理鼓励施工单位，将工程实施状况、实施结果、遇到困难及时向监理反映，以寻找监理过程中可能出现的干扰。双方联系得越紧，了解得越深，监理中的对抗和争执就越少。对招标、施工准备、施工过程、竣工验收等不同阶段的变化，采用不同的方式方法，本着充分协商的原则，耐心细致地协调处理好各种矛盾。

3. 与勘察、设计单位的协调

主要是地基处理、设计交底、图纸会审、修改设计、工程概算、隐蔽工程、竣工验收环节上要密切配合。如设计遗漏、图纸差错等问题，要解决在施工前；施工阶段严格按图施工；结构工程、专业工程、竣工验收要请设计单位参加。若发生质量事故，要听取设计单位的处理意见；施工中发现设计问题，监理应及时报告建设单位，要求设计单位修改，以免造成大的损失；若监理单位掌握比原设计更先进的新技术、新工艺、新材料，新结构、新设备时，要主动向建设单位推荐，支持设计单位技术创新。

4. 与质监站等上级主管部门的协调

监理单位与政府建设工程质量监督部门之间，在工程质量控制方面是监督与被监督的关系。工程质量监督部门作为政府机构，对工程质量进行宏观控制，并对监理单位质量行为进行监督检查和指导。为了处理好监理单位与质量监督站的关系，最根本的一条就是根据国家政府有关部门颁布的关于建设工程监理的法规、规定和办法，按照监理合同约定的内容切实履行监理职责、义务，落实岗位人员职责，做好监理工作，以优良的工程质量、优质的监理服务向建设单位、向政府和人民交一分满意的答卷。

第 19 章　工程造价咨询

19.1　造价咨询管理目标

1. 造价咨询管理的总体目标

项目实际结算总造价应控制在批复概算内。认真履行造价咨询职责，建立起覆盖本项目实施范围以内的全过程造价咨询控制体系，开展全过程造价管理工作，配合委托方将总投资控制在概（预）算投资限额内，充分提高投资效益。并协助业主做好施工阶段全过程工程造价的事前管理、事中管理、事后管理。

2. 分阶段设置目标

（1）工程前期阶段：按批准的投资估算为目标控制设计概算；

（2）工程设计阶段：按批准的设计概算为目标控制施工图预算费用；

（3）工程施工阶段：按施工图预算及中标标价为目标控制工程建安造价；

（4）竣工结算阶段：严格控制合同外费用，使最终结算总造价控制在批复概算内。

3. 分项目标设置（分阶段动态进行）

（1）依据本项目初步设计、施工图、竣工图分别编制估算、概算、预算、结算，按各个子项或综合项目分解后的单项指标列出差异表。

（2）对表中单项指标偏离较大项目进行重点分析、对比，找出原因。

（3）如确定属于合适增加的造价，则此单项指标为该阶段分项控制目标值。如不合理，则制定措施，在限额以内运用价值工程原理进行调整，直到满意为止。

（4）各个阶段的单项目标值随工程实施动态进行调整，但后一阶段目标不应超出前一阶段的限额，否则应作为重点纠偏对象。

19.2　造价咨询管理的流程

全过程工程造价包括规划、设计、招标投标、施工、结算、运维。对于成本管理来讲一个很大的课题就是每一个阶段都会有很多内容。造价工作的重点主要是估算、概算、控制价、标价分析以及最后决算这几方面，但其实并不仅限于此。

要做好造价的管控，就要改变"设计在前，造价在后"的现状。还要明确造价管理的基本流程，具体流程如图 19-1～图 19-3 所示。

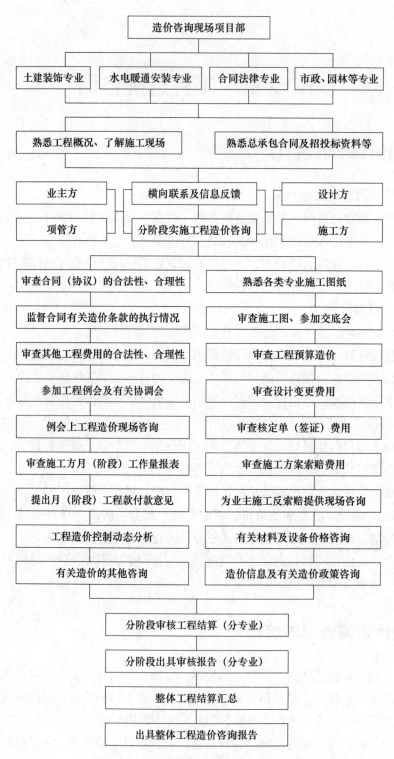

图 19-1 项目全过程造价控制总体流程图

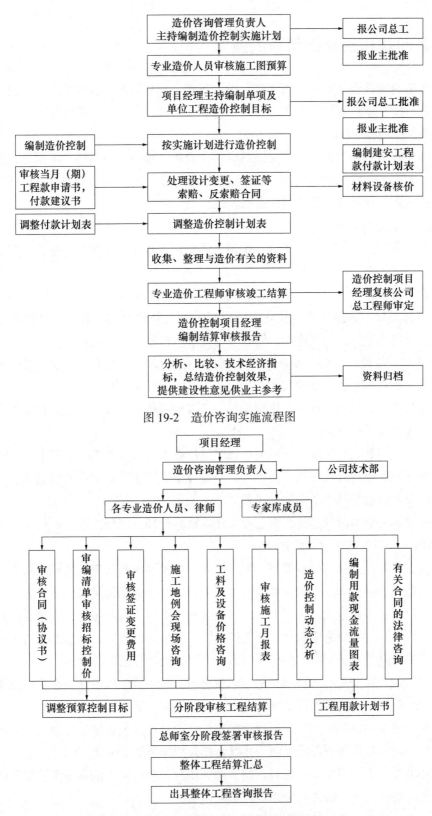

图 19-2 造价咨询实施流程图

图 19-3 全过程造价咨询技术措施图

19.3　各阶段造价咨询管理的措施

全过程造价管理包括前期决策管理、设计管理、招标管理、合同管理、变更管理、计量支付管理、结算审核等相关工作内容。依据项目造价管理目标，制订各阶段管理措施：

1. 决策阶段造价管理

科学编制投资估算。投资估算要做到科学、合理、经济，不高估，不漏算；保证投资估算和设计方案的一致性和匹配性；建立造价管理台账，将可研估算与批复的项目建议书匡算对比，从源头保证造价管理目标得以实现。

2. 设计阶段造价管理

本阶段工作重点：对设计方案进行价值工程分析，建立投资控制目标，以起到事前控制作用。

（1）根据设计方案、组织编制初步的成本估算并进行审核。

（2）参与设计方案的比选和优化，提供多种方案技术经济比较，并从价值工程（功能／价格比）的角度提出优化建议，使有限的资金获得最大投资效益。

（3）根据扩初设计，组织编制项目概算，并依此编制工程投资规划，详列分项子目标，以确保工程成本控制目标的实现。

（4）在初步设计深化过程中，根据设计进度及时提供成本建议，使设计能符合拟定的投资额，完成限额设计目标。

（5）根据概算和工程进度表，制定资金流量估算表，供业主编制工程用款计划。

（6）按计划完成设计概算的报批工作，及时反馈发改委、评审中心的意见，组织相应的责任单位及时按意见修改造价咨询成果文件。

（7）按要求完成本阶段造价咨询管理工作的资料整理、归档工作。

3. 招标及合同签订阶段造价管理

本阶段工作重点：进行招标策划、组织编制工程量清单和预算或招标控制价。

（1）根据各个项目的总进度计划安排，按委托人要求对招标策略、日程安排、合同结构及分包界定提供专业建议，针对上述内容配合招标管理工程师拟定工程建设项目招标实施方案、合约规划，并根据招标计划制定相应的工程量清单和招标控制价编制计划。

（2）组织编制工程量清单、招标控制价、拟订合同商务条款等内容。

（3）组织设计相关专业人员对招标控制价进行分析，确定投资是否在受控范围内，若投资出现大的偏差，应从材料设备档次定位和设计标准方面进行相应的调整。

（4）负责将最终定稿的招标控制价报送审计专业局审计或备案，按分项预算严格控制招标上限价，对超过预算项说明原因，并报委托人招标委员会批准。

（5）协助委托人与投标单位进行合同、商务谈判，对合同中的商务条款以及涉及的法律风险把关，提供专业的造价及法律咨询意见。

（6）按要求完成本阶段造价咨询管理工作的资料整理、归档工作。

4. 施工阶段造价管理

本阶段工作重点：对中期付款，特别是工程变更及现场签证进行审核以及及时按流程进行报批工作，做到造价精细核算、合同执行过程跟踪管理、投资动态控制，以起到事中控制的作用。

（1）在合同签订后，组织审核工程量清单复核并提出专业审核意见，修正完成后负责办理工程量清单复核报告审批手续；在完成报批后应根据修正后的工程预算和实际施工进度安排情况，编制每个项目的资金使用计划，按季度对每个项目的资金使用计划进行修正。

（2）按照合同约定的时间和流程及时审核每期工程计量和编制付款建议书。

（3）按照合同约定及时组织审核工程变更，及时处理工程索赔和合同纠纷并同时完成报批流程。

（4）按照合同约定做好月度用款计划、月报、年报、年度投资计划等统计工作，建立分管项目的合同、支付、变更、预结算等各种台账；负责对项目投资进行动态控制，处理各类有关工程造价的事宜，定期提交投资控制报告。

（5）负责组织对项目招标工程量清单暂估项目、暂估材料、甲供材料或招标工程量清单以外项目的价格确认或招标。

（6）定期组织召开造价咨询管理会议，解决项目实施过程中造价咨询方面的争议问题。

（7）按要求完成本阶段造价咨询管理工作的资料整理、归档工作。

5. 结算阶段造价管理

本阶段工作重点：负责工程结算的审核并配合报审计局审定，以起到事后控制作用。

（1）按照委托人的要求编制各项目总体结算工作方案，针对工程特点拟定结算原则、结算方式及结算工作建议。

（2）按照结算工作方案组织完成结算审核、核对及谈判等相关工作，负责协调和造价咨询单位有关结算问题的分歧。

（3）按照行业的相关规范和委托人的要求组织相关责任单位出具结算各阶段的审核成果文件并组织本单位专业人员对成果文件进行复核。

（4）根据结算资料对工程进行造价指标分析，并按照委托人的要求形成成果文件。

（5）在工程竣工验收后，应及时编制该项目的工程投资工作总结并上报委托人。

（6）负责按时完成结算成果文件的报批工作。

（7）按委托人和各项目归属政府职能部门的要求整理归档本标段的造价咨询管理资料并装订成册移交给委托人。

第 5 篇

验收移交阶段咨询

一个项目建设完成后会面临诸多的验收工作，其中包括项目过程中的管控验收、不同政府管控的专项竣工验收、质量监督部门统筹的竣工验收以及企业内控的竣工验收等。

工程验收随着项目开发整个过程而进行，涵盖了项目的过程验收和最后的竣工验收与备案等全过程验收工作。工程验收全部完成，办理相关完结手续并备案通过，即可进行项目移交。本篇内容包括验收管理、移交管理、运营管理和物业管理。

第20章 验收管理

20.1 与竣工验收及移交阶段工作相关的单位及部门

一个建设项目从立项到竣工验收及移交阶段，会涉及多个行政单位及相关部门，其中就竣工验收和移交工作中所涉及相关的主要行政职能部门包括但不限于：

(1) 住建部门；
(2) 规资部门；
(3) 环保部门；
(4) 卫生部门；
(5) 消防部门；
(6) 交通部门；
(7) 交警部门；
(8) 林业水利部门；
(9) 园文部门；
(10) 气象部门；
(11) 人防部门；
(12) 质监、安监站（含人防）；
(13) 城管部门；
(14) 开发区管委会（若有）；
(15) 住保房管部门；
(16) 民政部门；
(17) 经信部门；
(18) 电力公司；
(19) 水务公司；
(20) 燃气公司；
(21) 电信公司。

20.2 竣工验收准备工作

(1) 工程竣工预验收（由全过程咨询单位或监理单位组织，建设单位、承包单位参加）：工程竣工后，监理工程师按照承包单位自检验收合格后提交的《单位工程竣工预验收申请表》，审查资料并进行现场检查；项目监理部就存在的问题提出书面意见，并签发《监理通知书》（注：需要时填写），要求承包单位限期整改；承包单位整改完毕后，按有关文件要求，编制《建设工程竣工验收报告》交监理工程师检查，由项目总监签署意见后，提交建设单位。

（2）工程竣工验收（由建设单位负责组织实施，工程勘察、设计、施工、全过程咨询或监理等单位参加）：

① 承包单位：承包单位编制《建设工程竣工验收报告》；

② 监理/全过程咨询单位：编制《工程质量评估报告》；

③ 勘察单位：编制质量检查报告；

④ 设计单位：编制质量检查报告；

⑤ 建设单位：取得规划、公安消防、环保、燃气工程等专项验收合格文件。监督站出具的电梯验收准用证。提前15日把《工程技术资料》和《工程竣工验收质量安全管理资料送审单》交监督站（监督站在5日内返回《工程竣工质量安全挂历资料退回单》给建设单位）。工程竣工验收前7天把验收时间、地点、验收组人员名单以书面通知监督站。

（3）注意住宅类项目还应有《住宅质量保证书》和《住宅使用说明书》等。

20.2.1　质监单体申报

建设工程的质监申报是以质监单体为单位进行的，这决定了质监单体也将是竣工验收备案证核发的依据之一，每个地区的质监单体没有明确的定义和划分会产生差异，有的地区可能以规划单体楼栋为单位划分质监单体，即一栋单体楼为一个质监单体；而有的地区则可能是几个楼栋的组合成一个质监单体。

20.2.2　施工收尾与竣工验收

1. 电梯安装

对项目的发展和启用而言，室内电梯安装的核心价值在于交通运输。室内的电梯安装也就标志着项目正式进入后期收尾及竣工验收，室内电梯的及早完成可以有效地推进项目整体工期。

室内电梯的竣工验收是电梯交付使用的前提条件，也是项目竣工前检查的必备条件之一。因此，在项目施工阶段提前考虑室内电梯的穿插施工，加快电梯的安装进度，早日完成电梯的竣工验收工作，对项目整体的竣工验收工作意义非凡。

2. 消防系统

消防系统的关乎人的生命财产安全，消防设计越来越受到国家的重视，对消防的设计、施工以及验收的管控也越发严格。消防系统是一个较为繁杂的系统，涉及与消防相关的方方面面，而消防验收也往往是项目验收过程中耗时耗力的一项。因此消防工程竣工验收工作需提前筹措考虑。对消防验收的重点对象提出以下几点：

（1）火灾报警系统正常运转一周以上，所有联动设备均处于正常待机状态（按规定建筑物需正式供电，报警系统及联动设备须正式接通电）。

（2）消防水池及高位水箱按设计要求有效容积全部充水喷淋及消火栓系统管网压力全部达到设计压力（按规定建筑物需正式供水、消防水池、高位水箱、喷淋及消火栓系统管网均由正式水管网供水）。

（3）所有防排烟、送风机控制柜保证处于送电状态，排烟阀送风口处于正常工作状态。

（4）应急照明系统所有的应急灯具及标表全部按设计要求安装到位并正常工作。

（5）所有疏散通道应保证通畅且不应有障碍物，防火分区的防火卷帘升降灵活，电梯厅、疏散楼梯间等部位的防火门应开关灵活并安装闭门器，室外环形消防车道保证平整通畅。

消防验收过程中与验收主管部门保持良好沟通必不可少，对于消防验收而言更是工作的重中之重。项目部协同消防施工单位提前与消防验收相关部门进行沟通了解，清晰验收新政，摸底验收要点，这能极大地促进消防验收的顺利进行。

3. 庭院管网

市政管网的设计图纸及文件报批几乎都是以规划许可证为起始节点，起始时间本就相对较晚，故庭院的施工管网需及早考虑，鉴于市政配套单位的不可控性，项目现场应尽可能早地为市政配套单位的进程施工创造施工条件。

从项目整体形象的角度而言，庭院管网影响到小区的园建施工，小区园建最终影响到规划综合验收的推进。因此，在庭院市政阶段要考虑到小区园建的穿插施工，为规划综合验收创造条件。

20.3 工程验收流程

建设工程验收工作内容包括以下方面：首先是对建设工程有关验收的综合性文件进行书面的、程序性的审查。如施工单位的"工程竣工报告"、监理单位的"工程质量监理评估报告"等。

（1）项目单体施工完成；

（2）消防验收；

（3）排水管理验收；

（4）交易中心测绘验收；

（5）规划单体验收；

（6）园林绿化工程验收；

（7）规划综合验收；

（8）卫生防疫验收——公共建筑需要；

（9）环保验收——公共建筑需要；

（10）劳保办竣工验收；

（11）城建档案馆竣工验收意见书；

（12）配套费已缴纳证明；

（13）墙改节能验收（图20-1）。

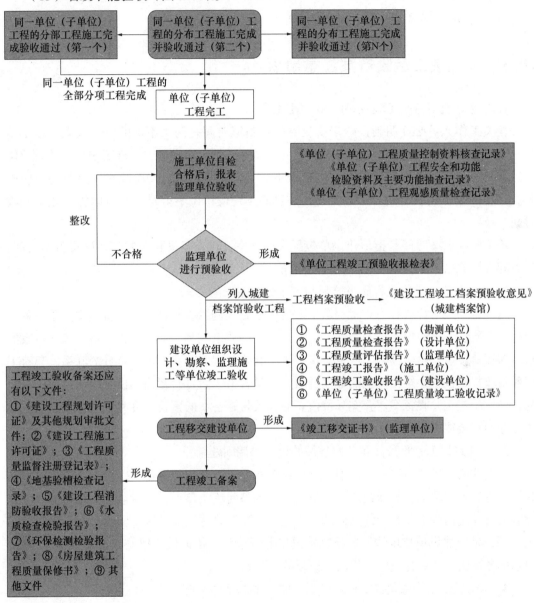

图 20-1　验收工作流程图

20.4　建筑工程竣工验收应当具备的条件

（1）完成房屋建筑工程设计文件和合同约定的各项内容；

（2）有完整的技术档案和施工管理资料；

（3）有工程使用的主要建筑材料、建筑构配件和设备的进场试验报告；

（4）有勘察、设计、施工、监理等单位签署的质量合格文件；

（5）有施工单位签署的工程保修书；

（6）城乡规划主管部门对工程是否符合规划条件进行核实并出具认可文件；

（7）人防、公安消防、环保部门出具认可或准许文件。

20.5　工程竣工验收备案注意事项

1. 务必认真对待竣工验收时间和备案时间

相关工作人员必须明确，竣工验收时间和备案时间是两个不同的时间概念。竣工验收时间一般是指召开竣工验收会通过验收的时间，必须是建设单位、施工单位、监理单位一致认可的，必须是在质量监督机构监督下，具备验收条件，按验收程序进行的有明确验收结论的竣工验收时间。尤其要引起注意的是建设单位不得将初验时间当作竣工验收时间。

竣工验收备案时间是指出建设单位提供的备案文件由备案机关收讫后同意备案时间，该时间直接关系到法规规定的行政时效问题。

2. 务必正确处理好工程质量监督与竣工验收备案的关系

这两者都属于行政行为。工程质量监督主要是强调过程监督，验收备案主要是一种法定程序，质量监督的根本目的是促进生产过程中的质量控制，提高工程质量，依法行政的根本保证是按法定程序办事。质量监督和竣工验收备案之间有着密不可分的联系，只有工程质量监督到位了，竣工验收的程序合法、质量合格，而且是参建单位共同认可的、真实的，最后的竣工验收备案才有实际价值。验收报告是备案的重要文件和依据，备案是对质量监督的直接促进和监督。

3. 处理好竣工验收条件和备案条件的统一协调问题

其实这两者条件是统一的，但客观上也存在差异。在实际操作中，条件差异只体现在时间的先后上。竣工验收须经建设单位组织，各参建单位参加，质量监督机构监督，因此验收的条件应由竣工验收会议共同认定，达成一致结论才能通过竣工验收。竣工验收备案则不同，是由建设单位申请、监督机构提出监督报告、备案机关把关，主要是程序性的，要求的备案文件要综合一些，代表了更强的行政意志。

4. 需积极采用信息化技术推进竣工验收备案制度的实施

实现信息化将根本改变政府管理模式和普通老百姓与政府的日常关系，服务和监督必将更加透明化。具体逐步采取的重点措施包括：通过网络信息技术，对竣工验收备案有关政策及时宣传，公开办事程序，建立开发建设单位和各参建单位的信誉档案，加快与质量监督机构和其他监督执法部门的信息沟通，最终建立起整个建设项目管理的诸个环节、各参建单位和工程项目的信息网络，对竣工验收备案项目进行公布，对不按时备案的工程及时督办，对违规行为进行处罚并公开通报，对年度备案项目进行统计分析等，逐渐把备案的程序和监督管理的实质更好地结合起来，逐步建立起前后呼应的政府建设管理的统一整体和信息网络。

20.6 建筑工程竣工验收监督（由质量监督部门执行）

（1）监督站在审查工程技术资料后，对该工程进行评价，并出具《建设工程施工安全评价书》（建设单位提前15日把《工程技术资料》送监督站审查，监督站在5日内返回《工程竣工质量安全管理资料退回单》给建设单位）。

（2）监督站在收到工程竣工验收的书面通知后（建设单位在工程竣工验收前7天把验收时间、地点、验收组名单以书面通知监督站，另附《工程质量验收计划书》），对照《建设工程竣工验收条件审核表》进行审核，并对工程竣工验收组织形式、验收程序、执行验收标准等情况进行现场监督，并出具《建设工程质量验收意见书》。

20.7 建筑工程竣工验收备案资料

建设项目资料备案阶段。收集齐全相关资料（备案要求规划、消防、环保、城建档案四个部门提供的认可文件或准许使用文件）及工程施工承包合同、施工单位签署的工程质量保修书、施工许可证复印件和竣工验收备案表三份递交给建设局窗口进行备案。

20.7.1 建设工程竣工验收备案办理需提交的材料

建设单位应当在竣工验收和消防、电梯、燃气等工程验收合格后15日内，向质监站提供如下资料办理竣工验收备案手续。
（1）工程竣工验收报告；
（2）《施工许可证》；
（3）施工图设计文件审查意见；
（4）竣工验收备案表；
（5）工程质量监督报告；
（6）工程竣工验收申请表；
（7）工程质量评估报告；
（8）工程勘察、设计质量检查报告；
（9）工程施工安全评价书；
（10）市政基础设施的有关质量检测和功能性试验资料；
（11）规划验收认可文件；
（12）消防验收文件或准许使用文件；
（13）环保验收文件或准许使用文件；

（14）有监督站出具的电梯验收准用证及分部验收文件；

（15）燃气工程验收文件；

（16）工程质量保修书；

（17）工程竣工结算书；

（18）商品住宅要提供《住宅质量保证书》和《住宅使用说明书》；

（19）法律、法规规定的其他资料。

20.7.2 建设工程竣工结算审核，要提供如下资料到造价站办理手续

1. 工程按实际结算的，要提供如下资料：

（1）建设单位和施工单位的委托书；

（2）工程类别核定书；

（3）工程施工中标通知书或工程施工发包审批表；

（4）工程施工承发包合同；

（5）施工组织设计方案；

（6）图纸会审记录；

（7）工程施工开工报告；

（8）隐蔽工程验收记录；

（9）工程施工进度表；

（10）工程子目换算和抽料（筋）表；

（11）工程设计变更资料；

（12）施工现场签证资料；

（13）竣工图。

2. 工程按甲乙双方约定的固定价格（或总造价）结算的，要提供如下资料：

（1）建设单位和施工单位的委托书；

（2）工程承包合同原件；

（3）竣工图。

20.8 建筑工程竣工验收基础备案程序

（1）建设单位向备案机关领取《房屋建设工程和市政基础设施工程竣工验收备案表》。

（2）建设单位持加盖单位公章和单位项目负责人签名的《房屋建设工程和市政基础设施工程竣工验收备案表》一式四份及上述规定的材料，向备案机关备案。

（3）备案机关在收齐、验证备案材料后15个工作日内在《房屋建设工程和市政基础设施工程竣工验收备案表》上签署备案意见（盖章），建设单位、施工单位、监督站和备案机关各持一份。

20.9　组织现场验收的主要内容

（1）整个建设项目已按设计要求全部建设完成，符合规定的建设项目竣工验收标准，并经监理单位认可签署意见后，向总包方提交"工程验收报告"，然后由总包方组织设计、施工、监理、全过程咨询等单位进行建设项目竣工验收，中间竣工已办理移交手续的单项工程，不再重复进行竣工验收。

（2）总包方组织勘察、设计、施工、监理、全过程咨询等单位按照竣工验收程序，对工程进行核查后，应做出验收结论，并形成"工程竣工验收报告"，参与竣工验收的各方负责人应在竣工验收报告上签字并盖单位公章。

（3）建设项目专项验收阶段

① 由建设单位负责向政府有关行政主管部门或授权检测机构申请各项专业、系统验收，专业、系统验收内容包括但不限于：A. 人防验收；B. 公安消防验收；C. 规划验收；D. 环保检测；E. 电梯验收；F. 锅炉系统验收；G. 智能建筑验收；H. 燃气验收；I. 电力验收；J. 防雷验收；K. 供水验收；L. 市政排水；M. 电信验收；N. 城建档案预验收。

② 各部门进行现场踏勘及资料审核并提出需整改的相关问题后，建设单位组织实施整改，得到各部门认可后，由各部门分别出具认可文件或准许使用文件（在时间紧张的情况下，可与上一步同步进行）。

③ 房屋建筑工程经竣工验收合格，并取得燃气、消防、电梯专项验收合格证明文件或者准许使用文件后，方可投入使用。

20.10　建筑工程验收程序

20.10.1　消防验收程序

（1）住建部门受理建筑工程消防验收申报时，应查验下列资料：
①《建筑工程消防验收申报表》；
② 建筑消防设施技术测试合格的报告；
③《建筑工程消防设计审核意见书》及相关批复文件；
④ 竣工图；
⑤ 消防工程施工安装单位资格证书及施工安装、调试记录，消防产品相关证书、出厂合格证，隐蔽工程记录，设计、施工变更内容记录等资料；
⑥ 各项消防安全管理制度和防火安全管理组织机构以及消防系统操作管理人员名单。

（2）工程验收的人员不应少于2人。重点工程和设有自动消防设施的工程验收，应成立有验收、建审、监督、战训等人员参加的验收组织，并制定验收工作方案。

（3）受理验收申报后，应在10日内组织验收，并在验收后7日内签发《建筑工程消防验收意见书》。

（4）参加建设主管部门组织的选址、方案可行性论证或初步设计审查会的人员应将所提意见填入《建筑工程前期审查意见记录表》。

（5）审核人员完成审核后应及时提出审核意见，并由专人进行技术总复核。

（6）对送审的建筑工程消防设计应当在规定的期限内完成审核。从收到全套设计图纸资料之日起，一般工程应在10日内、重点工程和设有自动消防设施的工程应当在20日内发出《建筑工程消防设计审核意见书》；需要组织专家论证的，可以延长至30日。在规定的期限内不予答复，即为同意。

（7）重点工程和设有自动消防设施的工程《建筑工程消防设计审核意见书》发出后，建审人员要督促建设单位、设计单位落实审核意见并及时反馈。

（8）建审人员应定期对在建工程进行施工监督检查，并作检查记录。一般工程竣工前检查不少于1次，重点工程和设有自动消防设施的工程检查不少于3次。

（9）建审过程中遇有下列情况，应当进行会审并作记录：

① 属于重大工程项目（由支队界定）的；

② 执行国家现行消防技术规范有困难需进行相应调整、变通的；

③ 建设单位选用的自动消防设施产品以及施工安装单位的合法性需要审查的；

④ 有其他重大问题等。

（10）工程项目竣工验收前，将工程项目的有关文件资料移交验收部门。

20.10.2 单位工程竣工质量初检（专家验收组核查）

1. 组建专家验收组（针对住宅工程的分户验收）

1）竣工验收组织机构必须包括下列人员

（1）建设单位：项目负责人及相关管理人员；

（2）监理单位：项目总监及相关专业监理人员；

（3）设计单位：项目设计负责人及相关专业设计人员；

（4）施工（含分包）单位：项目经理及相关专业施工技术人员；

（5）其他有关单位（如检测鉴定单位）：项目负责人及相关技术人员。

2）参加竣工验收人员必须具备相应资格并备齐委托手续

（1）项目经理及项目总监应与施工许可信息相符；

（2）设计单位项目技术负责人应与设计文件信息相符（负责人变更时按（3）项执行）；

（3）建设单位及其他有关单位法定代表人或主要负责人证明书、法人授权委托书及项目负责人任命书。

2. 单位工程竣工初验程序

（1）单位工程质量经施工单位预验自检合格后，填写（A11《工程竣工报验单》）上报项目监理部，申请工程竣工初验收；

（2）总监理工程师组织对工程资料及现场进行检查验收，并就存在的问题提出书面意见，签发《监理工程师通知书》（注：需要时填写），要求承包商限期整改；

（3）承包商整改完毕后合格后，总监理工程师签署单位工程竣工预验收报验表及《建设工程竣工验收报告》，提交建设单位；

（4）勘察、设计单位检查并符合勘察、设计文件的要求后，勘察单位填写《勘察文件质量检查报告》，设计单位填写《设计文件质量检查报告》。

3. 单位工程初验要求

（1）单位工程初验由监理单位组织，施工、设计和业主等单位参加；

（2）对于商品住宅的，由建设单位组织专家验收组成员进行商品住宅分户竣工质量验收核查；

（3）参加初验的人员应当按照各自的专业分工对工程实体进行认真检查，尤其是对一些常见的质量问题要重点检查。针对检查中发现的问题提出整改要求，明确整改方案和整改期限，并形成初验会议纪要。初验后，施工单位应组织力量对初验发现的问题逐条进行整改，整改完毕后，写出整改报告。监理单位应对整改过程认真进行监督，并确认每个问题都已整改落实后，方能在整改报告上签署意见同意竣工验收。力争使工程实体质量问题在初验阶段得以全部解决。

4. 单位工程竣工质量初验应具备的条件

（1）单位工程完工经施工企业预验合格，工程基本达到竣工验收条件；

（2）所含（子）分部工程的质量均验收合格；

（3）工程质量控制资料完整；

（4）主要功能项目的抽查结果均符合要求；

（5）有关安全和功能的检测资料应完整。

5. 填写相关资料

（1）单位工程质量经检查后，填写《单位（子单位）工程竣工验收记录》《单位（子单位）工程质量控制资料核查记录》《单位（子单位）工程安全和功能检验资料核查及主要功能抽查记录》《单位（子单位）工程观感质量检查记录》《分部（子分部）工程验收记录》，初验质量核查情况；

（2）对于商品住宅，由监理单位在《住宅工程分户质量验收表》中签署验收意见；

（3）施工单位编制《建设工程竣工验收报告》报送监理单位、建设单位签署意见；

（4）监理单位编制《工程质量评估报告》提交建设单位；

（5）勘察单位编制《勘察文件质量检查报告》提交建设单位；

（6）设计单位编制《设计文件质量检查报告》提交建设单位。

20.10.3　单位工程竣工质量验收（质量监督组进行）

1. 验收程序

1）单位工程竣工验收申请

（1）单位工程经监理单位初验、商品住宅分套竣工验收以及通过专项验收后，由施工单位向建设单位提交《竣工验收申请表》及《竣工验收报告》；提交工程技术资料（验收前 20 个工作日）→监理单位（5 个工作日内）→建设单位。

（2）建设单位收到工程竣工报告后，对竣工验收条件、初验情况及竣工验收资料进行核查，经核查符合竣工验收要求后，组织勘察、设计、施工、监理等单位和其他有关方面的专家组成验收组，制定验收方案进行组织竣工验收；并邀请如下单位一起参加工程竣工验收：

环保局、技术监督局、建设局规划处、供电局、消防大队、市政工程管理局、卫生防疫站、城建档案馆、燃气办、防雷办、建委、质监站、排水办、供水集团、电信公司

（3）建设单位应当在工程竣工验收 7 个工作日前将验收的时间、地点及验收组名单书面通知负责监督该工程的工程质量监督机构。

（4）竣工验收申请需向质量监督站提供如下竣工验收资料：

① 已完成工程设计和合同约定的各项内容；
② 工程竣工验收申请表；
③ 工程质量评估报告；
④ 勘察、设计文件质量检查报告；
⑤ 完整的技术档案和施工管理资料（包括设备资料）；
⑥ 工程使用的主要建筑材料、建筑构配件和设备的进场试验报告；
⑦ 地基与基础、主体混凝土结构及重要部位检验报告；
⑧ 施工单位签署的《工程质量保修书》。

（5）建设工程竣工验收前，施工单位要向建委提供安监站出具的工程施工安全评价书。

（6）监督站在审查工程技术资料后，对该工程进行评价，并出具《建设工程施工安全评价书》（建设单位提前 15 日把《工程技术资料》送监督站审查，监督站在 5 日内返回《工程竣工质量安全管理资料退回单》给建设单位）。

（7）监督站在收到工程竣工验收的书面通知后（建设单位在工程竣工验收前 7 天把验收时间、地点、验收组名单以书面通知监督站，另附《工程质量验收计划书》），对照《建设工程竣工验收条件审核表》进行审核，并对工程竣工验收组织形式、验收程序、执行验收标准等情况进行现场监督，并出具《建设工程质量验收意见书》。

（8）单位工程竣工质量竣工验收应具备的条件：

① 完成工程设计和合同约定的各项内容；
② 有完整的技术档案和施工管理资料；
③ 有工程使用的主要建材、构配件和设备的进场试验报告；
④ 有勘察、设计、施工、监理等单位签署的质量合格文件；
⑤ 有施工单位签署的工程保修书；
⑥ 有重要分部（子分部）中间验收证书；
⑦ 有结构安全和使用功能的检查和检测报告；

⑧ 初验时建设各方责任主体提出的责令整改内容已全部整改完毕;

⑨ 各专项验收及有关专业系统验收全部通过: A.规划部门出具的规划验收合格证; B.公安、消防、环保、防雷、燃气、电梯等部门出具的验收意见书或验收合格证;

⑩ 建设单位已按合同约定支付工程款;

⑪ 有施工单位签署的工程质量保修书;

⑫ 市政基础设施的有关质量检测和功能性试验资料;

⑬ 有规划部门出具的规划验收合格证;

⑭ 有公安消防出具的消防验收意见书;

⑮ 有环保部门出具的环保验收合格证;

⑯ 有监督站出具的电梯验收准用证;

⑰ 有燃气工程验收证明;

⑱ 建设行政主管部门及其委托的监督站等部门责令整改的问题已全部整改完成;

⑲ 已按政府有关规定缴交工程质量安全监督费;

⑳ 有单位工程施工安全评价书;

㉑ 有造价站出具的工程竣工结算书。

2)验收组组织单位工程竣工验收

验收会议上,工程施工、监理、设计、勘察等各方的工程档案资料摆好备查,并设置验收人员登记表,做好登记手续。

(1)由建设单位组织四方(使用单位、监理、设计、施工)进行单位工程竣工验收,并主持验收会议(建设单位应做会前简短发言、工程竣工验收程序介绍及会议结束总结发言)。

(2)建设、施工、监理、设计、勘察单位分别书面汇报工程项目建设质量状况、合同履约及执行国家法律、法规和工程建设强制性标准情况。

(3)验收组审阅建设、勘察、设计、施工、监理单位的工程档案资料。

(4)验收组和专业组(由建设单位组织勘察、设计、施工、监理、监督站和其他有关专家组成)人员实地查验工程质量。

(5)专业组、验收组发表意见,分别对工程勘察、设计、施工、设备安装质量和各管理环节等方面作出全面评价。

(6)验收组形成工程竣工验收意见,填写《建设工程竣工验收报告》并签名(盖公章)。(注:参与工程竣工验收的各方不能形成一致意见时,应当协商提出解决的方法,待意见一致后,重新组织工程竣工验收。)

(7)竣工验收中重点检查如下资料的完整性

① 单位工程预检记录;

② 单位(子单位)工程质量控制资料核查记录、单位(子单位)工程安全和功能检验资料核查及主要功能抽查记录、单位(子单位)工程观感质量检查记录;

③ 单位(子单位)工程质量竣工验收记录;

④ 涉及安全和功能的试验、检测资料；
⑤ 建设工程竣工档案预验收意见；
⑥ 单位工程室内环境检测报告；
⑦ 规划验收认可文件；
⑧ 建筑工程消防验收意见书；
⑨ 勘察、设计、监理、建设单位出具的对工程的评价或验收文件；
⑩ 法规、规章规定必须提供的其他文件。
⑪ 工程其他必备资料：

A. 单位工程质量综合评（核）定表；

B. 质量保证资料核查表（施工单位、监理单位各一份）；

C. 单位工程质量分部汇总表；

D. 地基与基础质量评（核）定表；

E. 主体工程质量评（核）定表；

F. 屋面工程质量评（核）定表；

G. 工程结构质量抽样检测报告；

H. 公共建筑使用、维护说明书、建筑工程保修书；

I. 无使用功能质量通病住宅工程评定表，住宅质量保证书，住宅使用说明书；

J. 十八项使用功能检测表；

K. 工程竣工报告。

⑫ 工程主体结构质量自评报告（施工单位、监理单位各一份）

3）核查验收组分为三部分分别进行核查验收

（1）监督核查工程实体质量

① 执行强制性标准检查

重点核查与安全和使用功能相关强制性条文，如公共和居住建筑的无障碍实施情况、儿童活动场所的栏杆构造、服务性建筑的楼梯及走道总宽度、上方有阳台的住宅公共出入口防护、住宅窗台防护措施、门窗工程安全玻璃的使用、铝合金窗的限位及防脱落装置等；

② 相关法律（法规、规范性文件）及设计文件执行情况检查

重点抽查与社会投诉热点、安全和使用功能、建筑节能相关法律（法规、规范性文件）及设计文件执行情况检查，如《住宅工程质量通病防治技术措施二十条》《商品住宅建筑质量逐套检验管理规定》《关于加强建筑门窗质量管理的通知》《民用建筑室内环境污染检测暂行规定》《关于加强无障碍设施建设和管理工作的通知》《建筑安全玻璃管理规定》等。

③ 主要功能抽查

重点抽查涉及安全和使用功能项目，如防水工程的淋（蓄）水试验、给水管道的压力试验、建筑电气的漏电测试检测或接地电阻测试、通风空调的漏风量测试或温湿度测

试等；

④ 观感质量抽查

（2）检查工程建设参与各方提供的竣工资料。

（3）对建筑工程的使用功能进行抽查、试验，例如厕所、阳台泼水试验，浴缸、水盘、水池盛水试验，通水、通电试验，排污主管通球试验及绝缘电阻、接地电阻、漏电跳闸测试等。

4）竣工验收通过

（1）对竣工验收情况进行汇总讨论，并听取质量监督机构对该工程质量监督情况。

（2）形成竣工验收意见，填写《建设工程竣工验收备案表》和《建设工程竣工验收报告》，验收小组人员分别签字、建设单位盖章。

（3）当在验收过程中发现严重问题，达不到竣工验收标准时，验收小组应责成责任单位立即整改，并宣布本次验收无效，重新确定时间组织竣工验收。

（4）当在竣工验收过程中发现一般需整改质量问题，验收小组可形成初步验收意见，填写有关表格，有关人员签字，但建设单位不加盖公章。验收小组责成有关责任单位整改，可委托建设单位项目负责人组织复查，整改完毕符合要求后，加盖建设单位公章。

（5）当竣工验收小组各方不能形成一致竣工验收意见时，应当协商提出解决办法，待意见一致后，重新组织工程竣工验收。当协商不成时，应报建设行政主管部门或质量监督机构进行协调裁决。

（6）竣工验收中发现的问题经整改合格后，建设单位应当组织施工、设计、监理等单位检查确认，提交《工程竣工验收整改意见处理报告》，符合下列要求时，竣工验收通过：

① 竣工验收资料齐全；

② 竣工验收组织机构有效；

③ 竣工验收程序合法；

④ 执行《建筑工程施工质量验收统一标准》GB 50300 及其配套的各专业工程施工质量验收规范、工程建设强制性标准、相关法律（法规、规范性文件）及设计文件相关要求，符合单位（子单位）工程质量验收合格的规定，工程实体质量经监督抽查合格或发现的问题经整改合格。

（7）竣工验收通过时间应当以竣工验收发现的问题整改合格或重新验收符合要求之日为准。

（8）建设单位应当在竣工验收通过之日起 1 个工作日内将竣工验收的相关记录及文书等资料提交质监机构备查：

①《工程竣工验收报告》；

② 监理单位发出的"整改通知书"；

③ 经有关各方签章的《工程竣工验收整改意见处理报告》。

2. 填写相关资料

单位工程经竣工质量验收后，建设单位填写《单位（子单位）工程竣工验收记录》《单位（子单位）工程质量控制资料核查记录》《单位（子单位）工程安全和功能检验资料核查及主要功能抽查记录》《单位（子单位）工程观感质量检查记录》《分部（子分部）工程验收记录》。

20.10.4　住宅逐套竣工质量验收

商品住宅逐套竣工质量验收，建设单位应在专家验收组验收核查合格的基础上，报请质量监督站对商品住宅进行分户竣工质量监督核查；商品住宅分户质量验收合格后，方可进行工程质量竣工质量验收。

1. 确定逐套检验核查时间

（1）建设单位应完成逐套检验程序，填写《检验结果表》、《检验记录表》和《商品住宅建筑质量合格证明》后方可提请质监机构进行逐套检验核查；

（2）逐套检验核查可在竣工验收前进行，也可与竣工验收一起进行；为简化验收手续，正常情况下要求与竣工验收一起进行；

（3）建设单位申请逐套检验核查应提前5个工作日告知。申请竣工验收前组织逐套检验核查的，应提交竣工验收资料；申请与竣工验收同时组织逐套检验核查的，尚应提交竣工验收其他相关资料；

（4）收文窗口核对逐套检验资料完整性后，确定逐套检验核查时间。

2. 逐套检验核查

工程质量监督机构的核查内容应包括：逐套检验小组成员是否按规定组成；逐套检验小组成员是否按规定填写逐套检验记录；逐套检验的内容是否存在明显缺漏、是否按规定整改；实物抽查的结果与逐套检验记录是否存在明显差异等。

1）检验组织机构检查

逐套检验小组应当由下列人员组成：

（1）建设单位项目负责人；

（2）施工单位项目经理、项目技术负责人；

（3）监理单位项目总监及各专业监理工程师；

（4）依照合同约定应当参加逐套检验的设计单位和物业管理公司应当委派专业的人士。

2）逐套检验内容检查

逐套检验项目应包括下列工程：

（1）建筑、结构工程；

（2）门窗安装工程；

（3）地面、墙面和顶棚面层；

（4）防水工程；

（5）空调、制冷系统安装工程；

（6）给水、排水系统安装工程；

（7）室内电气安装工程；

（8）燃气工程；

（9）其他可能产生质量缺陷或需要逐套检查的内容。

逐套检验具体项目必须符合规定及《逐套检验方案》的要求。

3）逐套检验方案的检查

逐套检验方案应包括下列内容：确定具体检验项目、检验数量，并制定相应的《检验记录表》；确定实测实量项目的检查部位和数量，并绘制抽查点分布图；安排检查工具；安排逐套检验日程等。

4）逐套检验记录检查

逐套检验记录检查应包括以下内容：

（1）签证的完整性及签证人员资质；

（2）记录的完整性、真实性及实测数量是否符合要求；

（3）检验结论的正确性及整改和复查情况。

5）逐套检验结果核查

质监机构对逐套检验结果核查的主要采取实物抽查的方式，逐套检验监督实物抽查必须满足下列要求：

（1）实物抽查的重点应是涉及住宅建筑工程建设强制性条文、常见质量缺陷、安全及使用功能的项目；

（2）实物抽查套数应不少于竣工总套数的3%且不少于5套，总数少于5套的按实际数量检查。

（3）现场监督抽查位置应包含顶层、标准层、住宅首层及公共部分，抽查部位应包含：① 套内卧室、厅、厨房、卫生间、阳台；② 公共部位的主要入口、走道、屋面、公共平台、地下室、电气/管道井、设备用房等；具体抽查位置和部位由监督员按相关原则随机抽取。

（4）实物抽查应按照《逐套检验监督抽检记录表》【一】、【二】、【三】、【四】规定的项目和要求进行检查并如实填写《逐套检验监督抽检记录》。

3. 逐套检验核查通过

（1）质监机构对未经核查或核查结果不符合要求的应当责令建设单位整改；

（2）在逐套检验核查发现的问题处理完毕并接到各方责任主体共同确认的整改回复后，竣工验收监督小组应针对发现的问题抽取不少于5套（总数少于5套的按实际数量检查）进行复查，并将整改和复查情况记入《逐套检验质量监督抽检记录》；

（3）符合下列要求，逐套检验核查通过：

① 逐套检验组织机构有效；

② 逐套检验的内容符合要求；

③逐套检验记录完整、有效;

④逐套检验与实物抽查情况相符。

(4)逐套检验通过时间应当以发现的问题处理完毕并经复查合格之日为准。

20.10.5 服务型公共建筑项目环保验收

一般民用建筑是不需要做环保验收,在大型共建项目上依据各地区情况来办理环保验收手续。在未来社区项目前期立项阶段,对建设项目需要进行环境影响评估。因此环保验收的主要依据是在前期办理的环境影响评估。

针对于此申报环保验收前需提供的关键资料如:

(1)《建设项目竣工环保验收》;

(2)由经环境保护行政主管部门批准的由环境保护验收监测资质的机构出具的环境保护验收监测报告或调查报告;

(3)建设项目竣工环境保护验收登记表;

(4)涉及危化品及污染隐患项目需提交突发环境事件应急预案及环境污染事故防范措施落实情况;

(5)建设项目环境影响评价文件批复,有试生产的需提交试生产批复文件。

从以上申报资料我们可以知道,环保专项验收工程相对来说业务是较为独立的,不会与其他专项工程验收工作形成前后置关系。因此在项目现场具备环保验收条件是,可尽早穿插着手进项环保验收工作。

20.10.6 人防工程竣工验收

(1)报批阶段已获各部门批准的总平面图;

(2)人防已审批的施工图、人防工程施工图技术审查报告;

(3)人防工程竣工验收申请及建设方组织的人防工程竣工验收报告(参验各方盖章)。

20.11 建设项目专项验收——"未来社区"场景专项验收重点的探讨

20.11.1 基础专项验收工作流程

专项工程竣工验收是指在申办城乡建设委员会竣工验收备案前所需要完成的全部必要的专项验收流程,其范围相对比较广,可以包括规划验收、质监验收、墙改节能验收、劳保验收、卫生防疫验收等诸多方面的内容。当然,同报建工作的性质一样,不同地区的要求不一样,其专项竣工验收工作的范围也就会不一样,就本质而言,关键的几项专项验收工作其要求都是大同小异的。

除个别的专项工作有着明确的前后置逻辑关系外,大部分的专项验收工作都是可以平行推进的。在诸多实操过程中，多个专项验收工作中一般会有一项具有统筹功能的验收节点，它对其他大部分的专项验收工作会起到统筹管理的作用。例如房屋测绘验收是指在规划单体验收前，房屋勘察测绘管理部门需要对照审批的图纸对现场施工完成情况进行验收，并出具相关测绘验收意见书，作为下一步规划验收的前提。房屋测绘验收侧重于验收项目施工内容完成与否，且需要在规划验收前完成；而房屋面积实测侧重于房屋面积的测量勘定，且在项目竣工验收备案后启动。其中主要申报资料包含以下几个：

（1）提供建设工程规划许可证，包括有规划变更文件和相应的变更图，这将是房屋测绘验收的主要依据。

（2）工程现状变更情况说明，并应说明变更部分所涉及的图纸。

（3）人防办审核意见书复印件或无人防工程说明，相对应的人防平面图。

20.11.2 "未来社区"的方案备案核查验收要点

"未来社区"实施方案编制过程中，试点实施单元地块征迁收储、规划修改、资金平衡细化等工作需同步予以推进。

实施方案经试点所在设区市政府初审通过后，由县（市、区）政府或设区市政府派出的开发区（新区）管委会向省发展改革委提出评估申请，省发展改革委托第三方会同地方规划等部门进行联合评估，重点评估下列内容：

（1）方案总体情况，包括试点性质与未来社区政策导向符合度，相关政策要求贯彻落实情况及方案总体前瞻性、科学性、可行性、特色性；

（2）综合指标情况，与申报方案提出的综合指标的衔接度；

（3）建设运营资金平衡情况，包括总体平衡情况、分项费用设置、计算方法合理性；

（4）"三化九场景"落实情况，包括约束性指标的落实性、数字化方案的完整性；

（5）特色亮点展示情况，包括方案特色的鲜明度、模式创新的示范性等；

（6）建设工期安排的合理性。

20.11.3 "未来社区"回迁安置与人才引进工作落实验收

未来社区的人才引进与回迁安置工作基本成为未来社区建设的一重要指标，要想未来社区项目在建设之后仍然能够保持活力，制定好回迁安置与人才引进机制必不可少。

针对人才引进及落户相关工作的落实，要贯彻人才强省的战略，畅通人才引进落户机制，要求未来社区建设项目应建立住房租售"定对象、限价格"的特色落户机制，支持并引导多种创业发展模式，提供弹性的共享办公空间，因地制宜、创新创建各项新兴产业研发，提供全方位的创业指导与咨询服务，为人才引进工作创造更多更便利的条件。

针对项目验收移交后的回迁安置工作，有如下几项重点工作：

（1）对拟安置情况进行调查摸底，梳理安置协议，对被拆迁人安置资格进行审查，选房意向确认登记，选房顺序编号并公示；

（2）分配房源，组织安置户选房并进行结果确认；

（3）做好安置房价款结算；

（4）与安置对象共同验房，交付钥匙；

（5）完善协议，安置档案收集、整理和归档（含电子版）。

安置原则要秉着"公正、公开、公平"的原则，安置工作组将安置房源情况以及被拆迁户拟安置的面积、户型、房型、套数、拆迁顺序等进行公布，接受群众监督，确保回迁安置工作公开透明、公正有序。其他具体的安置回迁工作根据不同地区、不同安置类型履行具体的安置分配原则。

20.11.4 "未来社区"数字化工程验收重点

数字化社区建设充分利用了信息技术和网络技术，加强社区数字化建设是实现社区管理的重要手段，对促进社区发展起到重要的作用。数字化社区是智慧城市网格化建设的最基本单元，是政府与群众的沟通桥梁，是政府职能转变的重要载体，是政府与人民群众沟通的纽带。

那么在提出"未来社区"概念后，"未来社区"建设在竣工验收阶段的重点如何把握。所谓数字化，数据采集是入口，数据处理才是核心。社区建设数字化工程要贴合社区的实际使用需求，通过数字化平台的建立，从而达到社区居民对数字平台的有效应用。在数字化建设过程中，社区可建设公共文化云平台。加强公共文化机构数字化管理服务，对基层公共文化服务提质增效有着十分重要的促进作用。

对于数字化社区建设这一块，其重点旨在使用过程中注入服务与人和社会需求，旨在通过技术的透明化、多样化、非歧视化治理，实现城市居民工作效率的提高、生活品质的升级、城市的可持续发展。

（1）合理性。把握技术合理性特征，以合适的技术支撑场景建设，避免技术滥用。为实现城市及社区数字化转型的愿景、业务服务民众需求的理念牵引下，不以技术热点为转移，坚持从提升民众获得感出发，围绕业务需求，通过合适的技术，以实际应用场景为切入点，打造出服务主体需求的各类场景。

（2）融合性。把握技术融合性特征，找准技术特性和业务特性，深刻认识每一项技术的特性，深入分析技术特性和业务特征间的深层次联系，挖掘技术特性和业务特征融合产品的结合点，不断探索后端业务场景的应用创新，不断驱动城市社区里业务模式的升级变革。

（3）创新性。把握技术创新特征，形成技术和业务之间的创新循环驱动，围绕社区相关工作及业务进行细化、拆解和重整，在连接、计算、云、AI 等技术的融合支撑下，加快一体化集成管理和服务，打造各类创新性应用场景，实现技术的纵向自我迭代发展和横向融合发展，反哺社区建设的升级，为社区服务带来新的管理和体验。

20.11.5 未来健康场景验收工作重点

健康场景的建设与社区中的健康服务中心工作息息相关，居民可通过云端健康数据系统、智能终端设备等软硬件，享受在线问诊、健康随访、窗口取药等一站式医疗健康服务。针对这一需求，在未来社区建设过程中需要着重注意以下几个方面：

1. 健康监测系统数据的试运行

在未来社区建设过程中，健康场景的建设越来越受到居住人的关注。通过全民健康生活方式变革也推动着新建建设工程的健康场景的完善。健康检测系统是在数字化系统强有力的支撑下而建立。在丰富的医疗资源和产品赋能下，要结合不同的社区人群、不同阶段需求下开发出多层次会员服务体系，把数字化医疗服务中监测运行系统渗透到每个家庭这个最小的细胞单元，为社区居民提供"防、诊、治、管、健"全方位、全生命周期的数字健康医疗服务。

2. 医务系统试错

在"未来社区"健康场景建设中，重点是做强社区的健康医疗功能，解决医疗"看得起"但"看不好"、养老设施与服务缺失、健康多元化需求难以满足的痛点问题。在建设试运行阶段，对入驻社区的远程医疗平台的人性化操作、医疗办公视屏画质的辅助操作、社区智慧医疗会议室智慧办公的硬件设施需求等一系列的医务系统进行一次严密的试行侦测，从而达到真正服务于社区居民切实的自身健康需求。

3. 大数据系统有效实施建立

医疗建设运行过程中必定会带有大量的数据请求，依靠对大量数据的有效处理能够更好地服务于居民需求，因此对于大数据系统的有力把握至关重要。

20.11.6　未来教育场景建设验收重点

"未来社区"的教育场景建设旨在根据所建设的社区性质为重点，在充分对建设项目社区内的人口分层问题进行不同的打造。如建设项目是一个人口老龄化严重的社区，那么则可以重点打造针对老年人的学习教育场景，通过丰富的教学课程安排，多样的办学层次，为老年人搭建起老有所学、老有所为、老有所乐的广阔平台，增加了社区建设的认同感。另外，教育资源整合、幼小儿童服务设施安全性也是在教育场景建设中需要着重关注的。

20.11.7　未来创业场景建设验收重点

未来创业场景的建设旨在为社区中的本地居民或是外地居民提供一个众筹平台，为居民的创业提供一个低租金或是零租金的办公场所。对于不同的社区建设性质构建属于这个社区的创景场景。

针对创业场景的设立，其建设目的要明晰：

（1）是社区资源汇聚的创新综合体。它不是一个单一要素的载体，而是具有较高创新水平的创新资源聚集地。可以是研发机构、创新合作、商业配套和校友基金等各类要素。

（2）是配套齐全的创新活力区。它不是一个单一功能的工作场所，而是一个以创新为特质的活力区域。该区域可以集工作、生活、休闲于一体，具有多功能、综合性、复合型等特点，更好地促进人与人、人与信息、人与技术互动碰撞，激发创新人才的活力、潜力和创造力。

（3）是产业发展的创新推进器。创业场景的建立又不单纯是搞技术研发，而是从研发到转化再到产业化的全链条创新。

（4）另外，对于场景中共享空间实施有效性、人才落户机制对应性及社区建设有效机制的订立，这些要能够有效地在场景中得到实施，场景建设的优点也能够极大地得到发挥。

20.11.8　未来建筑场景建设验收重点

未来建筑场景建设旨在探索容积率的弹性管理机制，推动地上、地下空间的复核开发，打造绿色宜居宜业空间，促进空间集约利用。针对此项场景验收，包括但不限于以下几项：

（1）建筑材料环保等级检测验收；

（2）低碳生活场景的有效可行性；

（3）地下综合管廊建设衔接统筹。

20.11.9　未来治理场景建设验收重点

治理场景的建设是通过构建党组织统一领导的基层治理体系，完善党建带群建制度，健全民意表达、志愿参与、协商议事，以此强化基层事务的统筹管理，结合搭建的数字化管理平台，有效推进治理服务：

（1）基层服务平台的构建；

（2）社区制度健全建立；

（3）社区闭环管理和贡献积分制建立。

20.11.10　未来邻里建设验收重点

未来邻里建设场景离不开原有当地文化邻里关系的延续。这需要充分挖掘当地的历史人文要素，凸显出特色鲜明的邻里特色文化场所与空间，通过一系列的交流活动，如邻里集市、社区论坛、美食家乡汇等，发挥出社区规划师的纽带作用，推动居民参与到邻里建设中来。

20.11.11　未来交通场景建设验收重点

重点注意社区内TOD公交站点试行机制的有效落实；针对5～10分钟生活圈服务的需要，确保进行统筹规划，按照"5、10、30分钟出行圈"要求，健全社区公共服务与基础设施配套，突出自然资源禀赋、城市特色风貌和历史文化传承。

预留足够比例的充电设施安装条件，在建设项目区域内的交通领域，充分地运用云计算、互联网、人工智能、自动控制等技术交汇，对交通管理、交通运输、公众出行等进行有效管控，确保供能保障与接口预留等。慢行步道系统与车辆通行系统的划分分区也是至关重要。

20.11.12 未来服务场景建设验收重点

未来服务场景的建设是依托数字化背景下的智慧平台构建出适合项目的物业服务模式。在项目建设验收时，需提供合理的物业经营用房占比，提出全生命周期物业运营资金平衡方案，实现基本物业服务居民零付费。须配置与建设项目内居民日常生活密切相关的基本服务功能，并且注重创新型的生活服务。若引入专业化物业服务供应商，提供定制化、高性价比生活服务，可提前供给进行试行并由试行的参与者给予优化意见。

20.12 案例解读

本节结合两个国际社区案例，从验收的角度回看未来社区项目建设的启示。

20.12.1 新加坡大巴窑社区邻里中心

交通场景的再造——便捷出行 TOD 交通模式。大巴窑邻里中心结合了快速路和地铁站的出入口，集约便利性优化了新市镇中心的公共设施布局，充分缓解中心城市的高强度开发压力，为居民提供极大便利。

邻里及服务场景的丰富——社区商业空间衔接便利，业态齐全。区域内拥有多家购物中心和百货，拥有送餐和节日套餐功能，低价超市和普通超市同时设立，供不同消费选择。商业业态丰富，涵盖了日常生活的各个服务门类。便民的生活圈设置：五分钟生活圈，保障邻里中心的可达性。社区内设置若干邻里中心，每个邻里中心距离居住区的最远距离不超过 500m，居民步行 5 分钟左右便可到达，更好地实现了服务覆盖性。

从大巴窑社区的建设和改造中可以看出，该区域注重规划的人本性，构建以社区居民日常生活为中心的邻里中心模式，摒弃沿街为市的粗放型商业形态，坚持以本区居民日常生活为中心的理念。

20.12.2 日本世田谷区

世田谷区是日本典型的行政主导型的社区营造区域。在整个过程中，政府通过建立协议会和制度，在预设计划内容的条件下收集居民意见，确保实施顺利。其中最具有代表性的"世田谷绿道"，包含北尺川绿道、目黑川绿道、乌山川绿道，全长 7km。绿道环境安逸，大部分禁止机动车驶入，穿插有学校、小花园等公共空间节点，丰富且具有日常性。绿道也连接了许多大大小小的社区公园，绝大多数社区公园的设施比较简单。但社区公园多以儿童活动场地为中心，多龄化场地围绕又配合生态区域打造，串联社区多龄人群的潜力。

日本在社区营造中，社区的魅力是提升社区价值和竞争力的重要线索，也影响着居民的生活品质。日本学者西村幸夫在其著作《再造魅力故乡》中指出,"人们出于对地方的热爱发起了'社区魅力再造运动',地方魅力培育出当地人的热爱,人们的热爱也让地方的魅力具体成形"。不难看出,魅力再生产依托于社区层面的实践,也基于社区营造自下而上的动力来实现。

20.12.3 启示

通过以上案例,给予了我们一些"未来社区"建设新的启示:

一是应注重文化记忆的魅力内涵。社区营造中的魅力再生产的不仅是物质空间的改善,更重要的是历史文化的传承和生活文化的营造,即构建邻里情感网络、保护社区居民传统生活方式和共同积累社区的文化记忆资产,从而让人们记得住乡愁。社区营造中的"再生产"策略为城市规划工作者提供了实现"记住乡愁"的启示,即将故乡的空间、原有生活方式和文化记忆以一种可持续的方式保护传承,并创造出新的价值。然而,我国还有诸多社区规划尚未注重社区文化记忆资产的保护,在实现魅力再生产的实践上,还有很大的提升发展空间。

二是鼓励多元主体的参与。日本谷中地区社区营造的过程中,参与主体的多元性在逐步增加,台东区历史都市研究会作为最主要的NPO,承担了重要的综合统筹协调工作,也得到了企业及政府的高度认可与支持,这对于我国培育NPO的理念、把握未来发展方向具有很好的借鉴意义。

三是以自下而上的方式进行社区培育。自下而上的参与机制是社区能够长久保持魅力的根源。我国的社区规划实践也有开展公众参与的趋势,如在北京南锣鼓巷的保护规划进程中,街道为支持当地居民参与街区活力振兴事业,给当地居民提供店铺场所及资金支持,用于出售居民自己的手工艺品,一方面为当地提供就业岗位,为地方的文化创意产业注入新的活力,另一方面以社区公共空间增进了居民交流与情感互动。

全过程咨询这种服务模式是各级地方政府所倚重的,需要在未来社区建设中发挥承上启下的枢纽作用,以上三点启示可以帮助全过程咨询单位在项目开始时就把握重点,使项目策划和实施更贴合未来社区顶层设计。

第 21 章 移交管理

未来社区工程项目建设完毕,完成各项验收与备案程序后,即可办理项目移交。项目移交由全过程工程咨询单位负责组织,内容包括工程资料与档案移交、工程实体移交等,必要时应组织对接人员或后期运营管理单位人员的培训。

21.1 工程资料移交要求

(1)归档工程文件组卷分类必须清楚,将不同的文件资料分开装订、同类型的资料装订成册,并按工程进度依次编制流水编号。

(2)移交资料类别必须齐全,内容完整。

(3)归档的工程文件原则上为原件。没有原件时,复印件要清晰,并注明原件存放位置。

(4)归档文件应字迹清楚、签字盖章手续完备。

(5)工程资料统一采用 A4 纸规格,不符合标准的原始资料要通过折叠和粘贴的方式达到 A4 幅面(297mm×210mm)规格,图标栏露在外面。由政府及专业检测机构编制的装订成册的文件材料(如勘察报告)除外。

(6)工程资料尽量使用计算机打印(签名和日期除外),不得使用涂改液修改;签字和盖章程序要完备,不得使用圆珠笔、铅笔、复写纸等易褪色的书写材料。

(7)工程文件的纸张应采用能够长期保存的韧性大、耐久性强的纸张。图纸一般采用蓝晒图,竣工图应是新蓝图,不能使用二底图。计算机出图必须清晰,不得使用计算机出图的复印件。

(8)所有竣工图均应加盖竣工图章和设计出图专用章。竣工图的折叠方式要符合档案馆的要求。竣工图章的基本内容应包括"竣工图"字样、施工单位、编制人、审核人、技术负责人、编制日期、监理单位、现场监理、总监。竣工图章应使用不褪色的红印泥,应盖在图标栏上方空白处。

(9)凡施工图结构、工艺、平面布置等有重大改变,或变更部分超过图面 1/3 的,应当重新绘制竣工图,并在图标上方或旁边以文字注明变更修改依据。

(10)制作竣工图只能以图纸会审、设计变更、工程洽商单三种为修改依据。

21.2 移交工作准备流程

21.2.1 工程技术资料移交工作流程表（表21-1）

工程技术资料移交工作流程　　　　　　　　　　表21-1

1. 按规范要求整理完毕，由工程部资料员填写《工程技术资料移交预验收申请表》
2. 工程部负责人审查签署意见
3. 工程技术部负责人审核签署意见
4. 监察分室负责人审核签署意见
5. 监察分室档案业务指导人员进行预验收
6. 工程部资料员填写《档案移交书》及相关清单
7. 工程部负责人签署意见
8. 工程部技术部负责人签署意见
9. 公司工程分管领导审批签字
10. 监察分室负责人审核签字
11. 监察分室档案员办理接收手续双方进行清点并签字
12. 监察分室档案员按规定位置存入档案库房保管并进行标示

21.2.2 相关人员的培训

工程竣工交付前一个月，由全过程咨询单位组织专业人员和有关设备设施的厂家技术人员对后期的物业管理人员进行操作和维护的培训，以确保物业管理人员在工程投入使用后能立即独立进行必要的操作、维护和故障排除。为了让项目公司工作人员能预先对有关装置有所了解，系统调试时邀请物业管理人员一起参与，使之以最短的时间熟悉各个系统。

21.3 移交启动条件

未来社区建设项目整体移交给物业公司，从理论上意味着项目已经具备了交付的所有条件，可以进行交房入伙。因此移交工作启动前提也就是交房入伙工作的启动前提，其具体的启动条件包括但不限于如下几个方面：

1. 未来社区中住宅移交

项目现场已按照图纸设计的内容全部施工完成，无任何的漏项或甩项；且室内入伙前问题检查及整改基本完成，精保洁施工完成，满足交房入伙后的正常使用要求。

项目已经取得了政府规划、消防、环保、电梯、质监、供水、供电、供气、供暖、供热等行政主管部门出具的验收合格证或准许使用文件，并完成建设行政主管部门的竣工验收备案工作，取得建设工程竣工验收备案证，且完成了房屋面积现场测绘，取得《房屋面积实测报告》，具备办理产权登记备案手续。

供电、供暖、供气、给水排水、道路、通信、有线电视等市政公用设施设备全部施工完成并已完成接通及过户工作，供电、供水、供气、供暖已安装了独立的计量表。

项目需要移交给物业公司的资料文件内容齐全、完整，符合移交要求。

在新建物业交付方面，明确了建设单位向物业服务企业交付流程为：移交资料—承接查验—办理交接手续，要求物业交付必须承接查验，为后续的物业管理服务奠定了良好的管理基础。在新建商品房交付方面，明确建设单位向买受人交付流程为：提前告知—现场准备—公示资料—核实身份—查检房屋—交接资料—结算面积费用—收取其他费用—办理交接手续，并且还详细明确了验房的内容及可以暂缓或拒收房屋的情形。

住宅的主要移交内容包含：项目移交给物业的主要移交内容分为项目资料移交和项目实体移交两个部分，其中，项目资料移交内容主要包括：产权资料移交、技术资料移交、竣工图纸移交、设备设施清单移交、鉴定检测记录移交、原始记录资料移交等类别。具体的资料移交要求根据不同企业主体要求不尽一样。项目实体移交是指组成项目的实体部分移交验收，其内容包括但不限于：

（1）项目本体移交：构成建筑的所有组成部分的移交工作，主要分为户内和公用两个组成部分。其中户内包括私有的室内空间、烟道、门窗、配电箱、对讲等；公用是指户内以外建筑的所有组成部分，包括外立面、楼梯间、公共通道、门厅、屋面、地库等部分。

（2）设施设备移交：对于为了保证区域内各类设备的安全与运行及完善服务内容而提供的各种配套设备的移交工作，包括水泵房、配电房、电梯机房、消防控制室、换热站、监控中心等相关设备用房及配套设备设施。

（3）道路及交通标识移交：对于为了保证区域内居民井然有序的通行，所提供的各种配套设施的移交工作，如机动车道、非机动车道、人行车道、地面车位、道路标识及相关辅助设施，不包括地下车库及标识系统。

（4）室外景观移交：对于为区域内居民提供室外的正常生活、休闲环境、娱乐健身场所所配置的各类设施的移交工作，如园林绿化、公共健身器材、休闲空间等。

（5）室外管井移交：对于为保证室外空间给排水管网的顺畅，强、弱电线的埋地敷设、检修的便利所配置的各类设施的移交工作，如室外的检查井、雨水井、污水井、排水管网等。

（6）水电表过户移交：项目供电设备、供水设备接通后，通过地产与相关政府部门办理完成相关验收手续后，地产与物业公司办理水电用户更名、过户及结算手续。

（7）计量表计量范围及初始数据资料移交：如供电、供水、供暖、供气等计量总表、分表的表号，该表所计量的范围以及初始数据。

2. 未来社区中其他公建设施移交

（1）未来社区健康场景建设中，若含有社区医院建设项目，那么在该项内容移交过程中，医院的各物业单位应做好各系统的交接工作（建议物业单位在装修阶段就参与进来），做好路线桥架、管路流向、开关按钮的标识标记，为后续使用打好基础。

（2）在未来社区建设项目中的社区商业配套、教育配套等移交工作方面，要同社区管理方面通知接管责任人现场集中查验，为保证接管验收工作的顺利进行，项目开发公司、商管公司可在内部分别成立物业移交小组、物业验收小组，共同配合项目接管验收领导小组工作。

现场查验应当综合运用核对、观察、使用、检测和试验等方法，重点查验公共设施设备的数量、配置标准、使用功能和外观质量。现场检查发现有安全风险及影响开业的问题必须在项目开业前20日（自然日）完成整改，其他问题应在检查后30日（自然日）内完成整改。

工程文件资料的移交主要包括项目建设资料、产权资料、建筑工程技术资料、设备设施资料（供配电、给水排水、电梯、中央空调、消防、智能化、园林绿化等）。

21.4　竣工验收移交交房阶段资料

21.4.1　交房程序

（1）建设项目城建档案资料经备案后，并取得各项证件后，开发（建设）单位通知用户接收房屋；

（2）开发（建设）单位向购房（分房）人交付住宅产品，在正式办理移交手续时，应提供《住宅使用说明书》《住宅质量保证书》，并提供《工程竣工验收报告》供用户查阅和复制。

21.4.2　住宅工程交付使用时，应具备的条件

（1）每套住宅经分户验收合格，并张贴《分户验收合格证》；

（2）住宅单位工程竣工验收合格，并完成《工程竣工验收报告》。

21.4.3　小区工程正式交付使用时，应具备的条件

（1）小区内的道路、排水工程竣工并验收合格；
（2）小区内的绿化工程竣工并验收合格；
（3）小区内的照明工程竣工并验收合格；
（4）小区内的技防工程竣工并验收合格；
（5）小区内配建的生活垃圾处理设施竣工并验收合格；
（6）小区内配建的公共厕所竣工并验收合格；
（7）小区内的水、电、气、电话、网络、有线电视管线进户，已开通供应服务或有协议限期开通供应服务；

(8)小区内的物业管理企业已经入住并开始正常服务;

(9)开发项目合同约定的配套公共用房已落实(分期开发、分期交付的有分期落实方案)。

21.5 移交管理工作重难点及控制措施

未来社区项目在建设后期的移交阶段有以下需要注意的事项:

(1)物业公司就物业后期管理角度出发提出建议,如垃圾房的位置、地上地下车流人流动线、各机电系统的防雷设计等。

(2)房屋本体的交接验收。包括从开发商或建设单位手中接收房屋和交给业主两个方面。

(3)设备设施的交接验收。如园区内道路、给水排水、休闲设施、标示标牌、供配电、边界围墙等。

(4)设备设施的运行管理。包括供配电、给水排水、发电机、消防、电梯、安防等机电系统的运行管理。

(5)商业物业(写字楼、购物中心、园区等)交付或开业前都涉及商户、租户的装修,商户、租户装修都涉及与公共区域、系统相连的设备设施,如:消防系统、空调系统、排烟系统等;这些系统及设备的查验工作需认真、严格,否则后期就分不清商户内部设备设施问题是系统本身问题(开发、施工单位责任)还是商户责任。

(6)公共设备设施实际管理期的日常管理和维护。在保修期内,物业应对设备进行维护,可进行日常维护保养、一级保养、二级保养,工作以清洁、防腐、润滑、调整、紧固为主,并加强日常巡查。

第 22 章　社区运营

22.1　未来社区运作经营基本概念

从技术性的视角来定义未来社区，主要强调新一代信息技术对社区建设运营的影响。新一代信息技术的创新升级和广泛推广是实现社区管理智慧化的根本前提，移动互联网和物联网技术将社区运营的各个核心环节整合为一个扁平化的网络系统，从而能够实现社区的智慧化运转。信息传输技术、数据存储和处理技术、信息共享技术等是未来社区从概念走向现实的基础，物联网技术、云计算和大数据挖掘技术以及应用技术等为社区治理的智慧化提供了功能支撑。未来社区应更加注重"服务智能化"，不能单纯依靠信息化手段，而应重视对信息化、移动化、物联化、虚拟化、数字化等多种技术方法的综合应用，重点突出实现社区服务智慧化的技术路径，强调基于新一代移动互联网、物联网、云计算和大数据等信息技术对未来社区服务架构的支撑。未来社区可以通过各种不同的信息收集、传感、处理等智能终端设备，经过有线网络与无线网络打造实时信息传输与存储分析的数据挖掘系统，实现社区自治的智能化与信息化，社区公共资源也得到了优化配置，公共支出成本降低，从而确保社区居民生活品质得到持续稳步提升。

从功能性的视角来定义未来社区，主要强调未来社区运营实现的社区自治功能、服务内容的外在表现形式及成果。整合内外部资源是未来社区的重要功能之一，通过新一代信息技术手段实现对社区的文化资源、技术资源、人力资源、物质资源、空间资源、信息资源的创新整合，进而实现集约化、透明化、高效化的资源利用。与传统的房地产住宅社区相比，未来社区的运营系统通常都会具备电子政务、社区公共服务和商业服务三大运营子系统，电子政务子系统可以把各相关政府机关和社会公共服务部门的业务系统进行对接，社区居民可以在该系统内实现相应事物的接待处理；社区公共服务子系统把社区各业务部门及社会公共服务机构的服务窗口整合到一个平台中，促进了政府管理职能的下沉和社区服务效率的提高；商业服务子系统把与社区居民日常生活息息相关的社会服务资源、商业市场资源集合到一起，通过建立社区商业信用和淘汰机制，逐步实现线上线下的社区商业发展模式，从而为社区居民生活提供便利服务，同时也为企业提供基础数据平台服务。社区的智慧化建设强调资源的高度整合，通过新一代信息技术的创新应用，逐步引入更加人性化的移动应用，加强传统资源的升级再利用。

从目标性的视角定义未来社区，则主要关注未来社区的智慧化建设运营能否以社区居民需求为核心，不断提高社区公共服务效能和网格化的自治管理。未来社区充分利用新一代信息技术可以实现社区内的信息收集、传输、存储和处理，基于云计算和大数据的数据应用可以更好地分析社区居民的潜在需求，同时为商户的精准定位提供了参考。此外，社区的信息化和智能化建设，可以更好地对公共资源进行统筹规划和协调项目参与主体，不断满足社区用户对居住环境、社区安全、医疗养老的多样化要求，向公众提供更具人性化、智能化的便民服务，从而提高社区自治，大大减少行政费用的支出。

综上可知，对未来社区进行概念定义，应该从技术性、功能性、目标性等多维视角透视，从社区治理理念、治理目标、治理方式、治理结构等关键要素进行深度剖析。以居民需求为导向，以美好生活为目标，以多元组织为主体，以智能化服务为手段，以资源整合为基础，向社区居民提供方便、快捷、透明、公平公共服务的新型社区治理模式。

22.2　未来社区互联网＋化运营管理

随着十三届全国人大四次会议在京闭幕，全国两会也落下帷幕。会议通过了审查和讨论"十四五"规划纲要草案，"十四五"规划纲要第五篇为"加快数字化发展，建设数字中国"，纲要指出，要推进网络强国建设，加快建设数字经济、数字社会、数字政府，以数字化转型整体驱动生产方式、生活方式和治理方式变革。数字中国建设的路径已非常清晰，"未来社区"数字化建设顺应了国家发展的新趋势，加快落实未来社区数字化已刻不容缓。

22.2.1　未来社区数字化运营理念

1. 自贸始发站、亚运窗口区，"国际窗口的全域运营"

自贸区、亚运村背景下，展现亚洲高人居水准，在城市大片区运营中，构建"未来城市环抱的未来社区"，以"两区一片"远景为底座，以中央魅力区产城融合、生态、文化复合功能结构，避免"孤岛"结构，全域运营。

要求建设运营商同时具备 $2km^2$ 以上城市片区建设运营经验、五星级酒店建设管理经验、高端商业综合体建设运营经验，"实现全域、高标准"丰富业态与服务的全景共融化需求。

2. 对标 2035 美丽中国：融合"教育－双创"，实现"微碳"生活

基于项目立地优势，以教育、创业创新为特色场景，配合全区绿色科技、AIOT 物联网、实现"两会"提出的 2035"文化强国、教育强国、人才强国"对标绿色生态生产生活方式的低碳"美丽中国"。实现具备独到的教育、双创并与多个品牌合作，在多个城市运作助力发展低碳城市及智慧人居，成功全面赋能微碳未来社区。

未来社区教育理念：以"企业学校"引领的全民教育、校园型社区，实现企业学校、全龄教育、内外资源互补多维度。立足品牌大学、品牌中小学、城市教育优势，引入外部品牌教育。

未来社区双创理念：与自贸、城区产业与外国联动形成双创典范，建设人才基地，打造片区产业上下游服务、创新型社区。

未来社区微碳生活理念：打造绿色建筑及区域能源中心生态标杆，求建设运营商累计获得绿色建筑设计认证的总建筑面积 500 万 m^2 以上，且具备 1 个及以上规划设计和实施运营国家级"绿色生态城区"经验，且项目规模应具有开发年限 5 年以上，总开发面积不低于 $5km^2$ 的运营商。

22.2.2 未来社区数字化运营架构

建议运营架构采用"五平台一中心"，借力优势产业，整合政府、街道及外部专业资源，建设"五平台一中心"未来社区升级建设体系，塑造幸福美好、绿色生活新标杆。

五平台：未来邻里平台、未来教育平台、未来健康平台、未来创业平台、未来服务平台打造未来社区中脑（图 22-1）。

一中心：未来社区运营单位。

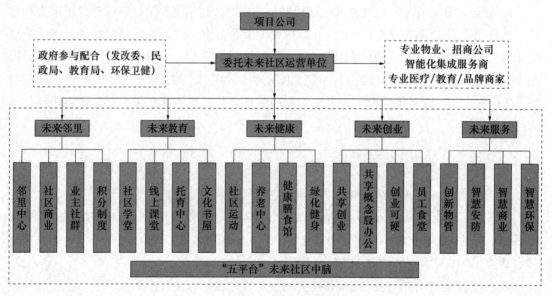

图 22-1 "五平台"

22.2.3 未来社区运营服务人群及其需求关注点分析

通过对在建未来社区情况调研可以得出未来社区服务人群包括有原住民、引进的人才及附近街道人群等。

人才引进主要包括青年人才和高端人才两大类。青年人才主力年龄 20～30 岁，高端人才主力年龄 30～45 岁，未来社区版块工业互联网产业将服务推动全市产业转型升级，社区产业将直接惠及社区内的创业者及周边的工作人群，人才需求关注点：高品质生活配套、圈层生活社交、潮流娱乐体验、康身健体、全方位生活服务。

未来社区原住民按照年龄划分可以更细致地分析不同年龄段的生活需求，例如某未来社区为原住民年龄结构划分：小于 18 岁人群为 18.2%、18～35 岁人群为 19.8%、35～60 岁人群为 40.3%、大于 60 岁人群为 21.7%，就可以看出这是一个中老龄化的社区，相应地可以明确以邻里场景、健康场景为主的特色，设立更多适老化的设施。未来社区试点版块都是文化底蕴深厚，有对老城的安逸舒适生活眷恋，对邻里交互需求客群消费轨迹仍主要集中在老城区，可以分析出原住民需求关注点，即子女教育资源、便利的生活环境、成熟的商圈氛围、交通便利、便利的生活环境。

未来社区对区域附近街道人群也是有着直接的服务功能，围绕生态休闲的功能打造，将吸引周边客群，也是本项目的人气客群。附近街道人群需求关注点为便捷旅游服务配套、特色文化体验、地方美食、交通便利、网红 IP 打卡。

多层次的服务需求，原住民提供的文脉与根基，产业人群提供的潮尚与消费能力，彼此间梯度生态互补互融，和谐共生。打造人才产业人群的绿色硅谷生活方式功能，包括企业培训、职业教育、人才创业、产业创新、知识驱动型产业就业，配套设计建筑共享空间，例如服务式公寓、品质居住区、咖啡馆、书店、酒吧、洗衣、健身、邻里中心等；打造本地家庭人群美好新颖的新型生活方式，包括幼儿教育、全龄学习、创新型生活方式、绿色颐养、科技生活，配套城市公共服务的链接，例如公共交通、行政服务、商业配套、邻里活动等；打造街道外围人群引领性新微碳城区，包括市民知识中心、创新城区、创业基地，配套活动运营设计，例如街道文化 IP 造、休闲度假、日常街道牵头的活动等。

22.2.4　未来社区数字化场景经营

未来社区场景运营咨询应在项目决策阶段协助业主审核实施方案中九大场景运营设计规划是否满足实施方案审核要求，建设期重点确保各场景的落地工作，运营期借鉴相关智慧社区运营经验打造"以人为本，服务为民"的运营体系。具体开展从以下几个方面入手。

1. 教育场景经营方案

以"图书馆＋品牌企业学院＋全龄教育"为理念，引入外部教育平台建设校园型社区。

针对街道干部、社区创业人群的成长与内训需求引名师、名课入社区，通过线上线下双重课堂方式，为科创产业提供内驱力，为社区提供浓厚知识氛围与眼界。

围绕以人才公寓住客为核心的青年人群的学习需求、心灵成长需求，引入知名品牌青年学校，结合市图书馆，贯穿以课程与线上线下知识补지，形成持续充电的校园氛围。

围绕社区原住民的核心诉求，引入外部知识品牌，结合市图书馆，创立听书概念馆，以喜闻乐见的内容，引导原住民与外部知识世界继续联通和成长。

充分借力周边城区学校、街道教育内容与资源。打造社区四季学堂，根据不同职业者、年龄层次的需求，给予相应的反哺与教育。设置全民学校，各自互为良师，丰富多彩的活动鼓励"终身学习"，激发想象力和创造力；配建城市书房和共享图书馆，增设专业技能的社区达人资源库，调动居民积极性以身边优秀达人为榜样，激发居民学习兴趣；同时构建学习积分、授课积分等共享学习机制。

2. 创业场景经营方案

联合办公、创客讲堂、创新中心、服务中心。预计引入创新创业平台，设置弹性共享的办公空间、路演大厅及休憩空间，以创新的理念打造未来创客，植入智能化、节能设施。

引入品牌创业平台，拉通政府相关部门、高校创新部门、产业投资方、分销中介机构等形成创新创业生态，依托移动端智慧平台，实现创业服务的各功能板块。建立"创客学院"和"创业帮"等帮扶载体，为创业者提供各类培训、咨询、指导等服务。进行专业化的企业问题诊断、需求挖掘，并对企业需求进行结构化处理，如新产品开发、技术难题、人才引进需求等。并对接优质项目和技术力量，为企业进行知识产权服务和人才服务。

通过提供种子资金、给予租金减免、免费增值服务等方式进行帮扶。对于符合人才落户机制及人才用房贴补政策的辅助申请相关政策和社区人才公寓，从而建立创新落户绿色通道。协同"毕业企业"对接符合其发展的产业孵化器，一站式、无缝迁移。

3. 低碳场景经营方案

"低碳城市、科技住宅、低碳幼儿园、全区低碳场景"

核心业态：零碳展厅、集中供冷供热、智慧服务平台能源中心、雨水花园、雨水回收、垃圾回收。

服务核心：展厅综合服务、能源中心运维，设备设施运行监控、垃圾分类管理、雨水回收利用。

智慧能源管理促进综合节能：设置智慧集成管理及服务平台通过总控中心搭建综合能源管理及服务平台，集中控制保障设备正常，节能增效降低费用，提升服务运行品质；综合能源管理平台包括数据采集与控制、用能监测与分析、能源站监管、智能告警等。

资源循环利用体系构建：水资源循环系统，打造海绵社区与节水社区，绿化灌溉、车库及道路冲洗以雨水和中水资源利用来实现。垃圾收集系统，设置垃圾收集系统，促进垃圾分类回收利用。

4. 治理场景经营方案

核心业态：一站式治理大厅、党建活动室、社工服务中心、志愿者服务中心、社区客厅。

服务核心：数据互联、党建引领、社区调节综合服务、智能机器人业务引导。

街道入驻，服务综合体：提高社区党组织整合、统筹、协调社区资源的能力充分发挥党员先锋模范作用，打造以红色文化为内核的共建共治共享的社区治理格局。

居民自治，形成自生长体制：打造未来社区居民自治体系，依托社区治理委员会，让有服务意愿和能力的社区居民充分参与到社区管理活动中。以社区自治章程为核心，以社区公约为重点、各类决策议事规则相配套的自治规划制度体系。

智慧治理，形成数字化体系：配建公共服务中心，设置人工综合受理窗口和各类自助服务机，实现365D、24H便民服务。同时线上搭建数字化精益管理平台，依托浙江政务网和"浙政钉"平台，促进"基层治理四平台"的融合。

打通政府与未来社区数字中心数据，办事不用出社区，通过未来社区数字中心，建立采集＋提交办理＋审批＋对接的业务流程，提供"一平台、一窗、一人"的全能社工服务模式。

5. 邻里场景经营方案

构建集聚空间贯通邻里关系壁垒，交流体验凝聚情感链接，多样文化空间延续土地文脉，增强社区文化认知。打造文化公园、邻里广场、集市、大讲堂联动，构筑分主题分区域的社区聚合空间，营造广场体验。

定期举办主题活动，如乒羽及足球和篮球比赛、21天健身习惯养成计划、非遗艺术大赏季、科普冬夏令营、亲子趣味运动会、家风传承分享会、地球守护者公益环保24小时、邻里守望计划等，增进邻里之间的情感交流。

6. 健康场景经营方案

完备运动健体设施。在社区的邻里中心设置运动健体中心提供专业、完善的健身运动场地；各居住组团设置健身点，满足日常基本的健体活动需求。从而形成多个中心、多个点位的健身设施布局；在地面设置健步、慢跑步道，整合优化连廊系统并结合景观打造空中步行健身系统。

丰富社区养老氛围。定期策划主题活动，建立社区老人自助管理机制。定期开展各类康乐、颐养、讲座活动；挖掘和培育老人特长、技能，倡导自行组织活动鼓励社区内健康的低龄老人参与照顾高龄老人，并获取相应的积分，并用积分换取各类实物或日后的服务。从而让有能力的老人发挥余热同时也解决看护人员阶段性不足的问题。

医疗资源联动。社区卫生服务中心将对市级人民医院和公共卫生服务中心、街道社区服务中心，实现名医专家等优质医疗资源总和，提供云端诊疗、健康咨询等服务。另外通过线上健康医养系统，为未来社区送医疗送健康，把名医名院的优质健康服务零距离的推送到社区居民身边。社区服务站，配备站自助体检，采集人体健康大数据、实时检测血糖、血脂、尿酸等生命体征参数信息，统计分析，通过网络实现多平台间的数据互通，有偿及免费服务结合。

7. 交通场景经营方案

社区便捷交通出行。社区内部街道路网以"小街区、密路网"的街道空间形态，社区路网通顺可达。街道布设路测传感器，预留智能网联汽车应用接口，优化最后一公里的出行。

物流配送安全高效。划定预留社区物流用房场地；以楼幢为单位配建智能快递柜等智能终端设备与地下物流配送系统；并实施物联网追溯全过程物流配送安全管控。

社区慢行交通。慢行主出入口与公交站点的无缝衔接。"人车分流"社区交通管控，实行单向交通、转向限制等交通微循环组织模式。

8. 服务场景经营方案

构建"平台＋管家"物业服务模式，涵盖物业服务、公共服务、生活服务、政务服务功能板块，为社区居民提供单式专业服务；以孪生技术开放平台和用户数据为平台支撑，在社医未来社区物业管理、智慧服务、智慧政府、智慧生活等方面实现系统化、信息化管理；建立完善的消防、安保等预警预防体系及应急机制构建无盲区安全防护网，应用人脸识别等技术，推广数字身份识别管理。通过平台预警救援功能、地图定位功能、一键式求助对讲功能、联动报警功能等，实现突发事件的零延时数字预警和应急救援。

22.2.5 未来社区数字化运营生态打造

未来社区数字化运营生态打造围绕社区全生活链服务需求，注重品质生活，打造具有特色的国际化"三化九场景"未来社区。通O2O基础、增值物业服务、平台＋管家智慧化运营模式等来达到物业可持续运营，同时社区商业服务供给和社区应急与安全防护等方面也有所表现。

平台＋管家运营模式通过构建智慧服务平台、搭建全能管家团队，包含两个工具、两大服务中心和两大服务体系，是服务方式、管理方式、生活方式的三维融合，满足社区居民求富、求安、求乐、求知的整体性需求。另一方面，通过物业赋能的延伸、信任机制的打造和增值服务体系的健全，实现社区可持续运营，智慧服务平台与管家服务的交互，全方面实现未来社区服务全生命周期的管控。

通过线上平台、线下空间为居民提供全系统、多类目的服务全覆盖。另一方面，康养、教育、社区零售、到家及社区资产运营采取自营严控品质，其他生活配套服务通过商业平台供应商管理提升服务品质。

打造未来社区数字化运营生态实现效益主要包括两个方面，即社会效益和经济效益。

社会效益：推动城市治理理念和运营方式的转型。促进生活方式向绿色共享转型，实现社区资源配置的集约、共享，鼓励绿色能源、绿色材料和资源循环利用。通过建立未来社区住宅出售出租合理限价机制，吸引年轻人才落户，为未来社区创新创业提供不竭动力。

经济效益：拉动社区本体及衍生领域数万亿元量级有效投资，驱动大投资。引爆数字智能、节能环保、绿色装配式建筑等一大批新技术落地应用发展，促进关联产业、关键产品输出，抢占先机，带动产业大发展。

22.2.6 社区数字化运营的未来前景总结

未来社区数字化建设是数字社会建设的重要组成部分，建设与数字化并行实现社区"中脑"体系，实现公共数据共享，以数据链驱动提升城市发展链、服务链，支持城市发展转型升级。数字化建设统筹用户数据实现社会供需关系稳定，促进城市规划理念的前瞻性、智慧性、先进性。

未来社区是国家战略与民生痛点、国外经验与本土实际、系统规划与协调推进、基础性建设与内涵性建设的结合，关乎民生福祉、社会、经济的发展，是城市发展的创新突破，我们有责任把它建设好，实施落地。本书仅在未来社区九大场景落实数字化建设提出了几点实现方式，希望可以起到对未来社区建设的启发作用。

第23章 物业管理

23.1 未来社区物业管理的关键要素

未来社区物业管理是指物业管理经营人受物业所有人委托,依照国家有关法律规范及未来社区政策文件,按照合同行使管理权,运用现代管理科学和先进技术,对未来社区内所有物业实施统一管理,并为居住者提供高效、周到的服务,使物业发挥最大的使用价值和经济价值。

23.1.1 未来社区物业管理的三个特点

1. 服务对象具有相对稳定性

未来社区物业管理的顾客主要是拥有产权的业主及其亲友或者是长期租客,流动性小。服务者与顾客之间、顾客与顾客之间存在唇齿相依的关系。如果服务质量不好,负面宣传会传播很快,对企业的影响较大。

2. 服务对象更注重物业功能的完整性

未来社区物业管理的顾客因其拥有产权或长期使用物业的需要,会特别关注物业使用功能的完整性,在物业服务完备的基础上才会考虑其他需要。因此,对物业的管理、养护与维修是未来社区物业管理服务的重中之重,是未来社区物业管理服务项目的基础和源泉。

3. 强有力的综合性和专业性

从事未来社区物业管理服务不仅要具备一般服务的知识和技能,而且要熟悉房屋建筑、给水排水、强电、弱电、安全智能化、园林绿化、特种动物养殖等多种专业知识,这就要求从业人员不仅要有极强的专业性,而且要有一专多能的综合素质。

23.1.2 未来社区物业管理的两个作用

未来社区物业管理是未来社区运营中不可忽视的环节,对运营主体来说它的主要作用有以下两个:

1. 增加品牌的美誉度

运营主体重视未来社区物业管理,有助于开发过程形成完整的运作系统。传统的物业管理环节的房屋销售中,开发商与业主的接触包括物业买卖及有偿性的服务购买,业主对开发商的基本感知除房屋本身外就是对物业费与服务程度匹配度的感知,而优质未来社区物业管理能带来与业主的深度交流,在基本物业"零收费"前提下,给业主提供全套完整的服务，维护客户和市场的作用。未来社区物业管理是一个树立企业良好信誉、形象，提高品牌的美誉度的绝好机会和平台。

2. 提高产品竞争力

物业管理已成为投资置业者选择物业的一项重要标准，好的物业管理可以作为地产产品的一大卖点，能提高产品竞争力并促进企业产品的整体销售。开发主体通过承接未来社区物业管理服务，落实未来社区特色的"三化九场景"目标，提高产品在智慧物业服务领域的品牌竞争力。

23.2 未来社区全过程物业管理

未来社区物业管理是一项涉及面广、长期连续的管理工作。按阶段来分，它可以分为前期介入、前期物业管理以及正常居住期；按专业来分，可以分为物业维修、交通管理、安全管理、卫生保洁、绿化养护等诸多项目。

前期物业管理与前期介入是不同的，如图 23-1 所示，主要表现在：

内容作用不同。前期介入是建设单位开发建设未来社区物业项目阶段引入的物业管理专业技术支持，前期物业管理是物业服务企业对新物业项目实施的未来社区物业管理服务。

服务的对象不同。前期介入服务的对象是建设单位，并由建设单位根据约定支付早期介入服务费用；而前期物业管理服务的对象是未来社区全体业主。

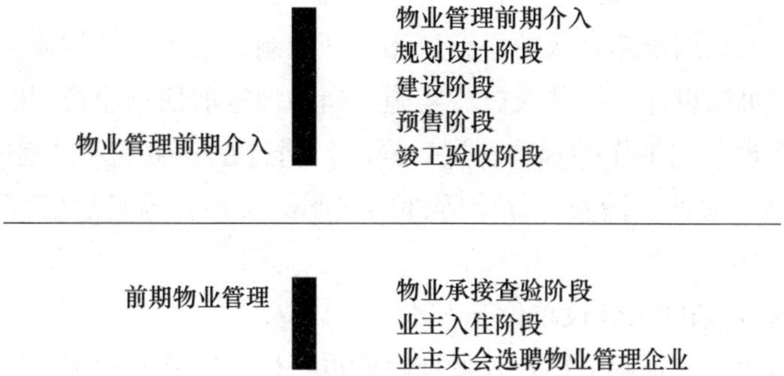

物业管理前期介入	物业管理前期介入 规划设计阶段 建设阶段 预售阶段 竣工验收阶段
前期物业管理	物业承接查验阶段 业主入住阶段 业主大会选聘物业管理企业

图 23-1　前期物业管理与前期介入

23.2.1 未来社区物业管理前期介入

前期介入是指新建未来社区物业竣工之前，建设单位根据项目开发建设需要所引入的未来社区物业管理咨询活动。

未来社区物业管理的咨询活动，主要指从物业管理的角度对开发建设项目提出的合理化意见和建议，可以由物业服务企业提供，也可以由物业管理专业人员提供。

前期介入对未来社区开发建设单位而言并非强制性要求，而是根据项目和管理需要进行选择。

1. 未来社区物业管理前期介入的五个作用。

未来社区物业管理前期介入，对开发建设单位、物业管理的后续管理和业主都有不可忽视的作用。

1) 优化设计

人们对物业的品位和环境要求越来越高，这客观上促使运营主体除了要执行国家有关技术标准以及浙江省未来社区建设相关政策外，还会考虑到物业的功能、布局、造型、环境以及物业使用者的便利、安全和舒适等因素。物业服务企业可从业主（或物业使用人）及日后管理的角度，就房屋设计和功能配置、设备选型和材料选用、公共设施配套等方面提出建议，使物业的设计更加优化完善。

2) 有助于提高工程质量

在建设过程中，物业服务企业利用自身优势帮助建设单位加强工程质量管理，及时发现设计、施工过程中的缺陷，提前防范质量隐患，使工程质量问题在施工过程中及时得到解决，避免在日后使用中再投入额外资金和精力，减少浪费。

3) 有利于了解物业情况

对物业及其配套设施设备的运行管理和维修养护是未来社区物业管理的主要工作之一。要做好这方面的工作，必须对物业的建筑结构、管线走向、设备安装等情况了如指掌。物业服务企业可以通过早期介入，如对于图纸的改动部分做好记录，对设备安装、管线布置尤其是隐蔽工程状况进行全过程跟踪等，充分了解所管物业的情况，从而在日后的管理中做到心中有数，"对症下药"。

4) 为前期物业管理做准备

物业服务企业可利用早期介入的机会，逐步开展制订未来社区物业管理方案和各项规章制度、进行组织机构设计、招聘人员、实施上岗培训等前期物业管理的准备工作，方便物业移交后物业管理各项工作的顺利开展。同时，通过在早期介入过程中与各方的磨合，理顺与环卫、水电、通信、治安、绿化等部门之间的关系，为日后管理建立畅通的沟通渠道。

5) 有助于提高未来社区建设单位开发水平

早期介入是物业服务企业从物业开发项目的可行性研究开始到项目竣工验收的全程介入，建设单位可以得到物业服务企业的专业支持，开发出需求定位准确、功能使用考虑周全、业主满意的物业，提升未来社区物业管理成效。同时，建设单位还可以通过引入高水平的物业管理咨询提高自身的水平。

2. 前期介入三个时机

未来社区物业管理前期介入分三个时机，见表23-1。其中，在项目研究策划阶段介入提出的意见最及时，采纳后能优化设计，有利于后期管理工作的顺利进行。

1) 在项目研究策划期开始介入

未来社区物业管理全程介入的早期，指的是未来社区建设实施方案设计阶段，主要工作是（图23-2）：

第23章 物业管理

未来社区物业管理前期介入的三个时机　　　　　　　　表 23-1

介入时机	工作重点	工作内容
规划设计期	完善物业的作用和管理功能设计	① 为便于日后管理，降低管理成本提供意见； ② 对整体环境设计、封闭管理、硬件设施、设备配备及安装位置、娱乐配套提出建议与要求
项目建设期	强化物业施工监理	① 从用户的角度，跟进设计在施工中的落实情况； ② 提出整改意见； ③ 协助技术质量监督； ④ 为开发商施工单位提供保安、清洁服务； ⑤ 开展工地管理，维持工地良好秩序，保障施工通道通畅
接管验收期	及时发现存在的问题，分清整改责任，落实经费，及时纠正	① 认真验收 ② 分清整改责任，为业主追讨应得的补偿

（1）参与物业的规划、设计和建设。

（2）通过分析原设计图纸，提出有关楼宇结构布局和功能方面的改良建议、有关设备的设置和服务方面的意见、设计遗漏工程项目的建议等。

（3）从配套设备、环境附属工程、保安消防等方面严格把关，从物业结构布局和功能方面、设备设施的设置和服务方面提出改进意见，以便建成后的物业能满足业主和使用人的要求有利于后期管理工作的进行。

图 23-2　项目研究策划期开始介入的主要工作

2）在项目施工期开始介入

建设过程中，未来社区物业管理前期顾问人员的工作包含有：

（1）必须经常到现场了解工程进度、施工情况，逐步对物业硬件增加了解，对有些影响使用功能的问题早发现、早协调、早解决，为今后未来社区物业管理工作奠定良好的基础。

（2）检查前期工程的施工质量，并就原设计中不合理但又可以改动部分提出建议。

（3）配合设备安装管线布置进行现场监督，确保质量，提出遗漏工程项目建议，进行机电设备的测试、检验，指出前期工程的缺陷并提出改良方案，准备交接和验收的各方面工作等。

（4）未来社区物业管理公司作为用户单位的代表，在物业的建设过程中参与监理，做好隐蔽工程的记录归档。

3）在项目验收接管入住时期介入

接管验收是未来社区物业管理企业接管开发企业、建设单位的物业,以物业主体结构安全和满足使用功能为主要内容的接管验收,是竣工验收的再验收,是物业管理公司在接管物业中不可缺少的重要环节。不仅包括主体建筑、附属设备、配套设施,而且包括道路、场地和环境绿化等,还应特别注重对综合功能的验收,进行机电设备的测试检验,准备交接和验收,指出前期工程缺陷,就改良方案的可行性及费用提出建议。物业的接管验收,由开发建设单位和未来社区物业管理公司共同组织验收小组进行。在接管验收时应注意。

(1) 明确交接双方责、权、利关系

在市场经济条件下,交接双方是两个独立的经济体,通过接管验收,签署一系列文件,实现权利和义务的同时转移,从而在法律上界定清楚双方各自的义务和权利。

(2) 确保物业具备正常的使用功能,充分维护业主的利益

通过未来社区物业管理公司的接管验收,进一步促进开发企业或施工企业按标准设计和建设,减少日后管理中的麻烦和开支,弥补业主专业知识的不足,从总体上把握整个物业的质量。

(3) 为日后管理创造条件

通过接管验收,一方面使工程质量达到了要求,减少管理过程中的维修、养护工作量;另一方面,根据接管物业的有关文件资料,可以摸清物业的性能和特点,预期管理中可能遇到的问题,计划安排好各管理事项,发挥专业化、社会化、现代化的管理优势。

(4) 提高物业的综合效益

例如居住区的接管验收,不是简单的房屋验收,而是居住区各组成部分的验收。通过综合验收,使未来社区的建设注重综合效益并使其得到不断的提高。

(5) 促进建设项目及时投产,发挥投资效果,总结建设经验

接管验收工作既是建设项目进行投产、发挥效益的前提,也是其正常运营的保证。同时接管验收实际上是一项清理总结的过程,既会发现建设过程中的问题,有利于及时纠正,也会获得一些好的经验,为以后的建设提供借鉴。

23.2.2 前期物业管理的工作内容

未来社区前期物业管理,可由开发商选聘未来社区物业管理单位,或由开发商属下的物业公司来承担未来社区物业管理和服务工作,见图23-3。

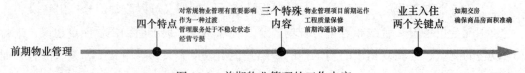

图 23-3 前期物业管理的工作内容

1. 前期物业管理四个特点

前期物业管理处在前期介入与常规未来社区物业管理之间,充当着建设单位与业主、施工单位与业主的沟通桥梁,面对着诸多不稳定因素和财务压力。

1）对常规未来社区物业管理有重要影响

前期物业管理的许多工作,尤其是前期物业管理的特定内容是以后常规未来社区物业管理的基础,对常规未来社区物业管理有着直接和重要的影响这是前期物业管理最明显的特点。

2）作为一种过渡

前期物业管理的职责是在新建物业投入使用初期建立未来社区物业管理服务体系并提供服务,其介于前期介入与常规未来社区物业管理之间。因此,前期物业管理在时间上和管理上均是一个过渡时期和过程。

3）管理服务处于不稳定状态

新建物业及其设施设备会因其施工质量隐患、安装调试缺陷、设计配套不完善等问题在投入使用的初期集中反映出来,造成物业使用功能的不正常,甚至可能会出现临时停水停电、电梯运行不平稳、空调时冷时热等现象。由于物业及设施设备需要经过一个自然磨合期和对遗留问题的处理过程,才能逐步进入平稳的正常运行因此,此阶段的未来社区物业管理也明显呈现管理服务的波动和不稳定状态。

4）经营亏损

在前期物业管理阶段,需要投入较大人力、财力、物力等资源,管理成本相对较高。但与此同时,前期租赁物业空置率却较高,资金收入难以平衡。因此,前期物业管理阶段的经营收支一般现收入少、支出多、收支不平衡和亏损状态。

2. 前期物业管理三个特殊内容

在前期物业管理期间,未来社区物业管理企业提供的服务,既包含物业正常使用期所需要的常规服务内容,又包括未来社区物业管理项目机构前期运作、工程质量保修和前期沟通协调等特殊内容。

1）未来社区物业管理项目前期运作

在前期物业管理的开始,入驻物业的未来社区物业管理人员就需要及时对管理资源进行完善,解决工程质量保修问题,做好与各相关部门或单位的前期沟通协调,在业主心目中立良好形象,为日后的未来社区物业管理打好基础。

未来社区物业管理应在业主入住之前成立未来社区物业管理项目机构,配备了相应的物业服务企业人员,设置办公场所和进行物资配备,但上述工作一般带有临时性和不确定性。因此,在前期物业管理的过程中,需要不断进行调整,具体内容包括:

(1)管理用房到位

建设单位按规定将管理用房移交给未来社区物业管理项目机构,物业服务企业对管理用房进行合理划分和必要装修,成为机构固定的管理用房。

(2)物资配备到位

新的未来社区物业管理项目运作需要配备的物资较多,按照传统物业来说在项目开始运作的时候,一般只配备了其中的一部分。在前期物业管理过程中,应根据实际需要逐步配备到位。

（3）未来社区物业管理人员到位

未来社区物业管理人员到位的主要内容包括：补充人员；对各岗位人员进行强化培训，提高未来社区物业管理水平和操作技能；对现有组织机构进行优化调整，形成完善的管理组织结构；加强内部管理和协作磨合，形成一个良好的管理团队。

① 管理制度和服务规范的完善

在前期物业管理过程中，物业项目管理机构应根据实际管理情况对已制订的管理制度和服务规范进行调整、补充和完善。

② 确定未来社区物业管理单项服务的分包

对具体未来社区物业管理项目进行管理时，物业服务企业可以根据企业的自身情况和需要来确定是否将部分单项服务分包给社会专业服务公司。对分包的服务项目，要进行市场调查、筛选确定符合自己要求的分包单位。

2）工程质量保修

在物业竣工验收后，工程进入质量保修期。物业工程质量保修分为两部分：一是物业服务企业承接管理的物业共用区域及公用设施设备等部分；二是业主从建设单位购买的产权专有部分。这两部分的保修事务都应由建设单位负责。

物业服务企业的工程质量保修相关工作，主要是向建设单位申报对物业共用区域及公用设施设备的质量保修，跟踪并督促完成。业主产权专有部分由业主自行向建设单位提出处理要求，在实际管理中，业主也可以向物业服务企业反映，物业服务企业应及时转告建设单位。

3）前期沟通协调

未来社区物业管理综合性较强，所涉及的单位、部门也较多。其中，直接涉及的单位和部门有政府行政主管部门、社区居民委员会、开发建设单位、物业服务企业业主、业主大会及业主委员会等；相关的单位和部门有城市供水、供电、供气、供暖等公共事业单位；市政、环卫、交通、治安、消防、工商、税务、物价等行政管理部门。物业服务企业应分析各相关部门和单位的作用及其与未来社区物业管理项目之间的相互关系，确定与各方面沟通协调的内容，建立沟通协调的渠道。通过沟通协调建立良好的合作支持关系，不仅有利于未来社区物业管理工作的开展，也为后期的正常管理打下良好的基础。

3. 业主入住未来社区物业管理的两个关键点

入住是未来社区物业管理整个管理程序中非常重要的一个环节，是未来社区物业管理企业展示企业形象、服务水平、专业能力的最佳契机。

1）如期交房

传统开发项目，如果因不可抗拒的外力因素导致延期交楼，则应做好与购房业主的沟通工作，同时应积极准备好补充合同，重新约定交楼日期；如果是因工期延误导致延期交楼，在主动、及时地做好与业主沟通的同时，还要与业主协商相关的赔偿事宜。更多时候，友好协商往往会取到意想不到的效果。根据未来社区项目特性和浙江省政府发布的未来社区相关验收文件，工期延误不存在此类风险。

2)确保商品房面积准确

对于大多数家庭来说,购买商品房称得上是"高消费"。现今,1m^2商品房少则几千元多则上万元,未来社区中安置房或出售物业出现面积缩水或扩大情况,易出现社会性纠纷,未来社区项目以建设"人民对美好生活的向往"为方向,必须严把关面积。

23.2.3 日常未来社区物业管理七大内容

日常未来社区物业管理包括对房屋建筑及附属配套设备、设施及场地以经营的方式进行管理,对房屋周围的环境、清洁卫生、安全保卫、公共绿化、公共设施、道路养护等诸多方面统一实施专业化管理。

1. 房屋维修管理九大工作内容

房屋维修是指在房屋的经济寿命期内,在对房屋进行勘察鉴定、评定房屋完损等级的基础上,进行房屋维护和修理,使其保持或恢复原来状态或使用功能的活动。房屋维修包括对非损坏房屋的维护和对损坏房屋的修理。为了做好房屋维修工作,未来社区物业管理公司要开展不同层次的维修管理工作,具体内容有以下九点:

1)房屋的勘查鉴定

勘查鉴定是掌握所管房屋完损程度的一项经常性的基础管理工作,为维护和修理房屋提供依据。勘查鉴定一般可分为定期勘查鉴定、季节性勘查鉴定及工程勘察鉴定等。为了掌握房屋的使用情况和完损状况,根据房屋的用途和完好情况进行管理,在确保用户居住安全的基础上,尽可能地提高房屋的使用价值并合理延长房屋的使用寿命,未来社区物业管理公司必须做好房屋的勘查鉴定工作。

2)房屋维修计划管理

房屋维修计划管理是物业公司计划管理的重要内容,它是指为做好房屋维修工作而进行的计划管理,是整个企业计划管理的重要组成部分。维修计划管理的内容一般包括企业房屋维修计划的编制、检查、调整及总结等一系列环节。其中,保持计划工作的综合平衡是房屋计划管理的基本工作方法。

3)房屋维修质量管理

保证质量是房屋维修管理的重要目标之一,为保证和提高产品质量而开展的企业管理工作即质量管理。房屋维修的质量管理是指为保证维修工程质量而进行的管理工作,它是未来社区物业管理公司质量管理的重要组成部分。房屋维修质量管理的内容一般包括对房屋质量的理解(管理理念)、监理企业维修工程质量保证体系以及开展质量基础管理等。

4)维修工程预算

维修工程预算是未来社区物业管理公司开展企业管理的一项十分重要的基础工作,它同时也是维修施工项目管理中核算工程成本、确定和控制维修工程造价的主要手段。工程预算工作可在工程开工前事先确定维修工程预算造价,依据预算工程造价、组织维修工程招标投标并拟定施工承包合同。在此基础上,一方面未来社区物业管理公司可据此编制有关资金、成本、材料供应及用工计划,另一方面维修工程施工队伍可据此编制施工计划并以此为标准进行成本控制。从造价管理的过程看,维修工程最终造价的形成是在预算造价的基础上,依据施工承包合同及施工过程中发生的变更因素,增减调整后决定的。

5)维修工程招标投标管理

招标投标是未来社区物业管理公司对内分配维修施工任务、对外选择专业维修施工单位,确保实现维修工程造价、质量及进度目标的有效管理模式。组织维修工程招标投标是未来社区物业管理公司的一项重要管理业务。一方面,通过组织招标投标构建企业内部建筑市场,以市场竞争来实现施工任务在企业内部各施工班组之间的分配;另一方面,通过邀请企业外部专业施工单位参加公平竞争,充分发挥市场竞争的作用,实现生产任务分配的最优化,为提高整个企业维修工程的经济效益、社会效益和环境效益打下基础。

6)房屋维修成本管理

成本管理是未来社区物业管理公司为降低企业生产成本而进行的各项管理工作的总称。房屋维修成本管理是未来社区物业管理公司成本管理的重要组成部分,是指耗用在各个维修工程上的人工、材料、机具等要素的货币表现形式,即构成维修工程的生产费用。维修成本管理工作的好坏直接影响到未来社区物业管理公司的经济效益及业务质量。

7)房屋维修要素管理

在房屋维修施工活动中,离不开技术、材料、机具、人员和资金这些构成房屋维修施工的要素。所谓房屋维修要素管理是指未来社区物业管理公司为确保维修工作的正常开展,而对房屋维修过程中所需技术、材料、机具、人员和资金等进行的计划、组织、控制和协调工作。所以,房屋维修要素管理包括技术管理、材料管理、机具管理、劳动管理和财务管理。

8)房屋维修施工项目管理

房屋维修施工项目管理属于未来社区物业管理公司的基层管理工作。它主要是指未来社区物业管理公司所属基层维修施工单位(或班组)对维修工程施工的全过程所进行的组织和管理工作。房屋维修施工项目管理主要包括组织管理班子,进行施工的组织与准备,在施工过程中进行有关成本质量与工期的控制、合同管理及施工现场的协调工作。

9)房屋维修施工监理

房屋维修施工监理是指未来社区物业管理公司将所管房屋的维修施工任务委托给有关专业维修单位,确保实现原定的质量、造价及工期目标,以施工承包合同及有关政策法规为依据,对承包施工单位的施工工程所实施的监督和管理。房屋维修施工监理一般由未来社区物业管理公司的工程部门指派项目经理负责,其主要管理任务是在项目的施工中对造价、质量及工期三大目标实行全过程的控制,进行合同管理并协调项目施工有关各方面的关系,帮助并督促施工单位加强管理工作并对施工过程中所产生的信息进行处理。

2. 绿化管理

物业环境绿化管理是物业服务企业受业主的委托，通过对物业服务区域内树木、花草等的养护和保持物业服务区域内环境的清新和优美，为业主提供舒心的工作和生活环境。

1）绿化管理的范围

管辖区内的绿化范围基本上可分为：公共绿地（含道路绿化）、公共设施和公共建筑绿化，家庭院落及阳台绿化。环境绿化应注意实用与美化相结合、营造与养护相结合、家庭住宅及。

2）绿化管理的工作内容

具体的绿化工作应包括绿地的设计和营造（包括垂直绿化）、绿地养护、绿地改造等。

3）绿化管理的机构

环境绿化的机构设置，应根据需要，可设专门部门或队伍，也可与清洁部门合并。一般来说，未来社区物业管理区域至少应设置一个绿化养护组兼带绿化管理职责，以保证绿化工作的日常开展与管理。

4）绿化管理各岗位职责

绿化管理人员按层级划分，主要包括管理处主任和绿化工作人员，他们的岗位职责如表 23-2 所示。

绿化管理各岗位职责　　　　表 23-2

岗位	主要职责
管理处主任	① 按公司管理纲要负责制定本辖区内环境绿化工作计划； ② 检查、指导绿化班组的日常工作； ③ 考核部署工作情况； ④ 控制绿化工作的成本； ⑤ 向公司定期汇报有关绿化的工作情况
绿化工作人员	① 按绿化管理规定对辖区内绿地、花木进行养护、管理； ② 对违反管理规定的人员进行劝阻、教育或处罚； ③ 负责绿地花木的浇水、施肥、除草、松土、除虫害、修建、防护等工作

3. 环境卫生管理

物业环境管理是对物业用户工作及生活的综合环境进行系统而全面的管理。环境管理需要更注重细节的品质，让业主体会到生活的舒适。

物业管理卫生差集中表现在随手乱丢垃圾及废物、乱涂乱张贴、乱倒污水、乱堆垃圾等方面。针对以上问题，清洁部门除搞好自己的清洁工作外，还应积极教育和引导居民或使用人，提高个人的清洁卫生意识，纠正不良习惯，注意人人参与卫生管理。

环境清洁工作主要有管理区域周边的所有公共场所的清洁，区域内楼宇住宅从顶楼到底楼公用场地的清洁，区域内的垃圾收集和协助清运，噪声消除，空气净化，"四害"消杀等。

4. 治安管理

未来社区物业的治安管理服务必须追求零缺陷，让社区业主有安全感。治安管理既要强调事前预防,尽量降低非安全事件的发生,也要求安保人员在突发事件发生时冷静应对。规范化操作是达到这两方面要求的法宝。

治安管理的内容一般根据未来社区物业管理公司的有关规定,确定治安管理的内容包括,住宅区开设的经营摊点,未持有经营许可证的治安人员应禁止其活动,在住宅区内的公共场所晾晒衣物,在公用楼梯间、通道、天台堆放杂物等,治安人员应予制止与处理。

5. 车辆及交通管理

社区的车辆及交通管理历来是传统物业管理的难点之一,为确保居住区内的车辆安全、交通顺畅以及行人的安全,需要对社区内的交通状况有准确的预测和合理的安排。

1) 交通状况难点预测

根据所辖区域的具体情况和以往交通管理经验,对本辖区交通状况进行难点预测:

(1) 入住初期未来社区内的公交线路存在难以全部开通的可能,部分业主面临乘车难的问题。

(2) 入住初期居住区内的交通安全设施(如减速驳、交通标识等)亟待完善,管理好人行道区交通主道的人车分流。

(3) 车辆以私家车数量较多,交通自觉意识不强,极少数"特殊公民"存在不服从管理、超速、乱停放、占用消防通道等行为。

(4) 自行车停放管理和防盗。

2) 交通管理措施

对机动车辆和自行车实行不同的交通管理措施。

(1) 对机动车辆

① 会同开发商积极与公交公司联系和协商,促成公交线路的开通尽量与业主入伙同步,减少业主出入的不便。

② 大门岗保安员(车管员)在出入口协助疏导车辆进出,保安员对进入未来社区的车辆进行正确引导,加强巡视安排车辆合理停放。

③ 强化保安员的巡逻职责,在未来社区内三级道路增设挡车桩,除紧急救助和搬家外,严禁机动车辆进入院落空间。

④ 树立保险意识,实现风险转移,要求业主购买车辆保险后方可办理未来社区停车卡,管理处将定期购买停车场公共保险。

⑤ 对违章行驶或停泊且屡教不改者,积极向其上级监管机关反映情况,取得行政上的支持。

(2) 对自行车

① 在自行车存放点采用防盗地锁,既利于防盗,又使自行车停放有序。

② 外来自行车进入居住区必须发卡并凭卡放行。

6. 消防管理四个工作重点

消防工作至关重要,我们始终保持高度警觉,将日常消防管理作为一项重要工作来抓。消防管理着重开展以下几项工作:

1）消防教育宣传

在未来社区宣传栏内不间断地传播消防法规、防火知识，并定期邀请消防中队举办消防知识讲座。居住区入伙时，向每户业主发放一册《消防知识手册》，同时联系部分消防器材商家到未来社区定点服务，建议业主配置灭火器。

2）消防培训及演练

重点加强保安员的消防实战演练，每年组织两次义务消防队员和居住区业主共同参与的消防演练，提高全体社区成员的自救意识和能力，防患于未然。

3）加强二次装修的消防管理

未来社区虽然要求精装交付，但不能排除有业主二次装修的可能性。二次装修期间人员混杂，尤其需要加强消防管理，主要可以采取以下措施：

（1）对二次装修审批时，要求装修施工单位按标准配备灭火器材方可入场施工。

（2）对于复杂装修、大面积装修及相关商铺的装修，要求施工单位必须提供消防报批手续以及灭火方案，方可开工。

（3）在入住期间，通过设专人巡逻监管、安置挡车桩、安置简明指示标识等办法，着重解决违章占用消防通道的问题，保证消防通道的顺畅。

（4）建立居住区消防快速反应分队。

在保安员中选拔一批队员组建管理处"消防快速反应分队"，以保证出现火警时能迅速作出反应，最大限度地减少火灾损失。

7. 物业档案建立和管理

物业档案资料指在物业的开发和管理活动中形成的作为原始记录保存起来以备查考的文字、图像、声音以及其他各种形式和载体的文件。

1）物业档案的建立

物业档案资料的建立主要有收集、整理、归档和利用四个步骤。

（1）档案资料的收集

物业档案的收集是将分散在单位各内部工作机构的有保存价值的文件资料集中移交给单位档案室或负责管理档案的部门的工作。

（2）档案资料的整理

物业档案资料的整理是指把处于相对零乱、分散的档案，经过分类组合、排列、编目使档案工作系列化、系统化。

档案整理的基本内容包括区分全宗，全宗内的档案分类、立卷、案卷排列、案卷目录的编制档案整理工作的要求包括必须保持文件之间的历史联系，必须便于保管和利用，必须在原有的基础上进行整理、加工。

（3）档案资料的归档

物业档案资料的归档是按照档案资料的内在规律进行科学的分类与保存。一个有序的资料库是一个完整的树形图，从大分类到小分类，再至细分、排序。归档要及时，分类要合理归档要求做到"十清"，即物业来源清、物业数量清、物业质量清、物业价值清、结构类型清、设备设施清、绿化苗木清、租金费用清、使用情况清、维修更新情况清。

（4）档案资料的利用

物业档案资料的利用是指充分发挥档案资料的凭证和参考作用，为未来社区物业管理服务。提供利用是档案工作的中心任务，也是档案工作的成果；同时，通过提供利用，使档案工作不断完善和发展。

2）物业档案的管理

物业档案资料管理指未来社区物业管理公司在未来社区物业管理活动中，对物业原始记录进行收集、整理鉴定、保管、统计和利用，为物业管理提供客观依据和参考资料的归档管理。

物业档案资料的归档管理需要满足四个要求：

（1）在未来社区物业管理中可实行原始资料和计算机档案管理双轨制，并尽可能将其转化为计算机磁盘储存形式以便于查找。同时还可运用录像、录音、照片、表格、图片等多种形式保存，使其具体化、形象化。

（2）对业主和企业利益影响较大的档案应加以保存。这些档案应按授权级别检索并严格控制借阅。

（3）档案管理人员应编制统一的档案分类说明书和档案总目录，并进行科学合理的分类档。

（4）档案室应保持干燥、通风、清洁，注意防盗，并确保储存地点符合防火、防虫、防鼠、防潮等要求的使用。

3）物业档案的使用

一方面要利用计算机网络技术，采用先进检索软件，充分发挥档案资料的作用；另一方面对借阅原始资料的使用者，要按档案的不同密级，在机关负责人批准后借阅并应办理借阅手续。档案的销毁应根据档案的保存期限和性质，对确实没有保存价值和保存期已满的档案，严格按制度规定进行销毁。

参 考 文 献

［1］《中华人民共和国建筑法》（2019年修订版）
［2］《中华人民共和国土地管理法实施条例》（2020年修订版）
［3］《中华人民共和国招标投标法实施条例》（2019年修订版）
［4］《浙江省建设工程质量管理条例》（2019年修订版）
［5］《浙江省土地管理法实施细则》（2020年修订版）
［6］《浙江省建设工程招标投标管理条例》（2001年修订版）
［7］《建设工程项目管理规范》GB/T 50326—2017
［8］《全过程工程咨询服务管理标准》T/CCIAT 0024—2020
［9］浙江省《全过程工程咨询服务标准》DB33/T 1202—2020
［10］柴彦威，郭文伯．中国城市社区管理与服务的智慧化路径［J］．地理科学进展，2015，34（4）：466-472.
［11］刘学贵．论现阶段我国城市社区管理的现状及对策［J］．云南行政学院学报，2014，16（1）：134-136.
［12］腾华，王植．新时期提升城市社区治理能力的思考［J］．重庆邮电大学学报（社会科学版），2015，27（2）：123-127.
［13］浙江启动未来社区建设试点［N］．人民日报海外版，2019.
［14］刘晶晶，施楚凡．未来社区在浙江的实践与启示［J］．现代管理科学，2019（11）：72-74.
［15］沈锋萍．浙江信息港小镇打造未来社区的路径与对策研究［D］．南昌大学，2020.
［16］崔恺，刘恒．绿色建筑设计导则［M］．北京：中国建筑工业出版社，2021.
［17］肖凤桐，王忠诚等．现代咨询方法与实务［M］．北京：中国统计出版社，2018.
［18］彭晓，严宁．公共交通引导城市发展［M］．北京：人民交通出版社，2009.
［19］（美）彼得•卡尔索普．TOD在中国—面向低碳城市的土地使用与交通规划设计指南［M］．杨保军，张泉等译．北京：中国建筑工业出版社，2013.
［20］余源鹏．房地产项目可行性研究实操一本通［M］．第2版．北京：机械工业出版社，2014.
［21］张建坤．房地产开发［M］．南京：东南大学出版社，2012. 2.
［22］王中岳．未来社区建设模式初探［J］．建筑师，2020. 3（1）：1-3+125.
［23］安玉华，夏添翼．我国绿色建筑全过程管理现状分析及未来发展推进建议［J］．建筑师，2021. 5：96-97.
［24］王明琦．装配式建筑结构的设计优化［J］．高级工程师，2021（11）：52-53.
［25］汪洋，俞芸，游书航．物联网商业背景下的未来社区绿道设计研究［J］．高级工程师，2021（3）：12-19.
［26］陈世杰，任心欣，丁淑芳．立体城市模式下的海绵城市建设要点探讨//中国城市规划学会，东莞市人民政府．持续发展理性规划——2017中国城市规划年会论文集（03城市工程规划）

［C］．2017．

［27］林燕．建筑综合体与城市交通的整合研究［D］．华南理工大学．2018．

［28］潜进．一本书看透房地产：房地产开发全流程强力剖析［M］．北京：中国市场出版社，2020．

［29］天火同人房地产研究中心．房地产开发流程管理工具箱——后期运营管理［M］．北京：化学工业出版社，2020．

［30］天火同人房地产研究中心．房地产开发流程管理工具箱——项目规划设计［M］．北京：化学工业出版社，2020．

［31］中国建筑业协会．全过程工程咨询服务管理标准：T/CCIAT0024—2020［S］．北京：中国建筑工业出版社，2021．

［32］吕萍．房地产开发与经营［M］．第四版．北京：中国人民大学出版社，2019．

［33］建设项目交通影响评价课题组．建设项目交通影响评价［M］．北京：中国建筑工业出版社，2007．

［34］唐均．社会稳定风险评估与管理［M］．北京：北京大学出版社，2020．

［35］赵延军．房地产策划与开发［M］．北京：机械工业出版社，2017．

［36］周燕珉．住宅精细化设计［M］．北京：中国建筑工业出版社，2019．

［37］齐国颜．房地产财务总监工作指南［M］．北京：化学工业出版社，2018．

［38］曾广能，王大州．建设项目环境影响评价［M］．成都：西南交通大学出版社，2020．

［39］陈琳，谭建辉，房地产项目投资分析［M］．北京：清华大学出版社，2019．

［40］浙江江南工程管理股份有限公司．政府工程PM模式项目管理操作实务［M］．北京：中国建筑工业出版社，2016．

［41］浙江江南工程管理股份有限公司．市政基础设施工程全过程工程咨询实践案例［M］．北京：中国建筑工业出版社，2020．

［42］浙江江南工程管理有限有限公司．房屋建筑工程全过程工程咨询实践案例［M］．北京：中国建筑工业出版社，2020．

［43］张春阳．建筑工程设计与管理指南［M］．北京：中国建筑工业出版社，2019．

［44］陶红霞，任松寿．建设工程招投标与合同管理［M］．北京：清华大学出版社，2020．

［45］王喜富，陈肖然．智慧社区——物联网时代的未来家园［M］．北京：电子工业出版社，2015．

［46］滕尼斯．共同体与社会［M］．北京：商务印书馆，1999．

［47］梁丽．智慧社区与智慧北京：北京市智慧社区实践与探索［M］．北京：中国社会科学出版社，2019．

［48］汪碧刚．智慧社区与城市治理［M］．北京：中国建筑工业出版社，2020．

［49］（美）汉克·迪特马尔，（美）格洛丽亚·奥兰德编著．新公交城市：TOD的最佳实践［M］．王新军，苏海龙，周锐等译．北京：中国建筑工业出版社，2013．

［50］陆化普，罗兆广，王晶．城市与交通一体化规划：新加坡经验与珠海规划实践［M］．北京：中国建筑工业出版社，2019．

［51］苏斌．社区数字化系统设计与工程实施［M］．北京：清华大学出版社，2003．

［52］王酉春．数字社区系统工程［M］．南京：东南大学出版社，2012．

［53］李佳佳．上海社区治理创新案例调研与分析［M］．上海：上海社会科学院出版社，2018．

［54］谭峥，江嘉玮，陈迪佳．邻里范式：技术与文化视野中的城市建筑学［M］．上海：同济大学出版社，2020．

［55］田富强．都市新社区邻里关系与文化研究［M］．北京：中国社会科学出版社，2020．

[56] 于大鹏. 物联网社区服务集成方案和模式研究：智慧社区的建设与运营［M］. 北京：国防工业出版社：2015.

[57] 富春岩. 物联网大数据分析与挖掘技术研究［M］. 北京：中国纺织出版社有限公司，2020.

[58] 张文娟，许涛. PFI项目履约监管机制的研究［J］. 中国人口·资源与环境，2005，15（5）：39-42.

[59] 陆鑫，尹贻林，王翔. PPP项目第三方监管机制初探［J］. 价值工程，2018，37（23）：65-68.

[60] 霍勤. 南京某城镇综合开发PPP项目监管体系研究［J］. 绿色科技，2019，12（24）：269-271.

[61] 张来强，李杨. 城镇综合地产项目选址的决策与分析［J］. 四川建材，2018，44（6）：39-40+61.